銀髮生活

建構優質的長青生活與環境

主編
蔡瑞明

作者
蔡瑞明、巫麗雪、黃昱珽、王維邦、范綱華
趙星光、劉珠利、李貴宜、林万登、江文德
關華山、黃章展、黃姿萍、李俐慧、林灼榮
許書銘、朱正忠、楊朝棟、呂芳懌、何季倫
（依各章順序）

巨流圖書公司印行

國家圖書館出版品預行編目（CIP）資料

銀髮生活：建構優質的長青生活與環境／蔡瑞明
　等著；蔡瑞明主編 . -- 初版 . -- 高雄市：巨流，
　2015. 11
　　面；　公分

ISBN 978-957-732-512-9（平裝）

1. 老年　2. 生活指導　3. 文集

544.807　　　　　　　　　　　　　　　104025332

銀髮生活
建構優質的長青生活與環境

主　　　編	蔡瑞明
作　　　者	蔡瑞明、巫麗雪、黃昱珽、王維邦、范綱華、趙星光、劉珠利、李貴宜 林万登、江文德、關華山、黃章展、黃姿萍、李俐慧、林灼榮、許書銘 朱正忠、楊朝棟、呂芳懌、何季倫（依各章順序）
責 任 編 輯	沈志翰
封 面 設 計	蘇品銓

發 行 人	楊曉華
總 編 輯	蔡國彬

出　　　版	巨流圖書股份有限公司 80252 高雄市苓雅區五福一路 57 號 2 樓之 2 電話：07-2265267 傳真：07-2234697 e-mail: chuliu@liwen.com.tw 網址：http://www.liwen.com.tw

編 輯 部	23445 新北市永和區秀朗路一段 41 號 電話：02-29229075 傳真：02-29220464

劃 撥 帳 號	01002323 巨流圖書股份有限公司
購 書 專 線	07-2265267 轉 236

法 律 顧 問	林廷隆律師 電話：02-29658212

出版登記證	局版台業字第 1045 號

ISBN ／ 978-957-732-512-9（平裝）

初版一刷 · 2015 年 11 月

定價：500 元

本書由東海大學 GREEnS 計畫資助出版

目次

序言

蔡瑞明

　　本書緣起於東海大學支持的三年期「全球環境暨永續社會發展計畫」（GREEnS），收集了 GREEnS 總計畫四「建構優質的長青生活品質與環境之研究」以臺灣高齡化社會為研究主題的部分成果。

　　臺灣已成為一個高齡化的社會，大約再過三年，就要進入高齡人口超過 14% 的高齡社會（aged society）。過去半世紀以來，臺灣長期依賴青壯年人口推動經濟發展的策略，恐怕將因人口轉型而難以持續。近年來，熱烈爭論的議題，如退休養老、年金制度、高齡就業、少子化、長期照護等現象，都是人口結構高齡化所衍生的問題。我們相信，高齡社會不是一個單純的議題，其影響及於個人、家庭、社會，以至於整個國家，其效力甚至延伸長達好幾世代。社會永續發展的長遠之計是在現有的人口結構、經濟資源的條件下，開創一個提供高齡友善的生活環境與勞動市場的社會制度環境，提升高齡者以及全體社會的生活福祉。然而，臺灣社會對這個從未經歷、快速降臨的巨大問題，尚未準備好因應之道，預期將帶給臺灣嚴重的挑戰。

　　為了掌握高齡社會的相關議題，東海大學 GREEnS 高齡研究團隊聚焦於長青政策的社會基礎、優質照護整合系統、營養保健與照顧需求、生活環境與休閒活動等四個面向，以一個寬廣的研究視野，探討高齡社會的整體問題。本計畫以「在地老化」為核心概念，透過「世代合作、技術創新、知識整合」的研究策略，以四個子計畫來進行研究：一、長青生活品質之政策規劃與管理；二、銀髮族優質照護 U-Care 的 ICT 整合平臺；三、銀髮族營養保健與照顧需求介入之研究；四、長青族生活環境營造與休閒體驗設計。雖然這些議題沒有涵蓋所有的層面，但已包含

主要的高齡社會議題，有助於瞭解高齡社會的問題以及因應的方法。

　　本書不僅指出高齡化社會議題的重要性，更強調因應準備的燃眉之急。東海大學的高齡研究團隊針對此議題，以跨學院、跨科系的方式來進行跨領域的對話，是臺灣的大學中的前瞻性嘗試，研究者雖然各有專業，卻可以從不同學門或研究角度來看待這個多面性的高齡化社會議題。本書共計十二章，涉及生活的各個層面，包含退休、勞動參與、社會關係、宗教參與、自我照顧、飲食健康、生活環境設計、公共設施、照護產業、以及智慧科技、資訊設備等議題。這些研究成果都具有跨領域研究的特質，研究團隊透過經常性的互動，促進領域之間的知識交流，是相當可貴的學術激盪。另外，東海大學的高齡研究團隊也藉由執行教育部 SHS「高齡化社會與產業」跨科際課程推動計畫，從研究走入教學，將研究成果延伸及於教學場域，三年來提供東海大學學生六十多門與高齡議題相關的跨科際課程，搭配共時上課與在地實作，為東海大學的教學活動注入一股新鮮且富創意的嘗試。本書系統性將這些高齡化議題的研究成果集結成書，希望成為高齡化社會研究的參考基石，往前邁進，帶動高齡社會的研究動能，因應社會未來的發展。

　　本書得以付梓，首先要感謝東海大學董事會、校長、副校長對 GREEnS 計畫的支持與鼓勵，以及總辦公室夥伴們的行政協助，使得高齡研究計畫得以順利執行。我也由衷感謝參與本書撰稿的同仁們，在計畫執行期程結束後，百忙中還願意配合本書論文的撰寫與修改。此外，我更感謝研究計畫團隊成員，在過去三年中投入的時間和心力。還有，我要謝謝在計畫執行過程中曾經參與本計畫各項審查工作，來自不同領域的學者專家們給予本團隊寶貴的建議與鼓勵，特別是在這本專書的出版過程中，近二十位匿名審查人提供許多建設性的意見。

　　最後要感謝巫麗雪、黃昱珽兩位博士，在執行 GREEnS 計畫的三年時光中，擔任協調整理的工作，盡心盡力於計畫的執行，資料的蒐集

與分析。尤其，他們在本書編輯過程中，負責聯絡、溝通、編輯與校對等繁瑣工作，由於他們的用心，激發作者們修改論文的熱情，大幅提升本書每一章內容的可讀性。沒有他們的投入和協助，本書不可能如期完成。

　　2015 年 8 月，GREEnS 計畫歷經研究團隊三年的努力如期結束了，但它可以是另一頁新研究計畫的開端。猶記得 2008 年的初秋，大約七年前，我與一群夥伴執行歐盟 FP6 科研計畫，受邀訪問在布魯塞爾的歐盟總部。歐盟官員特別安排了一個上午的歐盟社會福利的簡報，就高齡化社會的議題進行意見交流。這一個跨領域的團隊其實就是後來 GREEnS 總計畫四成軍的最初契機，沒有過去 FP6 與後來持續的研究，就不太可能有後來的 GREEnS 團隊，更不用說本書的出版。為此，我特別在此感謝分佈在歐盟七個國家與臺灣的 FP6 研究夥伴！

蔡瑞明 謹誌
東海大學特聘教授兼副校長
東海大學 GREEnS 總計畫四總主持人

第 **1** 章

在地老化新思維：
優質的長青生活與環境

蔡瑞明、巫麗雪、黃昱珽

誌謝：本文為東海大學 GREEnS 計畫「建構優質的長青生活品質與環境之研究」的部分成果。作者感謝 GREEnS 總計畫四研究團隊在過去三年中給我們的諸多建議與支持，特別感謝劉珠利、王維邦、洪士峰教授的啟發，以及張微、鄭期緯、審查委員等教授提供本文許多寶貴建議。

一、邁向高齡社會

今日臺灣耳熟能詳的「高齡化社會」（ageing society）、「高齡社會」（aged society）或是「超高齡社會」（super-aged society），是依據 65 歲以上人口群所占比例加以定義的概念。「高齡化社會」是指 65 歲以上的人口數占總人口比例超越 7%，「高齡社會」的門檻則是以 14% 為依據，至於「超高齡社會」是此人口比例突破 20%。臺灣在 1993 年成為高齡化社會，根據國家發展委員會（2014）的推估，臺灣將於 2018 年邁入高齡社會，並於 2025 年突破超高齡社會的門檻。臺灣社會高齡化的速度相當驚人，她將在短短的 32 年內經歷巨幅的人口結構轉變，成為全世界最高齡的國家之一。放眼全球社會，這種速度不僅少見，也意味著臺灣社會因應人口結構轉變的挑戰將令人措手不及。

一個社會的人口結構從步入「高齡化」、經歷「高齡」、以致於走到「超高齡」，不僅是簡單的人口比例變動，其背後富涵更多社會基礎的轉變。過去福利國家傾向於提供國民包含生、老、病、死完整的生命週期的全面性福利服務，亦即一個人「從搖籃到墳墓」（from cradle to grave）都受到國家福利服務的保障。然而，要達到這樣的理想需要龐大的財政支持，高額稅賦以及經濟成長成為不可或缺的要件；但在經濟全球化下，福利國家逐漸失去穩固的經濟基礎，制度危機於是產生。尤其，隨著嬰兒潮世代逐步邁向老年，國家、社會、家庭關注的焦點也開始從幼兒照顧與教育投資等面向，轉向關注高齡者的照顧與社會參與，投注在高齡人口上的預算成為最可觀的一部分（Quandagno, Kail, Shekha, 2011），儼然已是「一個高齡者的福利國家」（Myles, 1989:2）。這龐大的財務需求突顯出高齡社會的財政困窘問題。例如，臺灣推動《長期照顧服務法》，作為面對高齡社會的重要制度安排，過程中出現許多財政的爭議。政府預計推動《長期照顧保險法》來籌措財源，但仿照全民健康保險，要求

雇主負擔六成、個人自負三成、政府負擔一成的設計，引起企業界強烈反彈。因此，雖然《長期照顧服務法》已於 2015 年 5 月完成立法，但未來能否有穩固的財政支持，仍不得而知。

另一方面，家庭結構、孝道規範以及傳統性別分工態度的轉變，讓以家庭為照顧長者之核心機制的傳統模式，日益無法承擔高齡社會的照顧責任。臺灣在工業化與都市化之後，成年子女離家求學與求職的現象越來越普遍，1960-1970 年代相當普遍的三代同堂的折衷家庭型態越不可求（伊慶春、簡文吟，2002；楊靜利，1999），取而代之的是核心家庭的成長。這些轉變使得子女很難平衡工作與家庭的運作，肩負起照顧父母的家庭責任；而且代間關係轉為強調相互理解與支持，權威性孝道對子女的規範逐漸式微（葉光輝、章英華、曹惟純，2009）。與此同時，許多高齡者也不再一味追求與子女同住、接受子女經濟支援的生活，他們在能力允許下，傾向選擇獨居或僅與配偶同住的生活（楊靜利、陳寬政、李大正，2009；伊慶春，2009、2014）；他們對退休安排的考量不僅涉及工作、健康，更需權衡家庭，以及退休後的經濟安全等多種因素，這成為一個越來越困難的決定（Tsay & Wu, 2014）。

在傳統性別分工的社會規範下，過去關於家庭內的照顧責任大多落在女性成員上。但隨著服務業的興起、女性教育程度與就業參與的大幅提升，女性有更多的機會與能力在社會上與男性一同承擔勞動生產者的角色。這不僅重繪了女性在社會中的角色圖像，也使得越來越多女性不再拘泥於家庭內的照顧角色（伊慶春，2009；伊慶春、簡文吟，2002）。也有學者呼籲，從社會投資的觀點，女性是值得社會投資的人力資本，走出家庭將創造更多的社會正向循環（Morel, Palier, Palme, 2012），整體社會應給女性更多喘息空間，不應該持續將高齡照顧的重擔一味施加予家庭的女性成員（王舒芸、王品，2014）。不論這些現象帶來的影響為何，顯然不僅是高齡者不再滿足於過去的奉養方式，現今的家庭也難再

承擔起傳統家庭的奉養責任。

　　國家、市場與家庭在面對高齡社會時都存在著各自的瓶頸，因此高齡社會需要更多力量來共同支撐這個時代的重任，需要其他的行動者承接高齡照顧的責任。1970 年步入高齡化社會的日本，相當重視地方社區與志願服務所能扮演的角色（Ochiai, 2009, 2011; Oizumi, 2013）。Ochiai（2009）提出「照護鑽石」（care diamond）的理論，說明社區在照護制度中的角色。她指出傳統福利國家僅著重國家、市場與家庭（家族）三個行動者的彼此互動，許多時候忽略了社區的角色。另外 Oizumi（2013）主張應以「福利社區」取代「福利國家」，國家雖然仍扮演不可或缺的主導角色，但福利服務與長期照顧的提供，則需交由在地社區來實踐。

　　2000 年前後，臺灣也逐漸意識到社區在未來高齡社會中的重要性，不過，最初僅著眼在社區對失能老人的照顧（謝美娥，1997）。隨著「在地老化」（aging in place）概念的廣泛倡議，社區被賦予更多責任。「在地老化」是強調老人應盡可能避免機構式照顧，能夠掌握自己的生活，獨立且自然地度過晚年（吳淑瓊、莊坤洋，2001；詹火生、林青璇，2002；賴兩陽，2001）。社區生活是老年生活的重要一部分，國家透過社區來照顧老人，既可落實在地老化的理想，亦可緩和國家與家庭的重擔，這看似是一舉二得的方法，真的是恰當的「在地老化」思維嗎？本文藉由回顧社區照顧關懷據點的政策發展過程，思考臺灣面對高齡社會在實踐上的不足之處，以及未來的可能性。本文第二節回顧「在地老化」概念的發展，以及說明社區於在地老化概念下所扮演之角色；第三節則介紹臺灣各階段推動社區照顧關懷據點的調整過程；第四節反省制度推動過程的意涵；第五節提出在地老化的新思維。

二、結合社區的「在地老化」

（一）「在地老化」的緣起與討論

　　1960 年代之前，工業化國家透過各式機構服務，滿足社會照顧高齡人口的需求。機構式照顧的主要立論，在於集中高齡者共同生活，透過專業服務、科學化管理，達到有效照顧。老人照顧機構與安養機構，是專門為高齡者長期生活而設計的居住單位，設立專人負責照料並檢查高齡者的健康狀態，也安排日常生活起居的活動行程。這種以高齡者為對象設計的機構式照顧，至今仍是許多國家老人照顧的重要模式。

　　但隨著照顧機構的增設，照顧成本的日益提升，無論是國家或者家庭、個人，都難以負擔照顧機構所需的龐大費用；社會也開始從「人」的角度討論機構式照顧的不足之處。實質上，機構式照顧的管理是將高齡者隔離於社會生活之外，切割了高齡者的社會連帶，讓高齡者被迫從既有的生活脈絡中抽離，產生被社會、家庭孤立的感覺。此外，集體的日常生活作息與行動安排，以及頻繁的各項檢查，不但對入住機構的高齡者充滿束縛，也缺乏對高齡者隱私的保護。因此許多批評者指出，機構照顧模式未從高齡者的角度進行合理的安排，忽略了高齡者獨立自主、掌握生活的需求。於是自 1960 年代開始，「在地老化」取代機構照顧模式的呼籲逐漸浮現（吳淑瓊、莊坤洋，2001；詹火生、林青璇，2002；蘇麗瓊、黃雅玲，2005）。

　　「在地老化」的倡議者強調社會必須將老年視為生命歷程中的常態階段，應該自然地在個人長期生活的環境中發生，而不是刻意抽離至陌生的機構，交由專責的他人來照料。機構照顧採用全天候監控的集體式生活，讓高齡者處於缺乏隱私、失去掌握自己生活的困境，損害老年生活的品質。在地老化概念希望翻轉過去消極性的照顧概念，以維持高齡者獨立、自主、尊嚴的常態生活為目標，積極地增進高齡者的生活品質。

瑞典在 1960 年代首先提出並推行在地老化的政策，隨後世界各國紛紛起而效法。到了 1990 年代，包括英國、美國、日本、德國、澳洲等先進國家，皆以在地老化為高齡照顧政策的指導原則（詹火生、林青璇，2002），「在地老化」的概念成為老人照顧體系的普遍性指導方針（吳淑瓊、莊坤洋，2001）。

（二）臺灣早期的老人照顧邏輯

　　國家角色在臺灣早期的老人照顧範疇中，涉入並不深，以收容貧苦無依的長者為主；例如，由政府設置公立救濟院收容無人奉養的低收入戶老人，或成立榮譽國民之家收容老弱傷殘戰士（吳玉琴，2011a：144-145）。面對老人照顧需求的增加，政府在 1990 年代首先採取市場機制來調節高齡照顧人力不足的問題。隨著政府以外籍勞動力補充大量公共建設所需的人力需求，行政院勞委會於 1992 年開放家庭聘僱外籍監護工，藉此舒緩家庭照顧的壓力（陳惠姿，2009）。1997 年《老人福利法》第一次修法後，政府大幅放寬機構設置的限制，並積極輔導未立案的老人福利機構合法化或轉型（吳玉琴，2005）。一直到 2000 年代中期，臺灣社會主要經由市場機制提供家庭所需的資源，來滿足老人照顧的需求（Ochiai, 2009）。

　　然而由於人口迅速高齡化，高齡照顧的市場機制發揮的功能其實相當有限。謝美娥（1997）指出，臺灣社會約僅有一成的失能老人能夠取得機構式安養，約九成的失能老人必須透過家人、親友與付費照顧的方式來滿足居家照顧的需求（謝美娥，1997）。除此之外，許多家庭難以負擔老人照護的經濟支出，加上外籍監護工與高齡者間的語言與文化隔閡，這些都引發對引進外籍監護工的反省與討論。因此 1990 年代開始，除了前述開放市場的方針外，此時的政府也開始強調社區在老人照顧上所能擔負的角色，積極推動「社區照顧」（community care）與「居家照

顧」（home care），發展社區的老人福利服務。

　　在概念定義上，社區提供的老人照顧包括兩大類型，第一種是醫護領域的服務網絡，包含衛生所、診所、日間照顧、短期照顧與安寧照顧等；第二種是支援性服務體系，是由政府部門結合民間部門、家庭、親友、志工等資源的綜合體（吳淑瓊，1994；謝美娥，1997），依據案主需求，由專業醫護人員、一般看護工或家事服務員團隊，提供一系列與居家醫療、居家護理、居家看護及家事服務相關的支援（謝美娥，1993）。因此，社區照顧的醫護網絡不僅能夠提供專業的醫療服務，支援性服務體系也能減少家庭負擔、維繫家庭功能，提升老年人的生活品質。

　　此一階段的社區角色，受到照顧弱勢老人政策方針的影響，醫護領域所提供的醫護專業獲得較多的重視。因此，1990 年代社區照顧主要服務對象，集中在失能或高度需要醫療照顧的老人，焦點往往注重高齡者的生理需求，以及舒緩照顧者的負擔（謝美娥，1997）。透過醫療專業來評估失能老人、照顧失能老人需求的作法，後來延續到 2005 年的《建立社區照顧關懷據點實施計畫》、2007 年的《長期照顧十年計畫》。在這些行政院核定的計畫中，失能老人都是政府高齡照顧的首要服務對象。

（三）社區與在地老化

　　政府在發展高齡照顧的歷程中，逐漸由消極補充者轉向積極照顧者的角色。臺灣社會在 1996 年之前的老人照顧責任主要是由家庭承擔，並透過開放市場的方式補充照顧老人所需的資源，也藉由社區提供社區照顧及居家照顧的服務，但政府在照顧高齡者的功能上僅扮演補充者的角色（吳玉琴，2011b：252）。不過隨著政治民主化的進展，1990 年代中後期開始，政府逐漸調整最初的「補充」（residual）角色，逐步邁向「制

度普惠」（institutional universal）的角色和功能；由消極干預的政策策略，轉為積極提供保護和預防的福利對策（詹火生，2011：86）。

在政府角色的轉變過程中，受到學者與社會團體倡議的影響，極為深刻。1998 年行政院商請林萬億教授協助舉辦「誰來照顧老人？」研討會，同年 5 月核定《加強老人安養服務方案》，11 月由老人福利聯盟、殘障聯盟、公衛與社工專家學者共同提出了《社區照顧優先方案》，成為政府實踐老人照顧工作之角色轉型的開端。《社區照顧優先方案》經由數次研商之後，規劃三年期之《建構長期照顧體系先導計畫》（以下簡稱《先導計畫》），自 2000 年由內政部委託臺大吳淑瓊教授召集執行。第一年《先導計畫》首度提出「在地老化」作為臺灣未來長期照護的目標（吳淑瓊、王正、呂寶靜、莊坤洋、張媚、戴玉慈，2001：5），確立「在地老化」為老人長期照顧的原則。此計畫選擇嘉義市和臺北縣三峽鎮與鶯歌鎮分別代表城鄉社區，進行社區長期照護體系建構之實驗工作。在一年期的社區介入後，《先導計畫》發展出九類社區式服務，並吸引一千多位民眾接受服務，並由民眾負擔約 15% 的照顧費用，說明社區式長期照護體系在臺灣的可行性（吳淑瓊，2004：93）。

《先導計畫》確立了連結在地老化與社區的重要性，並引起後續許多討論。例如，蘇麗瓊、黃雅玲（2005）進一步指出，未來臺灣老人長期照護政策，應發展社區在「在地老化」目標中所能承擔的角色，將社區生活視為高齡者既有生活風格之延續，滿足高齡者獨立自我照顧與維持社會尊嚴的需求。社區在這個目標上，應該可以更積極評估地區長期照護的需求、發展多元的「在地」服務、連結資源建構社區照顧網絡、優先提供居家支持服務以降低對機構式服務的依賴、以及支持社區長期照護體系的發展。

三、社區與高齡照顧的發展

　　臺灣政府在面對即將來臨的高齡社會，不斷透過政策規劃以期建構完整的因應體系。自 2005 年至 2015 年的十年間，經由設置「社區照顧關懷據點」，逐漸落實以社區為高齡者「在地老化」的場域。制度設計過程中經歷數次的調整，一方面反映「在地老化」關懷的變化，另一方面也呈現出高齡社會的實際需求。本節將簡述政府推動社區照顧關懷據點的過程。

（一）社區高齡照顧的雛形：2005 年的《建立社區照顧關懷據點實施計畫》

　　行政院於 2005 年核定《建立社區照顧關懷據點實施計畫》時，臺灣的社區高齡照顧才在起步階段，社區照顧的資源，仍處於不足的狀態。當時規劃在各縣市成立一處長期照顧管理中心，以鄉鎮市為單位成立老人文康活動中心。根據 2004 年底的盤點，臺灣仍有 88 個鄉鎮未設立文康活動中心，占總鄉鎮數的 24%；沒有居家服務據點的鄉鎮市仍有 244 個，占總鄉鎮數的 66%。其他可協助老人在社區自主生活之方案，例如緊急救援通報服務系統、中低收入老人住宅設施補助、營養餐飲服務等，則有普及性不足、可近性不夠、資源分布不平均的現象（行政院，2005）。

　　行政院為了快速擴展社區照顧關懷據點，滿足在地老人的需求，於是與在地社會團體合作，鼓勵並補助設置社區關懷據點。其中具有申請設置關懷據點補助的社會團體，包含立案的社會團體，如社區發展協會；或於捐助章程中明訂辦理社會福利事項的財團法人社會福利組織、宗教組織、文教基金會；又或其他社區非營利組織團體，如社區宗教組織、農漁會、文史團體等（行政院，2005）。上述這三大類型的社會團

體，涵蓋絕大多數的 NPO 及 NGO 組織，顯示政府快速鋪展社區關懷據點之政策決心。現今社區照顧關懷據點數已突破 2,000；每年推動全國社區照顧關懷據點聯繫會報，邀請據點負責人觀摩與參觀示範據點，社區照顧關懷據點成為臺灣面對高齡社會的核心機制。

　　至於社區照顧關懷據點必須實踐的功能，行政院要求被補助單位需在「關懷訪視」、「電話問安、諮詢及轉介服務」、「餐飲服務」、及「健康促進活動」等四項功能中，至少承擔三項服務（行政院，2005）。後續針對被補助單位的追蹤調查，發現大多數的社區關懷據點偏向提供「餐飲服務」與「健康促進活動」的服務，提供「關懷訪視」以及「電話問安、諮詢及轉介服務」的比例明顯偏低（行政院研究發展考核委員會，2006）。由此可知，在地社會團體在組織社區照顧關懷據點時，僅延續一般的社區活動，提供較基本的功能。

　　行政院藉由補助與開放社會團體申請設置社區關懷據點，快速鋪展社區照顧關懷據點。這些舉措有助於臺灣社會建立高齡照顧網絡的最初雛形，但也出現缺乏評量指標、考核標準、整體資源評估等問題（行政院研究發展考核委員會，2006：5-6）。

（二）確立社區與「在地老化」的連結：2007-2010 年

　　2003 年《先導計畫》結束後，行政院社會福利推動委員會於 2004 年決議，增設「長期照顧制度規劃小組」，確立將「在地老化」的理念原則納入制度的設計與規劃。2006 年，政務委員林萬億教授提出，在地老化的理想，必需透過普及醫療體系、改善高齡住所、充實服務系統、建設在地公共設施來實現（高淑貴、陳秀卿，2008；陳正芬，2011）。經過一段時間的醞釀，2007 年《老人福利法》的二次修法，於第 16 條中確立了「老人長期照顧應以在地老化、多元聯繫、全人照顧」的基本原則。同年，行政院核定《長期照顧十年計畫》，期望建構完整的長期

照顧體系，以保障高齡者、身心功能障礙者獲得適切的服務，並增進其
獨立生活的能力，以提升生活品質、維持尊嚴與自主（行政院，2007）；
同時重申以「全人照顧、在地老化、多元連續服務」為長期照顧服務原
則，促進照顧服務的發展與普及。

「在地老化」理念作為政府面對高齡社會的核心原則，但此時仍處於
過渡階段；制度設計上，仍可看見理念尚未完整融入之痕跡。以長期照
顧十年計畫為例，儘管總目標提出增進老人「獨立生活能力，提升生活
品質，以維持尊嚴與自主」的原則，不過服務項目仍著重在降低家庭照
顧失能者的負擔，僅有少數資源配置於協助失能老人培養獨立生活的能
力。

此一時期之高齡政策是以去機構化為目標，以社區為高齡照顧服
務的核心角色。《長期照顧十年計畫》規劃的八項服務項目中，其中有
七項與社區緊密關連，落實服務輸送到社區、輸送到家的目標（高淑
貴、陳秀卿，2008：229）。除此之外，透過對照內政部 2008 年與 2013
年的《人口政策白皮書》，社區在支持高齡化社會之照顧需求上越趨重
要。2008 年政府在面對高齡化社會的對策中，雖然體認到照顧日常生活
需要他人協助的老人，並非完全是家庭的責任，而是社會的共同職責；
但是正式照顧體系在此職責上僅擔負「補充者」的角色，無法全面替代
家庭的照顧功能（內政部，2008：78）。此時政府的角色僅止於支持家
庭的照顧能力，分擔家庭的照顧責任，而社區則肩負組織行動，善用社
區資源，透過社區行動以達衛生教育及社區健康促進之功能（內政部，
2008：79）。不過，政府在 2013 年的《人口政策白皮書》中，已經將整
合家庭與社區功能視為因應高齡社會的主要對策，並強調政府政策應加
強老人預防保健的知能，盡可能協助老人維持身心健康、延緩老化，以
維持老人獨立自主的健康生活（內政部，2013：103）。

（三）社區成為「全體高齡族群」的照顧體系：2010年後

　　2007年《老人福利法》的修法過程中，展開一連串以在地老化為核心價值的整合過程。過去社區照顧的對象著重在失能、需要他人照顧的老人，未來的社區將更進一步成為照顧健康老人的多元照顧體系之一環。從2008年與2013年《人口政策白皮書》的發展變化可知，社區不再只肩負健康促進、失能老人的照顧工作，也成為健康老人獨立自主生活的場域。如何有效配置資源、界定社區在高齡社會所扮演的角色，讓不同健康程度的老人都能夠在社區中怡然自得在地老化，成為主要的挑戰。

　　2010年之前，政府對高齡社會政策的規劃與推動，分別由內政部社會司（社政）與行政院衛生署（衛政）共同推動。由於兩個單位對社區功能存在各自的想像，因此個別推動其職責所屬的高齡政策。社政和衛政之間的本位主義，導致服務提供與資源應用上產生缺乏整合的困境（林萬億，2005、2006；陳靜敏，2008）。直到2010年，立法院通過包括《行政院組織法》在內的政府機關組織再造四法，府會機關整併為衛生福利部之後，衛政與社政由單一部門推動，中央才逐漸產生一致的觀點（梁鎧麟、孫同文，2011）。整合後的衛生福利部重新統整過去的規劃，負責規劃高齡社會的發展藍圖（衛生福利部，2015a、2015b；衛生福利部社會及家庭署，2015）。衛生福利部在2015年6月25日提出《高齡社會白皮書規劃報告》，成為高齡政策發展的指導方針（衛生福利部，2015b）。

　　在衛生福利部的整合規劃中，重新考量了服務對象、政府角色、社區定位等重要議題，提出「規範性市場」與「自由市場」的政策架構。此一架構將高齡者區分為健康、亞健康（有兩項慢性疾病但能自理生活）及失能老人三大類型。健康、亞健康老人目前約占高齡人口的83.5%，他們多元的需求交由社會服務與自由市場來回應；失能老人則占高齡人

口總數的 16.5%，政府需承擔較大責任、透過規範性市場、長期照顧網絡來提供服務（衛生福利部社會及家庭署 2015；衛生福利部，2015a）。

此時期與 2005 年行政院設立社區關懷據點之初比較，社區照顧關懷據點的定位更加明確，社區在高齡照顧的功能上也日益完整。衛生福利部重新以健康、亞健康、失能三類型區分高齡者，建構整個高齡照顧的體系（參照圖 1-1 之架構）。失能老人交由日間照顧中心、長照機構等組織負責；社區照顧關懷據點的服務對象則聚焦在健康、亞健康老人。基於服務對象及功能出現明確的區別，社區在高齡照顧所扮演的角色，勢必需要進一步調整。除此之外，過去因衛政與社政分離而導致種類過於繁雜的相關機構團體，未來亦需要進一步整合，這些都將是未來高齡照顧的重要課題。

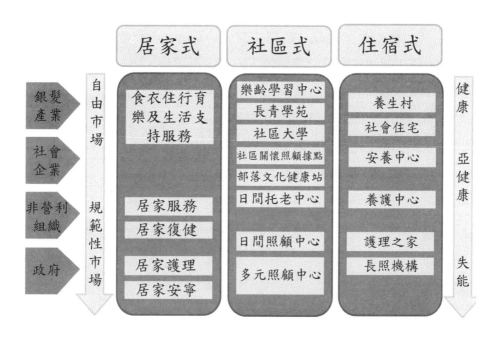

圖 1-1　臺灣高齡服務架構圖（衛生福利部，2015b）

四、我國「在地老化」推動的反思

（一）健康老人日益受到重視

　　回顧過去十年來政府推動高齡社區照顧的發展，服務對象從專注在失能老人轉向包含健康、亞健康的全體老人，是最鮮明的政策轉變。面對日益增加的老年人口，此一轉向有其必要性。在社會福利服務朝向提供全面性服務的目標下，政府不得不正視高比例之健康、亞健康老人的需求，而這些長者的需求與期待卻是與失能老人截然不同。

　　過去政府聚焦在失能老人的長期照顧時，無可避免地以「受照顧者」的角度來看待高齡者。尤其在強調侍奉雙親的孝道文化下，使得一般對老人的想像更為消極。在傳統華人文化下，與年長的父母同住、照顧父母的起居飲食，被視為是子女應盡的義務；看著子女成家立業、居住在三代家庭中含飴弄孫，是傳統文化中理想的晚年生活（王增勇，2014）。這些型塑了高齡者接受他人安排、需要他人照顧問候的被動者角色。老人照顧的制度因而朝向「照顧弱勢者」的方向設計，整個體系放大了高齡階段是失能、需要他人協助的階段，進而將此「高齡生活應該備受照顧」視為一種「常態」（江亮演，2006、2009）。

　　然而，實際考察臺灣高齡人口的現況，便會發現前述「需受照顧的高齡者」的消極形象有待商榷。步向已開發國家的臺灣，高齡者的生活樣貌與傳統的想像有相當大的落差。根據衛生署（2010）「國民長期照護需要調查」，其實高達 83.65% 的 65 歲以上人口屬於健康完全無失能者，另外 6.84% 的人口屬於輕度失能（衛生署，2010）。這意味著超過九成的高齡者能夠自理生活，在日常生活中僅需要一些簡單的協助。將超過九成的健康高齡者、與不到一成失能需要長期照顧的高齡者，一併納入長期照顧體系的作法，誇大了高齡者需要被照顧的比例，忽略高齡者整體仍然健康、正向的形象。另外，衛生福利部（2014）「2012 年老

人狀況調查報告」中發現，近三分之一的老人並未與子女同住，而選擇
「獨居」、「僅與配偶同住」、或者「僅與其他親戚或朋友同住」的形式；
65 歲以上高齡者在還能自理生活的情況下，只有 14% 願意入住機構；
生活無法自理時，也僅有 47% 希望能夠接受機構照顧（衛生福利部，
2014）。這些資料顯示越來越多高齡者傾向獨立生活的趨勢，不希望倚
賴子女或是機構的照顧。

　　健康、能夠獨立生活的老人，占了當前高齡者的絕大多數，他們的
生活品質直接關係到社會的整體福祉。不過近年來臺灣社會高齡政策的
主要發展策略，卻不成比例地聚焦在需要他人照顧的失能老人身上，資
源過度集中到少部分的高齡族群。隨著科技與醫學的進步，如今的高齡
者不但活得更久，也活得更健康。目前以長期照顧為核心、將高齡者視
為受照顧者的思維，已經到需要重新思考的地步。臺灣社會的高齡者絕
大多數可以自行料理生活，也期望維持生活的獨立與自主性、更有不少
人相當積極參與社區等各式活動。本文的觀察與內政部在 2008 年的《人
口政策白皮書》中提及的政策建議不謀而合：

　　……修正社會大眾將老人視為「體弱多病的」、「貧窮的」、「冷
　　漠不關心社會的」等負面刻版印象，若能視之為『有活力的、
　　積極參與社會的國民』，則社會對老人的看法有所改善，將有
　　助於老人擁有正面的自我形象和自我認知（內政部，2008：
　　79）。

　　然而健康高齡長者的需求，無論是政府或者民間，其實都缺乏足夠
的瞭解。2008 年的《人口政策白皮書》雖然提出社會應重新塑造正向
的老年意象，然而具體主張僅強調疾病預防與健康促進措施、以及推
動長期照顧政策（內政部，2008：80-83）。2013 年的《人口政策白皮

書》，也僅提出社區健康促進活動與高齡「正面形象」的關連（內政部，2013：104）。臺灣社會長期缺乏對高齡者生理、心理需求的理解，鮮少涉及老年生活福祉議題的研究，這正是「在地老化」理念所反思的關鍵。[1]

（二）社區被賦予過多角色與期望

　　社區為了配合政府提供高齡照顧服務對象的轉變，其在功能上也進行多次的調整。初始，政府過去因應失能老人的長期需求，發展社區照顧，以減輕家庭照顧的負擔與彌補機構的不足。隨著高齡照顧制度的規劃日趨完備，社區的功能也從 2005 年《建立社區照顧關懷據點實施計畫》原初預設之「關懷訪視」、「電話問安、諮詢及轉介服務」、「餐飲服務」、「健康促進活動」等服務，擴張到幾乎涵蓋 2007 年《我國長期照顧十年計畫》中的全部服務（行政院，2005、2007）。此外，政府更積極推動系統整合，朝向水平串連居家式照顧與機構式照顧，垂直涵蓋健康、亞健康、失能老人的多元照顧體系（衛生福利部，2015b）。

　　過去十年來，社區功能在國家持續性的制度安排下逐步提升，也取得更多資源來協助國家處理高齡照顧的需求，然而社區仍缺乏為其住民建構高齡生活環境與照顧體系的自主性。臺灣在建構因應高齡社會需求的制度時，因此面臨國家無法在通盤瞭解高齡者生理、心理需求的情況下提供服務的困境，社區在推動長期照顧服務時也缺乏社區動能。當我們回顧社區照顧關懷據點的發展，可以清楚地發現，社區是在政府開放申請與提供支持的情形之下，得以在數量、形式上達到政策的目標（行政院研究發展考核委員會，2006）。這種單向式之「自上而下」的制度建構，是否使社區在實踐在地老化時，淪為徒具形式的高齡照顧制度？

---

[1]　謝美娥（1997）回顧社區照顧的文獻發現，臺灣多數研究探討家庭與機構等照顧者的負擔，鮮少探討受照顧老人的各方面需求。

這需要未來進一步的關注。

　　持平而言，社區在推動在地老化政策目標遭遇的困難，一直是社區發展的兩難之一。[2]臺灣社區在發展過程中往往無法擺脫上對下的模式，必需接受上層單位的指導，社區內的專業團體則忙於撰寫計畫申請經費、準備報告應付評鑑等形式作業。在這發展歷程中，國家將許多難題交付社區執行處理（黃源協，2004；黃源協、蕭文高、劉素珍，2009）。面對高齡社會、推動高齡照顧社區化的過程中，政府單位所推行的社區照顧關懷據點、在地老化的主張，同樣複製「自上而下」的模式，社區成為國家的代理人（鄧湘漪、陳秋山，2011）。長期而言，國家透過社區做為代理人，推動高齡社會政策，實踐「在地老化」的過程中，國家一方面以行政本位為主導，忽略應以老人為政策思考的主體；另一方面，社區被賦予過多角色與期望，尤其是在社區缺乏內部動能的情況下，未來能否承擔被賦予的高齡照顧的願景，是需要進一步的思考。

（三）重新思考「社區」與「在地」的意涵

　　臺灣政府透過社區落實「在地老化」的過程中，習慣以行政社區為基礎，然而依地理環境劃分的「社區」，並不全然可以取代立基於個人生活範疇的「社區」。一般而言，社區包含「地理社區」、「身分社區」與「認同社區」等三個不同的意涵（蕭文高，2013：144-45）。國家在社區工作的推動上，往往是依據「地理社區」的意涵，來進行資源分配與任務分派；但在政策宣傳上，卻往往遊走於不同「社區」意涵之間，藉由「社群」、「共同體」的包裝，希望喚起民眾對傳統及鄰里價值的美好想像。

　　社區、社群與共同體之間的曖昧性，在由國家自上而下推動社區的

2　根據Taylor（2000）的說法，社區的發展向來處於「自上而下」（top down）或「自下而上」（bottom up）的兩難。

高齡照顧政策上展露無遺。「在地老化」的理念，強調高齡者的獨立性
與自主性，能夠於晚年時選擇喜歡的生活型態，在自己熟悉的環境中自
然老化（吳淑瓊、莊坤洋，2001；蘇麗瓊、黃雅玲，2005）。當政府在
推行「社區照顧關懷據點」、「十年長期照顧計畫」等政策時，緊密扣連
「在地老化」與「地理社區」的關係，已經將「在地」的概念等同於「行
政社區」。但兩者其實是有所出入的，政府經由社區所推行各項活動，
並不等同於社區老人的「日常生活」，有時反而是一種對高齡生活的干
擾，可能切割了老人的日常生活的真實社群。尤其當國家不斷賦予社區
更多責任與功能、規劃並補助各種社區組織來安置高齡者、安排高齡生
活的制度安排，傾向將高齡者的照顧帶往社區「機構化」的方向，可能
限制高齡者追求獨立自主，以及掌握老年生活的目標，恰恰與在地老化
的政策主張背道而馳。

五、在地老化的新思維

（一）獨立、健康、自我照顧的高齡者

　　政府已經逐漸意識到維持高齡者健康的重要性，也將健康的高齡者
納入高齡照顧政策的核心，但在社會或政策思考上仍未脫離「老人是依
賴人口、或即將接受長期照顧的候補者」的印象。一個年齡友善、正向
積極的高齡社會，應該均等正視高齡者正面特質與不可逆的需求，不僅
要照顧失能高齡者的需求，整體環境與政策也需兼顧健康高齡者的主體
需求，謀求晚年階段的健康極大化，這是建立在地老化新思維的首要工
作。獨立自主的高齡生活是國際社會推行「在地老化」的新目標，但這
並不是一件容易的事，受到許多社會制度與結構的影響，也涉及高齡者
達成此一目標的能力與觀念。基於此，本文認為達成一個健康積極的高
齡社會，不僅涉及個人也關乎社會整體，個人對於老化的觀念應有所修

正，社會結構與制度也應有所調整與創造。

　　就制度結構面來說，「退休」是其中一個關鍵性的制度設計，臺灣的退休過程缺乏彈性的安排，因此勞動者常常在通過「法定退休年齡」後，不論在精神、體力、或社會面都很容易從「獨立的成人」轉化成「依賴的老人」。這裡所謂的缺乏彈性是指勞動與退休之間存在過於明確的切割，以致於勞動者轉換為退休者的過程缺乏適度的角色調適；即使有不少中高齡者有意願、有能力、有需求重新回到勞動市場，他們卻因為勞動市場的制度設計和年齡歧視而難遂其志。[3]若能在退休過程中提供更多橋樑就業[4]機會與良好的職務再設計，不僅可以提升高齡者的勞動參與，也讓高齡者有其經濟來源與維持社會歸屬，將能大幅提升高齡社會的生活品質。在本書第 2 章，巫麗雪逐步討論臺灣中高齡勞動現況與想望，以及高齡勞動與生活品質的關係，作為規劃高齡勞動政策之參照。勞動制度的規劃對於高齡勞動至為重要，是值得努力的方向。

　　另一方面，政府高齡政策的目標乃是提升高齡生活的品質、促進高齡者的福祉，但臺灣社會對於高齡生活的瞭解，其實相當有限，直到最近才有少數研究有系統地討論高齡生活的「福祉」，以及影響高齡者健康與生活幸福感的因素（如陳肇男、林惠玲，2015；Lin, 2015）。顯然臺灣社會對高齡生活的理解仍不充分，在這種狀況下的政策很可能導致政府一廂情願的單方善意，卻無法滿足高齡者的日常需求。在本書第

---

[3]　這些困境包含高齡者再就業的障礙，如工作環境（含工作設備、硬體設施等）、工作條件（如工作時間、地點、福利、流程等）、工作的關係與績效（包括團隊、主管與同仁等互動關係）等不友善的條件（周玟琪，2006；行政院勞工委員會，2008、2010；葉婉榆，2013）。

[4]　橋樑就業（bridge employment）是指，在人們離開一生中最主要的工作（通常稱為「生涯工作（career job）」）到完全退出勞動市場的過程，一種低度就業的工作安排，通常是透過部分工時、自雇、或降低負荷之全職工作等形式，來達成彈性、降低工作負擔、維持經濟或社會需求的目標。（Doeringer, 1990; Feldman, 1994; Ruhm, 1990）。

3 章，王維邦、范綱華、趙星光從不同層次的社會連繫的豐富程度來說明高齡生活的幸福感受，同時也探討高齡者的宗教信仰與宗教行為對生活福祉的影響效果，提供臺灣學界與政策制定者理解高齡生活的細緻內涵。社會連結或社會網絡是社區生活中很重要的一環，對於高齡者的生活福祉有很大的影響。

高齡者的生活與健康是維持高齡者獨立、自主的重要關鍵，然而臺灣的高齡政策卻習以為常地從「治療」角度來看待高齡健康的議題，鮮少從「預防」的視角去關心一個健康的高齡生活如何形成與維持。這幾年來政府推動「達成一個更健康的晚年」上，大多透過社區以「健康促進活動」方式，教導與督促高齡者維持健康，卻甚少從高齡者「自行照顧」的立場，提出高齡者自我照顧與維護健康的「知識與方法」。高齡者通常不需要各種頻繁地政策宣導與社區動員，取而代之的需求是有效的自我照顧模式；經由自我照顧來維護健康，將能更有效配置高齡照顧的資源。關於自我照顧的需求與模式，可見劉珠利在本書第 4 章的詳盡討論。除了自我照顧模式的建立之外，飲食亦是維持高齡健康的核心課題；高齡者在身體機能老化的過程逐漸面對各種飲食與代謝上的問題，健康常處在微弱的平衡上，需要透過健康的飲食習慣與適度補充營養食品來維持健康。李貴宜在本書第 5 章說明高齡營養教育與評估在維持高齡者健康上的重要性，除了探討造成高齡者飲食困擾的各項問題之外，也介紹高齡者的營養教育與評估的方式。另外第 6 章林万登、江文德則透過找出緩和高齡者常見的血脂、血糖等代謝症候群的機轉，並將研發的萃取物應用於製成健康食品，促進健康食品在維持高齡健康上的貢獻。

總而言之，本文認為僅僅在思想上提出「以高齡者為主體」的思考模式，並不足以達成在地老化的積極目標。臺灣社會不僅要能理解高齡生活的特質，還必須在制度上建立一個友善的政策環境，鼓勵高齡者以

更積極的姿態參與社會生活，並提供一套健康高齡者的自我照顧、健康飲食的可能模式，才能具體地讓高齡者享受獨立、自主的晚年生活。

（二）年齡友善的環境

　　本文也重新思考高齡者與社區之間的關係，過去由政府「自上而下」的社區安排並不足以承擔在地老化之理想。我們認為對於社區的想像應該跳脫狹義的「地理」或「行政」社區的疆界，而是更靈活地將社區定位為「生活」的社區、「在地」的社區。換言之，一個對高齡者友善的在地社區環境，不僅讓高齡者能在其中獨立生活，更能讓高齡者選擇自己理想的生活模式。然而，怎麼樣的環境才是適合高齡者行動、生活的社區空間？本文認為一個年齡友善的環境，應超越世界衛生組織（WHO）所提到「年齡友善」（age-friendly）之便利、無障礙的空間設計的概念（World Health Organization, 2007），更進一步朝向提供舒適的活動以及人際互動的空間、更強調帶給高齡者的正向氛圍的環境。

　　就本書安排的脈絡而言，高齡友善的環境應包含適當的療癒／育效果－讓高齡者置身其中足以使其身心愉快的環境，行動也將因此有更為正面積極的效果。本書第7章至第9章分別從不同的空間範疇，探討社區環境對高齡生活的各種影響。關華山在第7章詳細探討「療癒／育性環境」的理論意義，並試圖從社區的尺度說明高齡環境應該具備之軟硬體條件。黃章展、黃姿萍在第8章比較醫療院所與非醫療院所之療癒景觀元素，提出不同功能之實質環境中具有療癒效果的景觀條件。第9章是以鄰里社區公園之座椅以小喻大，李俐慧經由多種質性研究方法探究一個對高齡友善的公共座椅的設計條件，並透過社會實驗法來評估座椅設計達成改變公共空間、促進高齡生活以及人際關係互動環境的條件。這三章的內容不僅討論社區環境帶給高齡者生理、心理的正面刺激，也指出不同層次的社區設計對高齡者日常社會連繫的影響。這些討論回應

在地老化的理想社區意涵：一個能夠讓高齡者輕鬆互動，自然而然產生各種人際連繫，進而透過豐富的社會生活，達到促進健康、實踐獨立自主的在地生活。

　　營造高齡友善的生活環境，所改變的不僅僅是高齡生活，同時也意味整個社會結構與產業環境的調整。面對高齡社會產生的新需求，企業組織也必須提供相應的服務。本書第 10 章從管理學的觀點，林灼榮、許書銘探討高齡社會下銀髮產業可能面對的挑戰及契機。最後，本書也探討資訊科技在高齡社會中所扮演的角色。基於各項雲端技術以及感測技術的發展，今日的醫護體系可以在降低干預的同時，掌握高齡者的身心理狀況，高齡生活也因而能在確保獨立性下，達到維護高齡者健康的目的。朱正忠、楊朝棟在本書第 11 章介紹結合雲端技術與巨量資料分析技術，建置高齡照護的系統，並說明在高齡生活中此系統的應用性。在第 12 章，呂芳懌、何季倫介紹無線感測資訊的蒐集與傳輸技術，並結合第 11 章之高齡照護系統建立一個安全而優質的健康照顧系統。

　　整體而言，本文認為理想的高齡生活，必須回到「社區」的豐富內涵中，在地老化的政策目標最終應落實於高齡者在身分上、認同上的「社區」生活，才能真正實踐在地老化的核心價值。更進一步來說，友善的環境將不僅對高齡者產生正面的效應，高齡者不因生理年齡，被迫中斷自己的生活及喜好；且社區內所有年齡層的居民，也得益於這樣年齡友善的環境，在舒適、安全的環境中悠然自得的發展自我，建立優質的長青生活。

參考文獻

內政部（2008）。**人口政策白皮書：針對少子女化、高齡化及移民問題對策**。臺北：內政部。

內政部（2013）。**人口政策白皮書：少子女化、高齡化及移民**。臺北：內政部。

王舒芸、王品（2014）。臺灣照顧福利的發展與困境：1990-2012。載於陳瑤華（主編），**臺灣婦女處境白皮書：2014年**（29-76頁）。女書文化。

王增勇（2014）。福利造家？國家對家庭照顧實踐的規訓。載於黃應貴（主編），**21世紀的家：臺灣的家何去何從？**（33-65頁）。台北：群學出版社。

行政院（2005）。**建立社區照顧關懷據點實施計畫**。臺北：行政院。

行政院（2007）。**我國長期照顧十年計畫摘要本（核定本）**。臺北：行政院。

行政院研究發展考核委員會（2006）。**95年度由院管制「建立社區照顧關懷據點」計畫查證報告**。臺北：行政院。

行政院勞工委員會（2008）。**高齡化社會勞動政策白皮書**。臺北：行政院勞工委員會。

行政院勞工委員會（2010）。**日本中高年齡層活躍職場之未來展望**。取自 http://www.cla.gov.tw/cgi-bin/siteMaker/SM_theme?page=4228058b

林萬億（2005）。我國社會行政組織調整方向之研究。載於行政院研考會（主編），**政府改造**（109-142頁）。臺北：行政院研究考核委員會。

林萬億（2006）。論我國衛生及社會安全部的組織設計。**社區發展季刊，113**，12-24。

江亮演（2006）。**老人福利**。臺北：中華民國高齡學會。

江亮演（2009）。高齡社會老人在地老化福利之探討。**社區發展季刊，125**，195-210。

伊慶春（2009）。人口老化與家庭。載於羅紀琼（主編），**臺灣人口老化問題**（49-68頁）。臺北：中央研究院經濟學研究所、財團法人孫運璿學術基金會。

伊慶春（2014）。臺灣家庭代間關係的持續與改變：資源與規範的交互作用。**社會學研究，3**，189-215。

伊慶春、簡文吟（2002）。臺灣的家庭與轉變。載於王振寰（主編），**臺灣社會**（275-310頁）。臺北：巨流。

吳玉琴（2005）。老人福利推動聯盟的發展歷史。**社區發展季刊，109**，279-292。

吳玉琴（2011a）。臺灣老人福利百年軌跡：老人福利政策及措施之省思與展望。**社區發展季刊，133**，139-159。

吳玉琴（2011b）。臺灣老人長期照顧政策之回顧與展望：老盟觀點。**社區發展季刊，136**，251-263。

吳淑瓊（1994）。從健康服務的供需探討我國老人健康照護問題。**經社法制論叢，14**，85-100。

吳淑瓊（2004）。從「建構長期照護體系先導計畫」之執行看我國社區式長期照護體系之建構。**社區發展季刊，106**，88-96。

吳淑瓊、王正、呂寶靜、莊坤洋、張媚、戴玉慈（2001）。**建構長期照護先導計畫第一年計畫期末報告**（內政部委託計畫研究報告）。取自 http://tih.ccu.edu.tw/agei/pdf/accomplishment_04_2001.pdf

吳淑瓊、莊坤洋（2001）。在地老化：臺灣二十一世紀長期照護的政策方向。**臺灣公期衛生雜誌，20**(3)，192-201。

周玟琪（2006）。高齡社會時代下我國高齡者就業對策。**就業安全半年**

刊，**5**(2)，11-17。

國家發展委員會（2014）。**中華民國人口推計報告（103年至150年）**。
　　臺北：國家發展委員會。

高淑貴、陳秀卿（2008）。由國家十年長期照顧計畫談農委會在地老化
　　措施。**農業推廣文彙，53**，225-236。

勞動部（2015）。**勞動統計年報**。臺北：勞動部。

梁鎧麟、孫同文（2011）。衛生福利部「長期照顧政策」的整合：府際
　　治理的觀點。**T&D飛訊，130**，1-20。

陳正芬（2011）。我國長期照顧政策之規劃發展。**社區發展季刊，133**，
　　192-203。

陳惠姿（2009）。**外籍看護工雇用及管理模式**（行政院勞委會職業訓練
　　局委託研究計畫期末報告）。臺北：行政院勞委會。

陳靜敏（2008）。長期照顧管理中心運作現況與未來發展。**研考雙月刊，**
　　32(6)，44-52。

陳肇男、林惠玲（2015）。**家庭、社會支持與老人心理福祉：二十世紀**
　　末的臺灣經驗。臺北：中央研究院、聯經。

黃源協（2004）。社區工作何去何從：社區發展？社區營造？。**社區發**
　　展季刊，107，78-87。

黃源協、蕭文高、劉素珍（2009）。從「社區發展」到「永續社區」—
　　臺灣社區工作的檢視與省思。**臺大社會工作學刊，19**，87-131。

楊靜利（1999）。老年居住安排：子女數量與同居傾向因素之探討。**人**
　　口學刊，20，167-183。

楊靜利、陳寬政、李大正（2009）。近二十年來的家庭結構變遷。載於
　　伊慶春、章英華（主編），**臺灣的社會變遷1985-2005：家庭與婚姻**
　　（1-28）。臺北：中央研究院社會學研究所。

詹火生（2011）。建國百年我國社會政策的過去、現在與未來。**社區發**

展季刊，**133**，81-92。

詹火生、林青璇（2002）。**國政研究報告：老人長期照護政策：國家干預觀點之分析**。臺北：財團法人國家政策研究基金會。

葉光輝、章英華、曹惟純（2009）。臺灣民眾家庭價值觀之變遷與可能心理機制。載於伊慶春、章英華（主編），**臺灣的社會變遷1985-2005：家庭與婚姻**（29-74頁）。臺北：中央研究院社會學研究所。

葉婉榆（2013）。邁向高齡社會工作者安全健康與就業品質之初探：國際議題發展和對我國之啟示。**福祉科技與服務管理學刊，1**(3)，23-34。

鄧湘漪、陳秋山譯（2011）。**社會工作與社區：實踐的批判性脈絡**（原作者：P. Stepney & K. Popple）。臺北：心理出版社。

賴兩陽（2001）。**臺灣社會福利社區化之研究：政策發展、推動模式與實施績效**（未出版之博士論文）。臺灣大學國家發展研究所，臺北市。

衛生署（2010）。**國民長期照護需要調查**。臺北：行政院衛生署。

衛生福利部（2014）。**2012年老人狀況調查報告**。臺北：衛生福利部。

衛生福利部（2015a）。長照保險制度規劃（簡報）。取自：http://www.mohw.gov.tw/MOHW_Upload/doc/%E9% 95%B7%E7%85%A7%E4%BF%9D%E9% 9A% AA%E5%88%B6%E5%BA%A6%E8%A6%8F%E5%8A%83_0044943001.pdf

衛生福利部（2015b）。高齡社會白皮書規劃報告（簡報）。取自：http://www.ey.gov.tw/Upload/RelFile/19/726264/2961185c-3479-434b-926a-6bca9bcd4d20.pdf

衛生福利部社會及家庭署（2015）。社區照顧關懷據點現況與發展（簡報）。取自：http://www.ey.gov.tw/Upload/RelFile/19/721243/

3660d589-e720-4c87-8fee-37b0547c3e58.pdf

謝美娥（1993）。**老人長期照護相關論題**。臺北：桂冠。

謝美娥（1997）。從失能老人社區照顧的需求初探服務網絡之建立。**國立政治大學社會學報，27**，47-88。

蘇麗瓊、黃雅玲（2005）。老人福利政策再出發—推動在地老化政策。**社區發展，110**，5-13。

蕭文高（2013）。重思社區工作的內涵與本質。**臺灣社區工作與社區研究學刊，3**(2)，143-50。

Doeringer, P. B. (1990). (Ed.) *Bridges to retirement: Older workers in a changing labor market*. Ithaca, New York: ILR Press.

Feldman, D. C. (1994). The decision to retire early: A review and conceptualization. *Academy of Management Review, 19*, 285-311.

Lin, J. -P. (2015). Life satisfaction among older adults in Taiwan: The effects of marital relations and intergenerational relations. In S. -T. Cheng, I. Chi, H. H. Fung, I. W. Li & J. Woo (Eds.), *Successful aging: Asian perspectives* (pp. 179-198), New York: Springer.

Morel, N., Palier, B., & Palme, J. (2012). *Towards a social investment welfare state? Ideas policies and challenges*. Bristol, UK, Policy Press & Chicago, IL, USA, University of Chicago Press.

Myles, J. (1989). *Old age and the welfare state: The political economy of public pensions*. Lawrence, KS: University Press of Kansas.

Ochiai, E.（落合惠美子）(2009). Care diamonds and welfare regimes in East and South-East Asian societies. *International Journal of Japanese Sociology, 18*, 60-78.

Ochiai, E.（落合惠美子）(2011). Unsustainable societies: the failure of familialism in East Asia's compressed modernity. *Historical Social*

Research, 36, 219-245.

Oizumi, K.（大泉啟一郎）(2013). *Aging in Asia: When the structure of prosperity changes*. Tokyo: Oriental Life Insurance Culture Development Center.

Quandagno, J., Kail, B. L., & Shekha, K. R. (2011). Welfare states: Protecting or risking old age. In R. A. Settersten, Jr. & J. L. Angel (Eds.), *Handbook of Sociology of aging* (pp. 321-332). NY: Springer.

Ruhm, C. J. (1990). Career job, bridge employment, and retirement. In P. B. Doeringer (Ed.), *Bridges to retirement: Older workers in a changing labor market* (pp. 92-107). Ithaca, New York: ILR Press.

Tayor, M. (2000). *Top down meets bottom up: Neighborhood management*. York: Joseph Rowntree Foundation.

Tsay, R. -M., & Wu, L. -H. (2014). Social policies, retirement arrangements and inequalities of ageing in Taiwan. In R. K. -H. Chan, L. L. -R. Wang, & J. O. Zinn (Eds.), *Social issues and policy in East Asia: Family, ageing and work* (pp. 97-116). Newcastle upon Tyne: Cambridge Scholars Publishing.

World Health Organization. (2007). *Global age-friendly cities: A guide*. Retrieved from http://www.who.int/ageing/publications/Global_age_friendly_cities_Guide_English.pdf.

第 **2** 章

有跡可尋？退休安排、勞動參與 和高齡生活福祉

巫麗雪

誌謝：本研究承蒙東海大學「全球環境暨永續社會發展計畫」（GREEnS）的各方資助；本文分析資料取自「1996-2007年臺灣老人長期追蹤調查（50-66歲樣本）」，與 GREEnS 總計畫四蒐集之「臺中市65-75歲高齡人口之社會生活狀況調查」，謹此致謝。作者感謝蔡瑞明、王維邦、楊靜利教授、兩位匿名審查人提供本文許多修改意見。文中任何闕漏之處，是作者的文責。

一、前言

　　臺灣人口結構高齡化的腳步非常快速，從高齡化到超高齡社會僅約
32 年，這個現象不僅未見於歐美社會，也罕見於亞洲社會（Lee, Mason,
& Park, 2011）。然而，人口結構高齡化究竟對臺灣勞動市場帶來什麼改
變？事實上，東亞國家自 1950 年代以來令人印象深刻的經濟奇蹟，很大
程度上得利於大量快速成長的勞動力，這就是人口的經濟效益，亦即人
口紅利（demographic dividend）[1]（Bloom & Williamson, 1998）。隨著高齡
人口的快速成長，臺灣的人口紅利在 2012 年達到巔峰後迅速消退，預期
在 2027 年抵達人口紅利的尾聲，此後將再難維持依賴青壯年人口推動經
濟成長的美好日子，能夠支撐臺灣社會的勞動力將大幅降低，每位勞動
人口需承擔更多的社會責任。

　　不過，臺灣勞動市場面對的困難可能超乎想像，社會實際狀況或許
更不樂觀。這是因為我們對青壯年勞動力採取寬鬆的定義（15-65 歲），
然而臺灣高等教育相當普遍，15 至 19 歲青年仍在就學的現象比比皆
是；若考量青年的高就學率，那麼勞動市場應該更加緊縮。圖 2-1 中在
20-65 歲之勞動人口定義下，可以窺見高齡化趨勢帶給青壯年的沈重負
擔，比想像的更加嚴峻。當人口結構的挑戰已是不可逆的事實時，如何
轉危為安？當今大部分高齡人口在法定退休年齡之後，仍保持良好勞動
能力與健康，延遲退休時機並非不可行，且延遲退休年齡將大幅降低總
扶養比（請見圖 2-1 中 20-69 歲之推估值）。這意味勞動人口延遲退出勞
動市場，有助於緩解人口高齡化對勞動市場與經濟發展的衝擊，有益於
臺灣面對高齡社會的時代課題。

---

[1]　在人口紅利時期，青壯年人口的總扶養比小於或等於50%，勞動人口承擔的經濟
　　負荷較輕。臺灣在2012年的總扶養比最低，為34.7%，之後即迅速提升。

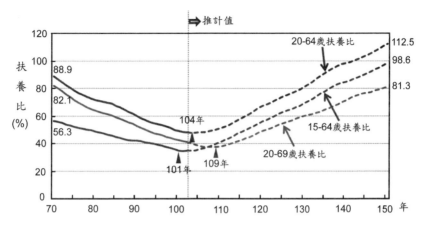

圖 2-1　不同定義下之扶養比變動趨勢

註：引自國家發展委員會（2014）

　　國際社會在面對高齡化這個時代課題時，無不期望在不破壞社會公平與生活品質的條件下，提升高齡者的就業意願與機會，補充勞動力並舒緩財政困窘。經濟合作發展組織有感於改革公共年金與退休制度，無法解決高齡社會的危機。2005 年強調「延長工作年齡」是面對高齡社會沉重負擔的必要策略；期望透過政府鼓勵並協助高齡就業、雇主建立年齡多樣性的勞動結構、勞動者提升工作意願與技能，使中高齡的人力資源得以充分發揮（OECD, 2006）。歐盟也分別在 2001 年斯德哥爾摩與 2002 年巴塞隆納會議中，訂立 2010 年達成百分五十的中高齡勞動參與率、以及將平均退休年齡延後五年的目標（Taylor, 2008）。歐盟之後更認為，政府與社會應該更彈性看待法定退休年齡，讓有意願持續工作的高齡者得以靈活就業；並增加勞動市場的彈性以及漸進式退休的管道，更友善地看待生涯轉變，提升高齡勞動者持續工作的機會（EU, 2006; TNS Option & Social, 2012）。

　　臺灣政府亦難自外於促進高齡勞動參與的全球潮流。2005 年國科會曾委託學界進行「高齡社會的來臨：為 2025 年臺灣社會規劃之整合研

究」，其中部分研究成果成為 2008 年「高齡化社會勞動政策白皮書」的基礎（周玟琪、蔡瑞明，2006；勞工委員會，2008）。在這份白皮書中，勞委會提出四點促進高齡就業的策略。（1）推動有利高齡就業的制度環境；（2）建立勞工與雇主接受高齡就業的誘因機制；（3）促進政府與民間組織的合作，開發就業媒合機制與多元在職訓練的管道；（4）滿足勞工生涯對就業、學習與教育的需求（勞工委員會，2008）。在具體實踐上，政府於 2003 年在《就業服務法》新增年齡歧視的罰則，促進年齡友善的就業環境；2008 年修正《勞動基準法》延長勞工退休年齡至 65歲。另外，臺灣政府也透過許多措施[2]，一方面提高中高齡勞動參與意願，也提升中高齡者的勞動素質與技能以面對快速的技術變遷。過去十年，臺灣的中高齡勞動參與率略微提升，但「提升中高齡勞動參與」仍是臺灣未來的重要政策目標（內政部，2013）。

　　本文基於「延長退休時機」的全球倡議，從臺灣脈絡來思考高齡勞動之於臺灣社會的可行性與可能困境。統整來說，我在第二節將以整體性的視角，呈現臺灣高齡勞動參與的趨勢與跨國差異，說明臺灣高齡勞動市場的特質與發展空間。接者，我將分析的視野拉回個體層次，試圖從高齡者過往生活經驗找到影響退休安排與生活品質的蛛絲馬跡。第三節將探討臺灣高齡者提前退休的因素，然而社會行為的影響因素很多，本文無法一一呈現，僅著重於工作經驗與家庭經驗的影響，並特別強調性別與社會階層的經驗差異；同時透過瞭解臺灣中高齡者的退休規劃與再就業意願，尋找促進延長高齡就業的可能方向。第四節將連結工作經驗與生活品質的關係，藉此瞭解工作生涯之於高齡者的生活意義與價值。最後，我將試著總結本文的發現，並對臺灣高齡勞動提出政策建議。

---

[2]　例如，透過補助多元就業與創業計畫、延長失業補助、延遲領取老年年金可增加領取金額、取消補助職場學習與職業訓練之年齡上限等。

二、退休年齡與高齡勞動參與的趨勢與比較

何時退休？經常與社會所處的大環境與制度結構脫離不了關係。例如，市場或組織轉型是高齡勞動力被迫退出的因素之一（Gerber & Radl, 2014；張晉芬、李奕慧，2001；曾敏傑，2001）；知識技術快速變遷也常將高齡者推出勞動市場（Beehr, 1986）。臺灣自 1990 年代中期開始積極推動經濟自由化，人事精簡成為當時促成自由競爭市場與提升效率的有效方法，正值民營化過程的國營事業雇員有相當高的比例因此自願或被迫離職（張晉芬，2002）。另一方面，臺灣於 1990 年起積極尋求加入 WTO，金融及電子等資本或技術密集的產業因勢而起，但也使得勞力密集的傳統產業漸進凋零。但是金融、高科技等新興產業難以吸收傳統產業釋放出來的大量勞動力，許多中高齡者在技術變遷的過程中失去謀生的技能，因此面臨失業，他們成為經濟自由化與產業轉型下最顯著的撤退者（張晉芬、李奕慧，2001；曾敏傑，2001）。

另一方面，退休與社會福利制度也是退休行為與決策的指南（Engelhardt, 2012; Higgs, Mein, Ferrie, Htde, & Nazroo, 2003）。臺灣在 2000 年代中期之後，高齡化與少子化帶來的人口結構壓力越趨明顯，青壯年勞動力的比例持續下降。在此脈絡下，政府寄望於中高齡勞動力的持續貢獻，因此傾向將他們留在勞動市場，這成為臺灣過去十年來的主要人口政策目標（勞工委員會，2008；內政部，2013）。除此之外，人口結構的改變也增加中高齡勞動者在經濟上的壓力。一方面，他們承擔老人照顧的負擔不僅加重也拉長了時間；與此同時，他們也必須為自己的退休養老進行準備。這些來自照顧長輩的壓力，以及對自己未來經濟安全的不確定感，讓越來越多高齡勞動者不敢輕言退出勞動市場，甚至延遲退休時機。

　　本文從主計處統計資料追尋過去十多年來的退休年齡變化[3]。圖 2-2
呈現 2004-2005 年是一個分界期，臺灣的平均退休年齡在此之前展現下
滑的趨勢，從 2000 年的平均 56.5 歲降至 2004 年與 2005 年的 54.9 歲。
平均退休年齡在 2005 年之後開始提升，但在 2009 年略為下降，這輕微
的降幅與臺灣在 2008 年實施勞工保險年金新制引發後續退休潮有關（主
計總處，2009）。然而，符合退休條件的退休者，有時並不代表就此退
出勞動市場，因此實際的平均退休年齡應略高於圖 2-2 所示。雖然如此，
臺灣的實際退休年齡仍距離官方認定的 65 歲法定退休年齡有很大的差
距，女性尤其明顯。

　　臺灣勞動市場的「早退」現象，也可從臺灣與 OECD 國家的比較瞧
見端倪（請參照圖 2-3）。相較於 OECD 國家，臺灣男性與女性的實際退
休年齡，遠低於日本、韓國、美國與瑞典，這些國家實際退休年齡落在
法定退休年齡左右，甚至超越官方規定的標準。臺灣男性的實際退休年
齡與芬蘭、德國相當，僅略高於法國；女性的實際退休年齡則大幅度落
後於 OECD 國家，甚至低於素有浪漫步調的法國。就目前看來，臺灣仍
是屬於較早退離勞動市場的國家。

---

[3]　這裡的退休年齡是指勞動力達到法定退休條件，申請退休者的平均年齡。

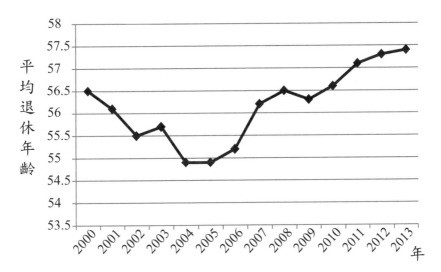

圖 2-2　臺灣平均退休年齡之趨勢

註：資料來自主計總處（2000-2013）

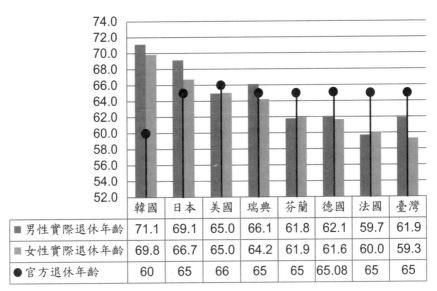

	韓國	日本	美國	瑞典	芬蘭	德國	法國	臺灣
■ 男性實際退休年齡	71.1	69.1	65.0	66.1	61.8	62.1	59.7	61.9
■ 女性實際退休年齡	69.8	66.7	65.0	64.2	61.9	61.6	60.0	59.3
● 官方退休年齡	60	65	66	65	65	65.08	65	65

圖 2-3　臺灣與 OECD 國家之實際退休及官方退休年齡之比較

註：臺灣資料為 95-100 年的資料（勞工委員會，2012）；OECD 國家資料為 96-101 年的資料（OECD, 2012）。

　　勞動參與率也透露出人們的工作生涯安排。透過圖 2-4 的男性與女性各中高年齡層的勞動參與率，本文發現，男性在 50-54 歲年齡層的勞動參與率自 2003 年緩慢增加；55-59 歲的勞動參與率從 2008 年開始提升，但幅度有限；60-64 歲則在 2011 年之後才有微幅升勢；65 歲以上的勞動參與率大致持平，沒有明顯變化。至於女性的部分，過去十餘年來，女性勞動參與率的成長非常明顯；50-54 歲女性勞動參與率在 2001 年之後一路成長，55-59 歲女性勞動參與率在 2006 年之後開始提升，60-64 歲女性勞動參與率直到 2014 年才開始增加。整體來說，從 1990 年代中期至 2000 年初期，結構性退出勞動市場的浪潮對男性中高齡勞動者的影響幅度甚於女性。這應與職業分布的性別差異有所關連，當年大量歇業或關廠的傳統產業，釋放出來的勞動力以男性居多，而 1990 年代崛起的金融等服務產業，則提供更多工作機會給許多有工作意願的女性，

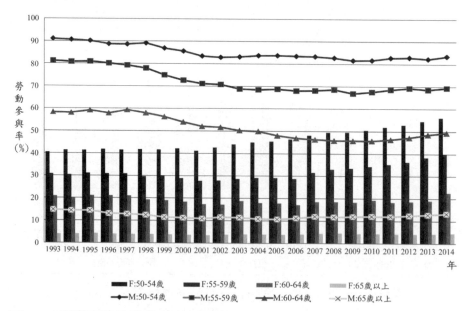

圖 2-4　臺灣高齡勞動參與率的變化

註：資料取自中華民國統計資訊網（擷取日期：2015/04/30）

大環境變遷下的機會結構，有利於吸引並提升女性的工作參與。

　　為了更細緻理解兩性進出勞動市場的模式，本文比較六個國家各年齡層的勞動參與率（請參照圖2-5）。德國、瑞典等歐洲國家的女性勞動參與率大多類似於男性的單峯曲線，其高峰出現在35-44歲，且到了60-64歲階段仍維持接近50%的勞動參與率。東亞與美國女性的勞動參與率，大致依循家庭的生命週期調整，美、日、韓的女性勞動參與率隨著年齡層呈現M形的雙峯曲線，她們在35-44歲左右基於子女照顧等家庭因素離開勞動市場，待責任緩解之後再回到勞動市場就業。美日的曲線十分接近，不過美國15-19歲的勞動參與率較高；韓國女性勞動參與率在25-59歲之各生命階段，都比美日兩國同年齡層的勞動參與率低10%左右。

　　臺灣女性勞動參與率的曲線與歐美日韓相當不同。臺灣女性勞動參與率的最高點，出現在25-34歲的年齡層，高於日、韓兩國，與歐洲國家相當，這可能與臺灣年輕女性的高人力資本投資有關。然而，臺灣女性在35歲後的勞動參與率卻迅速下降，與美、日、韓女性有所謂再進入勞動市場的現象不同。國內學者認為，臺灣女性一旦退出勞動市場就鮮少重回勞動市場，這與勞動市場缺乏協調工作與家庭的彈性就業機會有關（唐文慧，2011）。在男性部分，六個國家的勞動參與率曲線大同小異；相較於其他國家，臺灣男性進入勞動市場的時間較歐美國家晚，而且較早離開勞動市場，臺灣男性的勞動生涯較短，仍有展延的空間。

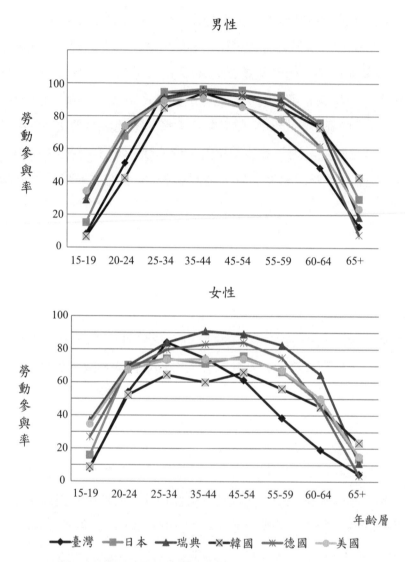

圖 2-5　各年齡層勞動參與率的跨國比較（2013）

註：臺灣資料取自中華民國統計資訊網。OECD 國家資料引自 OECD 勞動力統
計（OECD, 2015）

三、退休時機與退休規劃

（一）「早退」的影響因素[4]

在工業化過程中，退休金制度為人們晚年的經濟安全提供制度化保障，透過退休制度可以不需工作持續領取所得，因此退休成為人們勞動生涯中令人期待的事，法定退休年齡也成為退休規劃的重要依據（Kohli & Rein, 1991）。然而，隨著人口結構優勢逐漸遠揚、經濟波動、產業結構轉型，每一位勞動者權衡退休的考量條件越來越異質化，年齡規範的影響漸漸模糊，退休過程因此越來越長而隱晦（參照 Han & Moen, 1999; Hardy & Shuey, 2000）。許多學者以「去標準化」或「去制度化」，來形容這種退休過程的多樣化特質，體認過去「工作／退休」二元切割的人生進程，不再是真實的社會樣貌，「漸進式退休」成為一種可能的退休之路（Doeringer, 1990; Guillemard & Rein, 1993; Guillemard & van Gunsteren, 1991; Kohli & Rein, 1991; Ruhm, 1990）。因此，更多研究開始討論退休的過程。

社會學研究向來關心不平等的議題，近年來更強調橫越整個生命歷程的不平等經驗對晚年行為的影響（DiPrete & Eirich, 2006; O'Rand, 1996; Wang & Shultz, 2010）。這些研究透過梳理時間（生命傳記，biography）與社會空間（社會位置，social position）的交錯影響，來展現不同個體的生命故事（Damman, Henkens, & Kalmijn, 2011; Han & Moen, 1999; Kim & Moen, 2002）。換句話說，生命歷程的轉變不僅是社會制度與歷史流轉下的產物，更是個人行動的結果，因此人們晚年的情境必然鑲嵌於過往的人生際遇。在此脈絡下，許多研究開始強調生命早期（童年經驗）、中期（工作史、家庭與婚姻史、健康史）的生命經驗，對晚年的

---

[4] 引自 Wu & Tsay（2015）。

影　響（Damman et al., 2011; Ferraro, Shippee, & Schafer, 2009; Hayward, Friedman, & Chen, 1998; Schafer & Ferraro, 2012; Singh & Verma, 2003）；也有研究討論生命軌跡轉變的影響，例如經歷平順職業生涯的人，多傾向提前規劃退休，也較早退出勞動市場（Han & Moen, 1999）。

　　另外，生命歷程觀點也強調資源分布的社會差異，也就是「社會異質性」（social heterogeneity），其中最強調性別與職業群體間資源分布的落差（Han & Moen, 1999; Radl, 2013; Wong & Hardy, 2009）。例如，女性的職業生涯常常比男性更容易妥協於家庭制度的規範（伊慶春、簡文吟，2001），公部門的職業群體更緊密連結至國家退休政策（Fu & Lu, 2009），享有較佳的退休福利（Deyo, 1989）。除此之外，不同社會群體之間的生命經驗、生命步調也往往不同，因此共同地影響人們的退休規劃。舉例來說，經歷著平順職業生涯的男性，通常比女性擁有更多資源得以提前退休（Han & Moen, 1999）。

　　在人生進程中所累積的人力、經濟、及社會等資本[5]的充份程度，將左右人們退出勞動市場的時機與再就業意願。舉例來說，人們在中晚年經常需要面對家庭成員或自己的經濟需求，對於較晚進入親職角色或中晚年離婚的人而言，通常無法卸除經濟資源支持者的角色，因此較難提前退休（Damman et al., 2011）。或者，教育程度較高的人，可能擔負較具挑戰性與複雜度的工作，擁有豐富的社會溝通機會與資源，較容易從工作中獲得滿足，因此傾向延遲退休時機（Damman et al., 2011; Hayward, Friedman, & Chen, 1998）。除此之外，早年或中年的健康軌跡也影響晚年的罹病機率、或對健康狀況的評估，而左右了勞動者持續工作的能力與機會（Damman et al., 2011; Hayward et al., 1998; Schafer &

---

[5] 人力資本包含教育程度、工作相關的知識與技能、以及身體的健康程度（Becker, 1994）。經濟資本一般指涉財物的存量。社會資本是指人們採取行動時所能接近或動員的社會資源，而這些資源通常鑲嵌於社會關係之中（Lin, 2001）。

Ferraro, 2012; Schafer, Ferraro, & Mustillo, 2011）。

　　中年的工作經驗與工作特性常被用來預測退休時機，因為人們從中年工作經驗累積而來支持晚年生活的人力、經濟資本也不同，因此退休前的機會與限制不盡相同，連帶影響晚年的生活品質（Hayward et al.,1998; Tsay & Wu, 2014）。例如，不同職業群體接受技能再訓練、獲得好的工作條件、彈性安排工作時間的機會具有差異，所以每個人得以持續工作的能力也是不同的。一般來說，從事艱困工作的勞動者，多半面對體力負荷高但缺乏複雜度的工作，往往容易產生體力勞損，但重覆性的工作內容又難以形成工作成就動機，因此易於對工作產生身心上的疲憊感，增加提前退休的可能性（Hayward et al., 1998; Raymo, Warren, Sweeney, Hauser, & Ho, 2011; Singh & Verma, 2003）。

　　另外，職業流動是勞動生涯中的重要經驗，但對退休決定之影響是複雜而不明確的。根據 Singh 與 Verma（2003）在加拿大貝爾通訊公司的研究，他們發現工人的生涯若曾受阻[6]，將較難再回到勞動市場，因為這些人受困於自身技能不足，也缺乏適當的工作機會，使得他們容易在較早的時機退離勞動市場。其他的研究也發現失業或頻繁轉換工作的勞動者也面臨同樣的困境（Hayward et al., 1998; Raymoet al., 2011; Singh & Verma, 2003）。但有研究持不同意見，他們發現曾經歷不穩定的職業生涯的勞動者，可能需面對缺乏足夠經濟資源來支撐退休生活的困境，因此降低提前退休的可能性（Damman et al., 2011; Han & Moen, 1999; Raymo et al., 2011）。另一方面，生涯中向上流動的經驗對退休時機的影響也呈見多重圖像。對於有升遷經驗的勞動者而言，在經濟考量下，這群人擁有良好的經濟基礎而具有提前退休的條件，易有提前退休的傾向；然而在非經濟考量下，升遷者比較容易在退休前承擔饒富挑戰的工作、對工作投入高度情感，反而不輕易提前退休（Damman et al., 2011）。

---

[6]　例如因為組織重組或縮小規模而造成的不流動或向下流動。

（二）臺灣勞動者提前退休的分析

　　根據上面的文獻討論，本節分析國民健康署於 1996 年進行的「臺灣老人長期追蹤調查（TLSA）」[7]，說明生命經驗如何影響退休時機。這群中高齡長者中約 17%（410 人）從未進入勞動市場。到 2007 年追蹤調查時，具有勞動經驗的對象中，大約 79.6%（1448 人）的受訪者已經退離工作崗位；這群退休的長者中，在 40 歲或之前退出勞動市場者占 5.9%，在 41-50 歲間停止工作的比例為 14.1%，47.4% 的勞動者是在 51-60 歲間退休，24.2% 於 61-65 歲間離開工作崗位，超過 65 歲才退休者占 8.4%。整體而言，超過三分之二的勞動者是在 60 歲之前進入退休生活。2007 年訪問時仍處於就業狀態者，年齡介於 61-65 歲的比例約 50.4%，介於 66-70 歲者約 31.8%，70 歲以上者占 17.8%。

　　對大多數的臺灣勞動者而言，退休時機的主要參照基準是《勞動基準法》。2008 年五月之前，《勞動基準法》規定年滿 60 歲得強制退休，之後將強制退休年齡延後至 65 歲。本節分析的受訪者已於 2008 年勞動基準法修法前，屆達 60 歲的法定退休年齡。因此，本節分析以 60 歲為提前退休與否的標準，若於 60 歲之前撤離勞動市場，視為提前退休，並使用邏輯迴歸模型（Logit Regression Model）進行分析。[8]

　　本文發現女性比男性容易提前退休，其中部分緣由來自家庭與婚姻經驗、以及職業生涯經驗的性別差異。從圖 2-6 [9]可以看到，兩性提前退

---

[7]　TLSA 在 1996 年針對一群出生於 1930-1945 年的中老年人進行調查（稱為「中老年保健與生涯規劃調查」），當時這群調查對象的年齡介於 50-66 歲。國民健康署持續在 1999 年、2003 年與 2007 年進行三次追蹤調查。

[8]　本文基於文章的閱讀性，文中不納入統計分析的變項操作與原始模型。

[9]　模型 1 是控制性別、出生世代、教育年數、與居住地的邏輯迴歸模型下，分別計算男性與女性提前退休的機率預測值；模型 2 在模型 1 的基礎上，再加入結婚時機、離婚或分居經驗、因家庭因素離開最後一份工作的經驗、配偶的工作經驗等變項，計算得來的提前退休的機率預測值；模型 3 在模型 2 的基礎上，再加入生涯工作的職業地位、公／私部門、生涯工作年資與進入生涯工作的時機、以及受阻生涯路徑經驗等工作史變項後，計算而來的提前退休機率。

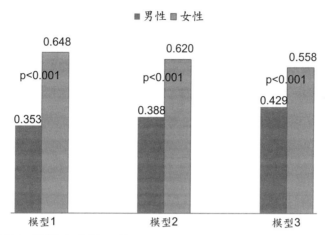

圖 2-6　提前退休機率之性別差異

休的機率差距，在考慮家庭與婚姻經驗、工作經驗之後明顯縮減。就家庭與婚姻經驗而言，大約 15% 女性因為結婚或生育子女離開職業生涯，男性基於相同理由退出勞動市場的比例不到 1%；女性因為婚育之外的家庭因素退休的比例亦達 16%，也比男性的 5% 高出甚多。換句話說，女性因為承擔家庭照顧責任，使其相對容易在 60 歲之前退出勞動市場。除此之外，女性的職業生涯經驗也與男性不同。女性有較高的比例從事低階白領、藍領、農人等工作，男性有較高比例從事高階白領、自雇業主等工作；且男性受雇於公部門的比例也較高；女性的生涯工作的平均年資較男性短少九年，開始進入生涯工作的時機亦較晚。從這些描述可以發現，女性在工作經驗中所能累積的資源相對較男性少。不過，女性經歷受阻的職涯路徑的比例較低，如前所述，女性受到外在經濟景氣、公司外移、倒閉、轉型等結構性因素的影響較小。整體而言，這些生命經驗的差異多少說明兩性在退休時機上的不同安排。

　　圖 2-7 呈現五個不同生涯職業階級提前退休的預測機率，低階白領階級在 60 歲以前退休的機率最高，接著依序是專業白領階級、藍領階

級、自營業主，提前退休機率最低的是農業相關的職業群體。其中，相對於農業相關從業者，從事低階白領工作者、藍領工作者，提前退出勞動市場的機率明顯較高。另外，本文關於生涯流動的分析顯示（參照圖 2-8），高齡者若曾經歷非自願退出的崎嶇職業生涯，那麼較可能面臨不充分的經濟狀況，降低提前退休的機率，這對於曾領取遣散費者較為明顯。這個現象說明，曾經歷非自願撤離者，可能基於經濟的需求而無法提前退休，然而為何同樣面臨阻礙的生涯路徑，曾領取遣散費者提前退休的機率比未曾領取者低？這可能反映任職於沒有遣散費制度的工作者，處於技術與制度福利更差的勞動環境中，他們的經濟需求不見得低，但他們可能因為技術層次更低而難以找到其他工作，然這需要進一步經驗研究的支持。

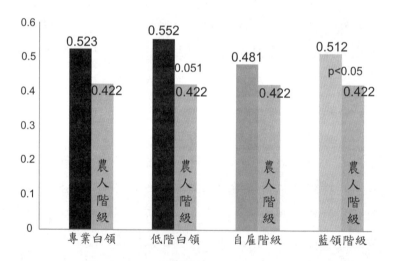

圖 2-7　提前退休機率之生涯職業階級差異

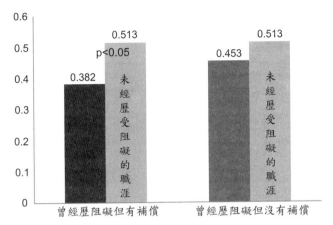

圖 2-8　不同職涯路徑下提前退休之預測機率

（三）臺灣中高齡勞動者的退休規劃與再就業意願

上一節的分析說明臺灣高齡者提前退休的幾個重要因素，我接著根據國民健康署在 1996 年進行的「中老年保健與生涯規劃調查（50-66 歲樣本）」，勾勒中高齡者對退休生活的想像。大約接近 43% 的受訪者表示，他們對退休後的生活沒有特別的想像。對退休生活有所安排的長者大多表示，休閒嗜好類的活動是他們最嚮往的安排，大約 46% 的受訪者期待退休後的生活可以結合自己的休閒嗜好。其次，約 21% 的受訪者希望規劃旅遊觀光，19% 的受訪者期待可以多參與家庭活動，15% 的受訪者希望在退休生活中從事修養學習的活動，14% 冀望透過奉獻服務性質的活動來排遣退休後的時光，10% 受訪者希望安排運動類的活動。僅少數受訪者考慮安排與專長工作相關的退休活動（2.7%）。[10] 歸納上述的描

---

[10] 原始問卷詢問受訪者「退休後／將來退休後，有多出來的時間做你想做的事情，你最想做的事是什麼？還是沒有？」，其中 871 人表示沒有想過這類的問題；對退休生活有想法者共 1181 人，這些人從（1）家庭生活類、（2）休閒嗜好類、（3）修養學習類、（4）奉獻服務類、（5）專長工作類、（6）觀光旅遊類、（7）運動類等七類活動中，選擇 3 項最想從事的活動。例如，有 542 人選擇從事休閒嗜好類的活

述，臺灣社會對退休生活的想像，大部分以休閒生活為目標，仍然重視家庭生活，但投入個人修養學習、社會服務的比例略低，最難接受與工作相關的退休安排。

當進一步討論退休後再就業的意向，大部分受訪者表明沒有再就業的意圖（83%），僅 17% 的受訪者曾經想過在退休後持續工作。在這些具有再就業意向的受訪者中，約 40% 的受訪者不在乎工作的性質與內容，只要有酬勞、能賺錢的工作，他們均願意從事；16% 的受訪者希望可以開發新事業，或做點小生意；11% 的受訪者想從事非專業性質的服務工作；11% 的受訪者希望擔任傳遞專業知能的工作；僅 2% 的長者想從事辦公室內的事務工作。整體來說，大部分仍期待可以切割退休生活與工作生活，因此退休後的再就業意向不高；具有再就業意圖者多半重視再就業的經濟效益，這部分亦可從其就業動機窺見端倪，高達 61% 的具再就業意向者表示，再就業的動機在於滿足經濟上的需求，這符合過去葉秀珍等人的研究發現（Yeh, Wei, & Lue, 2016）。

另外，從具再就業意願者期望的工作時間來看，大約一半的人不太在意退休後的工作天數與工作時數，他們大概依循與雇主協議的時間安排。這群人認為理想的每日工時與每月工作天數，都略低於一般全時工作（full-time job）的工時與工作天數；他們期待每日工作時數平均為 6.5 小時，每月工作天數平均為 20 天。隨著人生邁向晚年，仍然想在退休後持續工作或必須工作的人，大多希望透過降低工時或天數緩解高齡工作的負荷，或增加生活與工作之間的彈性安排。這也意味著，政府在鼓勵延長工作年齡的同時，應考量高齡者生活、體力等各方面的承載能力，提供適宜高齡者的工作機會。

動，占對退休生活有想法者的45.9%。

四、高齡勞動參與、橋樑就業經驗與生活福祉

　　世界各國面對高齡化社會時，除了提倡延長工作年齡外，也期望讓人們的晚年生活過得更美好，其中關於退休／就業與生活品質的議題備受注意（OECD, 2006; EU, 2006），「樂在工作」的高齡生活是否可能？隨著高齡人口的增加，當代福利國家多成為「高齡者的福利國家」（Myles, 1989: 2），有關高齡的預算逐漸成為最大的支出（Quadagno et al., 2011），也逐漸成為社會沉重的負擔。在個人層次上，人們對退休制度帶來的生活保障習以為常（Kohli & Rein, 1991），嚮往退休後不用工作的休閒時光。然而，退休就意味幸福嗎？老年工作就意味「歹命」嗎？這個議題在臺灣的討論有限。這一節我將說明勞動參與及高齡福祉[11]之間的關係，探討過去的工作經驗如何形塑晚年的生活情境資源，進而影響高齡者的幸福感受。

（一）高齡工作促進角色認同或是提升壓力？

　　退休比較幸福？還是持續工作比較滿意生活？這些問題的解答涉及人們對工作角色的認同程度（Ashforth, 2001），因此影響角色轉換過程的各方面感受。成功老化（successful ageing）的觀點認為，持續工作可以促進高齡者的生活品質，維持正向的助益（Baker, Cahalin, Gerst, & Burr, 2005; Cahill, Giandrea, & Quinn, 2006; Rowe & Kahn, 1997）。這是因為工作是人們一生中重要的認同來源，大多數人可以從工作中實現自我

---

[11] 這裡所指的主觀福祉承襲心理學家Diener的定義，包含認知性評價與情感性評價。前者是指個體對其過去、現在、未來所欲達成與實際達成的目標之落差的心理感受（Diener, Suh, Lucas, & Smith, 1999）、與對外在自然與社會生活環境的主觀評價（Veenhoven, 2007）。我使用「生活滿意度」測量高齡者對其人生的認知性評估（Campbell, 1976; Neugarten, Havighurst, & Tobin, 1961）。「情感性評價」是指生活當下的心情整體感受（Diener et al., 1999）。我使用「老人憂慮」來評估高齡者受訪時的心情感受（Radloff, 1977）。

的價值，並從工作環境發展社會關係。因此，即使在高齡階段，工作角色仍被許多人視為重要的角色（Smyer & Pitt-Catsouphes, 2007）。退休可能讓人們喪失工作角色，以及脫離與工作相關的社會環境，缺乏情感依附和增加心理上的憂慮情緒；反之，維持工作角色將有益於提高生活福祉。

角色壓力觀點認為，退休是一個降低工作角色壓力的機會，甚至降低各種責任角色之間的緊張關係，進而提高心理的福祉（Kim & Moen, 2002）。舉例來說，女性普遍是家庭的主要照顧者，當女性也同時承擔工作角色時，可能面臨家庭角色與工作角色間的緊張關係，退出工作反而降低衝突，增加女性高齡者的生活滿意度（Kossek & Ozeki, 1998）。又或者，有人對工作角色之外的生活有較高的期待，比較容易排解喪失工作角色帶來的失落感，因此抽離工作角色不必然降低福祉感（Choi, 2001）。

雖然退休後的工作參與被認為有助於促進成功老化，但僅有少數經驗研究檢驗之間關係。Chang & Yen（2011）分析國民健康署於 2003 年蒐集的「臺灣中老年身心社會生活狀況調查」資料，他們依據高齡者參與工作的時間，區分出全時工作、部分兼職工作、與退休三種型態，並比較三種型態的生活滿意度。他們發現從事兼職工作的高齡者擁有最高的生活滿意度，全職者的生活滿意度較低。但也有研究認為工時的多寡不是重點，只要是出自於高齡者的自願性工作行為，生活福祉都比退休者來得高；尤其兼職工作者因面臨的壓力較低，所以生活品質最佳（Nikolova & Graham, 2014）。不過，Choi（2001）的研究卻發現，就本身而言，高齡就業無助於提升高齡女性的生活滿意度，經濟資源與對經濟處境的憂慮才是影響生活滿意度的主因。整體而言，這些經驗研究沒有一致的結論。

（二）橋樑就業是角色調適過程或是累積劣勢？

橋樑就業是指人們離開生涯工作[12]到完全退出勞動市場期間的低度就業狀態，這種橋樑就業經驗在退休過程中扮演的角色越來越重要，部分工時、自雇、降低負荷量之全職工作日趨普遍（Cahill et al., 2006; Doeringer, 1990; Quinn, Burkhauser, & Myers, 1990; Quinn & Kozy, 1996; Ruhm, 1990a, 1990b）。不過，橋樑就業的經驗對於生命最後一個階段的生活福祉究竟產生什麼影響？許多強調角色調適的觀點主張，橋樑就業的低度就業經驗對晚年具有角色調適的作用，其正面效益主要來自於它調節了角色喪失或角色轉變而來的失落（Wang, Henkens, & Solinge, 2011）。例如，橋樑就業補充晚年的經濟需求，讓高齡者保持一個比較活躍、具生產力的生活，並維持既有的社會網絡（Damman, Henkens & Kalmijn, 2013; Quick & Moen, 1998），有利於適應退休過程的社會關係與地位的轉變，提升生活福祉。

然而，從累積優勢／劣勢的觀點來說，生命中的每一個時期都是鑲嵌於過去的生活經驗，勞動者晚年享有的退休權利與生活方式等保障，經常與早年的工作經驗有所關連。過去，臺灣社會保險與退休制度的設計，皆連結至個人的職業身分的歸屬，不同的職業群體適用不同的社會保險與退休政策，[13]因此老年經濟安全與個人的職業經歷息息相關（參照 Tsay & Wu, 2014）。另一方面，臺灣在 1990 年代面臨經濟自由化、產業轉型、與全球化的改變力量，中高齡勞動者對這艱難的時刻有深刻體

---

[12]「生涯工作」是指一個人的工作生涯中，工作時間最長的一份工作。

[13] 臺灣於1950年開辦勞工保險與軍人保險，1958年開辦公務人員保險，1985年開始實施農民健康保險。1999年合併公務人員保險與教職員保險為公教人員保險。1994年思考臺灣社會仍有大量非在職者被排除於社會保險制度之外，為了涵蓋此一經濟安全保障制度的缺口，於2008年開始實施國民年金保險（Fu & Lu, 2009）。農民保險、勞工保險、軍公教人員保險、國民年金保險等四大社會保險制度，成為臺灣老年經濟安全保障的主要法源。

認（張晉芬、李奕慧，2001；曾敏傑，2001、2009）。這群中高齡勞動者（尤其是藍領勞動者）可能因為年齡、教育程度等因素，較難取得培養新技能的機會（莊致嘉、蔡瑞明，2014），無法找到適當的工作，因此即便具有再就業意圖卻難再進入勞動力市場（Yeh et al., 2015），或進入不穩定的次級勞動市場，之後難再回到典型的勞動市場（柯志哲、張佩菁，2014），這些都將不利於經歷低度就業者累積維持晚年生活品質所需的資源。

（三）從生活情境理解工作經驗的影響力

一些研究指出，高齡就業的經驗與主觀福祉之間的連結，必須擺回退休過程所鑲嵌的各種資源與脈絡情境檢視，其中經濟、健康狀況以及變化軌跡都是重要的資源與脈絡情境（Kim & Moen, 2002; Wang et al., 2011）。例如，進入低度就業的高齡者多為社會階層中兩端點的群體（Cahill et al., 2006; Quinn et al., 1990; Smyer & Pitt-Catsouphes, 2007）。另一方面，高齡就業的動機往往也有社會階層的區別，擁有高社經地位的高齡者常以促進健康、維持社會網絡、與傳承經驗技術為動機，多半從事與生涯職業相關的橋樑工作（career bridge employment）；反之，社經地位較低的高齡者多半以經濟需求為主因，有較高的比例進入與生涯職業不同的領域工作（Smyer & Pitt-Catsouphes, 2007; Zhan et al., 2009）。

Dendinger 等人發現，當高齡就業者從事傳遞技術或知識給年輕世代時，將增添高齡者心理上的幸福感（Dendinger, Adams, & Jacobson, 2005）。若高齡者是基於經濟因素而進入勞動市場工作，一方面，由於這群人大多被迫從事與生涯工作不同領域的工作（Zhan et al., 2009），需要同時面對角色改變與適應新工作環境的壓力，讓他們產生較多的負面生活感受。因此，橋樑就業經驗，不見得帶給高齡者較好的心理福祉（Hershey & Henkens, 2013; Wang et al., 2008）。另一方面，當人們面對退

休決定時缺乏自我控制感，他們容易在心理上產生「退休時間到了但無法退」的無奈感，這種感受將影響後來的生活幸福感（Calvo, Haverstick, & Sass, 2009; Quinn, Wells, de Vaus, & Kendig, 2007），這對於經濟與健康狀況都不佳的人來說，更是一項挑戰（Hershey & Henkens, 2013）。

（四）高齡工作、橋樑就業與生活福祉的分析

本節為了討論高齡者的工作經驗與生活品質之間的關係，我分析東海大學 GREEnS「建構優質的長青生活品質與環境之研究」計畫，於 2013 年 5 月至 2014 年 4 月期間進行的「臺中市 65-75 歲高齡人口之社會生活狀況調查」資料[14]。在排除相關變項缺失訊息的樣本後，納入生活滿意度分析的樣本數為 515 人，納入心理情緒分析的樣本數為 525 人。[15]

1. 高齡工作與橋樑就業對生活滿意度的影響

本節的分析發現，當未考慮受訪者晚年的經濟生活與健康處境時，相對於具有工作能力的退休者，缺乏工作能力的退休者的生活滿意度明顯較差，但是高齡就業並未顯著提升或降低晚年的生活滿意度。[16] 不過，當控制受訪者的晚年生活情境後，相對於具有工作能力的退休者而言，仍持續工作的高齡者與無工作能力的退休者，他們的生活滿意度都明顯較低（參照圖 2-9）。這表示高齡工作對生活滿意度的負向作用，很

---

[14] 此調查是以出生於 1937 年到 1947 年的臺中市民為研究母體，以 2012 年 12 月設籍臺中市之 65-75 歲人口名冊為抽樣架構，採分層抽樣法，依照母群體在性別、里的比例分配選取樣本，最終抽取單位為個人（GREEnS 總計畫四，2014）。最後完成 597 份問卷。

[15] 生活滿意度與心理情緒的分析中，各自剔除的樣本數分別為 82 人與 72 人，約占總樣本數的 13.74% 與 12.06%。本節為了方便讀者閱讀，不在文中納入統計模型。

[16] 此多元線性迴歸分析控制受訪者的年齡、性別、教育程度、婚姻狀況、生涯職業地位、早年的經濟狀況、與早年的健康狀況。

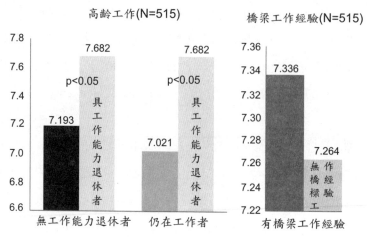

圖 2-9　**高齡工作、橋樑工作經驗之生活滿意度預測值**

大程度受到目前生活情境的影響。因此，將工作經驗與主觀生活福祉之間的連結，擺回高齡者在退休過程中的資源脈絡下檢視有其必要性（Kim & Moen, 2002; Wang et al., 2011）。

　　本文將晚年的生活情境區分為經濟與身體狀況皆佳、經濟與健康其一不佳、經濟與健康狀況皆不佳三種生活情境脈絡，分別檢視高齡工作在這三種脈絡下對生活滿意度的影響。如圖 2-10 所示，對於經濟不虞匱乏、身體狀況良好的高齡者而言，工作降低高齡者的生活滿意度；對於經濟或健康不佳的高齡者而言，無工作能力退休者的生活滿意度較差。這個結果顯示出一個有趣的對比：沒有經濟壓力又有健康資本的高齡者，更期待工作以外的休閒生活（Lancee & Radl, 2012），束縛於工作角色反而削弱了生活滿意度；然而，健康或是經濟不佳的高齡者，可能期待透過工作舒緩經濟需求，或是藉由工作來增加自我價值，離開工作崗位削減了生活滿意度。

　　另外，低度就業的橋樑工作階段究竟是促進高齡者的角色調適過程？或是具有累積劣勢的特質而削減晚年的生活滿意度？對照圖 2-9，本

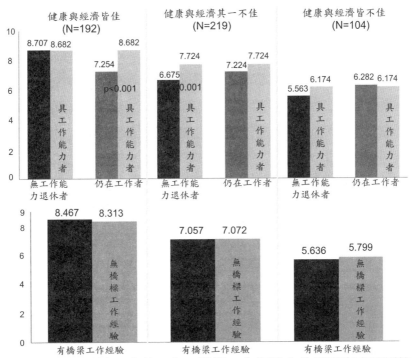

圖 2-10　不同生活情境下高齡工作、橋樑工作經驗之生活滿意度預測值

文的分析結果顯示，橋樑就業經驗對生活滿意度的影響未達統計顯著水準。在三種生活情境下，橋樑就業經驗也未顯著提高或降低高齡者的生活滿意度（對照圖 2-10）。

2. 高齡工作與橋樑就業對心理情緒的影響

　　工作狀況與橋樑就業經驗對心理情緒的影響，與對生活滿意度的作用略有不同。就工作狀況來說，在尚未掌握受訪者的晚年經濟與健康狀況之前，無工作能力的退休者明顯有較負面的心理情緒。[17] 但當控制受訪者的晚年生活情境之後，兩者之間已無明顯差異（參照圖 2-11）。此一

---

[17] 同註 15。

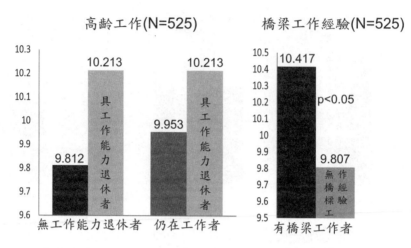

圖 2-11　高齡工作、橋樑工作經驗之心理情緒預測值

變化仍然說明高齡工作與心理情緒之間的關係需視資源脈絡而定。進一步的分析也顯示，工作對具有經濟與健康優勢的高齡者造成負面的心理情緒，高齡者若沒有經濟上之隱憂，且擁有健康的身體資本，他們更為享受無需工作的退休生活（參照圖 2-12）。

　　不同於橋樑就業經驗對生活滿意度的影響，本節關於橋樑就業經驗對心理情緒的分析顯示，橋樑就業經驗促進正向的心理情緒（參照圖 2-11）。進一步的分組迴歸分析，分別檢視橋樑就業經驗在三種不同資源脈絡下對心理情緒的個別作用。結果指出，橋樑就業經驗對經濟與健康弱勢之高齡者具有顯著的正向力量，足以提升他們心理情緒的愉悅程度。這或許與高齡者在經濟壓力與身體體力大不如前的雙重情境下，橋樑就業的彈性特質可以符合高齡者的經濟需求並減輕負擔，增加其正向心理情緒（參照圖 2-12）。

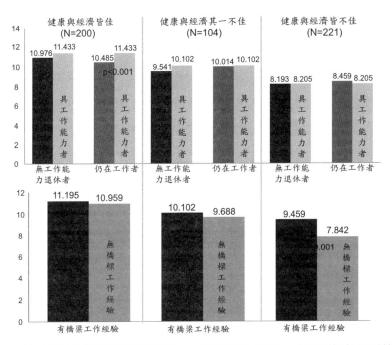

圖 2-12　不同生活情境下高齡工作、橋樑工作經驗之心理情緒預測值

3. 小結

　　高齡工作是否反應「老歹命」的刻板印象，或是如成功老化研究所述，得以促進生活福祉？就臺中市的資料來說，高齡持續工作不利於提升高齡者的生活滿意度，而且工作對於高齡主觀福祉的影響，很大程度取決於高齡者目前生活情境中所擁有的資源。對於經濟不虞匱乏、身體健康的高齡者而言，在退休之後持續就業不僅降低其生活滿意度，也容易造成負面的心理情緒。從角色壓力的觀點來說，或許工作生活帶給這群人許多壓力與角色衝突，使得這群經濟與健康優勢的高齡者更期待工作角色之外的休閒生活（Lancee & Radl, 2012），束縛於工作角色削弱了晚年的主觀福祉。另外，當缺乏工作能力之退休者必須面對經濟壓力或健康劣勢時，他們可能因為無法獲得自工作而來「雪中送炭」的各方

面支持，因此生活滿意度較低，例如，他們無法透過工作來舒緩經濟壓力，或是藉由工作來增加對自我肯定與存在價值。

除此之外，本文發現橋樑就業經驗對於長期穩定的生活滿意度沒有顯著作用；卻有助於提升高齡者的正向心理情緒。尤其，當高齡者面臨經濟壓力與身體體力不佳的雙重困境時，橋樑就業的彈性特質提供這群人一個扶危濟困的機會，提升心理情緒的愉悅程度。橋樑就業可以舒緩高齡者負面情緒，在退休過程扮演階段性的調整角色。這個結果顯示，過去視退休為完全與勞動市場切割的觀點，一方面忽視高齡者在低度就業的漸進退休過程中可能獲得的助益，也忽視這群高齡勞動力的價值。

五、結論與建議

人口結構高齡化吸引全球社會的關注，也揭開高齡社會難以承受之重。勞動市場面臨人力短缺已是可預見的困境，世界各國意識到公共年金與退休制度的改革困難之後，大多將政策改革轉向延長勞動年齡，臺灣社會在過去十年間，也致力於提升高齡勞動參與。本文逐一解析臺灣高齡勞動參與的轉變與現況，探討高齡者提前退休的原因以及對退休生活的想像，也探索高齡勞動經驗與生活品質之關係。本文認為，勞動市場對女性勞動力的整合不足、對社會高階勞動力缺乏非經濟誘因、對社會低階勞動力缺乏提升技能與機會的支持環境，這是臺灣提升高齡勞動參與的限制，也是未來高齡勞動政策可進一步施展之處。然而，不可忽視地，這些困境皆成因於整個生命歷程的早期，國家政策如何在整個生命歷程中提供相關資源與對應政策，成為緩解社會不平等的重要課題。

（一）整合女性勞動力是提升高齡勞動參與的必要之路

臺灣女性的職業生涯經常終止於生命歷程的中壯年時期，明顯地

在 25-34 歲之後大幅度退出勞動市場，這個現象多半連結到女性的照顧角色，她們較可能因為結婚或生育子女而離開職場，其中又以履行「母職角色」是中斷職業生涯最重要的因素（李大正、楊靜利，2004；薛承泰，2000；簡文吟，2004；Wu & Tsay, 2015），且臺灣勞動市場缺乏彈性的工作設計，很難容納身兼母職的女性再回到勞動市場（唐文慧，2011）。過去有些政策性的研究，特別強調營造性別友善的職場與家庭環境、協助家庭照顧，以及協助女性就業等措施，對提高中高齡女性勞動參與的重要性（王舒芸、余漢儀，1997；王麗容，1999）。雖然臺灣學界、政府早已意識臺灣女性的低勞動參與率，希望透過育嬰假政策平衡女性在工作與家庭之間的衝突，也希望藉此平衡兩性在育兒照顧上的責任；然而在具體實踐上，女性在勞動市場上的相對劣勢，家庭照顧責任仍為女性主要的人生職責；同時，在傳統的「母職天賦」的性別意識型態裡，許多女性仍然以「教養兒女」為人生優先的考量。這些都使臺灣女性職業生涯的延續與發展無法有效提升。

　　北歐國家高齡者優雅而活躍的晚年生活，一直是全球社會的學習典範，這種高度活躍的美好晚年，被認為與生命歷程中平等的兩性就業時間安排有高度的關連（Anxo, Fagan, Cebrian, & Moreno, 2007）。以瑞典來說，瑞典的性別分工模式最大的特色是兩性都肩負養家者的角色（universal breadwinner），女性在整個生命歷程中與男性同樣保持高度且持續的就業參與，僅在家中有學齡前幼兒階段時，以減少工時的方式暫時地因應照顧幼兒的需求。瑞典兼容全職與兼職就業型態的彈性勞動市場，是支持兩性平衡家庭與工作承諾的條件之一；同時瑞典社會政策設計中最為聞名的是其「爸爸專屬」的育嬰假，這讓更多瑞典女性在面對家庭與工作衝突時，有更多元的因應之道，也有較高的機會持續留在勞動市場（Booth, 2014）。就瑞典範例的啟發，臺灣若要透過整合女性勞動力提升高齡的勞動參與率，除了要盡可能降低女性作為「唯一照顧者

（solo caregiver）」的困境，也應該為兩性創造彈性就業的機會面對實踐親職的需求，例如，能夠結合家庭需求與工作需求的兼職工作機會，並讓這種兼職工作也享有職業政策的保障。

此外，歐洲國家於 1990 年代面對全球化、後工業化、工作本質改變而來的工作不安全與財政不穩定時（Esping-Andersen, 1999），開始以「社會投資」的觀點來解決福利國家的困境（Morel, Palier, & Palme, 2012）。社會投資的策略強調政府與社會政策必須在提供人民必要服務的同時，兼顧人力資本的有效利用與發展。在促進女性積極投入勞動市場上，主張國家應承擔「基本社會服務提供者」的角色（呂建德，2012），將托育責任從家領域轉向公領域（王舒芸，2012），降低女性因育兒責任脫離勞動市場的比例，降低女性提前退休的機率，延長女性勞動參與的年限與保障；在將女性留在勞動市場的同時，這種社會投資取向的社會服務方案，不僅期望減輕父母在工作與家庭兩頭燒的困境與負擔，同時也希望創造就業機會，創造多贏的局面（臺中市社會局，2015）。

（二）依不同社會階層的需求設計促進高齡勞動參與的政策

臺灣人們對於退休生活的規劃與想像，不僅希望可以過著結合休閒、嗜好等較為悠閒的生活，若非因經濟需求，大多不願意退休生活仍與工作有所牽連，基於經濟效益以外的目標而持續工作的比例，其實也不高。國外學者 Dendinger 等人（2005）認為，許多高社會經濟地位的長者經常會樂於退休生活，從事傳遞知識與技能的工作，並從半退休的薪火相傳工作角色得到身心理的滿足。然而本文卻發現，在臺灣較高社會經濟地位的職業群體經常比較容易提前退休，具有健康身體與經濟優勢卻難從工作獲得較佳的生活品質，撤離工作方能獲得令人滿意的生活。

這些關於臺灣高社會階層高齡者的退休想像、經驗、與感受的分析，反應臺灣社會普遍的勞動現象－工作與個人嗜好的分離、工作與經

濟效益之外價值的分離、工作與退休的分離。因此，退休生活成為個人追求經濟、地位成就過程之後，犒賞自己的清閒生活，個人過去無法實踐的美好生活想像便投射在退休後的生活。這種過於將人生歷程想像成追求教育成就、職業成就、休閒退休生活的線性人生，忽略工作不僅僅是追求人生目標的手段，也是人生過程的一部分，工作與休閒也不盡然是對立的生活階段。政府在設計或引導社會具有人力資本的高齡者，積極參與社會與勞動市場時，應該可以結合高齡者的技能、嗜好或興趣，賦予工作更多經濟效益之外的價值，將社會連結、興趣嗜好、知識傳承、與生活目標結合於低度而彈性的工作或社會服務之中。

　　另外，社會上較為弱勢的群體在中晚年的職業生涯中，通常面臨著兩難的困境。一方面，他們可能基於經濟資源不足而有工作的需求，但卻面對缺乏工作機會的困境（Yeh et al., 2015），這群人通常受限於過去人力資本的累積不足，無法適應外在經濟與產業環境的轉變，既有的知識技能難以滿足新興勞動市場的需求，被迫退出勞動市場。另一方面，這群人可能幸運地在勞動市場尋得一份安身立命的工作，但卻常常任職於缺乏彈性、條件不佳的工作，他們或許可以藉由持續工作和緩經濟上的壓力、提升心理的正面感受（巫麗雪、蔡瑞明，2014；蔡瑞明、巫麗雪，2014）。但是身體機能隨著年齡的增加不斷衰退，再加上過去工作累積的勞損，都顯示這群人需要較為彈性的工作安排。本文認為，政府一方面需要設計適合高齡者的職務，降低體力的負荷度，並透過就業資訊平臺為這群高齡者媒介適合的工作機會，以期讓這些具工作需求的高齡者在體力負荷程度內，維持一定程度的經濟保障，例如享有職業保障、工時較短的「穩定」兼職或全職工作。除此之外，政府也可以透過技能培養或再訓練的過程，使這群具勞動需求的中高齡者不因技術失靈、長期失業，而過早退出勞動市場。

參考文獻

GREEnS 總計畫四（2014）。**建構優質的長青生活品質與環境之研究：102 年研究報告**（編號：102GREEnS004）。未出版。

內政部（2013）。**人口政策白皮書：少子女化高齡化及移民**。臺北：內政部。

王舒芸（2012）。臺灣托育公共化之研究。載於呂建德（主編），**邁向社會投資型國家：就業與社會安全重大議題研究論文集**（63-107頁）。臺北市：財團法人臺灣智庫。

王舒芸、余漢儀（1997）。奶爸難為：雙薪家庭之父職角色初探。**婦女與兩性學刊，8**，115-149。

王麗容（1999）。婦女二度就業之檢視與政策建議。**社會政策與社會工作學刊，3**(2)，181-226。

中華民國統計資訊網（2015）。就業、失業統計：勞動力參與率。取自 http://win.dgbas.gov.tw/dgbas04/bc4/timeser/more_f.asp

主計總處（2000-2013）。受僱員工動向調查統計結果綜合分析。取自 http://www.stat.gov.tw/np.asp?ctNode=1845&mp=4

臺中市社會局（2015）。臺中市托育一條龍 0-6 歲。取自 http://www.society.taichung.gov.tw/section/index.asp?Parser=99,16,257,,,,,,,,,48,,1

伊慶春、簡文吟（2001）。已婚婦女的持續就業：家庭制度與勞動市場的妥協。**臺灣社會學，1**，149-182。

呂建德（2012）。導論 - 邁向社會投資型國家。載於呂建德（主編），**邁向社會投資型國家：就業與社會安全重大議題研究論文集**（3-4頁）。臺北市：財團法人臺灣智庫。

巫麗雪、蔡瑞明（2014）。**老年工作真歹命？工作經歷與生活情境對主觀福祉的作用**。未出版稿，東海大學 GREEnS 計畫論文。東海大

學，臺中。

李大正、楊靜利（2004）。臺灣婦女勞動參與類型與歷程之變遷。**人口學刊，28**，109-134。

周玟琪、蔡瑞明（2006）。延後退休年齡與促進高齡就業－我國因應高齡社會到來宜儘早進行準備與規劃。**臺灣勞工，3**，76-88。

柯志哲、張珮青（2014）。區隔的勞動市場？探討臺灣典型與非典型工作者的工作流動與薪資差異。**臺灣社會學刊，55**，127-178

唐文慧（2011）。為何職業婦女決定離職？結構限制下的母職認同與實踐。**臺灣社會研究季刊，85**，201-265。

國家發展委員會（2014）。**中華民國人口推計（103-150 年）**。臺北：國家發展委員會。

勞工委員會（2008）。**高齡化社會勞動政策白皮書**。臺北：勞工委員會。

勞工委員會（2012）。勞工退休年齡分析。**勞動統計櫥窗**，101 年 7 月 19 日。

張晉芬（2002）。**臺灣公營事業民營化：經濟迷思的批判**。臺北：中央研究院社會學研究所。

張晉芬、李奕慧（2001）。臺灣中高齡離職者的勞動參與和再就業－對臺汽與中石化的事件史分析。**臺灣社會學，1**，113-147。

曾敏傑（2001）。中高齡勞工失業現況與變遷：1982 與 1996 年失業潮的比較。**臺灣社會學刊，25**，243~279。

莊致嘉、蔡瑞明（2014）。找回結構：重新思考教育與組織在職訓練的關連性。**社會科學論叢，8(1)**，41-84。

蔡瑞明、巫麗雪（2014 年 12 月）。延綿不絕的影響力：工作經驗與高齡生活福祉。**「2014 年第五屆海峽兩岸區域發展論壇：協同創新與永續發展」** 發表之論文。臺中：東海大學。

簡文吟（2004）。臺灣已婚婦女勞動再參與行為的變遷。**人口學刊**，**28**，1-47。

薛承泰（2000）。臺灣地區已婚婦女再就業時機的初步分析。**人口學刊**，**21**，77-99。

Anxo, D., Fagan, C., Cebrian, I., & Moreno, G. (2007). Patterns of labour market integration in Europe: A life course perspective on time policy. *Socio-Economic Review, 5*(2), 233-260.

Ashforth, B. E. (2001). *Role transitions in organizational life: An identity-based perspective*. Mahwah, NJ: Erlbaum.

Baker, L. A., Cahalin, L. P., Gerst, K., & Burr, J. A. (2005). Productive activities and subjective well-being among older adults: The influence of number of activities and time commitment. *Social Indicators Research, 73*, 431-458.

Becker, G. S. (1994). *Human capital: A theoretical and empirical analysis, with special reference to education*, 3rd Edition. Chicago: University of Chicago Press.

Beehr, T. A. (1986). The process of retirement: A review and recommendations for future investigation. *Personnel Psychology, 39*(1), 31-55.

Bloom, D. E., & Williamson, J. G. (1998). Demographic transitions and economic miracles in emerging Asia. *World Bank Economic Review, 12*, 419-456.

Booth, M. (2014). *The almost nearly perfect people: Behind the myth of the Scandinavian Utopia*. Vintage Digital.

Cahill, K. E., Giandrea, M. D., & Quinn, J. F. (2006). Retirement patterns from career employment. *The Gerontologist, 46*(4), 514-523.

Calvo, E., Haverstick, K., & Sass, S. A. (2009).Gradual retirement, sense of control, and retirees' happiness. *Research on Aging, 31*(1), 113-135.

Campbell, A. (1976). Subjective measurement of well-being. *American Psychologist, 31*(2), 117-124.

Chang, H. -H., & Yen, S. T. (2011). Full-time, part-time employment and life satisfaction of the elderly. *The Journal of Socio-Economics, 40*, 815-823.

Choi, N. G. (2001). Relationship between life satisfaction and postretirement employment among older women. *The International Journal of Aging and Human Development, 52*(1), 45-70.

Deyo, F. C. (1989). *Beneath the miracle: Labor subordination in the new Asian industrialism*. Berkeley, CA: University of California Press.

Dendinger, V. M., Adams, G. A., & Jacobson, J. D. (2005). Reasons for working and their relationship to retirement attitudes, job satisfaction and occupational self-efficacy of bridge employees. *International Journal of Aging and Human Development, 61*, 21-35.

Damman, M., Henkens, K., & Kalmijn, M. (2011). The impact of midlife educational, work, health, and family experiences on men's early retirement. *The Journal of Gerontology, Series B: Psychological Sciences and Social Sciences, 66*(5), 617-627.

Damman, M., Henkens, K., & Kalmijn, M. (2013). Missing work after retirement: The role of life histories in the retirement adjustment process. *The Gerontologist*. Advance online publication Dec. 31, 2013. doi: 10.1093/geront/gnt169

Diener, E., Suh, E. M., Lucas, R. E., & Smith, H. L. (1999). Subjective well-being: Three decades of progress. *Psychological Bulletin, 125*, 276-302.

DiPrete, T. A., & Eirich, G. M. (2006). Cumulative advantage as a mechanism for inequality: A review of theoretical and empirical developments. *Annual Review of Sociology, 32*, 271-297.

Doeringer, P. B. (1990). Economic security, labor market flexibility, and bridges to retirement. In P. B. Doeringer (Ed.), *Bridges to retirement: Older workers in a changing labor market* (pp.3-19). Ithaca, NewYork: ILR Press.

Engelhardt, H. (2012). Late careers in Europe: Effects of individual and institutional factors. *European Sociological Review, 28*(4), 550-563.

Esping-Anderson, G. (1999). *Social foundation of post-industrial society.* Oxford: Oxford University Press.

EU. (2006). *Ageing and employment: Identification of good practice to increase job opportunities and maintain older workers in employment.* Brussels: EU.

Ferraro, K. F., Shippee, T. P., & Schafer, M. H. (2009).Cumulative inequality theory for research on aging and the life course. In V. L. Bengston, D. Gans, N. Putney, & M. Silverstein (Eds.), *Handbook of theories of aging*, 2nd Edition (pp. 413-433). New York: Springer.

Fu, T. -H., & Lu, P. -C. (2009). Population ageing and social policy in Taiwan. In T. -H. Fu & R. Hughes (Eds.), *Ageing in East Asia: Challenges and policies for the twenty-first century* (pp. 89-104). London & New York: Routledge.

Gerber, T. P., & Radl, J. (2014). Pushed, pulled, or blocked? The elderly and the labor market in post-Soviet Russia. *Social Science Research, 45*, 152-169.

Guillemard, A. M., & Rein, M. (1993). Comparative patterns of retirement: Recent trends in developed societies. *Annual Review of Sociology, 19*,

469-503.

Guillemard, A. M., & van Gunsteren, H. (1991). Pathways and prospects: A comparative interpretation of the meaning of elder exit. In M. Kohli, M. Rein, A. M. Guillemard, & H. van Gunsteren (Eds.), *Time for retirement: Comparative studies of early exit from the labor force* (pp. 362-388). New York: Cambridge University Press.

Han, S. -K., & Moen, P. (1999). Clocking out: Temporal patterning of retirement. *American Journal of Sociology, 105*(1), 191-236.

Hardy, M., & Shuey, K. (2000). Pensions decisions in a changing economy: Gender, structure and choice. *Journal of Gerontology: Social Science, 55*, S271-77.

Hayward, M. D., Friedman, S., & Chen, H. (1998). Career trajectories and older men's retirement. *The Journal of Gerontology, Series B: Psychological Sciences and Social Sciences, 53*(2), S91-S103.

Hershey, D. A., & Henkens, K. 2013. Impact of different types of retirement transitions on perceived satisfaction with life. *The Gerontologist*. Advance online publication Feb. 26, 2013. doi: 10.1093/geront/gnt006

Higgs, P., Mein, G., Ferrie, J., Hyde, M., & Nazroo, J. (2003). Pathways to early retirement: Structure and agency in decision-making among British civil servants. *Ageing and Society, 23*, 761-778.

Kim, J. E., & Moen, P. (2002).Retirement transitions, gender, and psychological well-being: A life-course, ecological model. *Journal of Gerontology: Psychological Sciences, 57*(3): 212-222.

Kohli, M., & Rein, M. (1991).The changing balance of work and retirement. In M. Kohli, M. Rein, A.M. Guillemard & H. van Gunsteren (Eds.), *Time for retirement: Comparative studies of early exit from the labor force* (pp.

1-35). New York: Cambridge University Press.

Kossek, E. -E., & Ozcki, C. (1998).Work-family conflict, policies, and the job-life satisfaction relationship: A review and directions for organizational behavior-human resources research. *Journal of Applied Psychology, 83*, 139-149.

Lancee, B., & Radl, J. (2012).Social connectedness and the transition from work to retirement. *The Journal of Gerontology Series B: Psychological and Social Sciences, 67*(4), 481-490.

Leisering, L., & Leibfried, S. (1999). *Times of poverty in Western welfare states. United Germany in perspective*. Cambridge: Cambridge University Press.

Lin, N. (2001). *Social capital: A theory of social structure and action*. Cambridge University Press.

Lee, S. -H., Mason, A., & Park, D. (2011). Why does population aging matter so much for Asia? Population aging, economic security and economic growth in Asia. *ERIA Discussion Paper Series* ERIA-DP-2011-04.

Myles, J. (1989). *Old age and the welfare state: the political economy of public pensions*. Lawrence, KS: University Press of Kansas.

Morel, N., Palier, B., & Palme, J. (2012). *Towards a social investment welfare state? Ideas policies and challenges*. Bristol, UK, Policy Press & Chicago, IL, USA, University of Chicago Press.

Neugarten, B. L., Havighurst, R. J., & Tobin, S. S. (1961). The measurement of life satisfaction. *Journal of Gerontology, 16*, 134-143.

Nikolova, M., & Garol, C. (2014). Employment, late-life work, retirement, and well-being in Europe and the United States. *Journal of European Labor Studies, 3*(1), 1-30.

OECD. (2006). *Live longer, work longer*. Paris: OECD Publishing.

OECD. (2012). *Aging and employment policies-Statistics on average effective age of retirement*. Paris: OECD Publishing.

OECD. (2015). *OECD labourforce statistics 2014*. Paris: OECD Publishing.

O'Rand, A. M. (1996). The precious and the precocious: Understanding cumulative disadvantage and cumulative advantage over the life course. *The Gerontologist, 36*, 230-238.

Quick, H. E., & Moen, P. (1998). Gender, employment and retirement quality: A life course approach to differential experiences of men and women. *Journal of Occupational Health Psychology, 3*(1), 44-64.

Quinn, J. F., Burkhauser, R. V., & Myers, D. A. (1990). *Passing the torch: The influence of economic incentives on work and retirement*. Kalamazoo, MI: Upjohn Institute for Employment Research.

Quinn, J. F., & Kozy, M. (1996). The role of bridge jobs in the retirement transition: Gender, race, and ethnicity. *The Gerontologist, 36*(3), 363-372.

Quinn, S., Wells, Y., de Vaus, D., & Kendig, H. (2007).When choice in retirement decisions is missing: Qualitative and quantitative findings of impact on well-being. *Australasian Journal on Aging, 26*(4), 173-179.

Radl, J. (2013). Labour market exit and social stratification in Western Europe: The effects of social class and gender on the timing of retirement. *European Sociological Review, 29*, 3, 654-668.

Radloff, L. S. (1977). The CES-D scale: A self-report repression scale for research in the general population. *Applied Psychological Measurement, 1*(3), 385-401.

Raymo, J. M., Warren, J. R., Sweeney, M. M., Hauser, R. M., & Ho, J. -H. (2011). Precarious employment, bad jobs, labor unions, and early retirement. *The Journals of Gerontology, Series B: Psychological Sciences and Social Sciences, 66*, 249-259.

Rowe, J. W., & Kahn, R. L. (1997). Successful aging. *The Gerontologist, 37*, 433-440.

Ruhm, C. J. (1990). Career job, bridge employment, and retirement. In P. B. Doeringer (Ed.), *Bridges to retirement: Older workers in a changing labor market* (pp.92-107). Ithaca, New York: ILR Press.

Schafer, M. H., & Ferraro, K. F. (2012). Children misfortune as a threat to successful aging: Avoiding disease. *The Gerontologist, 52*, 1, 111-120.

Schafer, M. H., Ferraro, K. F., & Mustillo, S. A. (2011). Children of misfortune: Early adversity and cumulative inequality in perceived life trajectories. *American Journal of Sociology, 116*, 4, 1053-1091.

Singh, G., & Verma, A. (2003). Work history and later-life labor force participation: Evidence from a large telecommunications firm. *Industrial and Labor Relations Review, 56*(4), 699-715.

Smyer, M. A., & Pitt-Catsouphes, M. (2007).The meanings of work for older workers. *Generations: Journal of the American Society on Aging, 31*(1), 23-30.

Taylor, P. (2008). *Ageing labourforces, promises, and prospects*. Cheltenham: Edward Elgar.

TNS Opinion & Social. (2012). Active Ageing: Report. *Special Eurobarometer 378/* Wave EB 76.2

Tsay, R. -M., & Wu, L. -H. (2014). Social policies, retirement arrangements and inequalities of ageing in Taiwan. In R. K. H. Chan, L. L. -R. Wang, & J. O. Zinn (Eds.), *Social issues and policy in East Asia: Family, ageing and work* (pp.97-116). Newcastle upon Tyne: Cambridge Scholars

Publishing.

Veenhoven, R. (2007). Quality-of-life research. In C. D. Bryant & D. L. Peck (Eds.), *21st century sociology: A reference handbook* (pp. 54-62). Thousand Oaks, CA: Sage.

Wang, M., & Shultz, K. S. (2010). Employee retirement: A review and recommendations for future investigation. Journal of Managemen*t, 36,* 172-206.

Wang, M., Henkens, K., & van Solinge, H. (2011). Retirement adjustment: A review of theoretical and empirical advancements. *American Psychologist, 66*(3), 204-213.

Wong, J., & Hardy, M. (2009). Women's retirement expectations: How stable are they? *Journal of Gerontology: Social Sciences, 64B(*1), 77-86.

Wu, L. -H., & Tsay, R. -M. (2015, June). Time to retirement: The role of life histories in the process of labor market exit. In A. Nishio (Chair), *Socoilogy*. Symposium conducted at the sixth Asian Conference on Social Sciences 2015. Art Center of Kobe, Kobe, Japan.

Yeh, H. -J., Wei, S. -E., & Lue, J. -D. (2016). Re-employment after retirement: Activation strategies for older people in Taiwan. In R. K. H. Chan, J. O. Zinn, & L. L. -R. Wang (Eds.), *Newlife courses, social risks and social policy in East Asia*. London: Routledge.

Zhan, Y., Wang, M., Liu, S., & Shultz, K. S. 2009. Bridge employment and retirees' health: A longitudinal investigation. *Journal of Occupational Health Psychology, 14,* 374-389.

第 **3** 章
社會關係、宗教參與
和高齡生活福祉

王維邦、范綱華、趙星光

誌謝：本文作者感謝東海大學「GREEnS全球環境暨永續社會發展計畫」的經費資助，以及中央研究院社會學研究所「臺灣社會變遷基本調查計畫」所提供的資料。作者亦感謝兩位匿名審查人的寶貴建議。

一、前言

　　隨著臺灣步入高齡化社會，多數人將經歷更為延長的老化歲月。比方說，2013 年臺灣國民零歲平均餘命達 80.2 歲（內政部，2014），意即臺灣民眾在 65 歲的法定退休年齡後，平均仍約有十五年的銀髮時光。不過，不論性別、族群或貧富貴賤，隨著年齡不斷遞增，每個人終需面對生命的不可逆難題——逐漸衰退的健康以及繼之波及的生活品質（Mirowsky & Ross, 2003）。基於此，如何讓退休之後，仍保有高度的活力獲得優質與豐富的銀髮生活，而不陷於惱人疾病纏身的老化經驗，是值得社會、家庭與銀髮長者共同探索與關懷的議題。

　　有那些因素會影響銀髮群體的健康以及自我的幸福感？過去研究顯示，這與社會經濟地位（socioeconomic status）的相關因素大有關連，如教育、職業類型、退休前的收入、以及其他經濟資源。本文認為除了社會經濟地位因素之外，個人的社會關係（social relationships）因為更加具備可續性（sustainability）與可及性（accessibility）等特質，故可能在高齡的生命階段扮演不容忽視的角色，能作為老化歷程中有效延遲健康衰退或是強化高齡生活福祉（well-being）的社會機制。

　　首先，社會關係通常不會因年齡遞增或生命階段轉換而明顯中斷，故具備可續性，因此能對高齡階段的健康狀態與生活福祉造成持續性影響。比方說，在付出心力經營下，和家人、親戚之間的綿密情感通常得以維持一輩子，和朋友間的交情也可能在退休後延續數十年。所以，由這些社會關係帶來的情感性或工具性社會支持通常可以長期存續，並促進健康，成為持續優化高齡生活的重要因素。另一方面，社會經濟地位不僅結構了個人暴露於危害健康之環境的風險，更影響了個人擁有減緩健康問題之資源的多寡，故被認為是造就健康不平等的根本起因（fundamental cause），但社經地位對健康的作用卻常隨生命歷程累進而逐

漸弱化或斷裂（Link & Phelan, 1995; Mirowsky & Ross, 1992）。譬如大部分的人在四、五十歲中年階段處於工作收入與經濟資源的黃金時期，但是隨著六十多歲時退休階段的來臨，這些藉由職業與工作得到的經濟資源將減少或甚至中斷，社經地位在老年階段造就的健康差異性，也就可能不若青中年階段來得顯著（House, 2002）。

其次，社會關係可以建立於生命歷程的任何時刻，而且喪失後仍有彌補機會，故社會關係是高齡者較為可及的健康促進資源。不論年齡高低，每個人皆有改善與家人間的相處品質和提升接觸頻率的機會；或是交際應酬、參與社團和結識新朋友的自由。另外，即使某類社會關係已間斷，亦不代表該類關係就無法再度重啟，如離婚者依然可能再婚。基於此，不論是藉由穩固既有的人際互動或是開創嶄新的人際關係，如能用心經營，高齡者依舊可能獲得穩定和優質的社會關係，進而促進銀髮階段的健康或生活福祉。兩相比較，社會經濟資源的獲取常隨生命歷程呈現高峰與低潮期，而且一旦錯過建立與累積社會經濟資源的生命階段，通常難以再取得這些資源。比方說，對多數已退出勞力市場的高齡者而言，若想復出工作，不僅在求職上面臨較嚴峻的挑戰，也常難以獲得滿意的薪資與勞動內容。又如多數人在青年階段取得最高學歷後，透過教育培養之優勢開始獲得經濟工作機會、社會心理態度、與良好生活方式等資源，而得到健康促進的效果（Ross & Wu, 1995）。但是，對於年少失學者，即便在高齡階段重回校園，卻依舊無法體驗在青中年階段藉由教育所間接提供的健康促進好處。

如前所述，本文認為由人際連繫構成的社會關係具備可續性與可及性的特質，不易因生命歷程累進而中斷，故可能成為維繫高齡階段生活福祉的活水泉源。由於社會關係包含不同的形式與類型（如配偶關係、朋友網絡、或社團參與等），本文因此分別嘗試分析不同類型的社會關係與高齡福祉間的關係（見第三節）。此外，在各類型社會關係中，透

過宗教生活開啟的關係可能最具有可續性與可及性的特質。一方面，家庭關係層面上，高齡者可能較容易面臨喪偶後的孤寂，或因成年子女離家居住外地而缺少聯繫互動，故由家庭開啟的社會關係仍舊可能在高齡階段逐漸減弱或喪失。然而，只要高齡者願意，高齡者通常更有時間與需求參與宗教活動，主動或被動的接收宗教團體的各式資源。另一方面，社經地位常影響社會網絡關係的有無和穩定度（Lin, 2001），社經地位較低的高齡者通常會面臨開拓社會關係上的挑戰。但基於宗教的理念與實踐，宗教團體通常對新成員採取較開放的態度或較低的參與門檻，縱使新成員的社經地位較低，仍舊有機會加入宗教團體或參與宗教活動，由宗教組織開啟的人際互動可能是各種社經背景的高齡者皆可觸及的社會關係。本文因此特別討論宗教參與對高齡者生活福祉的持續性影響（見第四節）。

　　本文並非以理論檢驗為目的，而是嘗試系統地介紹社會關係與宗教參與在維繫高齡健康與促進生活福祉上的作用，藉由運用「臺灣社會變遷基本調查第五期第一次（2005 年）、第六期第一次（2010 年）、第六期第三次（2012 年）、第六期第五次（2014 年）」等資料，本文在分析策略上嘗試描繪：（1）各類型社會關係跨年齡的變化模式；（2）不同層次（繫屬、結屬、歸屬與資本）之社會關係與生活福祉間的關連性；（3）宗教參與作為高齡者追尋生活福祉的影響機制。因此，本文在第二節將呈現自評健康與快樂感兩項生活福祉指標隨年齡變化的生命歷程軌跡。接著，在第三節中，本文將社會關係區分成繫屬、結屬、歸屬三個結構層次，在每個層次中，比較不同程度的社會關係擁有者，其生活福祉的生命歷程軌跡是否不同，據此探究社會關係對生活福祉的助益。第四節將檢視宗教參與隨年齡變化的軌跡，並比較具不同信仰、參與程度、信仰內容、宗教經驗的群體，在生活福祉的生命歷程軌跡上的差異。最後，本文總結各項研究發現，探討一般社會關係與宗教參與在活力老化

中所扮演的角色。

二、生活福祉的跨年齡變化

　　高齡者的生活福祉可由其自我感受的健康（self-reported health）與快樂感（happiness）來測量與刻畫。首先，自評健康是最符合國際衛生組織（WHO）之健康定義——健康不僅是沒有疾病與衰弱，更是在身體、精神與社會上的完善狀態——的理想指標，更被認為能呈現唯有當事人才能察覺的生理徵兆，以及有效地預測一個人的罹病率與死亡率（Idler & Kasl, 1991; Idler & Benyamini, 1997），並廣為國內研究者所採用（張苙雲、楊孟麗、謝幸燕，2012）。快樂感是主觀福祉（subjective well-being）和生活品質（quality of life）的重要指標（Strack, Argyle, & Schwarz, 1991）。追求整體生活的愉悅是人類的天性。這樣的行為動機，幫助人類趨吉避凶，更被證實可以增進健康與壽命（Danner, Snowden, & Friesen, 2001; Goleman, 1996; Layard, 2006; Veenhoven, 1991）。

　　本文藉由描繪自評健康與快樂感的生命歷程軌跡，得以窺探與比較個人在不同生命階段的生活福祉[1]變化，進而反映高齡者在維持銀髮生活品質上面臨的挑戰。圖 3-1 顯現青年與中年階段的自評健康普遍為佳，56-65 歲組、66-75 歲組與 76 歲以上的年齡群之自評健康平均數有明顯下降趨勢（變異數分析 $p<0.05$）。相較於自評健康，快樂感在生命歷程中相對穩定，66-75 年齡群的快樂感不僅接近於青年與中年族群，甚至高於 36-45 歲年齡群。不過，76 歲以上之高齡者仍面臨快樂感快速下降的際遇（$p<0.05$）。

---

[1] 使用臺灣社會變遷六期三次社會階層組的資料時，對自評健康和快樂感之編碼分數變動範圍都在 0 分到 4 分之間，分數越高，表示自評健康狀況越好、日子過得越快樂。

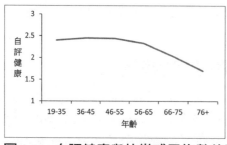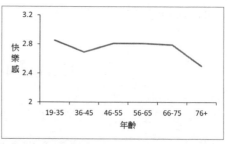

圖 3-1 自評健康與快樂感平均數的跨年齡組別變化

註：分析資料來自「臺灣社會變遷基本調查第六期第三次社會階層組」問卷
（N=2,078）。

　　換言之，雖然浮現的時機有快慢差異，但一旦步入高齡階段，人們
的確面臨健康衰退與幸福低落的困境。因此，如能發現可延遲或避免高
齡生活福祉衰弱之社會機制，將對優質老化的促進有所助益。

三、社會關係：類型、生命歷程變化與對高齡福祉的作用

　　在古典社會學家涂爾幹提出之社會整合（social integration）概念的
基礎上，當代研究不斷探討各種整合性社會關係對各式健康指標——如
日常活動量表、憂鬱、致死性慢性病罹患率等——與壽命的正向影響，
並一致認同社會關係在個人生活上具有健康保護機制，譬如當人們面
臨人生衝擊時具有避免健康惡化的緩衝效果（Berkman, 2001; Berkman,
Glass, Brissette, & Seeman, 2000; House, Landis, & Umberson, 1988; Thoits,
1995）。然而，社會關係是涵蓋多重維度的複合概念，因此既有文獻發
展出諸多描繪社會關係特定層面的概念，如社會連帶、社會資本、社會
支持、社會網絡等。這些概念常在文獻中彼此互用（interchangeable），
但又各有獨立意義，不僅造成討論上的定義認知混淆，概念彼此間的

關係也需再進一步釐清（Song, 2010）。基於此，本文參酌 Lin, Yen 與 Ensel（1999）的定義，依照人際關係的社會結構面向，將社會關係由內到外區分為繫屬（binding）、結屬（bonding）、與歸屬（belonging）等具差序性的位階層次（Song, Lin, & George, 2008）；另外再考量社會資本（social capital）的資源面向，並依此陸續分析各類型社會關係與生活福祉之間的關係模式，藉以辨明社會關係是否能延遲臺灣高齡者面臨之健康福祉衰退的困境。

（一）繫屬層次

繫屬是最內層的親密關係（intimate relations），例如婚姻伴侶間緊密互動的連繫（Lin, Ye, & Ensel, 1999），或是與家人和其他親密他人間具情感持久性的初級團體關係（Thoits, 2011）。不論實際的相處品質，配偶和核心家庭成員通常是大多數人互動最密切、甚至每日相伴的對象，故繫屬層次的社會關係被視為是提高直接情感交流機會，與避免孤立疏離的重要結構條件。西方文獻亦常論證婚姻與家庭關係透過減少經濟困難、提供社會支持與促進規律生活，來維持或提升身心健康（Umberson & Williams, 1999; Waite, 1995），與促進快樂感（Kohler, Behrman, & Skytthe, 2005）。然而關於婚姻影響的貫時性研究顯示，結婚僅暫時性提高快樂感，當適應婚姻之後，快樂感會回復到婚前的水準（Lucas, Clark, Georgellis, & Diener, 2003; Lucas & Clark, 2006）。

依照前述討論，本文以「婚姻狀態（有偶／無偶）」和「同住家人數」來測量繫屬關係。另外，本文考量臺灣都市化下的核心家庭居住安排和延伸家庭的文化傳統，認為臺灣民眾雖然不見得與父母或家人同住，但可能普遍保持定時關心父母或家人的行為，故將「每日透過任何方式聯絡的非同住家人親戚數」包含於繫屬關係。本文首先觀察這些繫屬關係是否隨年齡而有所變化？

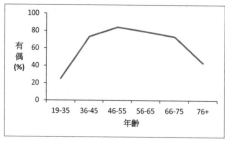
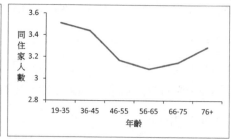
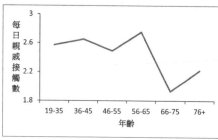

圖 3-2　**繫屬層次社會關係的跨年齡組別變化**

註：分析資料來自「臺灣社會變遷基本調查第六期第三次社會階層組」（N=2,078）。

　　圖 3-2 顯現，在 35~75 歲等年齡組有偶的比例，均維持超過七成的穩定狀態，但 76 歲以上群組則迅速下降至四成左右，呈現高齡者易因喪偶而出現的繫屬資源喪失狀況（p<0.05）。不過，同住家人數和每日聯絡非同住家人親戚聯絡數分別與年齡出現 U 型化的軌跡，意即至少相較於四、五十歲的中年時期，高齡者出現平均較高的同住家人數目；六十多歲後，高齡者也與更多非同住家人，更常透過電話或網路等方式，每日彼此聯絡與關懷。因此，隨著年齡增長，喪偶風險雖如預期般增高，但透過與家人同住的居住安排，或增加可日常頻繁聯絡的非同住家人親戚數，臺灣高齡者仍然可以維持繫屬層次的社會關係。換言之，繫屬關係雖然隨著年齡增加產生有偶比例下降的情形，但與同住與不同住家人的頻繁互動則維持高齡者的繫屬關係，使其親密社會關係的可續性與可及性，不因年齡遞增而弱化。然而此狀態也可能肇因於高齡者出現健康問題，才與家人同住或增加家人間的聯絡頻率。

　　在繫屬關係對 65 歲以上之高齡者的生活福祉的影響效果上，本文發

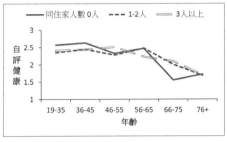
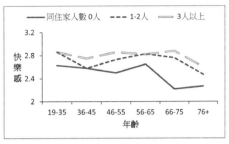
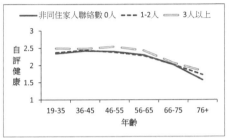
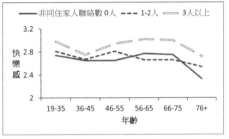

圖 3-3　「同住家人數」、「非同住家人親戚聯絡數」之生活福祉分布

註：分析資料來自「臺灣社會變遷基本調查第六期第三次社會階層組」
（N=2,078）。

現有偶與無偶高齡者的自評健康與快樂感幾無差別，但青年與中年時期時，有偶者有較佳的福祉狀態[2]。此外，由圖 3-3 可發現，在自評健康的跨年齡層變化上，獨居、有一至二位同住家人、以及三位以上同住家人者等組別間並未表現出明顯的差異，各組別皆顯示，健康隨著年齡增長而面臨衰退。類似地，與非同住家人的日常接觸並未對自評健康帶來顯著作用，不論是沒有常互動的非同住親人、有一至二人、或有三人以上之常互動非同住親人的組別，在各年齡組的自評健康平均數亦非常接近。然而，同住家人數與每日聯絡之非同住家人親戚數則和高齡生活幸福感呈現顯著的正向關係。由圖 3-3 可得知，與愈多家人同住者，以及與愈多非同住家人親戚保持密集接觸者，在不同的年齡階段都呈現比較

---

[2]　在控制年齡、性別與自評階層等因素下，有偶者之迴歸係數達統計顯著性檢定。

快樂的樣貌[3]。換言之，相較於同住或每日聯絡親戚達三人以上者，獨居者或少與家人親戚聯絡者在各年齡階段皆較不快樂，尤其在 66-75 歲的組別更為明顯。

簡言之，就臺灣高齡者而言，三種繫屬層次的社會關係雖皆未明顯延遲健康的衰退。然而，對於能與家人同住相伴，或與非同住家人親戚具有緊密聯繫的高齡者，似乎比較容易呈現出幸福快樂的感受。

（二）結屬層次

結屬層次的社會關係是指環繞於個人的社會網絡關係，如同來自次級團體，範圍較大的非正式互動關係（Thoits, 2011）。透過個人具體投入與網絡成員之間的人際互動，如與朋友或網絡成員間的日常聯絡或進行各種交誼活動，結屬層次的社會關係得以活化，發揮效果。換言之，唯有實際的互動，網絡成員間才能有效提供情感性（如朋友間的心事分享）、資訊性（如提供特定健康資訊或就醫知識）、或工具性（如生病時幫忙接送）的社會支持，最終裨益健康或培養環繞在幸福氛圍內的感受。本文以「每日透過任何方式與沒有親戚關係的他人接觸數」、「與非家人親戚出外聚餐機會」、以及「鄰里支持者數」等，作為結屬層次社會關係的測量標的，並討論這些變項的跨年齡變化與對生活福祉的影響。

圖 3-4 主要提供兩項訊息。一方面，隨著年齡遞增，臺灣民眾每日透過各種方式接觸家人親戚以外的人數，隨著年齡呈現驟降的趨勢（p<0.05），譬如在 45 歲前的年齡群每日平均接觸非親戚的人數超過二十人，而 66 歲後的年齡群則少於十人。類似地，臺灣民眾的社交機會亦浮現隨生命歷程而線性遞減的模式，與三人以上在外聚餐的機會（由「從來沒有」到「總是」，編碼為 0 到 4 分），會隨著年齡的增長而產生顯著

---

[3] 在控制性別與自評階層下，同住家人數與非同住家人親戚接觸數對快樂感的迴歸分析亦達統計顯著檢定。

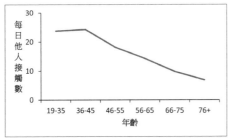
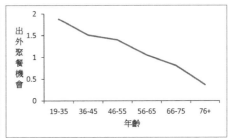
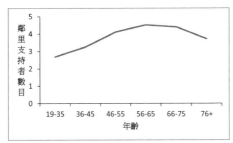

圖 3-4　結屬層次社會關係的跨年齡組別變化

註：分析資料來自「臺灣社會變遷基本調查第六期第三次社會階層組」（N=2,078）。

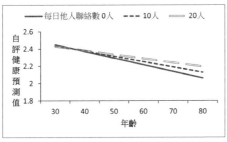
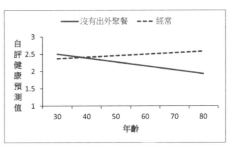

圖 3-5　每日與非親戚對象聯絡數、出外聚餐機會和年齡對自評健康的交互作用

註：分析資料來自「臺灣社會變遷基本調查第六期第三次社會階層組」（N=2,078）。

的下降（p<0.05）。事實上，超過六十五歲的臺灣長者中，有高達 85% 沒有或很少和家人親戚以外的對象在外進行聚餐或喝酒等活動。此外，認識新朋友機會也隨年齡增加而日益受到限制。另一方面，有別於前述隨年齡減少的社交機會，中年以上的高齡者自認獲得來自鄰居提供的社會支持與幫忙是增加的（如借醬油、收信、照顧或接小孩、提供意見

等），但這種協助的頻率在七十多歲後呈現遞減。

　　綜合圖 3-4 的發現可得知，隨著年紀增加，臺灣民眾在結屬層次社會關係上出現日益緊縮的現象。這也許肇因於退休生活的來臨，人們可能減少與來自工作場合熟識之他人的日常接觸或聚餐機會，社交圈也可能由職場脈絡轉向鄰里脈絡。

　　雖然結屬層次的社會關係在高齡階段呈現減弱或撤退的現象。不過，對於能每日持續維持與非親戚對象接觸，或仍保有與友人外出聚餐活動的人們而言，仍能獲得較佳的高齡生活福祉。圖 3-5 描繪出，在控制性別與自評階層的迴歸模型下，結屬層次的社會關係與年齡對自評健康呈現顯著的交互作用效果——即每日接觸非親戚之他人數、出外聚餐機會皆會抑制年齡帶來健康衰退的效果。換言之，相較於每日接觸的非親戚他人數較少者，每日接觸非親戚他人數較多者的預期自評健康，會隨著年齡有較為和緩的衰退幅度。與此類似隨著年齡增加，缺乏外出聚餐機會者呈現健康惡化。反之，經常與非親戚在外聚餐者的預期自評健康，不僅未隨年齡增加而下降，甚至還呈現略為上升的現象。

　　圖 3-6 顯現，不論社交關係的品質，只要保持與非親戚對象互動、或常處於與他人交際的情境，即有益於維繫高齡階段的正面幸福情緒。比方說，高齡者每日接觸的非親戚對象數與快樂感的正向關係，在中高齡階段更為明顯，若每日接觸人數達五人以上，在 55 歲後皆呈現最高的快樂感。較常在外聚餐的群組，在大部分的年齡階段皆有較佳快樂狀態（$p<0.05$）；在高齡階段，具有社交活動者與缺乏社交機會者的快樂感受的差異，明顯有擴大的跡象。類似地，提供工具性或資訊性支持的鄰居愈多，亦可能會對生活福祉帶來好處，如在高齡階段維持較高的快樂感（$p<0.05$）。

　　統合以上發現，臺灣民眾的結屬層次社會關係在高齡階段出現減弱與撤退的現象。不過，如能在高齡階段保有與非親戚他人的互動，或維

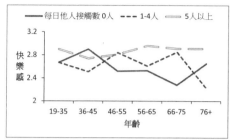

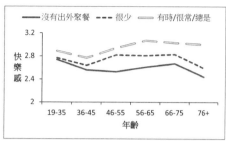

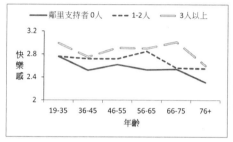

圖 3-6　三種結屬關係下之快樂感分布

註：分析資料來自「臺灣社會變遷基本調查第六期第三次社會階層組」（N=2,078）。

持外出的社交行為，皆能帶來較佳的健康評價與快樂感。更重要地，透過增加與非親戚對象的接觸數量、和增加出外聚餐的社交機會，可以顯著地延遲隨生命歷程進展而出現的健康衰退的程度。因此，具體的互動行為在高齡階段是相當重要的，缺乏具體互動行為的朋友或同事關係只是聊備一格，無太大助益；相反地，若能適度藉由交際活動活化既有關係，結屬層次的社會關係將對生活福祉帶來莫大助益。

（三）歸屬層次

　　結屬層次社會關係比較著重個人的友誼關係網絡，歸屬層次的社會關係則偏向參與社團或擔任義工等組織性的社群關係（community）。雖然參與穩定的社群或組織不必然帶動密切的人際互動，但會為個人提供基本的認同感與我群感，而削減孤獨與疏離，也能提高個人的自我控制感，更能提供情感性支持與工具性支持的機會，進而有益身心健康。此外，某些社團更會鼓勵健康的生活方式——如帶動運動風氣或鼓勵規律

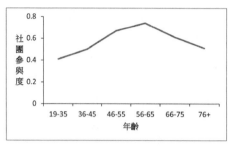

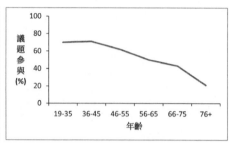

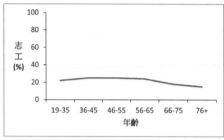

圖 3-7　歸屬層次社會關係的跨年齡
組別變化

註：分析資料來自「臺灣社會變遷基
本調查第六期第三次社會階層組」
（N=2,078）。

作息等——而促進健康（Berkman et al., 2000; Thoits, 2011）。

　　圖 3-7 繪出臺灣民眾的歸屬層次社會關係的跨年齡層變化。首先，社團參與度[4]呈現倒 U 型的跨生命歷程面貌——即中高齡者有較高的社團參與度，56-65 歲年齡群的社團參與達到最高峰，青年族群與 66 歲後老年族群的社團參與程度較低。這個社團參與模式可能與 60 歲上下的初老群體有較多閒暇時間、較佳經濟條件、以及足夠體能得以參與社團有關。接著，不論參與議題討論的主題[5]和討論過程的正式程度，過去一年曾參與團體性議題討論的受訪者比例，隨著生命歷程而下降（p<0.05），尤其 76 歲年齡群參與討論的比例降到兩成左右，顯現高齡者可能不習慣或不熱衷參與團體論壇式的活動。再者，不論活動的類型[6]，在過去一年曾擔任志工的比例，在 65 歲前的組別穩定地維持在二成五左右，但之後下降至兩成以下。統整以上發現，不論就社團參與、議題討論、或

---

[4]　含參與校友會、康樂性社團、管委會、社會服務團體等十類社團的綜合分數。
[5]　如環境議題、教育議題、治安防災議題或消費者權益議題。
[6]　如改善社區生活品質、體育或文化藝術相關、協助弱勢團體、或政治議題等。

擔任志工，臺灣長者的參與程度大致皆隨年齡增長而下降。基於此，雖然個別的原因可能有所差異（如因精力健康欠佳或沒有興趣等因素），臺灣民眾普遍未在高齡階段維持歸屬層次的社團或團體參與關係。

　　然而，臺灣長者雖然參與社團活動並不積極，參與議題討論或擔任志工的比例也較低，但歸屬層次社會關係對高齡生活福祉的影響力依舊不容小覷。如圖 3-8 所示，藉由控制性別與自評階層之迴歸模型的預測，歸屬層次社會關係與年齡對生活福祉有顯著的正向交互作用。相較於無參與社團者，有參與社團者不僅在各年齡階段皆有較佳的自評健康與快樂感，且預期的福祉差異隨生命歷程而擴大。擔任志工對兩種生活福祉的正向作用，也隨著年齡遞增而顯著擴大；擔任志工的經驗更能增加快樂感受，且越老越快樂。本文也發現，有、無參與議題討論與年齡對自評健康也出現類似的顯著交互作用（省略圖表呈現）。

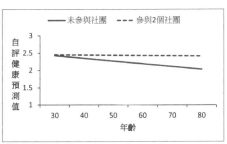
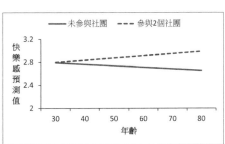
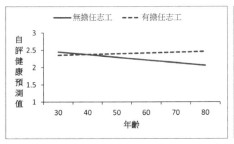
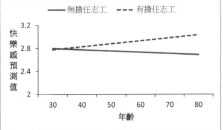

圖 3-8　參與社團、擔任志工和年齡對生活福祉的交互作用

註：分析資料來自「臺灣社會變遷基本調查第六期第三次社會階層組」
（N=2,078）。

統整前述，如果高齡者能夠保持歸屬層次的社群參與關係，也許能有益於延緩健康隨年齡增長而衰退的幅度，甚至在中年之後，有無歸屬關係還會對快樂感的差異帶來持續擴張的現象。因此，對銀髮族來說，透過與組織性活動的連結，不僅能豐富高齡階段的生活安排，更可能促進高齡生活福祉。

（四）資本層次

社會資本鑲嵌於社會關係內，個人可以基於行動所需而獲得或使用的資源（Lin, 2001）。雖然不同學派對社會資本的定義與觀點屢有爭議，但多同意社會資本是提煉自個人既存的社會連繫與網絡等結構關係，有助於達成目標與增強行動效益的有效資源（Kawachi, 2010; Lin, 2001）。既有研究大致認為社會資本會透過提升網絡間的資訊交流（如生病時，推薦適合的醫療院所或療法）、促進成員間的互惠幫助、發揮改善醫療或公衛環境的集體行動與影響力、與提供社會規範或控制（如鼓勵戒菸）等方式，而影響身心健康（Kawachi, 2010; Song & Lin, 2008），或增進快樂感（Leung, Kier, Fung, Fung, & Sproule, 2011; Miller & Buys, 2008; Winkelmann, 2009）。不過，相較於繫屬與網絡層次，探討社會資本與健康關係的研究仍有待開發（Song, 2010）。

本文採用定位法原則（position-generator）測量社會資本（Lin, Fu, & Hsung, 2001）。藉由調查受訪者認識的他人中，是否包含從事大學教授、律師、護士、電腦程式設計師、中學老師、人事主管、農民、美髮師、櫃檯接待與警察等十種工作，可分別計算社會資本的組成或廣度（關係連結到的職業數量）；社會資本的異質性或深度（關係可連結之最高與最低聲望職業的距離），以及社會資本的可得性或高度（關係可連結的最高聲望的職業），更可透過因素分析而建立涵蓋社會資本三向度的綜合分數。不論就單一向度或是使用綜合分數進行分析，本文發現結果皆大

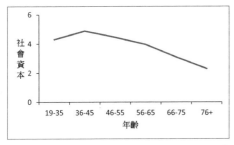

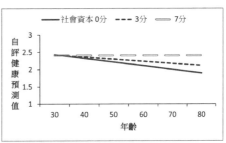

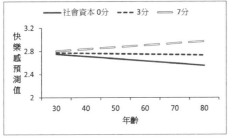

圖 3-9　社會資本的跨年齡變化以及與年齡對生活福祉的交互作用

註：分析資料來自「臺灣社會變遷基本調查第六期第三次社會階層組」（N=2,078）。

致類似。為求與使用同份資料的其它圖表具有一致的樣本數[7]，本文以下呈現的相關發現，只有關係連結的職業數量。

　　圖 3-9 呈現臺灣民眾社會資本廣度的跨年齡層變化，36-45 歲年齡群的社會資本含量最高，之後隨年齡增加而持續下降，顯示高齡者的朋友圈較為縮小，可動員的人際資源社會資本廣度較低。不過，資本層次的社會關係與福祉狀態展現穩定的正向關聯。在生命各階段中，擁有較高社會資本者的健康評價與快樂感均較佳。在控制性別與自評階層下，更發現社會資本與年齡對福祉出現顯著的交互作用（p<0.05）；即社會資本間的福祉差異，隨著年齡提升而有顯著擴張的態勢。換句話說，隨著社會關係中認識的職業類別數越多，健康隨生命歷程而衰退的幅度不僅趨於和緩，快樂感更是隨年齡遞增而上升。因此，臺灣長者若能接觸越多人際關係，越有助於提升高齡者的生活福祉。

---

[7] 如受訪者未具有從事上述十種職業的熟識他人，將無法直接測量異質性與可得性，故會造成樣本流失。

（五）小結：社會關係對生活福祉的助益

　　雖然社會關係在高齡階段具有可續性的特質，但是本文發現，除繫屬層次的社會關係之外，結屬、歸屬與社會資本等社會關係，仍然呈現在高齡階段逐漸消退的趨勢。不過本文也發現，高齡者若能維持這些社會關係或加強社會參與的程度，不僅能豐富高齡時光的生活安排，更可能對此階段的生活福祉帶來正向的影響。換言之，繫屬、結屬、歸屬或資本層次的各類型社會關係與生活福祉的關係，大致呈現普遍且規律的正向關聯性。更重要地，結屬、歸屬與資本等三種層次與年齡的交互作用分析，刻畫了社會關係明顯地延遲、緩和自評健康隨老化而衰退的程度。簡言之，雖然健康衰退與生活福祉下降是老化過程中無法避免的難題，但是，藉由保持活躍的人際關係或社交活動，卻能縮減其下降的幅度，也因此延長更具品質的生活歲月。即使本文囿於橫斷性資料無法排除雙向因果的分析限制（如健康愈好的人，愈容易參與社交活動），但本文分析結果也暗示著，原本健康較佳者可以透過維持各式社會關係，而好上加好。

四、宗教參與的生命歷程變化與對高齡者生活福祉的影響

　　如前所述，大部分的社會關係隨著人們進入高齡階段而逐漸減弱，但個人的宗教參與卻可能呈現不同的樣貌。宗教參與不像職業活動，有法定的退休年齡，也不像家庭關係，可能會隨子女長大離家而減少聯繫互動。只要個人願意，宗教生活的參與可以終其一生。甚至，高齡者因為退休後有較充裕的空閒時間，可以較積極的參與宗教活動；也可以藉由宗教參與，和社區保持連結，不至於陷入孤單情境；更能經由參與宗教活動學習宗教教義，解答人生的疑惑，抒解對生命終結的焦慮和恐

懼。因此，高齡者比青壯年人更有條件參與宗教活動。另外，由宗教支持的慈善團體，也經常以高齡者為主要服務對象，協助照護其身心健康生活；也願意邀請健康狀況良好的高齡者，擔任宗教活動的義工。臺灣社會變遷基本調查計畫第五期第一次、與第六期第一次的資料即呈現，臺灣民眾在成年以後，信仰宗教的比例逐漸上升，三十五歲以後的各年齡群的信仰宗教的比例都超過八成，且不隨著年齡增長而明顯減少，這種現象在女性身上更為突顯。

關於宗教參與對身心健康和生活福祉的影響，歐美各國已累積相當數量的研究。研究結果大多顯示，經由參與宗教團體，個人可以拓展人際網絡，增加人際互動機會，在遇到困難的時候，也較能得到支持與協助，降低疏離感（Ellison & George, 1994; Lim & Putnam, 2010）。由於各大宗教多半提倡節制世俗慾望、合於道德倫理的理想生活方式，因此，信仰虔誠者通常比無信仰者更能保持合乎一般健康原則的生活方式（如：避免縱慾，減少菸、酒等成癮物的攝取），進而擁有較佳的身心健康狀態（Levin & Chatters, 1998）。其次，各種宗教儀式或修行活動，經常有助於參與者產生喜悅、寧靜、滿足等正向情緒，有利身心健康（Tsai, Maio, & Seppala, 2007）。另外，各大宗教的教義各自包含一套完整的世界觀和價值體系，探討「生從何來、死往何去」、「何謂善、何謂惡」等生命意義問題。這些宗教教義，讓信徒建立意義感和秩序感的人生，有助於增進身心健康和整體幸福感（Ellison & Levin, 1998; Sternthal, Williams, Musick, & Buck, 2010），尤其對於邁入生命晚期階段、面對生死問題的高齡者，更有助於保持對生命或來生的樂觀希望（Levin & Chatters, 1998）。綜上所述，歐美各國的研究經常發現，有宗教信仰者的身心健康和生活福祉優於無宗教信仰者。由於臺灣社會的相關研究累積還不多，本文以下分別探討宗教信仰、宗教行為、與宗教經驗和高齡者生活福祉的關係。

（一）宗教信仰與類型

　　圖 3-10 比較有宗教信仰者和無宗教信仰者，在自評健康和快樂感這兩項生活福祉指標[8]的年齡分布上的差異。有宗教信仰者的自評健康程度在各年齡層幾乎都低於無宗教信仰者，顯示有宗教信仰者的健康狀況較差，且這樣的差異從青年持續到老年。有、無宗教信仰者的快樂感，在不同年齡層中互有高低，如在 36-45 歲的組別，無宗教信仰者明顯較為快樂，但在 46-55 歲的組別則是有宗教信仰者較為快樂，對 66 歲以上的高齡者而言，有、無宗教信仰者的快樂感幾乎無顯著差異。整體而言，有、無宗教信仰者的快樂感差異，比自評健康方面的差異來得小。我們不禁揣想，為什麼臺灣民眾之宗教信仰和生活福祉的關聯，不同於歐美各國的發現呢？部分的原因是，臺灣有宗教信仰者的學歷和收入通常比無宗教信仰者低（范綱華、蕭新煌，2013），而教育程度與收入較低者，通常生活條件較差，各方面的生活資源也較缺乏，因此自評健康和快樂感也會較低（Mirowsky & Ross, 2003）。但是，若排除掉學歷和收入等社

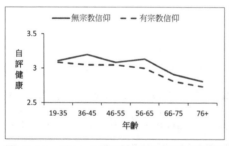
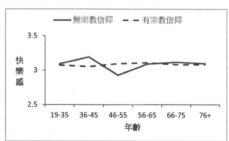

圖 3-10　有、無宗教信仰者生活福祉的年齡分布

註：資料合併自「臺灣社會變遷基本調查『第五期第一次（I）』與『第六期第一次（I）』」（N=4,039）。

---

[8]　臺灣社會變遷第五期第一次、第六期第一次與第六期第五組宗教組的資料，關於自評健康和快樂感之編碼分數變動範圍都介於1-4分之間，分數越高，表示自評健康狀況越好，日子過得越快樂。

經背景的影響，本文進一步的迴歸分析顯示，在性別、教育、收入等條件相等的情況下，有宗教信仰者的快樂程度，約在 60 歲以後開始明顯高於無宗教信仰者，且兩者的差距會隨年齡增加。[9]也就是說，對於高齡者而言，信仰宗教可以顯著提高快樂感。

　　在進一步探討宗教信仰是透過什麼方式影響個人生活福祉之前，本文先檢視不同宗教類型的生活福祉是否有所差異。一般人可以發現，東方傳統宗教與西方傳來的基督教、天主教（以下合稱「基督宗教」），在宗教行為上有明顯差異。東方傳統宗教的宗教活動（如：法會、做醮、修練、祭拜）較不具規律性（節慶性）與經常性，信仰特質較傾向個人性，組織架構也較鬆散（張珣，1985；鄭志明，2002），不如基督宗教活動（如：每週的主日禮拜、查經班、唱詩班）那樣具規律性、經常性、群體性，組織架構那麼嚴密。另外，美國學者 Tsai 等人（2007）的研究發現，與佛教相比，基督教更重視興奮、熱切、興高采烈等高昂正面情緒，而較不重視平靜、安詳、沈著、放鬆等低緩正面情緒；因此，基督教的聚會形式和活動設計，都盡量激發高昂正面情緒；相反的，佛教的宗教行為則較傾向產生低緩正面情緒。因此，參與東方傳統宗教和基督宗教活動，對生活福祉的影響有可能不同。另外，東方傳統宗教之間在教義、儀式、宗教行為上也多有差異。例如：佛教和一貫道在教義和組織上，都較一般民間信仰嚴密（Yang, 1961）。因此，為探討不同宗教類型對高齡者生活福祉的影響，本文將東方傳統宗教再分為東方制度型宗教（經過皈依儀式所認定的佛教徒與一貫道信徒）與擴散型宗教（廣義的道教和一般民間信仰信徒）兩類，與基督宗教並列為三種宗教信仰類型。

　　如圖 3-11 所示，一般來說，各類宗教信仰者的自評健康都比無宗教信仰者差，部分原因應該與上述宗教信徒的社經背景較低有關；因此，

---

[9]　宗教信仰與年齡之交互作用達正向顯著（p<0.10）。

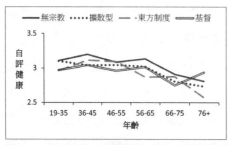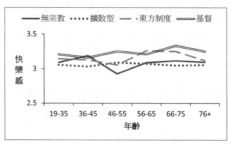

圖 3-11　不同宗教類型者生活福祉的年齡分布

註：資料合併自「臺灣社會變遷基本調查『第五期第一次（I）』與『第六期第一次（I）』」（N=4,039）。

若排除性別、教育程度、收入的影響，有、無宗教信仰者的自評健康差異變得不明顯。另外，就快樂感的部分而言，在 46 歲以上的各年齡群，基督宗教信徒的快樂感都較無宗教信仰者為高；東方制度型宗教信徒的快樂感也在 46-75 歲之間比無宗教信仰者為高；而擴散型宗教信徒的快樂感與無宗教信仰者之間的差異則較不明顯。如果控制性別、教育、收入等背景變項，基督宗教和東方制度型宗教信徒的快樂感都顯著高於無宗教信仰者。

　　統整以上發現，信徒快樂感較高的基督宗教和東方制度型宗教，和一般民間信仰相比，都具有較系統化的教義、較組織化的會眾組成、和較經常性的宗教活動參與，或許是因為這樣的特質，使得這兩類宗教信徒在中年以後有比較高的快樂感。但是，究竟是宗教參與的哪些要素，特別有助於提高信徒的生活福祉呢？本文接下來將分別從宗教行為、信仰內容、和神秘經驗等不同面向，探索宗教對生活福祉的影響。

（二）宗教行為與參與

　　西方的研究顯示，宗教參與對身心健康與生活福祉的正向影響，有很大部分是因為信徒參與宗教團體活動，拓展人際網絡，經由人際互動

提升自尊，並在情感上和生活上得到社會支持而致（Ellison & George, 1994）。根據臺灣社會變遷基本調查計畫於 2014 年進行的第六期第五次調查發現，約有 14% 的臺灣成年人過去一年曾參加宗教團體。但由於迄今少有臺灣研究檢視參加宗教團體對生活福祉的影響，本文接著比較有、無參加宗教團體者的自評健康和快樂感是否有差異。分析結果顯示，56 歲以上的中、高齡受訪者，有參加宗教團體者的自評健康均優於無參加宗教團體者。此外，有參加宗教團體者的快樂程度在各年齡層的快樂感都高於無參加宗教團體者。若進一步排除性別、教育、收入等社會人口變項的影響，單純檢視參加宗教團體與年齡對自評健康的交互作用，圖 3-12 顯示有參加宗教團體者，在 50 歲以後，不僅自評健康狀況越來越優於無參加宗教團體者，且自評健康較不會因老化而衰退。因此，參加宗教團體對高齡者的生活福祉應有助益。

　　此外，如果檢視朋友網絡的宗教信仰行為[10]，亦可發現宗教信仰在人際關係面向對生活福祉的影響。平均而言，臺灣成年人最常交往的朋友

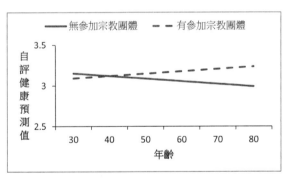

圖 3-12　參加宗教團體和年齡對健康的交互作用

註：資料來自「臺灣社會變遷基本調查計畫第六期第五次宗教與文化組」（N=1,930）。

---

[10] 運用問卷中「目前最常交往的朋友中，有多少位和您的宗教信仰相同？」的題項加以測量。

中，約有二分之一的信仰與自己相同，而 65 歲以後，朋友中同信仰的比率更是大幅提高。朋友中與自己信仰相同比例較高者，在 55 歲以前，其自評健康與快樂感經常比較高；55 歲以後差異則較不明顯。比方說，在控制性別、教育、收入之後，朋友中「幾乎都是」與自己信仰相同者的自評健康優勢，隨著年齡漸長逐漸變為不顯著。至於為何同宗教信仰朋友之比例對福祉的影響會隨年齡改變，尚待進一步研究。

宗教信仰對生活福祉的影響，會隨著宗教參與程度的高低而有不同。通常參與程度較高者，身心健康狀況會比參與程度較低者更好（Lim & Putnam, 2010）。例如，到宗教組織擔任志工就比只偶爾參加該宗教團體所舉辦的活動，參與程度更高，故對身心福祉的影響也可能不同。因此，本文檢視代表較高參與程度的宗教捐款與擔任宗教義工等行為，是否對生活福祉帶來更為顯著的影響。

根據臺灣社會變遷第六期第五次調查發現，約有 48% 的臺灣成年人在過去一年曾捐款給宗教團體。宗教捐款的比例，從十九歲到五十五歲逐漸升高，但在五十五歲以後又逐漸下降，反映了個人在生命週期當中收入的變化。若檢視宗教捐款與生活福祉的關聯，圖 3-13 顯示，在 46-55 歲以上的年齡組別，有宗教捐款者的自評健康比無宗教信仰者為

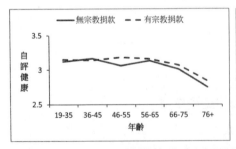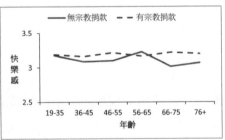

圖 3-13　有、無宗教捐款的生活福祉年齡分布

註：資料來自「臺灣社會變遷基本調查計畫第六期第五次宗教與文化組」（N=1,930）。

高。一般而言，有宗教捐款者的快樂感在大部分年齡層也都較高。但因為是否捐款給宗教團體或許還牽涉到個人的財務狀況，與個人社經條件有關，若要更確切檢視宗教捐款對生活福祉的作用，最好能排除社經背景的影響。因此在控制性別、教育、收入的作用之後，有宗教捐款者的自評健康和快樂感均顯著高於無宗教信仰者。因此，對於高齡者而言，代表高參與程度指標的宗教捐款，與其生活福祉有顯著相關。

擔任宗教義工，除了代表對宗教團體的參與程度較高、與宗教成員互動較密切、可得到較多社會支持之外，也可提高個人的自尊和意義感，因此對個人的生活福祉有相當正向的影響（Idler et al., 2003; Thoits & Hewitt, 2001）。2014 年第六期第五次的社會變遷調查發現，臺灣成年人約有 6% 在宗教團體擔任義工（志工）；而比例從 19 歲到 75 歲逐漸升高，但在 75 歲以後快速下降，前半段反映個人在工作之外可支配之自由時間隨生命階段逐漸增加，故越來越有空閒時間擔任義工，後半段則可能反映個人 75 歲以後體力逐漸衰退，較難負荷義工的任務。

若比較擔任宗教義工、擔任非宗教義工、以及無擔任義工者的自評健康差異，圖 3-14 可以發現在 76 歲之後的組別，擔任宗教義工者和非宗教義工者，都比無擔任義工者有更好的自評健康，但在 36 歲到 66 歲

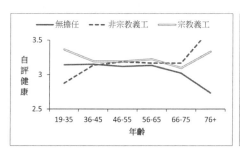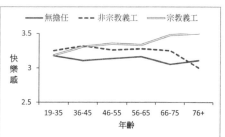

圖 3-14 **擔任宗教義工的生活福祉年齡分布**

註：資料來自「臺灣社會變遷基本調查計畫第六期第五次宗教與文化組」（N=1,930）。

之間的階段沒有顯著差別。另外，無論擔任宗教義工或非宗教義工，其快樂感在各年齡層都傾向高於無擔任義工者。其中擔任宗教義工者的快樂感又較擔任非宗教義工者更高。但是，與捐款給宗教團體類似，擔任義工也可能與個人可支配之時間和生活狀況有關（若財務狀況不佳則可能需要忙於工作而無暇擔任義工），因此，若能排除社經條件的影響，更能幫助我們檢視擔任義工與生活福祉的關聯。在控制性別、教育、收入的作用後，擔任宗教義工者的自評健康很明顯高於無擔任義工者，擔任非宗教義工者的自評健康則與無擔任義工者沒有顯著差異。另一方面，在控制性別和社經背景後，擔任義工者的快樂感高於無擔任義工者，而在 50 歲以上的年齡層，擔任宗教義工者的快樂感不僅高於擔任非宗教義工者與無擔任義工者，其快樂感的優勢還逐漸增大。由此可見，為宗教團體擔任義工，對高齡者的生活福祉，應當有很大助益。

（三）信仰內容與宗教經驗

　　前述討論已呈現宗教參與的人際外在面向（如擔任宗教義工）與生活福祉有正向關聯。本節繼續探索個人內在的宗教行為與經驗對福祉的影響。

　　首先，祈禱，是一種不一定要與他人共同參與、可以單獨進行的宗教活動，因此祈禱可能較不帶社會互動的成分，而屬於個人與神的溝通。西方社會的研究指出，祈禱對於高齡者的身心健康有明顯的益處。高齡者若越常祈禱，其心理困擾越少，自評健康和生活滿意度也越高（Ellison & Taylor, 1996; Musick, 1996）。在此，本文將祈禱頻率區分為：不曾祈禱、每週祈禱一次或以下，每週祈禱超過一次等三個等級，檢視它與生活福祉的關聯。分析結果顯示，臺灣人隨著年齡漸長，祈禱的頻率逐漸增加；而每週祈禱一次以下和每週祈禱超過一次者，自評健康都低於不曾祈禱者。另外，在 55-65、66-75 這兩個年齡層，每週祈禱超過

一次者,快樂感高於不曾祈禱者,而在其他年齡層,祈禱頻率和快樂感的高低較無關聯。如前所述,臺灣宗教信仰者的社經地位平均比無宗教信仰者為低,其生活福祉可能原本就較低;況且在東方宗教傳統中,祈禱較不是日常例行宗教儀式,而是作為生活困難的因應手段(Musick, Traphagan, Koenig, & Larson, 2000; Krause, Liang, Shaw, Sugisawa, & Sugihara, 2002)。也就是說,祈禱頻率越高者,可能代表遭遇越大的生活困境。這兩種情況,都可能解釋為何祈禱頻率並未對自評健康和快樂感有顯著影響。但若是排除性別、教育、收入的影響,或可窺見祈禱對生活福祉的作用。雖然不曾祈禱者的自評健康比較好,但是比較祈禱頻率不同的兩組,可以發現每週祈禱超過一次者,自評健康會比每週祈禱一次以下者為佳[11]。也就是說,排除社經背景影響後,會向神明祈禱者,平均而言可能仍是遭逢較多生活困境者,但在面臨同樣困境的情況下,祈禱頻率較高的高齡者,自評健康可能會較好,顯示祈禱行為對於高齡者的健康應有益處。

其次,根據健康與疾病社會學的理論,個人若覺得自己的生命有意義,世界的運作有秩序,會有助於保持心理健康,增進生活福祉(Mirowsky & Ross, 2003)。在臺灣社會的宗教信仰中,強調「善有善報、惡有惡報」的因果論,是解釋人生命運貴賤、禍福吉凶的重要依據。因此,本文以受訪者對於「一個人為善為惡會影響後代子孫的幸福」、「為善為惡會影響一個人下輩子的命運」、「做好事可以上天堂,壞事做多會下地獄」、「行善事的人,下一輩子可以過好的生活」等四個陳述的同意程度,加總後取平均數,作為相信因果論程度的指標,來測試信仰內容對於生活福祉的影響。分析結果顯示,相信因果論的程度,隨著年齡逐漸提高;但是不同因果論相信程度並未造成自評健康的顯著差

---

[11] 在控制性別、教育年數、家戶月收入之情況下,「每週祈禱超過一次」與年齡之交互作用達正向顯著(p<0.10)。

別，也未顯著影響快樂感。由此得知，在臺灣社會中，即使像因果論這樣常見且重要的信仰內容，也並未對生活福祉造成顯著影響。

　　既有的歐美社會研究指出，宗教神祕經驗有助於產生正向情緒，進而提昇個人的快樂感（Ellison & Levin, 1998; Sternthal et al., 2010），因此，本文也將探索臺灣社會中宗教神祕經驗對生活福祉的影響。在問卷調查中，受訪者被問到是否曾有「經驗到神明附身」、「看到神顯靈」、「聽到神跟我說話」、「講天語／方言」、「疾病被神治好」、「靈動／氣動／聖靈充滿」這六類經驗，本文將受訪者對這六題的回答分數進行加總（1 ＝有；0 ＝無），作為宗教神祕經驗的指標。調查結果顯示，約有20%的臺灣成年人曾有過宗教神祕經驗。曾有宗教神祕經驗者，其自評健康在各年齡層都顯著較低，而其快樂感與宗教神祕經驗則無顯著差異。因此，是否有神祕經驗，似乎不是宗教信仰影響高齡者生活福祉的重要因素。

（四）小結：宗教信仰對高齡生活福祉的影響

　　根據以上資料分析的結果，本文發現宗教參與對於高齡者的生活福祉具有重要且正面的影響。如同本文一開始所述，我們生活中許多社會關係與特定生命階段有關（如：工作、婚姻、親職），可能會隨著邁入高齡而逐漸減弱，但宗教參與則無此限制。事實上，基於客觀條件與客觀需要，個人的宗教參與程度，反而有可能因為邁入高齡階段而更為提高。

　　整體而言，本文所呈現的資料顯示，信仰宗教──特別是參與宗教活動──會帶給高齡者更為正向的生活福祉，且宗教參與對於快樂感的正向影響比對自評健康更為顯著。信仰宗教者在進入高齡階段後，顯得比無宗教信仰者更為快樂，其中尤以信仰基督宗教與東方制度型宗教者最為明顯。接著，宗教參與對生活福祉的增進，主要是透過參與宗教團

體與擔任宗教團體義工等公共活動的參與，和捐款給宗教團體來呈現。相對的，偏向私人活動性質的祈禱、信仰的內容（如因果觀念）、以及個人宗教神祕經驗對生活福祉的助益較不明顯。換言之，高齡者應是經由參與宗教團體活動，拓展了自身的人際網絡，維繫與他人的互動關係，滿足心理上歸屬感與自尊的需求，並在需要時可以得到他人的支持與協助，因此使高齡者的生活內容更為豐富，情緒生活品質更為提升。

五、結論與討論：社會關係、宗教參與和活力老化

老化是每一個生命必須經歷的過程。但是，老化卻伴隨著健康的衰退，也可能降低對生活快樂的感受。因此，討論有那些因素可以緩和老化所帶來的負面影響，或是強化高齡民眾的生命活力並增進生命的幸福感，也成為當代研究探索的重要課題。

本文認為維繫社會關係與投入建立社會關係，可作為促進高齡生活福祉的一條途徑。藉由探究不同層次的社會關係（包含繫屬、結屬、歸屬、資本、以及宗教參與等）對臺灣長者生活福祉的影響，本文有以下主要的發現。第一，在與家人同住、與非同住家人聯絡數、和宗教信仰認同的比例之外，大部分的社會參與和宗教參與的程度會隨年紀累進而逐漸下降。其次，不論結構層次，社會關係與生活福祉呈現普遍的正向關聯，如與家庭以外的親友保持頻繁聯絡或是常出外聚餐，對個人的自覺身體健康與生活快樂都有正面的影響。第三，宗教的外在參與面向與自覺健康以及生活快樂成正比。比方說，銀髮族參加宗教活動的頻率比較高、擔任宗教志工、對宗教團體捐獻金錢、與具有比較高的個人性的宗教虔誠度（如比較高的禱告頻率），自覺健康與生活快樂感也比較高。最後，社會參與（如與非同住家人聯絡數、聚餐機會、社團參與、擔任志工、參與議題討論、與社會資本的累積運用等）和宗教參與，顯

著地縮減了健康隨著老化而衰退的幅度，或是擴張了高齡階段的快樂感差異。

　　本文認為對銀髮長者而言，社會關係不僅是豐富高齡階段生活安排的需求而已，更是具備可及性與健康促進功能的人際投資。即便許多類型的社會關係隨年齡增長會逐漸減弱，但愈能保持活躍的人際關係或社會參與者，在邁向高齡的人生階段時，仍舊可以維持較佳的身體機能或較高的生活快樂感，也具帶動降低健康衰退幅度的功能。此外，由於宗教信仰認同與宗教活動的參與通常不會因為年齡遞增而削減，宗教參與更能成為替代因年事累積所喪失的資源，成為健康的促進機制。

　　本文並非認為社會關係與宗教參與是豐富高齡福祉的唯一因素，更不認為其影響力比其他社會資源或條件（如社經地位）更具關鍵性，但本研究要強調社會關係的維繫與擴展，以及宗教投入參與對大部分人皆具相當的可續性與可及性。當代社會因社經不平等帶來資源分配不均，對大多數銀髮族的幸福感都有負面的影響，但資源分配不均很難單靠個人的努力在短時間內突破；然而只要個人願意付出更多精神與力量，來經營友善與具支持性的人際與社會關係，也許可以達到增進生活福祉的好處。基於以上的研究發現，本文建議銀髮族可以透過強化不同層次的人際網絡，進而活化生活的品質，提升老化過程的生命福祉。

參考文獻

內政部（2014）。民國 102 年簡易生命表提要分析【簡易生命表及平均餘命查詢】。取自 http://www.moi.gov.tw/stat/life.aspx

范綱華、蕭新煌（2013）。宗教信仰與主觀心理福祉：臺港比較。載於楊文山、尹寶珊（主編），**面對挑戰：臺灣與香港之比較**（27-60 頁）。臺北市：中央研究院社會學研究所。

張珣（1985）。臺灣不同宗教的信徒與組織之比較研究。**臺灣大學社會學刊，17**，15-44。

張苙雲，楊孟麗，謝幸燕（2012）。社會變遷脈絡下教育的健康效應：趨勢和居間機制。載於謝雨生、傅仰止（主編），**臺灣的社會變遷 1985~2005：社會階層與勞動市場篇**（301-336 頁）。臺北市：中央研究院社會學研究所。

鄭志明（2002）。華人的信仰心理與宗教行為。**鵝湖月刊，27**(12)，12-24。

Berkman, L. F. (2001). Social integration, social networks, and health. In N. J. Smelser & P. B. Baltes (Eds.), *International encyclopedia of the social and behavior science* (pp.14327-14332). New York: Elsevier.

Berkman, L. F., Glass, T., Brissette, I., & Seeman, T. E. (2000). From social integration to health: Durkheim in the new millennium. *Social Science & Medicine, 51*, 843-857.

Danner, D., Snowden, D., & Friesen, W. (2001). Positive emotions in early life and longevity: Findings from the nun study. *Journal of Personality and Social Psychology, 80*, 804-13.

Ellison, C. G., & George, L. K. (1994). Religious involvement, social ties, and social support in a southeastern community. *Journal for the Scientific*

Study of Religion, 33, 46-61.

Ellison, C. G., & Levin, J. S. (1998). The religion-health connection: Evidence, theory, and future directions. *Health Education and Behavior, 25*, 700-720.

Ellison, C. G., & Taylor, R. J. (1996). Turning to prayer: Social and situational antecedents of religious coping among African Americans. *Review of Religious Research, 38*, 111-131.

Goleman, D. (1996). *Emotional intelligence: Why it can matter more than IQ*. London: Bllomsbury.

House, J. S. (2002). Understanding social factors and inequalities in health: 20th century progress and 21st century prospects. *Journal of Health and Social Behavior, 43*(2), 125-142.

House, J. S., Landis, K. R., & Umberson, D. (1988). Social relationships and health. *Science, 241*, 540-544.

Idler, E. L., & Benyamini, Y. (1997). Self-rated health and mortality: A review of twenty-seven community studies. *Journal of Health and Social Behavior, 38*, 21-37.

Idler E. L., & Kasl, S. V. (1991). Health perceptions and survival: Do global evaluations of health status really predict mortality? *Journal of Gerontology, 46*(2), 55-65.

Idler, E. L., Musick, M. A., Ellison, C. G., George, L. K., Krause, N., Ory, M. G., Pargament, K. I., & Williams, D. R. (2003). Measuring multiple dimensions of religion and spirituality for health research: Conceptual background and findings from the 1998 General Social Survey. *Research on Aging, 25*(4), 327-365.

Kawachi, I. (2010). Social capital and health. In C.E. Bird, P. Conrad, A.M.

Fremont, & S. Timmermans (Eds.), *Handbook of medical sociology* (pp.18-32). Nashville, TN: Vanderbilt University Press.

Kohler, H. P, Behrman, J. R., & Skytthe, A. (2005). Partner + children = happiness? The effects of partnerships and fertility on well-being. *Population and Development Review, 31*(3), 407-445.

Krause, N., Liang, J., Shaw, B. A., Sugisawa, H., Kim, H. K., & Sugihara, Y. (2002). Religion, death of a loved one, and hypertension among older adults in Japan. *Journal of Gerontology, 57*(2), 96-107.

Layard, R. (2006). *Happiness: Lessons from a new science*. New York: Penguin Books.

Leung, A., Kier, C., Fung T., Fung, L., & Sproule, R. (2011). Searching for happiness: The importance of social capital. *Journal of Happiness Studies, 12*(3), 443-462.

Levin, J. S., & Chatters, L. M. (1998). Research on religion and mental health: An overview of empirical findings and theoretical issues. In H.G. Koenig (Ed.) *Handbook of religion and mental health* (pp.33-50). San Diego: Academic Press.

Lim, C., & Putnam, R. D. (2010). Religion, social networks, and life satisfaction. *American Sociological Review, 75*(6), 914-933.

Lin, N. (2001). *Social capital: A theory of social structure and action*. Cambridge, England: Cambridge University Press.

Lin, N., Fu, Y., & Hsung, R. (2001). The position generator: A Measurement technique for investigations of social capital. In N Lin, K. Cook, & R. S. Burt (Eds.), *Social capital: Theory and research* (pp 57-81). New York: Aldine de Gruyter.

Lin, N., Ye, X., & Ensel, W. M. (1999). Social support and depressed mood: A structural analysis. *Journal of Health and Social Behavior, 40*, 344-359.

Link, B. G., & Phelan, J. (1995). Social conditions as fundamental causes of disease. *Journal of Health and Social Behavior, 35*, 80-94.

Lucas, R. E., & Clark, A. E. (2006). Do people really adapt to marriage? *Journal of Happiness Studies, 7*(4), 405-426.

Lucas, R. E., Clark, A. E., Georgellis, Y., & Diener, E. (2003). Reexamining adaptation and the set point model of happiness: Reactions to changes in marital status. *Journal of Personality and Social Psychology, 84*(3), 527-39.

Miller, E., & Buys, L. (2008). Does social capital predict happiness, health, and life satisfaction in an urban Australian community? *New Zealand Journal of Social Sciences, 3*(1), 15-20.

Mirowsky, J, & Catherine, E. R. (1992). Age and depression. *Journal of Health and Social Behavior, 33*, 187-205.

Mirowsky, J., & Ross, C. E. (2003). *Social causes of psychological distress*. New York: Aldine de Gruyte.

Musick, M. A. (1996). Religion and subjective health among black and white elders. *Journal of Health and Social Behavior, 37*, 221-237.

Musick, M. A., Traphagan, J. W., Koenig, H. G., & Larson, D. B. (2000). Spirituality in physical health and aging. *Journal of Adult Development 7*, 73-86.

Ross, C. E., & Wu, C. (1995). The links between education and health. *American Sociological Review, 60*, 719-745.

Son, J., Lin, N., & George, L. K. (2008). Cross-national comparison of social support structures between Taiwan and the United States. *Journal of Health and Social Behavior, 49*, 104-118.

Song, L. (2010). Social capital and psychological distress. *Journal of Health and Social Behavior, 52*, 478-492.

Song, L., & Lin, N. (2008). Social capital and health Inequality: Evidence from Taiwan. *Journal of Health and Social Behavior, 50*, 149-163.

Sternthal, M. J., Williams, D. R., Musick, M. A., & Buck, A. C. (2010). Depression, anxiety, and religious practice: a search for mediators. *Journal of Health and Social Behavior, 51*(3), 343-359.

Strack, F., Argyle, M., & Schwarz, N. (1991). *Subjective well-being, and interdisciplinary perspective*. Oxford: Pergamon Press.

Thoits, P. A. (1995). Stress, coping, and social support processes: Where are we? what next? *Journal of Health and Social Behavior, 35*(Extra Issue), 53-79.

Thoits, P. A. (2011). Mechanisms linking social ties and support to physical and mental health. *Journal of Health and Social Behavior, 52*, 145-161.

Thoits P. A., & Hewitt, L. N. (2001). Volunteer work and well-being. *Journal of Health and Social Behavior, 42*(2), 115-131.

Tsai, J. L., Miao F. F., & Seppala E. (2007). Good feelings in Christianity and Buddhism: religious differences in ideal affect. *Personality and Social Psychology Bulletin, 33*, 409-421.

Umberson, D., & Williams, K. (1999). Family status and mental health. In C. S. Aneshensel, & J. C. Phelan (Eds.) *Handbook of the sociology of mental health* (pp. 225-253). New York: Kluwer Academic/ Plen um Publisher.

Veenhoven, R. (1991). Questions on happiness: Classical topics, modern answers, blind spots. In F. Strack, M. Argyle, & N. Schwarz (Eds.), *Subjective well-being: An interdisciplinary perspective* (pp. 7-26). Oxford: Pergamon.

Waite, L. (1995). Does marriage matter? *Demography, 32*, 483-508.

Winkelmann, R. (2009). Unemployment, social capital, and subjective well-being. *Journal of Happiness Studies, 10*(4), 421-430.

Yang, C. (1961). *Religion in Chinese society: A study of contemporary social function of religion and some of their historical factor*. Oakland, CA: University of California Press.

第 4 章

子職之外；臺灣高齡者之自我照顧需求與模式

劉珠利

一、前言

　　人民的平均壽命延長，臺灣高齡者平均在退休後仍約可度過近 20 年的晚年時光。退休後的老人隨著年齡增長，不論性別與社會階層，都將面臨身心狀況逐漸老化的過程，但這並不代表所有的老年人均處於疾病纏身的狀態。根據內政部（2009）進行的老人狀況調查顯示，65 歲以上的老人健康狀況良好與還算好者的比例達 52.21%，普通者占 19.02%，不太好者則占 21.82%，很不好者僅占 5.33%。又，衛生福利部（2014）針對老人日常生活自理能力所進行的調查，指出八成的老人並無生活自理的問題，只有 20.8% 的高齡長者在生活上有一些自理的困難；同時，老年人在吃飯、上廁所、洗澡、穿脫衣褲鞋襪、上下樓層、大便控制、小便控制、自床上坐起及移位到椅子上或輪椅上、在平地走 50 公尺以上、操作輪椅或操作電動輪椅、刷牙、洗臉、洗手、梳頭髮、刮鬍子等日常生活能力上，約一成以下的老人有所困難，僅老人在上下樓梯時需要協助的比例稍高，但也僅占 13.4%（衛生福利部，2014：16-17）。這些資料均顯示只有少部分高齡者因為身體疾病需仰賴他人或是機構的協助，大部分都保持不錯的身體功能，在日常生活中具有獨立自我照顧的能力。這些生活仍維持自理能力的高齡者入住安養機構的意願不高，僅 14% 左右（謝文華，2014）。整體言之，老年人並不一定是失能或是生病的一群人口，多數老人在失去功能前，仍有一段時間是可以自理生活，而且願意自己居住於一般社區之中。

　　聯合國在 1991 年通過「聯合國老人綱領」，提出包括獨立性、社會參與、獲得照顧、自我實現、與尊嚴的五大老人生活要點，點出我們對老人的想法應跳脫過去那種生病、失能、需要被照顧的刻板印象，應該視老人的需要給予照顧，或者是讓他們在足夠資源的支持下獨立生活與參與社會。世界衛生組織（WHO, 2002）有鑑於世界各國人口結構均已

呈現老化的現象，於是在西元 2002 年提出活化老年（active aging）的概念，協助各國因應人口結構老化所帶來的社會問題。同時，歐盟各國也面臨因為老年退休以及提早退休制度，所造成國家福利預算的赤字以及負擔，因此開始反思退休以及老年的意義，期望能重新建構退休與老年的意義，促進人力最佳運用並解決福利預算上的困境。在這樣的背景之下，歐盟開始思考活化老年的策略，透過重新界定老年的定義，不再視老年人口為依賴與負擔，重新建構一套新的年齡規範，透過政策與其他誘因，將已退出的人力資源帶回勞動市場，帶回社區活動、公民社會、志願服務等，以減低國家的依賴人口（呂建德、葉秀珍、魏書娥，2010；EU, 2006）。

　　根據 WHO 所提出的概念，所謂活化老年具有三個主要決定因素：健康、參與、以及安全，透過這三個行動過程，來增進老化人口的生活品質（Hoskins, 2002; WHO, 2002）。「健康」是意指身體、社會、以及心理方面的福祉。當造成老年人口罹患慢性疾病、功能退化的危險因子降低，保護因子增加，那麼老年人口就可以享受質量俱佳的生活。在政策方面，應該盡可能減少生命過程中造成失能、慢性疾病、過早死亡的危險因子，增加保護因子，以及發展友善、高品質、回應不同社會人口族群需求的醫療與社會服務。「參與」是指老年人口經由多重的行動達成最大程度的自主與獨立的生活，並經由持續參與社會而對社會有所貢獻。在政策方面，應提供老年人口終生的教育與學習機會；依照高齡者的需求與能力，提供老年人在經濟活動、志願服務、正式與非正式工作上的參與機會，並能夠積極參與家庭與社區。「安全」是指當老年人口不再能夠照顧自己時，他們必須能夠獲得保護、尊嚴、以及照顧。在政策方面，必需經由滿足老年人口的社會、經濟、身體方面等的安全，確保老年人的安全與尊嚴，減低老年人遭遇的不平等。

　　臺灣社會已經邁入高齡化與少子化的社會，內政部因此積極的規劃

活化老年的相關福利政策：

> 本部以經濟安全、健康維護、生活照顧三大規劃面向為政策主
> 軸，並就老人保護、心理及社會適應、社會參與分別推動相關
> 措施。此外，為周全對老人的身心照顧，本部更積極建構我國
> 長期照顧體系、建立社區照顧關懷據點、推動友善關懷老人服
> 務方案、提升老人福利機構安養護服務品質，及推展行動式老
> 人文康休閒巡迴服務，讓老人均能獲得在地且妥適的照顧服務
> （內政部，2012）。

　　具體來說，臺灣政府活化健康老人的策略是建置各地社區關懷據
點；規劃老人長青大學、老人志願服務、老人社會心理關懷服務。1990
年代中期起，臺灣政府開始透過積極培力社區以深植臺灣社會的能動
性。1994年文建會發起「社區總體營造」文化建設計畫，展開社區營造
的長期工程（文化建設委員會，1999）。1997年社會司提出「福利社區
化計畫」後，社區在社會福利上所能扮演的角色，日益受到重視。2005
年行政院推出「臺灣健康社區六星計畫」，以產業發展、社福醫療、社
區治安、人文教育、環境景觀、環保生態等六大面向作為社區評量指
標，並結合在地組織的力量，成立「社區照顧關懷據點」，透過關懷訪
視、電話問安、送餐服務與健康促進等服務，服務社區內的老人（土仕
圖，2013：187-88）。政府針對逐漸失去功能的老人，則規劃長期照顧計
畫以提升安養照顧中心的品質；提供中低收入戶在生活、醫療、交通、
照顧等面向的經濟補助（內政部，2012）。總而言之，臺灣政府期望透
過這些福利措施與資源提供，來回應WHO提出的健康、參與、安全的
活化老年行動。

　　透過前面的敘述，明顯地指出一個不同於以往的關注視角，全球社

會在關注老年人口及其生活福祉時，關注視角也跳脫傳統對失能老人的過度強調，開始更加重視健康老年的潛力與需求，開始積極關懷社區中的健康老人。此外 Rathbone-McCuan（2014）指出，老人相當重視自己是否能夠掌控生活，因為對自己生活的掌控力，反映老人的獨立感（independence）、互賴感（interdependence）以及依賴（dependence），對老人有特別的意義。當老人失能或無法因應轉變時，就必須在獨立與依賴之間進行選擇，這對老人來說是殘酷與悲傷的。因此愈來愈多研究開始體會到，強化老人自我照顧能力可以提高老人正向健康的生活型態，促進老人生活福祉。

當臺灣邁入少子化的社會型態，過去華人文化中以成年子女照顧高齡父母的家庭照顧模式，已經很難持續成為未來的主流照顧模式。在這轉變下，未來將有為數不少的健康老人並不需要入住機構接受照顧，子女也無法隨侍左右提供照顧，因此這群健康老人需要營造自我照顧的老年生活。此外，雖然入住機構或是購買家庭服務是臺灣目前熟悉的老人照顧方法，然而依賴他人的老年生活已經不再是臺灣高齡者最期待的生活方式，究竟身體尚能維持生活自理的高齡者的生活，應走向什麼樣的新方向？歐洲國家已經將強化健康老人的自我照顧能力，作為老人照顧政策的一部分（顧燕翎，2011），縮短高齡者臥病在床的時間，同時讓高齡者的老年階段過得有尊嚴。本章的目的在於討論，當少子化時代來臨，高齡者不再由家庭承擔照顧責任時，高齡者可以營造的生活模式。接下來我將討論不同的高齡生活樣貌，企圖勾勒出時代變遷下所造成的高齡者生活的轉變。第 3 節之後將呈現臺中市生活自理、獨居的高齡者的生活樣貌，從中瞭解這些高齡者的生活需要。最後總結本章的討論，對臺灣的高齡者自我照顧模式提出政策建議。

二、老年的多重觀點

（一）傳統的觀點

　　傳統的觀點強調老年階段所面對的生理、心理、社會各層面的問題，都不同於中年階段。生理方面討論的是老人容易產生各類型慢性疾病，臺灣老人最常見的慢性病是高血壓、骨質疏鬆、糖尿病與心臟病等（謝文華，2014）。社會心理層面則涉及人和環境的互動需求，具體來說包含心理需求、人和環境互動時扮演的角色、以及互動時人和環境所建立的（人際）關係（謝秀芬，2002），傳統觀點中老年階段的主要社會心理需求，是對過去一生感受的統整，如果一位老人對於自己的一生是滿意的，老年階段的心理感受亦是滿意的，和人能夠建立良好關係；反之，如果一位老人對自己的一生是不滿意的，老年階段所呈現出來的是心理感受不佳，難以與人建立良好的關係（謝秀芬，2002）。因此，如何正向統整自己一生的感受，是成功老化的功課。

　　老年階段面臨角色變化的挑戰，也是傳統社會心理需求觀點的一部分，包括退出職場，不再扮演工作者的角色，不再扮演社會上有意義的角色；在家中開始扮演祖父母的角色，可能不再位居主要的家庭決策者角色；可能失去伴侶成為鰥夫或是寡婦等。一位老人如果能夠順利轉換角色，在晚年生活重新找到有意義的角色，則較能達成良好的老化適應，反之則會造成適應不佳。老人尚有愛與和人建立依附關係的需要（陳燕禎，2007），但是進入老年之後的人際關係與網絡將不同於從前，因此建立屬於老年階段的愛與依附的人際關係，也是成功老化的條件之一，若無法建立這種愛與依附的人際關係將會造成生活適應上的困難。此外，死亡是老年人即將面臨的生命事件，在面對死亡時所帶來的情緒、角色關係的變化，也是老人階段獨特的社會心理需求（楊語芸，

1994），能夠接納死亡所帶來的改變，更是成功老化的課題。

　　進入了老年階段而有獨特的社會心理需要是正常的，但是在老人的體力逐漸衰退，社會資源與參與也逐漸減少的狀況下，前述老化過程中的社會心理需求可能因此無法被滿足而產生問題，例如空虛孤單、覺得被社會隔離、不適應角色轉變、甚至產生憂鬱症狀等（陳燕禎，2007）。簡言之，傳統對老年的看法，認為老年人是被動因應老化所帶來的改變。

（二）現代觀點

　　傳統上老化領域的研究認為 65 歲是個體老化的開始（楊語芸，1994）。所謂老化包括年齡老化、生理老化、心理老化、及社會老化。老化可能增加疾病、減弱應對能力、降低反應力、增加生活壓力、提高社會風險等。兩性在老化的過程仍舊呈現顯著差異，例如，女性在面臨更年期的身心理轉變上，導致女性老年的生理狀況與健康問題不同於男性。現代對老化的看法不同於傳統觀點，現代觀點認為老化不盡然是一個依賴他人、疾病纏身的過程，相反地，那也可能是一個適應良好地成功過渡至老人階段的過程。基本上，成功老化應結合各種元素，包含清楚地規劃人生的目標與藍圖；維持身體和認知功能上的健康運作以保有獨立性的能力；提升心理、精神和心靈的健康層次保持情緒安適狀態；具有適應多元社會的能力和發展機會，能夠更積極主動參與社會活動，如加入有薪工作、無酬的志工或宗教活動、能勤作家事，做好家務管理（陳佳雯、張妤玥、高旭繁、陸洛，2013；Kahana & Kahana, 1996; Ng, Cheung, Chong, Woo, Kwan, & Lai, 2011; Rowe& Kahn, 1997）。因此，老化是人生階段的一部分，可以經由規劃與計畫而成為一個美好的人生階段。

（三）獨居時代

1. 自我照顧與老人自我照顧的內涵

時代變遷，人類的移動變成常態且常見，獨居成為常見的生活型態。當老人獨居生活時代來臨時，自我照顧成為獨居老人重要的能力與生活方式。因此老人自我照顧將成為現在與未來老人生活的樣貌。面對獨居時代，實有必要深入探討自我照顧（self-care）的意義。自我照顧此一概念的使用相當廣泛，醫療、心理學、社會學等領域都有相當的討論。醫療領域著重於將專業人員的技術轉移至個人；社會學領域關注的是社會支持、人際關係以及如何增進自我照顧系統（Høy, Wagner, & Hall, 2007)。美國護理學者 Orem（1958）是最早建立自我照顧理論架構的學者之一，他對自我照顧能力的定義是，個體為了達到、促進、維持與調解健康狀態所採取的學習與活動的行動策略，（Orem, 2001; Pender, Murdaugh, & Parsons, 2006）。Hirschfeld（1985）進一步指出自我照顧的多樣性，強調在健康、急性病、慢性病以及長期臥病的不同情況下，個體與自我、家庭、社區以及專業人員進行各種互動，滿足生理與心理的各方面需求，也就是隨著個人健康狀態的不同，採取不同的自我照顧的行動策略。Gantz（1990）在進行跨領域回顧之後，認為自我照顧模式在理論與實踐上，存在兩個不同的典範，第一種典範主要根據醫療模式與正式健康照顧體系（formal health delivery system），著重疾病治療的各面向；第二種模式是醫療專業外的典範（lay mode），聚焦於媒介、自助、家庭與支持系統的過程。

過去國內關於自我照顧的研究，較多自醫療典範的角度出發，探討居家病患的行為策略，強調病患如何透過自我照護，有效控制病情並維持生活品質。這些疾病包括了慢性腎臟病（胡靜文、林柏松、張彩秀，

2012）、糖尿病（張司聿、李孟芬，2010）、退化性關節炎（何郁宣、洪麗珍、郭憲文，2008）等等。在定義上，自我照顧的行為，包括遵從醫囑的行為（adherence），以及自主管理的行為（self-management）。定時用藥、按期檢查、合併症檢查及自我監測都屬於遵從醫囑的行為，自主管理行為則包含生活規律化、飲食與體重的控制、參加病友會等等（吳英璋，2001）。這些研究往往應用 Orem（2001）的自我照顧能力缺失護理理論（self-care deficit nursing theory），強調透過醫療專業介入並補足病患所缺失的自我照護能力。

　　Muchow（1993）指出，在全球高齡人口增加，經濟情勢不穩定的狀況下，強化高齡者自我照顧能力，是這轉型期很好的策略，因為這個能力可讓高齡者保持獨立自主、維持健康。強化能力的具體做法，包括提供高齡者相關教育；提供高齡者相關技術；錄製相關錄影帶提供高齡者自我教育；訓練相關人員協助高齡者強化自我照顧能力等。高齡者也能藉由提高自我照顧能力，而感受到權能增強。尤其大部分高齡者都希望學習與老化相關的知識，強化高齡者的自我照顧能力，可以讓高齡者不用離開自己熟悉的地方／住家，而且成為有能力照顧與管理自己健康與生活的人，這是進入高齡社會必須注重的部分（Høyet al., 2007）。

　　自我照顧是指一個人能夠實際採取行動來維持生活、健康與福祉，因此具有這樣能力的人能夠和不同的系統互動，但是這個概念如何運用於高齡者身上呢？Høy 等人（2007）認為，高齡者的自我照顧是一個多面向的結構，是一種能力也是一種過程；高齡者自我照顧能力是指高齡者的行動能在日常生活中維持或提升健康以及預防失能，能夠滿足一般需求，解決健康等議題，進而獲得福祉與獨立；自我照顧的過程則是指個人身心健康發展過程，高齡者能夠持續適應生活狀況，能夠讓自我融入日常生活之中，促進個人成長。Høy 等人（2007）認為，自我照顧是一個生活經驗過程、是一個學習的過程，是一個生態的過程。自我照

顧是一種生命經驗是意味高齡者過去、現在與未來的經驗均影響他們對於老化的態度與看法、對健康與身體的態度、以及對社會環境的看法，這不僅僅是對健康或是失能的被動因應，還包括彈性、幽默、面對挑戰等態度。由於維持健康的態度受到早年經驗的影響，高齡者的自我照顧因此還包括與專業健康系統的溝通、建立自尊等。自我照顧是一個生態的過程是指，高齡者自我照顧包含高齡者的靈性、生理、心理、社會等層面，因此自我照顧包括強化生活目標，強化復原力，並且深化支持網絡。Høy 等人的自我照顧的觀點提供本文一個完整的面向，來討論高齡者的自我照顧能力。

　　自我照顧的概念範疇相當廣，Woods（1989）應用 Smith（1981）所提出概念，提出四個健康模式。第一種是臨床健康模式（clinical model of health），此模式強調健康是指沒有疾病或失能的健康者。第二種模式是角色履行健康模式（role performance model of health），它強調健康是個人能有效地執行擔負的社會角色。適應健康模式（adaptive model of health）是第三種模式，這強調個人的健康需對環境具有調節與適應的能力。第四種模式是幸福安逸健康模式（eudemonistic model of health），它所強調的健康是達到幸福安適與自我實現。基本上，每一種自我照顧模式內容都涵蓋了三個層級的預防。第一級預防包括執行自我照顧活動以促進健康，並藉由衛生教育和特殊保護來預防或減少危害健康因素。第二級預防包括能夠自我評估、監測問題、以及發現問題，早期診斷與治療；能夠自我協助、選擇及決定自我協助的方式。第三級預防上則是藉由自我照顧以達修復健康、緩和惡化的目標。

　　綜合前述定義，老人自我照顧的面向，包括身體健康、執行社會角色、適應環境，以及自我實現，這些面向遍及生理、社會，以及心理的多重層面。在具體方法上，則包括預防與減少傷害；選擇適當的自我照顧方法；與外在支持系統溝通；以及使用緩和健康惡化的自我照顧方

法。因此，自我照顧不僅能促進老人健康，也是增進老人福祉的有效手段。

2. 西方國家強化／增進老人自我照顧模式／方案

自 1980 年代起，西方國家開始反省機構照顧的缺陷，其中「在地老化」（aging in place）是備受注目的政策推動目標，各國廣為提倡「在地老化」以推動去機構化的社會工作，並建立適合老人居住的住宅，提供送餐、打掃與家事等各項服務。北歐各國的在地老化政策，是其他國家學習的典範。舉例來說，瑞典與丹麥只有約 5% 的老人與子女同住（Mason, 2006），這些高齡者絕大多數仍維持健康的身體，他們的自我照顧成為政策上相當重要的議題。西方國家因此轉向提倡讓高齡者在家終老的居家照顧模式，核心價值包括高齡者的獨立、選擇、隱私與意願。

另外，丹麥也堪稱是高齡社會的典範，她在老人照顧政策上特別強調以「幫助自助者」（help the self-help）為核心目標。在具體作為上，哥本哈根市出版並發送健康手冊[1]給市民，詳細介紹各項依據健康政策所提供的服務，以及維持健康生活的須知。同時，市政府也要求高齡者主動至市政服務處提出申請、實際參與後才能取得這些服務。這反應出丹麥政府盡可能將各種服務資訊輸送至高齡者手中的同時，仍將高齡者視為能夠獨立決策的個體；換句話說，政府除了告知老人權益，更要求老人要自助，接收回饋以修正資源使用效率的作法，無形中也活化老人的行動力，達到積極老化的效果。丹麥的作法也提醒我們，在強化老人自我照顧上，政府必須扮演統整服務的角色。近年來芬蘭 Jyväskylä 市內 Jyväskylä 大學體育系推動社區老人的運動健身，設計出許多量身訂做的運動課程，協助老人提升體能及運動能力，延長老人獨立生活的時間，也是高齡者自我照顧模式上的一項重要創新（顧燕翎，2011：26）。

---

[1] Healthier residents of Copenhagen of all ages: Health policy of the city of Copenhagen.

美國、澳洲是以「輔助式照護」模式為核心，發展「社區支持性住宅」（community supportive housing）。這些國家透過市場的力量，在鄰近超市、圖書館等生活機能佳的地區，興建退休住宅（retirement house）、獨立村落（independence village）等高齡社區，提供未失能的健康老人長期居住。社區除安排各種例行性活動讓居民可以自由參與之外，也提供餐飲服務、家事服務、安全巡察、緊急救援、友誼訪視、安全預警系統連線、簡易護理等服務項目（黃榮耀，2006：142-43）。但是當老人開始出現失能的問題時，將轉由醫護單位接手。相較之下偏向社會主義的歐洲各國，終身住宅（lifetime house）的設計，讓高齡者能夠在同一間房屋裡度過老年的各階段。美、澳這種將老人搬離原來熟悉地方的作法，是否符合老人的需要？值得再深思。

3. 臺灣脈絡下老人自我照顧的需求

西方國家的方案提供我們一個很好的參照點。然而在參考這些西方經驗時必須謹慎以對，因為這些方案通常形成於西方文化脈絡，然而東、西方文化中的老人對於老年生活的看法不盡一致，所以這些西方經驗是否適合臺灣文化脈絡下的老人？必須進一步小心檢視。

家庭是臺灣文化的重心與價值，在過去，幾乎所有的照顧責任都由家庭承擔與解決，家庭是臺灣社會的私有福利制度，解決兒童，身心障礙，老年等的議題（胡幼慧，1995）。但是隨著社會快速變遷，家庭的功能逐漸由各類社會制度所取代，其中也包含老人的照顧問題。臺灣老人的照顧模式與過去的歷史脈絡有相當的關連；臺灣的失業率在1990年代中期急遽增加，臺灣政府藉由引進產業機構的方式，不僅處理老人照顧的問題，也同時解決居高不下的失業問題。國家發展委員會於2002年提出「照顧服務福利及產業發展方案」，希望能夠建立管理機制以便於引進民間參與，促進服務產業的提升。然另一方面，國內許多學者有感

於國外福利國家「去機構化」的實踐過程，積極推動「在地老化」（aging in place）的居家照顧目標，希望透過正式居家照顧服務人員來逐步替代家庭的照顧功能，強化社區鄰里的非正式照顧支持（黃松林、賴紅汝、王華娟，2010；紀金山、劉承憲，2009）。

臺灣社會的老人照顧大抵沿著「產業機構化」與「居家照顧化」兩條軸線同時並行，然而若仔細觀察具體的服務對象，大多以失能或需要長期照護的老人為主要的服務對象。箇中緣由除了礙於資源有限，而必須將有限資源應用於最需要的對象上之外，也與我國社會福利政策將焦點限縮在失能者，進行「殘補式」的照顧政策有所關連（王增勇，1997）。由於大多數高齡長者其實並未喪失自我照顧的能力，而這群高齡者在過去臺灣的老人照顧政策中，始終未成為關注的對象，關於健康老人自我照顧的議題也因此未受學界研究的重視。然而，自我照顧不僅能夠促進老人的健康、降低醫療費用與長期照顧的支出，也能增進老人福祉、促進積極的社會參與，是一個值得重視的議題。

老年階段呈現的是人生前面各階段累積的結果，因此文化的影響是近年有關高齡者研究積極討論的因素。文化是指一組價值、信念、與行為規範，它指導生活其中之人們的行為原則與價值觀，當然也包含對健康的信念、價值、態度、以及與健康相關的行為（Lai, Tsang, Chappell, Lai, & Chau, 2007）。臺灣文化受到華人文化的影響甚深，臺灣高齡者對老年生活的想向與規劃亦受到華人文化的型塑。Lai 等人的研究指出，許多華裔老人都抱持著華人傳統的文化價值與健康信念，而影響其健康與老化的狀況。例如：當華人進入老化階段後，他們對於如何保持健康的想法與作法、究竟尋求西方醫學還是東方醫學來處理身體不舒服等，都受到文化信念的影響（Lai et al., 2007）。這說明了文化脈絡的差異性，並不是所有文化脈絡下的老人都有相同的老化想法。Lai（2004）比較移民加拿大的不同族裔老人的健康知覺，他發現華裔老人是所有族裔中自

覺生理狀況最佳的一群人，但卻是所有族裔中自覺心理狀況最不好的老人。Lai（2004）認為其中可能的原因在於華裔老人對於「心理福祉」的看法不同於其他族裔的老人所致，因為華裔老人對於子女能夠陪伴左右有較高的期待。

　　本文先耙梳既有文獻，理出華人老人在自我照顧下同時營造健康老化的因素，分別是重視家庭、重視孝道、以及重視華人文化活動。先就重視家庭而言，一份回顧 1990 至 2009 年間關於華裔老人之社會功能的研究指出（Chen, Shardlow, & Rochelle, 2011），華裔老人進入老年階段後的社會功能種類與良好與否，和老人的社會經濟階層、性別、宗教信仰、家庭動力關係、文化信念等因素有關。華裔老人經常受益於互惠的集體人際關係（reciprocal, collective relationships，也包含家庭關係），而感受到增強權能（empowered），互惠的集體人際關係能讓華裔老人擁有被支持的感覺。這是因為華人社會是一個重視／強調人際關係的社會脈絡，尤其受到儒家思想的影響，多數老人都抱持以家庭為重的觀念，生活仍舊圍繞在家庭範疇。Laidlaw 等人從社會資本的角度分析老人的生活，發現鑲嵌在社會人際網絡中的支持是人們重要的社會資本，當一個人逐漸走進老年階段時，其人際網絡的支持範圍會逐漸限縮於家人與親戚（Laidlaw, Wang, Coelho, & Power, 2010）。整體來說，華人老人重視家庭，不光只是受到文化信念的影響，同時也因為家庭是老年階段主要的支持來源。

　　在華人文化中，孝順意指子女聽從／順從父母，當父母年老的時候，子女必須照顧父母，報答父母當年的照顧與犧牲（Laidlaw et al., 2010)。「重視孝道」是華人老人在自我照顧下健康老化的第二個因素，子女孝順是影響華人老人之心理福祉的重要的指標。在華人老化的研究中，孝順不只是為人子女必須照顧年邁的父母，而且必須採取符合孝順標準的方法照顧父母。Laidlaw 等人比較中國老人、英國老人、英國華人老人對於

子女孝順的期待，他們發現中國老人與英國華人老人都期待子女在自己老年時可以孝順自己，英國老人對子女則沒有這樣的期待。這反映出不論居住於何處，華人老人還是普遍期待子女對自己盡孝順從（Laidlaw et al., 2010; Yeh, Yi, Tsao, & Wan, 2013）。雖然與子女同住已不是為人子女盡孝道的唯一指標，但華人老人若能夠從年齡獲得權力與地位、獲得年輕人／子女的尊重、獲得子女的孝順，這將會讓華人老人感覺到自己是社會中重要且有價值的成員（Laidlaw et al., 2010; Mjelde-Mossey, & Walz, 2006）。因此，Chen（2008）就指出，臺灣的長期照顧政策中，適度運用孝順來形塑老年人的支持系統，是一個可行的長期照顧策略。

最後是關於華人文化活動在華人老人生活中的重要角色。加拿大的研究指出，居住於加拿大的華人，參與華人文化相關的活動可以促進老人的心理福祉。例如，訪問華人親朋好友、和其他華人來往或是聚餐等。但同一研究也發現遵守華人文化信念反而降低華人老年人的心理福祉（Chappell, 2005）。這個研究說明，參與華人文化相關的活動的意義在於提供老人一個有意義的經驗，因此促進老人參與文化活動，但不是強迫老人順服某些文化信念，是長期照顧政策中應該採取的策略。

三、獨居高齡者的真實樣貌

本文基於一項由東海大學資助的研究計畫 - 建構優質的長青生活品質與環境之研究，我採取一對一、面對面的方式，深入訪談 20 位居住於臺中市的獨居老人，從這 20 位受訪的獨居長者故事，一窺獨居高齡者的自我照顧的經驗。我的訪談對象都維持不錯的健康狀況，仍具有生活自理的能力，他們都是獨居或是僅與配偶同住，年齡都已屆 65 歲（詳細研究步驟請參見本章附錄 6-1）。這些訪談者的故事呈現一個圖像，他們在老年時期的自我照顧的生活型態，都不是他們在年輕時規劃與期待的老

年生活方式，反而都是在進入老年之後，因為生命所有因素交織之下，而選擇與營造的生活模式。而其中讓這些受訪者願意過著自我照顧生活模式的主因，是來自於這群長者不願成為別人的負擔。我便是在這個前提之下，試圖由以下的元素（參照圖 4-1，包含「要活就要動」、「與慢性病共存」、「與退化身體共存」、「與子女需要的距離共存」、以及「與突發事件協助系統共存」），來說明受訪者的獨居生活樣貌，而為了讓讀者能夠瞭解受訪者的真實生活經驗，我以說故事的方式來呈現這些獨立高齡者的自我照顧經驗，

（一）要活就要動

　　所有受訪的高齡者都表示，外出到附近的公園活動／運動，或是到社區關懷據點活動是一天當中很重要的事；而出去活動是要促進身體健康。但是如果進一步了解活動／運動的內容與形態就可以發現，所有受訪者是藉由活動，進而跟社區中的其他高齡者互動往來。一位女性受訪者表示，每天早上一起床就要外出活動，傍晚時還要再外出活動一次，這麼高頻率的外出運動讓我很好奇，究竟是何種運動讓一位高齡的女性產生這麼大的興趣與動力？然而，當細問運動的種類時，我發現當她做完暖身活動後，就開始和一起活動的朋友靠在欄杆聊天，不再活動。這樣的活動讓這位女性受訪者對生活充滿動力，維持了身心健康。因此高齡者透過戶外活動／運動來維繫人際互動，似乎是高齡者生活中的重點，健康與人際關係來往的需求，在受訪者身上是交錯一起。除了每天固定外出活動外，一些受訪者也都談到，旅遊也是他們喜歡從事的活動，旅遊活動不但讓高齡者能夠活動，同時也提供與其他高齡者互動的機會。換言之，活動與人際互動是高齡者獨居時非常重要的部分，也是促進高齡者身心健康的重要部分，值得重視。

（二）與慢性病共存

　　受訪的高齡者均表示自己有某些慢性病，例如糖尿病，高血壓等。所有的受訪者都表示因為有這些慢性疾病而服用控制藥物，除此之外，受訪者也表示他們對西藥戒慎恐懼，認為吃多了對身體不好，因此都採取中西醫雙管齊下的方式治療與保養。一位退休前是職業軍人的男性受訪者陳述，在退伍之後因為妻子有許多慢性疾病，引發他對中醫以及食物療效的興趣，花了不少時間自行鑽研相關的知識，日常生活三餐都盡量吃對身體有益的食物，他覺得這些知識對老年的健康很有益處，在訪談過程中不斷說明相關的知識，足見這些食物的療效變成他與妻子老年獨居生活中一個重要的議題。另外一位女性受訪者表示，丈夫因為罹患高血壓，所以她平日就刻意烹煮對高血壓具有療效的飲食，還因此更換適合的鍋具，她也鼓勵丈夫和自己一起外出運動，然而因為丈夫的個性較為內向拘謹，喜歡自己一人在家，因此丈夫平日就在家練氣功及打太極拳保養身體。受訪者為了健康的需求過著西藥與食補交織的生活。

（三）與退化身體共存

　　所有受訪者在進入老年階段之後，身體都面臨開始退化的困擾，這些長者最常提起的身體退化，包含視力、聽力、以及骨頭關節等。受訪者都表示，因為身體的退化，基於自己照顧自己的需求，就必須因應自己身體的變化，在住宅動線、使用的傢俱上會特別調整。一位女性受訪者就特別提到，她發現自己已有骨質疏鬆的問題，她為了預防自己跌倒，因此將臥房從二樓搬至一樓。她覺得注意自己身體的變化與需要，適時改變生活的方式，避免因為跌倒而造成意外，這除了為自己好之外，也在於避免造成子女的困擾。此外，受訪者也因為身體機能退化，因此對天氣溫度的轉變相當敏感，因為氣溫變化對老年人的身體是一大

考驗。另一位女性受訪者曾經提到，當天氣開始變化時，她會特別注意改變穿著，因為高齡者對於氣溫的變化是相對脆弱的。因為身體機能的轉變，高齡者自我照顧的生活是在身體、住宅與天氣變化之間互動找到和諧的生活。

（四）與子女需要的距離共存

我訪問的受訪者中只有一位未婚、沒有子女，其餘受訪者都有成年的子女，但是由於子女的工作等因素而未與子女同住，雖然這不是受訪者刻意安排的居住／生活方式，但是受訪者都能夠接受時代變遷所造成的子女離家的事實。一位早年擔任老師的男性受訪者表示，退休後和妻子的生活目標就是放慢腳步，悠閒地過日子，因此剛退休時和妻子遊遍不少國家，直到妻子的健康狀況變差後才較少出國旅遊。他們夫妻感受到時代的變化，自己的經驗與子女的成長經驗有很大的差距，所以和孩子之間在觀念上產生落差是難免的事。尤其在孩子自己也組織自己的家庭之後，生活形態的差異更大，所以大家不住在一起，但是假日的時候相聚，一起吃飯或是住個幾天，等孩子回到工作崗位之後就回到兩夫妻獨自的生活，他們認為這是最佳的生活方式，也認為是他們這一代高齡者必須面對的社會現實與必須自行調整的觀念。基於子女關係的需求，高齡獨居者和子女保持各自的日常生活，僅在節日時相聚，呈現出一幅節日相聚、居住空間需求、與心理空間交織的關係圖像。

（五）與突發事件協助系統共存

雖然受訪者身體都尚屬健康，也都還能自我照顧，但生活上總是有可能發生突發事件，當突發事件發生時，即時能夠提供協助的支援系統是重要。受訪者多表示，鄰居與警衛成為受訪者的重要協助系統。一位男性受訪者提到一次身體突發狀況的經驗，有一天他突然感到身體不舒

服，當時子女都不在身邊，唯一能夠求助的是社區大樓的警衛，在警衛的幫忙下緊急送醫救治。那一次的經驗讓他覺得，獨居老人絕對需要一個幫助他們處理突發事件的系統，一個有人回應的呼叫系統是必要的。

（六）小結

　　本文歸納二十位獨居高齡者的自我照顧經驗，我發現這些臺中市健康高齡者自我照顧的生活從不曾出現在他們早期的生命藍圖中，不是他們預先設想的生活形式，而是在生命發展過程中不得不接受的樣貌。他們因此必須從中摸索獨居生活的形式，以及應該特別重視的面向，這些重要的元素包含「社交參與」、「健康與飲食」、「退化身體與住宅、移動方式之間的關係」、「與成年子女之間的關係」、以及「突發事件的協助系統」。綜合言之，這些需要可以歸納為兩大需求，亦即身體健康與人際互動的需求。本文根據臺中市獨居高齡者的經驗研究，一部分的研究結果與西方學者提出的高齡者自我照顧內涵是一致的（Chen et al., 2011; Chappell, 2005）。但除了東西方社會的共通性之外，華人文化也仍然影響臺灣高齡者的獨居生活內涵。其中，家庭以及華人文化下的食補／食療，是受訪者高齡者重視的因素；隨著社會與工作型態的轉變，高齡者與成年子女之間的關係，已從過去承歡膝下的模式，轉變成為「維持適度空間距離」的互動關係。本文依據獨居高齡者的自我照顧的生命故事，描繪出臺灣獨居高齡者的生活樣貌，這個樣貌對於建構臺灣高齡者自我照顧的生活模式，又提供什麼思考？下一節我將藉此提出因應高齡獨居時代的自我照顧模式。

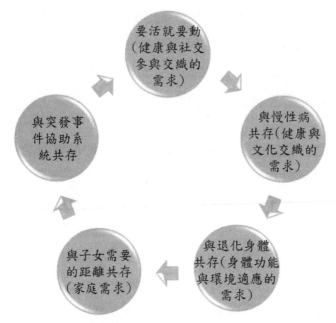

圖 4-1　臺中市高齡者自我照顧面向圖

四、因應高齡獨居生活的時代

　　高齡者在晚年的獨立的自我照顧生活，都不是始於年輕或是中年階段的人生規劃，而是在晚年階段的各種因素相互交錯之下，逐漸形成的生活模式，因此在高齡階段必須學習因應老化後的獨居生活，如同先前學者所言，老年的自我照顧是必須學習的能力（Orem, 2001; Pender et al., 2006）。這個結果提醒我們，國家必須在高齡者獨居生活中，提供協助的資源，促進高齡者獨居生活的品質。歐洲多國都致力於提高老人的自我照顧能力、減少依賴，許多國家都提供不同的方案，協助高齡者發展自我照顧的能力，如丹麥的自助人助方案及預防性訪視、英國的強化自我照顧能力（reablement）、芬蘭加強對社區老人運動健身的訓練，提升高齡人士身心健康和獨立自主（顧燕翎，2011）。從這個角度來說，強

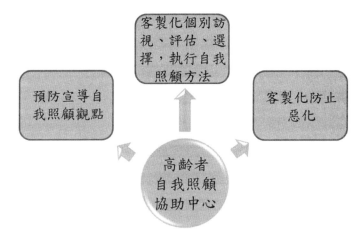

圖 4-2　高齡者自我照顧系統架構圖

化高齡者在自我照顧各個面向的能力，就成為未來建構的重點。

　　本文根據前述的觀點，結合 Woods（1989）提出的高齡者自我照顧的模式，提出高齡者自我照顧系統的的架構（參見圖 4-2），分別從預防與減少傷害、選擇適當的自我照顧方法、以及使用緩和惡化的自我照顧方法等三個層面著手進行。

　　就這個自我照顧系統的鷹架，現階段應成立一個高齡者自我照顧協助中心。此中心應包含受過高齡化專業訓練的跨領域專業人員，這些工作人員應具有社工、營養、運動、住宅、醫護等領域的專才，共同提供高齡者實踐自我照顧生活的相關資源與服務，包含預防、客製化選擇自我照顧方法、以及防止惡化的協助。在預防方面，應該撰寫高齡者自我照顧的手冊，宣導老化後的自我照顧的概念與具體做法。在客製化的個別訪視、評估與選擇方法方面，具體做法是由專業人員針對需要自我照顧的高齡者，針對其身體、住宅、日常生活細節層面，擬定適合的個別計畫。例如，改善住宅空間、調整飲食的方法、選擇活動類型等。在客製化預防惡化方面，具體做法是由專業人員針對問題已經惡化、但是未

達到需要入住機構的高齡者，提供緩和惡化的計畫。

　　上述高齡者自我照顧的架構如何融入臺灣的高齡者照顧規劃與政策？我認為一個有效的方式是結合臺灣的長期照顧政策與規劃。臺灣自2005年在各地設置社區關懷據點，且至今已行之多年。社區照顧據點的主要功能在於提供高齡者社區化之預防照護服務，具體提供關懷訪視、電話問安諮詢轉介、餐飲服務、健康促進活動等服務，提昇社區高齡者生活品質（高雄市政府，2015）。2015年年初，衛生福利部預計未來將擴充大社區關懷據點的質量，不僅將增設據點也擴大服務的能量，同時也強調社區關懷據點應該加入社區培力（empowerment）的元素，由社區自行規劃與執行在地的高齡者服務。圖4-3提供社區關懷據點與長期照顧管理中心之間關係的構想架構（蘇景輝，2009），在這個關係圖中，社區關懷據點以預防照顧為主，提供社區居民專業諮詢與資源，必要時再轉介給長期照顧管理中心，提供正式的照顧服務。我認為人們進入高齡者階段，大多數老人可能有一段可以自理生活的長時段，他們無須他人照顧，一直到身體功能喪失，才需要長期照顧管理中心介入，這與蘇景輝（2009）提出的架構圖具有一致性。然而，在預防照顧方面，僅延續暨有的服務項目，並不足以達成預防、延緩並縮短需要他人照顧階段的長度。依照臺灣目前的政策規劃，有關高齡者的預防性服務，應該由各地的社區關懷據點執行，然而就目前社區關懷據點的服務內容，缺乏深入個別化的服務。因此，我認為本文提出的高齡者自我照顧協助中心的構想，可以納入現階段社區關懷據點的服務內容，提供社區關懷中心的老人學習與培養自我照顧能力的服務，除了教育之外，更須進一步提供個別化／客製化的服務，才能真正協助高齡者適應高齡的生活。

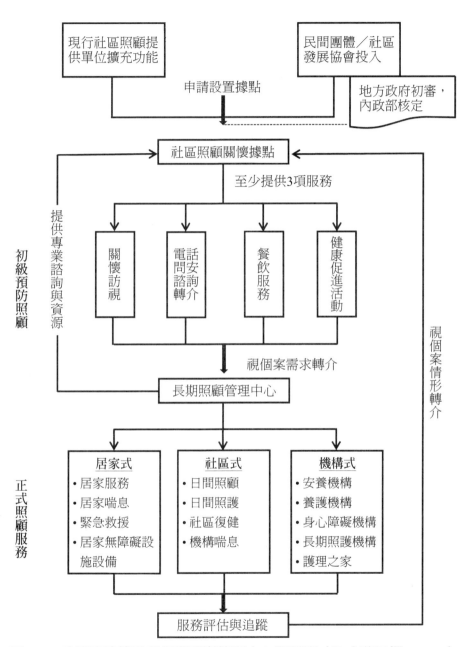

圖 4-3　**社區關懷據點與長期照顧管理中心關係圖（取自蘇景輝，2009）**

五、結語

當臺灣已經進入高齡社會且不能再依賴家庭成為承接照顧高齡者責任的時代裡，國家政策如何因應此一社會變遷與社會問題，將成為面對高齡社會相當重要的一環。當國家政策能夠將重點放在預防的層面，思考如何協助高齡者身體健康且能夠生活自理時，增進自我照顧的能力，將有助於延緩並減少入住長期照顧機構的時間與機會，除了降低支持高齡者的財政支出之外，更重要的是增進高齡者的生活品質與尊嚴。

附錄4-1：「獨居高齡者自我照顧經驗」研究設計

1. 研究場域：本研究場域以臺中市為研究進行的場域。

2. 研究對象：以臺中地區年齡在 65 歲以上，身體健康，不分性別、社會經濟階層，目前獨居或與配偶居住，且未與子女或其他家人同住，居住於不同里之老人。受訪對象除了必須符合前述的標準外，也必須是口語表達能力足夠、願意受訪的老人。

3. 研究方法：以一對一深度訪談方式進行。亦即，以日常生活聊天的方式訪問如下第 7 點所列之訪談題目。

4. 訪問人數：訪問符合本研究對象標準的老人 20 名，受訪對象是透過請里長、社區發展協會總幹事、以及社區關懷據點社工員代為協助介紹里內符合受訪條件的里民。

5. 資料收集步驟：訪問內容以受訪者對於自己老化與自我照顧看法為主。每次訪談約進行 1.5~2 小時，每位受訪者訪問 1 次。每次訪問全程錄音。訪談錄音內容交則由研究助理謄寫逐字稿。訪問進行時間為民國 103 年 5 月至 6 月，由受過訪談訓練的東海大學學生擔任訪問員至自願受訪的受訪者家中進行訪問。訪談結束後致贈受訪老人禮品一份，以作答謝。

6. 研究倫理：研究者在訓練訪問者之前已經準備訪談錄音同意書，同意書內容包括訪談錄音內容僅供研究者及謄寫逐字稿之研究助理聽取，研究助理必須遵守保密規定，不得將內容轉述讓其他人知道。未來發表研究結果或是投稿學術著作時，將以假名／代號來代替受訪者的真實姓名，並確保訪談資料呈現時不出現任何可辨識出受訪者的資料。訪問過程中，若有任何引起受訪者不愉快的情況，可隨時告知研究者等。研究者在訪談前將會讓受訪者先了解同意書內容，受訪者同意之

後，受訪者與研究者分別在同意書簽名，然後才開始進行訪問。同意書一式兩份，研究者與受訪者各自留存一份。

7. 訪談大綱：訪談大綱與訪談題目是根據老人自我照顧面向的文獻所設計的開放式問題，詳細訪談題目如下：

(1) 請談一談目前您的日常生活如何安排？例如：三餐、休閒活動等如何安排？

(2) 請問您過去曾想過老年時候是自己照顧自己的生活嗎？如果是，為什麼？如果不是，為什麼過去就曾想過老年時會過這樣的生活？

(3) 請問您對目前自己照顧自己的生活覺得滿意嗎？如果是，為什麼您覺得滿意？您滿意的部分是什麼？如果不是，為什麼您覺得不滿意？您不滿意的部分是什麼？

(4) 請問您覺得老年人要過自己照顧自己的生活，應該要注意什麼？

(5) 請問您對目前自己照顧自己的生活，您覺得需要什麼幫助？或者您有什麼困難？為什麼？

8. 受訪者基本資料

附表4-1　受訪者基本資料表

	姓名	性別	年齡	婚姻狀況	子女數
1	P1	女	71	夫妻同居	四位
2	P2	女	76	喪夫	一女
3	P3	女	70	喪夫	一女
4	P4	女	85	缺資料	一男一女
5	P5	女	67	夫妻分居	一男
6	P6	男	79	未婚	無
7	P7	男	71	離婚	一男
8	P8	女	66	夫妻同居	一男一女
9	P9	女	70 ↑	夫妻同居	一女
10	P10	女	86	喪夫	一男一女
11	P11	男	84	夫妻同居	一男一女
12	P12	男	87	夫妻同居	一男一女
13	P13	女	73	夫妻同居	一男兩女
14	P14	女	88	喪夫	兩男一女
15	P15	女	70 ↑	夫妻同居	一男一女
16	P16	女	76	喪夫	一男一女
17	P17	女	81	喪夫	兩男一女
18	P18	男	85	夫妻同居	三男一女
19	P19	女	83	喪夫	一男一女
20	P20	女	73	喪夫	兩男一女

參考文獻

王增勇（1997）。殘補式或普及式福利？臺北市居家照顧政策的抉擇。**社區發展季刊，80**，213-32。

王仕圖（2013）。非營利組織在社區照顧服務的協調合作：以社區照顧關懷據點為例。**臺大社工學刊，27**，185-228。

王永慈（1999）。我國兩項老人津貼的分析。**輔仁學誌，29**，55-85。

呂建德、葉秀珍、魏書娥（2010）。**退休人力資源活化策略**。行政院研究發展考核委員會委託研究報告（編號：RDEC-RES-098-020）。臺北：行政院研究發展考核委員會。

陳正芬、呂寶靜、王彥雯（2011）。臺灣不同族群老人長期照護需求差異之趨分析。**臺灣公共衛生雜誌，30(2)**，165-79。

林萬億（1997）。老人年金制度之建立。**月旦法學，28**，29-37。

內政部（2009）。民國 98 年老人狀況調查結果摘要分析【調查報告分析】。取自 http://sowf.moi.gov.tw/stat/Survey/list.html

內政部（2012）。**為落實人口政策檢討現行高齡社會所採對策專題報告**。臺北：內政部。

文化建設委員會（1999）。**臺灣社區總體營造的軌跡**。臺北：文化建設委員會

吳英璋（2001）。無為，而無所不為？！從 perceived control 談 compliance。載於財團法人糖尿病關懷基金會（主編），**2001 年糖尿病與生活品質研討會論文集**（1-3 頁）。臺北市：財團法人糖尿病關懷基金會。

何郁宣、洪麗珍、郭憲文（2008）。退化性關節炎病患憂鬱程度與自我照顧能力之相關性研究。**長期照護雜誌，12(2)**，12-12。

紀金山、劉承憲（2009）。臺灣長期照顧服務政策與治理：以「居家服務」為例。**第一屆發展研究年會會議論文集**。臺北：國立政治大學

國家發展研究所。

高雄市政府（2015 年 1 月 27 日）。高雄市社區照顧關懷據點服務簡介
　　【服務項目】。取自 http://senior.kcg.gov.tw/tw_service_item_2-2.php

黃松林（2009）。老人長期照顧產業中的社會照顧品質。**健康照顧研究
　　學刊，7**，1-12。

黃松林、賴紅汝、王華娟（2010）。長期照顧保險建制與社會照顧。**社
　　區發展季刊，130**，309-318。

黃志忠（2010）。社區老人受虐風險檢測之研究：以中部地區居家服務
　　老人為例。**社會政策與社會工作學刊，14**(1)，1-37。

黃榮耀（2006）。實現「在地老化」之終生住宅發展形式探討。**臺灣老
　　年醫學，1**(3)，138-50。

胡幼慧（1995）。**三代同堂──迷思與陷阱**。臺北：巨流圖書。

胡靜文、林柏松、張彩秀（2012）。個案管理於慢性腎臟病患者自我照
　　顧與生活品質之成效。**醫護科技期刊，14**(1)，13-28。

陳燕禎（2007）。**老人福利理論與實務──本土的觀點**。臺北：雙葉書
　　廊

陳佳雯、張妤玥、高旭繁、陸洛（2013）。老了，就不中用了？臺灣高
　　齡者最適老化之歷程研究。**本土心理學研究，4**，87-140。

謝秀芬（2002）。**社會個案工作理論與技巧**。臺北：雙葉書廊

楊語芸（1994）。**心理學概論**。臺北：桂冠圖書股份有限公司

顧燕翎（2011）。**芬蘭老年照顧政策轉型研究**。財團法人婦女權益促進
　　發展基金會。

衛生福利部（2014）。**中華民國 102 年老人狀況調查報告**。臺北：衛生
　　福利部。

張玲慧（2009）。**以質性研究探討臺灣六十五歲以上老人對成功老化的
　　定義與他們因應老化所運用的健康策略**。行政院國家科學委員會專

題研究成果報告（編號：NSC 96-2314-B-040-004-MY2），未出版。

張司津、李孟芬（2010）。影響我國罹患糖尿病女性老人自我照顧行為之因素探討：以 2002 國民健康調查資料為例。**臺灣老人保健學刊，6**(1)，48-76。

謝文華（2014 年 12 月 29 日）。老來不相伴？僅 10% 女性願與老伴住【生活】。**自由時報**。取自 http://news.ltn.com.tw/news/life/paper/842805

蘇景輝（2009 年 5 月 13 日）。臺灣高齡者社區照顧：理念、現況與問題【北投社區健康關懷站】。取自 http://www.ptcf.org.tw/ptcf2/modules/myproject/case.php?cat_id=79&page=0

Berg, B. L. (1998). *Qualitative research methods for the social sciences.* Needham Heights: Allyn & Bacon A Viacom Company.

Chappell, N. L. (2005). Perceived change in quality of life among Chinese Canadian seniors: The role of involvement in Chinese culture. *Journal of Happiness Studies, 6*, 69-91.

Chen, H. -L., Shardlow, S. M., & Rochelle, T. L. (2011). Chinese ageing in minority cultures: The role of social functioning. *Fudan Journal of the Humanities and Social Science, 4*(1), 88-107.

Chen, Y. -J. (2008). Strength perspective: An analysis of ageing in place care model in Taiwan based on traditional filial piety. *Ageing International, 32*, 183-204.

Creswell, J. W. (2003). *Research design,qualitative, quantitative, and mixed methods approaches* (2nd Ed.). Thousand Oaks, CA: Sage Publications.

Creswell, J. W. (2007). *Qualitative inquiry andresearch design: Choosing among five approaches.* (2nd Ed.). Thousand Oaks: Sage Publications.

European Commission. (2006). *Ageing and employment: Identification of good practice to increase job opportunities and maintain older workers in employment*. Brussels: EU.

Gantz, S.B. (1990). Self-care: Perspectives from six disciplines. *Holistic Nursing Practice, 4*(2): 1-12.

Hirschfeld, M. J. (1985). Self-care potential: Is it present? *Journal of Gerontological Nursing, 11*(8): 28-34.

Hoskins, D. D. (2002). Thinking about ageing issues. *International Social Security Review, 55*(1), 13-20.

Høy, B., Wagner, L., & Hall, E. O.C. (2007). Self-care as a health resource of elders: An integrative review of the concept. *Scandinavian Journal of Caring Sciences, 21*, 456-466.

Hwang, H. -L., & Lin, H. -S. (2003). Perceived enactment of autonomy and related factors among elders. *Journal of Nursing Research, 11*(4), 277-285.

Kahana, E., & Kahana, Boaz. (1996). Conceptual and empirical advances in understanding aging well through proactive adaptation. In V. L. Bengtson (Ed.), *Adulthood and aging: Research on continuities and discontinuities* (pp. 18-40). New York, NY: Springer.

Lai, D. W. (2004). Depression among elderly Chinese-Canadian immigrants from Mainland China. *Chinese Medical Journal, 117*(5), 677-683.

Lai, D. W. L., Tsang, K. T., Chappell, N., Lai, D. C. Y., & Chau, S. B. Y. (2007). Relationships between culture and health status: A multi-site study of the older Chinese in Canada. *Canadian Journal on Aging, 26*(3), 171-183.

Laidlaw, K., Wang, D., Coelho, C.,& Power, M. (2010). Attitudes to ageing and expectations for filial piety across Chinese and British cultures: A pilot exploratory evaluation. *Aging and Mental Health, 14*(3), 283-292.

Llewellyn, G., Balandin, S., Dew, A., & McConnell, D. (2004).Promoting healthy, productive ageing: plan early, plan well. *Journal of Intellectualand Disability, 29*(4), 366-369.

Liang, J. (2011). Components of a meaningful retirement life: A phenomenological study of the 1950s birth cohort in urban China. *Journal of Cross Culture Gerontology, 26*, 279-298.

Mason, A. (2006). Economic demography.In D. L. Poston & M. Micklin (Eds.), *Handbook of population* (pp. 549-576). New York, NY: Springer.

Mjelde-Mossey, L., & Walz, E. (2006).Changing cultural and social environments: Implications for older East Asian women. *Journal of Womenand Aging, 18*(1), 5-20.

Muchow, J. A. (1993). Self-care as a rural healthcare strategy. *Generations, 17*(3), 29-33.

Naik, A. D., Teal, C. R., Pavlik, V. N., Dyer, C. B., & McCullough, L. B. (2008). Conceptual challenges and practical approaches to screening capacity for self-care and protection in vulnerable older adults. *Journal of the American Geriatrics Society, 56*(52), 5266-5270.

Ng, S. H., Cheung, C. -K., Chong, A. M. L., Woo, J., Kwan, A. Y. H., & Lai, S. (2011). Aging well socially through engagement with life: Adapting Rowe and Kahn's model of successful aging to Chinese cultural context. *International Journal of Aging and Human Development, 73*(4), 313-330.

Orem, D. (2001). *Nursing concepts of practices* (6th Ed.). St. Louis, MO: Mosby.

Pender, N. J., Murdaugh, C. L., & Parsons, M. A. (2006). *Health promotion in nursing practice* (5th Ed.). Upper Saddle River, NJ: Pearson Education.

Rathbone-McCuan, E. (2014). An improved approach to treating elder self-neglect: The self-care framework. *Journal of the American Society on Aging, 38*(3), 80-85.

Rowe, J. W., & Kahn, R. (1987). Human aging: Usual and successful. *Science, 237*, 143-149.

Smith, E. C. (1981). The integrated curriculum from a development perspective. *Nursing Outlook, 29*(10), 577-578.

Tutty, L. M., Rothery, M., & Grinnell, Jr. R. M. (1996). *Qualitative research for social workers: Phases, steps, and tasks*. Toronto: Allyn and Bacon.

WHO (2002). *Active ageing: A policy framework*. Geneva: World Health Organization.

Woods, N. (1989). Conceptualizations of self-care: Toward health-oriented models, *Advances in Nursing Science, 12*(1), 1-13.

Yeh, K. -H., Yi, C. -C., Tsao, W. -C., & Wan, P. -S. (2013). Filial piety in contemporary Chinese societies: A comparative study of Taiwan, Hong Kong, and China. *International Sociology, 28*(3), 277-296.

第 5 章

「食」在健康：
高齡營養教育與評估

李貴宜

一、前言

　　根據「臺灣地區老人營養健康狀況調查 1999-2000」的調查研究顯示，老年人普遍缺乏飲食營養的相關知識，且對日常生活各類食物營養攝取的認知偏低，但飲食營養知識的涵養將直接或間接影響飲食品質（衛生福利部，2004）。大多數的高齡者是透過子女、親屬、電視或醫生得知飲食營養的資訊，甚少透過營養師得知飲食營養的相關知識（Higgins & Barkley, 2004）。因此，藉由不同媒介將營養知識落實於日常生活，或針對銀髮族群設計適合他們的營養教育是相當重要的，因為這有助於提升高齡者對飲食知識的正確性與促進其飲食品質（Higgins & Barkley, 2004）。除此之外，正確及有效的營養評估也有助於瞭解與提升銀髮族群的飲食營養知識以及可改善之處。其中較常使用的評估方法，包含飲食記錄法、二十四小時飲食回憶法、飲食歷史法、飲食頻率問卷與飲食效能。本文首先說明銀髮族在飲食方面的生理改變，也同時呈現這些改變對日常生活所造成的困擾。第二部分則著重於說明高齡營養教育，並透過舉例說明營養教育如何應用於銀髮族之實際生活。最後，本文將完整介紹高齡營養教育的評估。

二、銀髮族在飲食方面的生理改變

　　人們的生理機能隨著年紀的增長將逐漸面臨許多變化，例如，口腔功能不佳、咀嚼困難、吞嚥食物容易嗆咳、消化能力減弱、易有飽脹感……等。這些變化都直接或間接地影響老年人的進食意願。除此之外，其他如視覺、味覺、嗅覺的改變，以及活動量的減少，都可能導致高齡者進食量減少。當高齡者的攝食量逐漸減少，營養狀況可能逐漸變差，營養不良經常使得高齡者的身體機能惡化，提升其罹病率與死亡

率。以下本文將分別從口腔、消化系統、感官系統、肌肉骨骼、以及血液等各方面，說明晚年時期的生理機能變化。

（一）口腔部分

　　高齡者的口腔黏膜隨著老化將逐漸萎縮，且唾液的分泌量也隨著減少，因此比較容易發生牙周炎、蛀牙、牙齒損壞或脫落等問題，也可能面臨舌炎、口腔黏膜潰瘍等困擾。除此之外，因唾液分泌減少、吞嚥肌肉協調性下降，可能引發吞嚥困難的現象，例如進食時容易咳嗽或嗆到、吞嚥時因容易卡在喉嚨而需要多次的吞嚥動作。這些口腔的功能變化都可能影響高齡者的進食意願，進而造成老年人進食量減少與營養不良；或因選擇性進食而產生營養不均衡的問題，尤其高齡者多傾向選擇吃柔軟的純澱粉類食物，將導致蛋白質、維生素、礦物質與纖維質等營養的缺乏；也可能因為吞嚥功能退化而增加吸入性肺炎的發生率。研究證明，若能在食物處理過程中透過機器絞碎功能，提供高齡者不同軟質程度的餐點，將能大幅提升高齡者的攝食意願，且其飲食的滿意度也隨之增高（Chen, Lee, Lu, Chen, & Yang, 2014）。綜合來說，質地柔軟且容易咀嚼、均質且富含汁液以利於吞嚥的飲食，將使銀髮族更樂於「吃」並獲得充足而均衡的營養素。

（二）消化系統部分

　　高齡者在消化系統方面包含以下功能變化。唾液、胃酸與胃酵素分泌減少、以及腸道絨毛萎縮，都會降低對食物的消化與吸收。唾液分泌降低使得澱粉酶含量降低，不僅增加食物吞嚥的難度，也影響澱粉的分解。胃酸與胃腸消化酵素分泌下降，也可能降低對鈣、鐵、維生素 B12 的吸收。腸道絨毛萎縮將減少吸收面積因此降低養分吸收。另外，腹瀉與便秘是高齡者經常面臨的問題。高齡者由於乳糖酵素減少，因此更容

易因為引用牛奶而腹瀉。慢性便秘更是老年人常見的問題，一方面是因為高齡者的腸胃蠕動減慢、胃黏膜變薄、肌纖維萎縮、胃部排空時間延長等所致；另一方面與高齡者的飲食與運動習慣有關，例如，纖維質及水分攝取不足、活動量不足。高齡者面對上述之消化系統的改變，宜從調整飲食與生活習慣著手。例如，透過少量多餐的方式減輕腸胃的負擔並增加熱量攝取，藉由飲用蔬果汁或牛奶堅果飲補充熱量、水分及纖維質。另外，多攝取富含纖維質的食物可以適度改善便秘的問題，例如，全穀類食物、香蕉、奇異果、水梨、木瓜、地瓜、黑棗（汁）、菠菜、花椰菜、地瓜葉……等葉菜類、黃豆芽、菇類、莢豆類、堅果類等。附錄 5-1「天天五蔬果」營養教育教案，就是協助銀髮族了解蔬果的好處，倡導高齡者多加食用蔬果。

（三）感官系統部分

　　視覺與味覺的改變也將影響高齡者飲食行為。在視覺部分，視力退化、黃斑部病變及白內障是高齡者最常見的眼科問題，這將導致高齡者的色彩敏感度以及視覺辨識力下降，因此降低高齡者購買與製備食物的能力。食物素材中富含葉黃素、玉米黃素、β 胡蘿蔔素和維生素 A[1]的食物，可以保護眼睛組織來自陽光的傷害與減少白內障和黃斑部病變的機會。另外，富含維生素 C 的食物（草莓、紅椒、青花菜、柑橘類水果、哈密瓜），亦可增加抗氧化能力。在促進進食動機上，可透過提供色彩鮮豔、香氣撲鼻與味道濃郁的餐點，增加老年人的進食意願。高齡者的味覺與嗅覺變得遲鈍，主要是因為人體缺乏鋅元素，可以透過攝取海鮮

---

[1] β 胡蘿蔔素主要存在於紅蘿蔔中，可在人體的小腸內轉化為維生素 A，能有效預防夜盲症和乾眼症並改善視網膜病變等疾病。維生素 A 的主要來源可分為動物性和植物性。動物性來源主要為魚肝油、肝臟、蛋黃、全脂奶。而植物性來源主要為深綠色蔬菜和橘黃色蔬果，像是：番薯葉、胡蘿蔔、紅心地瓜、南瓜、木瓜和芒果等。

類食物，或蛋、奶、豆類食物來補充鋅元素。不過，由於植物中的膳食纖維會抑制鋅的吸收，因此若非對海鮮類過敏者，仍建議以食用動物性食物來補充鋅的不足。另外，高齡者因味蕾與唾液分泌量減少而常常食之無味，其中喪失程度最高的是感受鹹味的能力，因此需要口味較重的食物才能滿足對味覺的渴望。然而，在滿足味覺的同時，卻也容易因攝取過多鹽分導致高血壓；但若降低食物的鹽分，可能又會導致老年人食不下嚥而營養不良。因此，料理高齡者食物時若能增加食物的鮮味，將有助於增加高齡者的進食量，進而改善營養狀況。附錄 5-1 教案四「醃漬品大破解」，可以提醒老人家鹽分攝取過量造成之身體危害。

（四）肌肉骨骼部分

骨質疏鬆症具有「無聲的疾病」之稱，隨著年齡的增加，人們的骨骼密度逐漸減少，停經後婦女更常發生骨質疏鬆的問題。2000 年臺灣地區老人營養與健康狀況變遷調查發現，65 歲以上男性有骨質疏鬆症的盛行率為 67%，女性為 73%，男性雖稍低於女性，但也接近一半的比例有此問題（衛生福利部，2004），顯示這是一個值得重視的營養議題。另外，肌肉量亦會隨著年紀增長而降低，規律的運動可以維持肌肉的強度和張力（Thompson, 2001）。因此高齡者一方面應調整熱量攝取，避免因體重增加而加重骨骼與肌肉的負擔；另一方面，缺乏運動也是加速肌肉流失的原因，因此應多鼓勵高齡者維持適度的運動，避免肌肉量的快速流失。

鈣質是與肌肉骨骼最為相關的營養成分，乳類製品是鈣質的最直接來源，能夠直接且迅速的補充銀髮族所需之鈣質。研究顯示，銀髮族具有愈充裕的乳製品攝取知識，且擁有愈正向的乳製品攝取態度，那麼他們將食用更多的乳製品，並從中攝取所需的營養成分（林紹琦，2014）。同時，若能排除銀髮族不喜歡食用乳製品的因素，更能促進高齡者對乳

類製品的接受度，例如，高齡者較不偏好鮮奶的低溫刺激、對乳製品抱持食品安全的顧慮、乳醣不耐症而難以接受鮮奶、價格太高等（林紹璿，2014）。鈣質來源除了乳製品外，也可選擇其他食材來補充人體所需的鈣含量，如小魚干、含軟骨的魚、芝麻、深綠色葉菜類、紫菜、海帶芽與豆製品等。除了上述的直接鈣質來源之外，維生素 D 可以促進鈣質的吸收，因此亦建議多攝取富含維生素 D 的食物，如魚類、魚肝油、肝臟和蛋黃等，另外透過戶外活動增加陽光的接觸量亦可增加維生素 D 含量。其他如過鹹的飲食將增加人體對鈣的排除，因此建議高齡者避免過鹹之飲食。附錄 5-1「多吃乳製品」營養教育教案，可使銀髮族更加認識乳製品以及更進一步增加乳製品的攝取。

（五）血液部分

一項針對國人營養健康狀況變遷的調查發現，約 19％的高齡者有貧血的情況，貧血者的血液攜氧量不足，因此身體較容易疲倦與虛弱，然而其中因為缺乏鐵質造成貧血者，所占的比例不高，僅 10％（衛生福利部，2004）。因此，除非高齡者患有胃潰瘍而胃酸分泌不足需長期使用制酸劑、或因失血等情形，需要額外補充鐵質之外，大部分貧血高齡者可以透過飲食增加鐵質的攝取量，富含鐵質的食物包含：肝臟、紅色肉類、鴨血、牡蠣、黑芝麻、紅豆、海藻、葡萄乾、紅莧菜、菠菜、大陸妹等。另外，老年人胃酸製造和內在因子的合成都隨著老化而變慢，進而造成維生素 B12 吸收不良，缺乏維生素 B12 或葉酸會導致貧血，通常牛肉、豬肉、雞肉、肝臟、蛋、海藻類含有維生素 B12，綠葉蔬菜、乾豆類、莢豆類含有豐富的葉酸，高齡者可以透過這些食物來補充葉酸與維生素 B12，以避免貧血。

三、高齡營養教育與實施重點

　　營養教育是能讓教育接受者認識營養資訊、提升營養知識、改變飲食行為，最普遍且直接的方式（Ammerman, Lindquist, Lohr, & Hersey, 2002）。目前臺灣營養教育就筆者所觀察，若是以專業營養師為提供者，多半採用一對一或一對多的課堂講授或營養諮商方式，而實施對象大多為罹病的患者，由營養師個別針對病患之狀況、飲食習慣及不同需求，提出飲食調整及建議。這種營養教育實施方式具有個人適性化的優點，但也有費時、費力、且有時需在固定時間和定點執行之不方便性的缺點。網際網路盛行以來，網路營養教育利用網路優勢，將營養的相關知識和資訊置於網路平臺，病患可於方便的時刻、適宜的地點自行接受營養教育，此為網路營養教育的優點之一。另外，網路營養教育亦具有普及性的優勢，除了針對病患或疾病高危險群之外，亦適用於一般大眾，網路對於想了解營養知識之大眾是很好的營養教育媒介，對於學習或修正其飲食行為具有良好的作用。不過，目前針對高齡者進行的營養教育仍以傳統方式居多，雖然透過網路進行營養教育仍是少數，但可望成為未來高齡營養教育的新趨勢。

　　本節參考衛生福利部（2011b）之國民飲食指標，以及銀髮族健康飲食原則（康健網站編輯，2014），並結合筆者之專業知識，提出高齡營養教育的建議。圖 5-1 是 2011 年衛生福利部提供之每日飲食指南；表 5-1 是六大類食物之飲食建議。另外附錄 5-1 提供四份高齡營養教育的教案範例，包含「天天五蔬果」、「多吃乳製品」、「增加水分攝取」和「鹽分攝取控制」等四個主題。本人已透過這些教案範例於社區活動中心對參與活動之銀髮族，進行小班制之營養教育與評估，每次大約進行 30 分鐘，營養教育的評估效果良好，可供後續營養教育之需。

圖 5-1　2011 每日飲食指南

註：資料來自衛生福利部（2011a）

（一）攝取適當的熱量，注意體重變化

　　人體的基礎代謝率隨著年齡增加而逐漸下降，加上高齡者的生活形態較傾向靜態，因此熱量的需求量與消耗量都會減少。我國衛生福利部建議一般男性若生活活動強度為低等介於 51-70 歲其熱量攝取量為 1,700大卡，女性為 1,400 大卡（衛生福利部，2011a）。但每個人之實際熱量需求需依個人的活動量、疾病狀況而調整。事實上，年紀越大越難維持足夠的體重，因此高齡者需多注意非計畫性的體重下降，這往往是營養發生狀況的警訊。

（二）六大類食物天天吃，均衡又健康

　　維持身體健康的基本要素是正確而均衡地攝取六大類食物，包括全穀根莖類、豆魚肉蛋類、蔬菜類、水果類、油脂類與堅果種子類及低脂乳品類等六大類。根據一項老人飲食多樣性的長期分析，研究者比較「只吃三類食物」到「吃六類食物」的身體風險，分析結果指出高齡者若

表 5-1　六大類食物建議

類別	營養素	食物選擇	建議攝取量
全穀根莖類	醣類、膳食纖維、維生素B1	白飯、麵條、麥片、小米、燕麥、玉米、地瓜、馬鈴薯、蓮子、蓮藕、薏仁、紅豆、綠豆、山藥、芋頭	*1.5-4 碗飯 * 未精緻穀類需占 1/3
豆魚肉蛋類	蛋白質、維生素B群、鐵、鋅	雞、鴨、豬、牛、羊肉、魚類、海鮮類、蛋、黃豆製品，例如：豆腐、豆干、豆漿、黃豆、毛豆、黑豆	*3-8 份 * 每份 = 豆腐一塊 = 魚、肉 1 兩 = 蛋一個
蔬菜類	維生素A、維生素C、葉酸、鎂、鉀、鈣、膳食纖維	菠菜、高麗菜、空心菜、青江菜、青椒、茄子、青花菜、海帶、木耳、豆芽、冬瓜、蘿蔔、洋蔥、四季豆、香菇	*3-5 碟 * 每碟 100 公克
水果類	維生C、維生素A、鉀、膳食纖維	橘子、番石榴、香蕉、草莓、木瓜、芒果、柚子、葡萄、鳳梨、棗子、蓮霧、美濃瓜、西瓜、楊桃、櫻桃、奇異果	*2-4 份 * 每份拳頭大小 1 個
油脂與堅果種子類	脂肪酸、維生素E	烹調用油 杏仁、核桃、花生…等堅果類	*3-7 茶匙和 1 份堅果類 * 每份 = 烹調油 1 茶匙 = 花生 8 克
低脂乳品類	鈣、維生素B2、蛋白質	牛奶、羊奶、優酪乳、起司、優格	*1.5-2 杯 *1 杯 =240cc

註：資料來自衛生福利部（2011a）。

能夠在每天飲食中攝取五大類以上的食物，其死亡風險即降為一半，也降低與疾病高度相關的腰圍、總膽固醇及三酸甘油酯（Lee, Huang, Su, Lee & Wahlqvist, 2011）。

（三）多用全穀根莖類，取代精緻澱粉

　　一般而言，精緻澱粉的纖維質與部分營養素已被去除，因此容易造成血糖快速上升與不穩定的狀況，易加重高齡者的身體負荷。精緻澱粉像是白飯、白麵包或如糕餅類等加工食品。全穀類則蘊含維生素 B 群，不僅可提高新陳代謝，其纖維質亦能促進腸胃蠕動，對人體健康較佳因此建議老年人多選擇全穀根莖類食用。但是全穀根莖類含有較多纖維量，可能不利於高齡者咀嚼，可以透過逐步加重全穀比例的方式，讓高齡者慢慢適應；或是在料理過程增加浸泡與烹煮的時間，增加高齡者對全穀根莖類食物的接受度。

（四）慎選豆魚肉蛋類，飽和脂肪攝取少

　　豆魚肉蛋類是蛋白質主要來源，對於建構及修補身體組織至為重要。低蛋白質的飲食可能降低瘦體組織以及肌肉功能，近年來的高齡飲食建議增加蛋白質的攝取，以避免肌少症的發生。但是在增加攝取豆魚肉蛋類食物時，必須注意伴隨而來的脂肪攝取量，因此建議多選擇食用豆類製品、魚類、低脂奶，可在補充優質蛋白質的同時，也不怕攝取過量的脂肪。

（五）油脂類聰明吃，美味又健康

　　油脂是熱量來源之一，但攝取過多脂肪會導致肥胖，增加罹患糖尿病、心臟病和某些癌症的風險。但是，油脂類攝食量不足，通常意味肉、蛋類等動物性食品攝取不足，可能導致蛋白質、礦物質與維生素的缺乏。因此，高齡者的油量攝取不是一味少油，而是聰明的吃油，盡可能選擇橄欖油、芥花油或苦茶油等低溫烹調，增加食物美味以促進食慾，也可多利用堅果類達到吃得美味健康，同時攝取人體所需的油脂類。

（六）天天五蔬果，疾病不找我

天然蔬果富含維生素、礦物質及植化素，能延緩老化、減少癌症發生。另外，蔬果也富含膳食纖維，可以幫助腸道蠕動、維持腸道健康，避免便秘。不過，許多老年人因為咀嚼功能下降，降低食用蔬果慾望，針對此建議選擇質地較軟的瓜類蔬果，或經過去梗、切小塊、較長時間烹煮的方式料理，以解決老年人咀嚼困擾。除此之外，也可將蔬果打成汁、不過濾去渣、立即飲用的方式食用蔬果，除能解決老年人的咀嚼困擾外，亦可保留最多的營養素。

（七）多吃乳製品，遠離骨質疏鬆症

足量的鈣質攝取可以緩和老年的骨質流失速率，降低骨折的機率。根據國人營養健康狀況變遷調查，老年人每日的鈣質平均攝取量僅達建議量的 60％（衛生福利部，2004），這顯示我國高齡人口的鈣質普遍攝取不足。其中低脂乳品類是鈣質的主要來源，建議高齡者每天喝 1-2 杯低脂乳品。

（八）規律喝水成習慣，提升新陳代謝率

老年人比較少有口渴的感覺，因此常會忘記喝水；再加上行動較不方便、降低上廁所頻率，可能避免喝水。這些現象可能導致脫水、降低新陳代謝、提高便秘與泌尿道感染的風險。適量飲水可以避免上述提及的問題，每天建議的飲水量至少需攝取 6-8 杯的水分。固定喝水的習慣、將水置於隨手可得地方，固定餐後給予高齡者一杯約 200-250 毫升的飲品等，可以讓老年人增加水分攝取。附錄 5-1「增加水份攝取」營養教育教案，可宣導並鼓勵銀髮族適量之飲水。

（九）補充保健營養品宜小心

有不少年長者具有每天應補充維他命、礦物質、健康食品或補品的迷思，因此國內老年人使用營養補充劑的情況普遍，服用的比率約30-35%（衛生福利部，2004）。但值得注意的是，有些營養素過量會使人中毒，或者干擾其他營養素的吸收，也可能會與藥物產生交互作用而導致危害，因此在使用上需小心。

四、高齡營養評估

本節將介紹高齡營養評估的工具，包含簡易營養評估、體位測量、血液生化檢查以及飲食評估。

（一）簡易營養評估

簡易營養評估較常使用「營養健康狀況自我檢視表」來了解高齡者的營養狀況（參照表 5-2），以檢視銀髮族是否有營養不良的危險。高齡者必須依據自己的狀況，依序圈選符合檢視表之陳述，最後依據每題的配分計算總分。若高齡者的營養評估總分介於 0-2 分，表示營養狀況很好；若介於 3-5 分，表示有營養不良之傾向，需請營養師幫助改善飲食習慣及生活型態；若大於 6 分，表示有嚴重的營養不良狀況，需請營養師安排進一步的評估，以及引薦相關專業人員提供協助。

（二）體位測量

依據衛生福利部（2004）公告「臺灣地區老人營養健康狀況調查1999-2000」方法，體位的測量包含身高、體重、身體質量指數（body mass index; BMI）、腰圍、臀圍、腰臀比等。

身高是觀察營養狀況的指標之一，亦是身體質量指數的構成部分。

表 5-2 營養健康狀況自我檢視表（Determine Checklist）

項 目	是	專業服務
我因生病或身體狀況而改變我攝取食物的種類與進食量	2	營養教育 營養補充
我每天飲食少於兩餐	3	社會服務 營養諮詢
我不常吃青菜水果與乳製品	2	營養諮詢 營養補充
我幾乎每天飲用三罐以上的啤酒、或半杯的烈酒、或半瓶的紅酒	2	營養諮詢 心理衛生 藥物治療
我有牙齒或口腔的問題以致進食困難	2	口腔衛生 營養諮詢 營養補充
我不是常常都有足夠金錢購買我所須要的食物	4	社會服務
我經常獨自一人進食	1	社會服務 心理衛生
我每天服用三種以上醫師所開立的處方藥	1	藥物治療
我過去六個月內曾不自主的減重或增重 4.5 公斤以上	2	營養諮詢 營養補充 藥物治療
我無法自行製備食物，或無人協助製備食物	2	社會服務 營養補充
合 計		

註：資料來自 White, Dwyer, Posner, Ham, Lipschitz, & Wellman（1992）。

由於老化使老年人的身高隨著年齡的增加而降低，或因姿勢改變及關節炎等導致脊椎變形，而造成老年人站立困難，因此如何精確的測量高齡者的身高是相當重要的過程。在測量老年人身高上，已有研究透過「膝高」及「手臂長」來推斷身體高度（Weinbrenner, Vioque, Barber, & Asensio, 2006）。另外，Peng 等人則針對我國國人的身高，提出以膝長度

（膝蓋至腳跟的長度）推算全身身長（Peng, Chang, & Yang, 2000），其推算的公式如下：

男性：身高＝ 48.523 ＋（2.416× 膝長）－（0.069× 年齡）

女性：身高＝ 52.033 ＋（2.287× 膝長）－（0.074× 年齡）

　　體重的改變多少反映身體的熱量平衡及身體組成份的變化，亦影響老年人 BMI 值及活動力，甚至影響老年人的死亡率，因此體重變化與疾病及死亡風險均息息相關（Murphy, Books, New, & Lumbers, 2000）。若體重在一個月內非計劃地下降 5%、及三個月下降 10%，即可界定為營養不良（Soni, Muurinen, Routasalo, Sandelin, Savikko, Suominen, ... & Pitkälä, 2006），需多加注意。

　　身體質量指數（BMI）是世界衛生組織判定肥胖的重要指標，計算方法為體重（公斤）除以身高（公尺）的平方（kg／m^2）。國民健康署建議，我國國人之理想體重的 BMI 應介於 18.5 至 24 之間，若 BMI 小於 18.5 則為體重過輕，若介於 24 至 26.9 則為體重過重，若 BMI 大於 27 則判定為肥胖（衛生福利部，2015）。老年人的 BMI 值過低時，將增加死亡率風險；當 BMI 數值過高時，代表體脂肪過高而體內瘦肌肉組織不足，易造成健康損失而影響生活品質。

　　腰圍及臀圍可反應腹部脂肪的多寡及身體脂肪分佈，老人腰圍測量方法為肋骨下緣與腸骨上緣中點之圓周，當男性腰圍大於 90 公分、女性大於 80 公分時，表示「腹部肥胖（Central obesity）」（國民健康署，2005）。臀圍測量部位為臀部最寬圓周，男性腰臀比小於 0.9、女性腰臀小於 0.85 屬於正常（Price, Uauy, Breeze, Bulpitt, & Fletcher, 2006）。

（三）血液生化檢查

　　血液生化值可以精確且客觀的反映身體的營養狀況，但必須透過侵入性抽取血液才能檢測出這些數值。血漿白蛋白半衰期約 20 天，適合做為長期營養之指標（Seiler, 2001）。透過血液檢測可評估總膽固醇、高密度脂蛋白、低密度脂蛋白、三酸甘油脂、血漿白蛋白、維生素 B1、維生素 B2、維生素 B6、鐵、銅、磷及葉酸等營養素之攝取情形，其標準範圍值如下表 5-3 所示。其中蛋白質及熱量不足所造成的營養不良，可藉由總膽固醇及白蛋白加以判斷，一般若總膽固醇低於 160mg ／ dL、血漿白蛋白低於 3.5 g ／ dL 可判斷為蛋白質及熱量不足。其他微量營養素營養不足，可由單一營養素血中濃度偏低來確認。

表 5-3　血液生化值中英對照表及標準範圍值

血液生化值	標準範圍值
總膽固醇	≦ 200 mg/dL
高密度脂蛋白	＞ 40 mg/dL
低密度脂蛋白	≦ 140 mg/dL
三酸甘油脂	50-150 mg/dL
血漿白蛋白	3.5-5 g/dL
維生素 B1	<1.15 mg
維生素 B2	<1.2 mg
維生素 B6	>20 mol/L
血清鐵蛋白	≦ 12 ug/L
血清銅蛋白	≦ 20 mg/dL
血清磷濃度	≦ 2.6 mg/dL
葉酸	>6 g/mL

註：資料來自黃晴鑫（2013）。

（四）飲食評估

飲食評估可以了解受試者短期或長期飲食及營養攝取情形，常見的評估方法包括飲食紀錄法、二十四小時飲食回憶法、飲食頻率問卷法、飲食歷史法和飲食效能。分述如下：

1. 飲食紀錄法（Food record / Diet record）

飲食紀錄法可用來評估群體或個人的飲食攝取。受試者、受試者的親人或主要照顧者在特定時間內詳細記錄與描述受試者所有攝取之飲食內容，記錄時間通常為一至七天，需紀錄的內容包括食物名稱、食物種類、食物品牌、製備方法及過程、烹煮方法、時間、攝取重量等；同時，飲食結束後亦須對剩餘食物進行紀錄（Gibson, 1990; Margetts & Nelson, 1998; Thompson & Byers, 1994）。

飲食記錄可分為估計式飲食記錄法（estimated food record）與秤重式飲食記錄法（weighed food record）。估計式飲食記錄法是利用家用量器作為估計食物攝取份量的工具（例如，碗、杯子、湯匙等），或使用食物模型、食物照片等輔助工具來估計食物攝取份量。秤重式飲食記錄法則是利用秤量工具（例如，磅稱、量匙、量杯等），分別將受試者攝食前食物供給量及攝食後食物剩餘量進行秤量，經秤量計算後得到食物攝取份量（Thompson & Byers, 1994）。雖然估計式飲食記錄法的準確性被認為比秤重式飲食記錄法低，但對進行長期記錄而言，估計式飲食記錄法帶給受試者的負擔較小，受試者的合作率也較高（Bingham, Gill, Welch, Day, Cassidy & Khaw , 1994）。

2. 二十四小時飲食回憶法（24-hour dietary recall）

二十四小時飲食回憶法是飲食資料蒐集最常使用的方法。實施方式主要是由受過專業訓練的訪員對受試者、受試者的親人或主要照顧者進

行深度訪談，請他們回憶前一天或二十四小時內所攝取之飲食內容，並詳細記錄食物名稱、食物品牌、食物攝取份量、烹煮方法等，也須記錄其他營養補充物（例如，維他命、礦物質等）的攝取狀況（Gibson, 1990; Thompson & Byers, 1994; Willett, 1998）。

　　二十四小時飲食回憶法涉及受試者的記憶力、溝通與表達能力、合作態度、對食物份量之估算正確性，以及訪問員的訪談技巧（余雅萍，2003）。因此，訪問員在實施過程中會經常使用核對清單、以及標準化的探索性問題，來提醒受試者回想容易遺忘的食物項目，以獲得更準確的飲食訊息（Gibson, 1990; Thompson & Byers, 1994; Willett, 1998）。這種飲食評估方法普遍使用於評估一個族群在單個時間點的飲食攝取狀況，屬於橫斷性的研究（Margetts & Nelson, 1998）。

3. 飲食歷史法（Diet history）

　　飲食歷史法是 Burke 在 1947 年使用於評估受試者在過去長時間的食物攝取情形，訪談內容包括以下三個部分（吳幸娟、吳佳娟、金惠民、胡淑惠、陳惠欣、章樂綺、蔡秀玲，2001；Gibson, 1990；Thompson & Byers, 1994）。第一部分是使用二十四小時飲食回憶法收集受試者平常攝取之大部分飲食內容。第二部分藉由核對清單來提醒受試者回想容易遺忘的食物項目，並與第一部分的飲食內容相互確認，以獲得更準確的飲食訊息。第三部分是使用三日飲食記錄來驗證前兩部分的結果，了解前兩部分結果的內在效度。

　　飲食歷史法可以了解受試者長期的飲食型態，但所需收集的資料相當龐大，所以耗費的時間、人力及經費也較高，而且需要具備豐富經驗的營養師進行訪問。另外，受試者可能會隨著記錄時間的增長而產生負擔，進而導致誤差（Thompson & Byers, 1994）。故飲食歷史法不適合用於流行病學的大型研究調查（Gibson,1990; Thompson & Byers, 1994）。

4. 飲食頻率問卷法（Food frequency questionnaire, FFQ）

飲食頻率問卷法於 1970 年代開始被廣泛使用，且經常用於流行病學的研究，特別在探討飲食因子和慢性疾病研究方面。此法經過持續地修正與改進，現今已成為評估飲食攝取量的普遍方法之一（Thompson & Byers, 1994; Willett, 1998），特別適用於評估及追蹤特定族群的日常食物項目或營養素的攝取習慣（Margetts & Nelson, 1998）。飲食頻率問卷法主要是由訪問員詢問受試者、或由受試者自行填寫一段特定時間內（日、星期、月或年）對特定食物項目、特定食物群組和營養素之攝取情況（Gisbson, 1990）。

飲食頻率問卷一般包括三大部分：食物選項（food list）、攝取頻率回應表（frequency response section）、及食物份量（portion size）。在食物選項的部分，評估者必須根據研究目的與用途來決定所要包含的食物選項，挑選出的食物選項需具備三大特性。第一，必須選擇大多數人會攝取的食物；第二，必須選擇富含研究者欲探討之營養素的食物來建立選項清單；第三，必須具有辨識受試者之飲食差異性的食物選項（Willett, 1998）。而飲食頻率問卷中的食物種類大約介於 60 至 152 種之間（Block, Hartman, Dresser, Carroll, Cannon, & Gardner, 1986; Willett et al., 1985）。Willett（1998）特別指出，除非受試者有高度參與研究調查的動機，否則飲食頻率問卷中的食物種類應控制在 130 種以內為佳。冗長的問卷可能造成受試者疲勞與厭倦感，而降低專注力與填寫問卷的正確性，降低問卷調查的信度。一般來說，受試者填寫飲食頻率問卷時應控制在 30 分鐘以內，因為超過 30 分鐘的問卷填寫將導致受試者疲勞及分心等現象（徐繼蔭，2000）。

在攝取頻率回應表部分，攝取頻率選項數一般約為五至十個，大致包含從未食用、一個月一次或低於一次、一個月二至三次、每週一次、

每週二至四次、每週五至七次、每天一至二次、每天二至三次、每天四至六次、以及每天超過六次以上等。通常不同的食物選項需對應不同的攝取頻率選項。食用頻率較高的食物選項，其頻率選項應從攝取頻率最高的選項開始；相反地，食用頻率較低的食物選項，則應從攝取頻率較低的選項開始（Willett, 1998）。另一種方式是使用開放式的頻率填答方式，由受試者自行填答每天、每週或每月的食物攝取頻率（Block et al., 1986）。開放式的頻率填答方式可以提高受試者答案的準確性，但卻可能造成分析上的困難。

飲食頻率問卷的形式根據詢問食物分量與否，可分為三種。第一種問卷形式是簡單飲食頻率問卷（non-quantitative food frequency questionnaire），此問卷僅詢問受試者的食物攝取頻率，但不詢問食物分量（Serdula, Alexander, Scanlon, & Bowman, 2001），可參照附錄 5-2（黃晴鑫，2013）。第二種形式為半定量式飲食頻率問卷（semi-quantitative food frequency questionnaire），此形式多詢問受試者的食物攝取頻率與特定食物的分量，特定的食物分量可綜合採用二十四小時飲食回憶資料，或一般標準固定的分量為單位；若沒有常用的分量或標準分量之食物，則可針對該食物訂定特定的分量。例如，肉類每一份為 6 至 8 盎司（Hu, Rimm, Smith-Warner, Feskanich, Stampfer, Ascherio, Sampson & Willett, 1999; Margetts & Nelson, 1998; Serdula et al., 2001）。第三種是定量式飲食頻率問卷（quantitative food frequency questionnaire），此問卷形式在詢問受試者的食物攝取頻率時，傾向讓受試者自行填寫食物分量，或將一般食物標準分量分為大、中、小等（Margetts & Nelson, 1998; Willett, 1998）。

受試者是否能正確描述自己的食物分量，是問卷中是否詢問食物分量的考量點。若受試者無法將所食用的食物正確量化，將影響整體的飲食評估（Willett, 1998），這是飲食評估最大的誤差來源（Gibson,

1990）。因此，有些研究者偏好使用簡單飲食頻率問卷，因為這將降低受訪者詳細量化飲食分量所帶來的負擔，同時也可減少整體飲食評估的誤差（Wise & Birrell, 2002）。此外，Cade 等人指出，飲食分量具有明顯的性別、年齡層及社經地位的差異，因此在進行飲食攝取評估時應根據研究族群設計飲食分量，而非使用標準分量（Cade et al., 2004）。黃晴鑫（2013）針對中部老年人之飲食營養狀況之研究顯示，許多老年人的飲食品質極差，其中「奶類」的飲食攝取頻率有過低之情形，「蔬菜類」及「水果類」的飲食攝取頻率也稍嫌不足；「蛋豆魚肉類」的攝取則較沒有差異，且老年人仍有高油高鹽的飲食習慣。

5. 飲食效能（Eating competency, EC）

飲食效能（Eating Competence, EC）的概念為 Satter（2007）提出，主要由以下四個構面「飲食態度」、「飲食接受度」、「自我調節」、「飲食情境」組成。這個概念主要用於衡量人們對飲食的信任、享受和舒適度，以及在吃的實際體驗上能否充分獲得營養成分與滿足感是主要和其他衡量方是最大之不同。飲食效能量表共有 16 個問題，分數越高表示飲食效能越佳。評估法主要是強調人們應食用多種食物、要有合理的飲食動機、與符合身體營養攝取需求。換言之，飲食效能是一種針對飲食的營養教育，飲食之偏好程度是出自於內心的喜好，且強調人們的飲食對生理、心理的影響比營養攝取更為重要。

飲食效能量表可以幫助受訪者建立正向的飲食行為與態度（Lohse & Cunningham-Sabo, 2012）。Krall 與 Lohse（2011）與 Lohse 等人（Lohse, Psota, Estruch, Zazpe, Sorli, Salas-Salvado, ..., Ros, 2010）的研究都顯示，飲食效能較高的受試者比較注重身體活動、擁有理想的 BMI 值、滿意的體態、飲食營養的攝取量較多也較廣泛，尤其能夠達到一般蔬菜水果的建議攝取量、對食物的烹飪也有更完善的規劃、較能節制飲食且不會將

情緒起伏發洩在飲食行為（如暴飲暴食、節食等）。在營養教育方面，透過飲食效能量表可以幫助老年人有效率的消費健康食物、減少心血管疾病的風險及維持較低的 BMI，使老年人的健康得到更好的維持。

在臺灣，李貴宜等人針對 65 歲以上之健康老人建構飲食效能中文量表。透過 16 題問卷題目，分析顯示飲食效能題項之整體建構驗證結果良好，整體「飲食效能」信度為 0.774，「飲食態度」、「飲食接受度」、「自我調節」與「飲食情境」等構面的信度分別為 0.666、0.659、0.504、0.555。這個研究同時發現，男性、有伴侶或是有家人陪伴的老人傾向具有較正向的飲食效能行為，但教育程度與年齡層似乎不影響飲食效能行為（李貴宜、吳祉芸、薛旭江、江文德，2013）。後來進一步將此飲食效能中文量表運用於「GREEnS 建構優質的長青生活品質與環境總計畫」，於 2013 至 2014 年間針對臺中市 65-75 歲之高齡者進行的機率調查（GREEnS 總計畫四，2014）。分析結果顯示高齡者的飲食效能具有年齡、教育程度、婚姻狀況和居住地之顯著差異；年紀較輕、教育程度較高、目前身旁有陪伴者、居住於市區者的飲食效能普遍較高。此針對臺中市的調查分析結果，可成為政府部門、醫師、營養師、社區飲食照顧機構未來進行營養教育時之參考依據，可以某些飲食效能較低之特定族群為進行飲食行為及營養教育訓練的標的族群（李貴宜、徐詮亮、江文德，2014）。

附錄5-1：營養教育教案

教案一：天天五蔬果					
主題	「天天五蔬果」尚健康！				
對象	社區長者	人數	10~15 人	時間	30 分鐘
設備	1. 蔬果的圖卡 2. PPT（cover） 3. 一份現煮的蔬菜（花果菜、葉菜、根莖葉、其他類）和水果（攜帶方便） 4. 前測與後測問卷 5. 麥克風、筆電 6. 3、2 數字卡；蔬菜水果頭套				
流程	0~15 分鐘 →開場介紹；讓長者描述平常吃的蔬果種類及分量；進行前測問卷調查 15~25 分鐘 →介紹天天五蔬果的內容、說明正確的食用分量（使用圖卡）和吃法、克服可能遇到問題的方法（現場詢問並提供解決的方法） 25~30 分鐘 →進行後測問卷調查				
內容說明	1. 各位爺爺奶奶們好，我們是東海大學餐旅系的學生。今天來這裡和大家一起度過開心的午餐時間，也跟爺爺奶奶們宣導一些健康飲食知識。我是××（接著介紹其他同學），今天的活動有任何問題都可以找我們，不用客氣！ 2. 那麼，請各位長輩分享一下平常都喜歡吃些甚麼樣的蔬菜水果？或是昨天吃了哪些蔬菜水果？（互動） 3. 所以基本上各位長輩的知識……，現在會發一份問卷請各位爺爺奶奶幫忙填寫一下，一些基本的健康飲食相關題目，有任何問題可以直接跟我們說，我們會馬上提供協助。（結束前測） 4. 今天要來跟大家分享一個現在很流行的飲食概念——「天天五蔬果」。有沒有哪位爺爺或是奶奶有聽過天天五蔬果？簡單來說，天天五蔬果就是每天攝取三份蔬菜和兩份水果（兩個人幫忙）。每份的量都因為種類而不同（種類分量圖卡實品）。 5.「天天五蔬果很健康」，阿母因為年歲有了，所以有些蔬菜水果會不好咬（互動：問有哪些困難？並說明可解決的方法） 6. 後測				

教案二：多吃乳製品				
主題	多喝牛奶，尚「鈣」好！			
對象	社區長者	人數	10~15 人	時間 30 分鐘
設備	1. 投影機 2. 筆電 3. 含鈣質之食材 4. 奶粉 5. 杯子 6. 熱水 7. 鮮奶 8. 量杯			
教案設計	第一部分：開場介紹、一份鈣質的定義（7 分鐘） 1. 簡單自我介紹後，詢問現場的爺爺奶奶們平常有沒有補充鈣質的習慣。再詢問爺爺奶奶們平常是喝牛奶居多？還是喝豆漿來攝取鈣質？那麼一天又喝多少量？ 2. 以市面上販售的鮮奶（240ml），倒出一份的量，告訴爺爺奶奶們這是一份鈣質的定義。 3. 告訴爺爺奶奶「豆漿」和「牛奶」鈣質含量的差異。 第二部分：每日鈣質攝取量及骨質疏鬆症介紹（5 分鐘） 1. 告訴爺爺奶奶們衛生署建議 51 歲以上的成年人、老年人，每日需攝取的鈣含量。 2. 講解骨質疏鬆症，以及補充鈣質的重要。 第三部分：動手泡奶粉（10 分鐘） 1. 對老人家來說，奶粉是一個方便攝取鈣質的途徑，一杯奶粉沖泡而成的牛奶為 240cc，需要加多少（幾匙）奶粉才算是一份鈣質？請現場爺爺奶奶們動手沖泡「他們認為一份牛奶的量」。 第四部分：其他含有鈣質的食材（5 分鐘） 1. 有許多人患有乳糖不耐症或是不敢喝牛奶，在這部分的活動中會告知他們其他攝取鈣質的方法。 2. 把日常生活中富含鈣質且易取得的食材介紹給爺爺奶奶們認識，並且標示每一百克含有幾克的鈣含量。 第五部分：問卷（3 分鐘） 1. 講解完之後，請爺爺奶奶們填寫相關問卷。			

教案三：增加水分攝取					
主題	水分攝取				
對象	社區長者	人數	10~15 人	時間	30 分鐘
設備	PPT 投影機、冷水壺（1200cc）、量杯				
教案 設計	1. 開場：各位爺爺奶奶好！今天要說的是水，人體內有 72% 是水分，爺爺奶奶們有每天都喝水嗎？請問各位爺爺奶奶都用什麼容器裝水喝呢（開始一位一位問）？爺爺奶奶們知道自己的杯子可以裝多少水嗎（如果不知道，讓爺爺奶奶現場量）？ 2. 水的好處：我現在要告訴各位水對我們的好處，可使胃腸道保持清潔；有助於肝臟解毒；改善腎臟與內分泌功能；提高免疫力；預防感冒、咽喉炎、關節炎和某些皮膚病。 3. 水的攝取量：那爺爺奶奶們覺得一天要喝多少水？在什麼時候喝（爺爺奶奶回答）？剛剛有爺爺奶奶說要喝__毫升的水，但其實人們一天最少要消耗 2500 c.c 的水分，2500 c.c 就等於兩個冷水壺，因為上廁所和流汗都會讓水分不見。而且其實一天只要在喝 1500 c.c 左右的水就可以囉！像這種容量的杯子喝__杯就可以囉！可是在夏天天氣熱，容易流汗要多喝一杯水左右。那為什麼明明會消耗 2500 c.c 的水卻只要補充 1500 c.c 左右的水呢？因為在我們吃三餐時，蔬菜、湯、水果……等，裡面都含有水分，全部加起來攝取的水分就已經足夠一天的量。 4. 水之外其他水分來源：如果有爺爺奶奶比較不喜歡喝水，也可以用豆漿、牛奶、養生茶、花果茶替代，變換口味。有些爺爺奶奶喜歡喝茶或咖啡的話，不可用其替代所有水分，因為茶、咖啡中含有咖啡因，咖啡因容易使人想上廁所，可能會使水分過度排出。水分攝取不足的情況下，甚至可能導致血中尿酸過高，引發痛風。可用淡茶或決明子茶替代，或是其他沒有含咖啡因的茶類替代。含糖飲料盡量不要喝，甜飲料、甜果汁不解渴，反而還會奪走人體的水分，所以它並不包含在一天所攝取的水分。 5. 吞嚥困難的解決之道：如果有吞嚥比較困難的爺爺奶奶，可以在水中加入增稠劑，或是加入杏仁粉、糙米粉、五穀粉、芝麻糊、蓮藕粉等，同時增加熱量攝取及不同味道的變化，也比較容易吞嚥。				

6. 有許多爺爺奶奶會擔心頻尿或晚上上廁所不方便，整天都不太喝水。這樣可能影響生理機能，造成尿道感染及便秘，所以每天都要主動喝水，不要感覺口渴才喝。覺得口渴才喝，就代表體內已經開始有脫水現象。一次喝的量不要太多，特別是心臟、腎臟比較不好的爺爺奶奶，要特別注意不要喝過多的水，會對身體負擔太大！可以在早上起來時就先喝一杯 300 c.c 的水，促進腸道蠕動，減少便秘的問題！晚餐後盡量少喝水，可以避免睡覺時想上廁所。

教案四：鹽分攝取控制					
主題	醃漬物品大破解！				
對象	社區長者	人數	10~15 人	時間	30 分鐘
設備	電腦一臺、投影設備一組、問卷 15 份、鉛筆 15 枝、杯水 15 杯、天然食材 15 份、塑膠盒 15 個				
教案設計	隨著時代變遷、科技的進步，我們的生活日益躍進，不論是交通的便利，或是冷凍、冷藏技術的提升，都讓我們可以即時享受到最新鮮的蔬果、食品。但在這些技術尚未發明前，人們則使用大量的鹽來醃漬食物，以保存食物，加上醃漬過的食品會帶出更加豐厚的滋味，因此也廣受人們喜愛。 但長期食用這些醃漬品會帶來相當多的疾病，更甚引發癌症。醃漬品使用大量的鹽來進行醃漬，過多的鈉攝取會造成腎臟的負擔，因此如何讓習慣食用醃漬食品的長輩了解醃漬品的相關知識，並且讓他們重視過度攝取醃漬品所造成的身體負擔，進而介紹可減緩或是將醃漬品做成較健康的菜餚，是本教案希望傳達給長輩的目標。 醃漬品的定義：指以蔬菜或水果為主原料，依成品種類，利用食鹽、有機酸或（及）糖等醃漬貯存或直接加工調味、發酵、熟成者。如蜜餞、泡菜、醋漬蔬菜或醬菜等。 課程大綱： 1. 破題（約 5~8 分鐘）：請長輩們分享平時常吃的醃漬品，例如：愛X味菜心、蔭瓜、蜜餞……等，並且充分介紹醃漬食品的定義、如何製作、有哪些益處及壞處……等。 2. 影片分享（約 3~5 分鐘）：剪接相關新聞資料等做轉折，帶出天然醃漬品的好處。 3. 動手做（約 10~15 分鐘）：藉由自製醃漬食品取代外面販售的醃漬品，可依個人喜好而添加不同的天然食材，以取代現成醃漬品內的化學成分，達到可以享受美味又健康。 問卷施測： 進行問卷填寫（約 3 分鐘）。此問卷填寫包含營養教育的前測及之後的後側，藉由五題簡單的問題，評估長輩們是否從這次的教案中學習到我們想傳達的資訊。				

附錄 5-2：飲食頻率問卷範例

食物種類	從來不吃或每月少於1次	每月1-3次	每週1-2次	每週3-4次	每週5-6次	每天1次	每天2次	每天3次
1. 魚類（包括淡水魚、海魚、魚罐頭等）								
2. 家禽類（如雞、鴨、鵝等兩隻腳的動物）								
3. 瘦肉類（如豬、牛、羊等四隻腳的動物）								
4. 半肥肉類（如蹄膀、五花肉、五花絞肉、半肥牛肉等）								
5. 加工肉製品（如香腸、肉乾、火腿、臘肉、醃肉、肉鬆等）								
6. 內臟類（如豬牛雞鴨鵝等的肝臟、心臟、腰子、大腸、小腸等）								
7. 蚵、蛤仔等貝類或螺類								
8. 蝦、花枝、小管、螃蟹、魚卵等海鮮類								
9. 加工黃豆製品類（如豆干、素雞、干絲、油豆腐等）								
10. 豆漿、豆腐、豆花								
11. 全脂奶類（如牛奶、羊奶、優酪乳等）								
12. 低脂奶類（如牛奶、羊奶、優酪乳等）								

13. 脫脂奶類（如牛奶、羊奶、優酪乳等）							
14. 蛋類（如炒蛋、蒸蛋、鹹蛋、皮蛋等各式蛋類）							
15. 蔬菜類（包括深綠或深紅色蔬菜、淺色蔬菜、豆莢類蔬菜、瓜果類）							
16. 菇蕈類（如香菇、草菇、金針菇、蘑菇）							
17. 水果類							
18. 新鮮果汁							
19. 油炸食品類（包括蔬菜、肉類、或豆製品等所有用油炸烹調的食物）							
20. 咖啡類							
21. 無糖茶類（如綠茶、紅茶、烏龍茶等）							
22. 甜點（糕餅點心）							
23. 市售含糖飲料							
24. 糖（如糖果及甜食添加的果糖、白糖、蜂蜜等）							
25. 生的魚肉類（如生魚片）							
26. 煙燻燒烤肉類（如燻雞、燻肉、燻香腸、燻臘肉、燻熱狗等）							
27. 醃漬蔬菜類（如蔭瓜、脆瓜、雪裡紅、蘿蔔乾、酸筍、泡菜等）							
28. 豆類發酵品（如豆腐乳、臭豆腐、豆豉、味噌等）							

註：資料來自黃晴鑫（2013）

參考文獻

GREEnS 總計畫四（2014）。**建構優質的長青生活品質與環境之研究：102 年研究報告**。（編號：102GREEnS004）。未出版。

余雅萍（2003）。**學童版中式飲食頻率問卷之發展研究**（未出版之碩士論文）。國立臺灣師範大學人類發展與家庭學系，臺北市。

吳幸娟、吳佳娟、金惠民、胡淑惠、陳惠欣、章樂綺、…蔡秀玲（2001）。**營養評估**。臺中市：華格那企業有限公司。

李貴宜、吳祉芸、薛旭江、江文德（2013）。「飲食效能」中文量表題項發展之研究。**東海學報，54**，81-98。

李貴宜、徐詮亮、江文德（2014 年 5 月）。臺中市銀髮族之飲食效能在人口統計變項上之差異分析。**「東海大學 GREEnS 總計畫四學術研討會暨成果發表會：邁向一個年齡友善的社會」**發表之論文。臺中市東海大學。

林紹瑋（2014）。**老年人乳製品攝取知識、態度與行為之探討 - 以臺中市為例**（未出版之碩士論文）。私立東海大學餐旅管理系，臺中市。

康健網站編輯（2014）。銀髮族 10 大健康飲食原則【逛康健】。取自 http://www.commonhealth.com.tw/ppt/powerpoint.action?nid=116

徐繼蔭（2000）。**以病例對照研究探討大臺北地區痛風飲食及非飲食危險因子**（未出版之碩士論文）。國立臺灣師範大學人類發展與家庭學系，臺北市。

國民健康署（2005）。成人腰圍測量及判讀方法。取自 http://www.hpa.gov.tw/BHPNet/Web/News/News.aspx?No=200712250188

黃晴鑫（2013）。**老年人飲食營養與健康狀況之關聯性研究**（未出版之碩士論文）。私立東海大學企業管理系，臺中市。

衛生福利部（2004）。**臺灣地區老人營養健康狀況調查 1999-2000 調**

查結果。臺北市：衛生福利部。取自：https://consumer.fda.gov. tw/Pages/List.aspx?nodeID=288

衛生福利部（2011a）。每日飲食指南【焦點新聞】。取自 http://www. mohw.gov.tw/cht//Ministry/DM2_P.aspx?f_list_no=7&fod_list_no=4510 &doc_no=41067

衛生福利部（2011b）。國民飲食指標【焦點新聞】。取自 http://www. mohw.gov.tw/MOHW_Upload/doc/2011%e5%9c%8b%e6% b0%91% e9%a3%b2%e9%a3%9f%e6%8c%87%e6%a8%99.jpg

衛生福利部（2015）。BMI 測試【線上健檢】。取自 http://health99.hpa. gov.tw/OnlinkHealth/Onlink_BMI.aspx

Ammerman, A. S., Lindquist, C. H., Lohr, K. N., & Hersey, J. H. (2002). The efficacy of behavioral interventions to modify dietary fat and fruit and vegetable intake: a review of the evidence. *Preventive Medicine, 35*, 25-41.

Bingham, S. A., Gill, C., Welch, A., Day, K., Cassidy, A., & Khaw, K. T. (1994). Comparison of dietary assessment methods in nutritional epidemiology: weighed records vs. 24h recalls, food frequency questionnaires and estimated diet records. *British Journal of Nutrition, 72*, 619-643.

Block, G., Hartman, A. M., Dresser, C. M., Carroll, M. D., Cannon, J, & Gardner, L. (1986). A data-based approach to diet questionnaire design and testing. *American Journal of Epidemiology, 124*, 453-469.

Cade, J.E., Burley, V.J., Warm, D.L., Thompson, R.L., & Margetts, B.M. (2004). Food-frequency questionnaires: A review of their design, validation and utilization. *Nutrition Research Reviews, 17*, 5-22.

Chen, C. H., Lee, K. I., Lu, W. J., Chen, Y. C., & Yang, M. F. (2014, August).

Crumbled soft diet improve the meal satisfaction of elderly patients. Paper presented at the 6th Asian Congress of Dietetics, Taipei, Taiwan.

Gibson, R. S. (1990). *Principles of nutritional assessment*. New York：Oxford University Press.

Higgins, M. M., & Barkley, C.M. (2004). Group nutrition education classes for older adults. *Journal of Nutrition for the Elderly, 23*(4), 67-98.

Hu, F. B., Rimm, E., Smith-Warner, S. A., Feskanich, D., Stampfer, M. J., Ascherio, A., Sampson, L., & Willett, W. C. (1999). Reproducibility and validity of dietary patterns assessed with a food-frequency questionnaire. *American Journal of Clinical Nutrition, 69*, 243-249.

Krall, J. S., & Lohse, B. (2011). Validation of a measure of the Satter eating competence model with low-income females. *International Journal of Behavior Nutrition Physical Activity, 8*, 26-35.

Lee, M. S., Huang, Y. C., Su, H. H., Lee, M. Z., & Wahlqvist, M. L. (2011). A simple food quality index predicts mortality in elderly Taiwanese. *The Journal of Nutrition, Health and Aging, 15*(10), 815-821.

Lohse, B., & Cunningham-Sabo, L. (2012). Eating competence of Hispanic parents is associated with attitudes and behaviors that may mediate fruit and vegetable-related behaviors of 4th grade youth. *Journal of Nutrition, 142*(10), 1903-1909.

Lohse, B., Psota, T., Estruch, R., Zazpe, I., Sorli, J. V., Salas-Salvado, J., ... Ros, E. (2010). Eating competence of elderly Spanish adults is associated with a healthy diet and a favorable cardiovascular disease risk profile. *Journal of Nutrition, 140*(7), 1322-1327.

Margetts, B. M., & Nelson, M. (1998). *Design concepts in nutritional epidemiology*, 2nd edition. New York: Oxford University Press.

Murphy. M. C., Books, C. N., New, S. A., & Lumbers, M. L. (2000). The use of the mini-nutritional assessment (MNA) tool in elderly orthopedic patients. *European Journal of Clinical Nutrition, 54*, 555-562.

White, J. V., Dwyer, J. T., Posner, B. M., Ham, R. J., Lipschitz, D. A., & Wellman, N. S. (1992). Nutrition screening initiative: Development and implementation of the public awareness checklist and screening tools. *Journal of the American Dietetic Association, 92*(2), 163-167.

Peng, C. J., Chang, C. M., & Yang, K. S. (2000). Using simple anthropometric parameters to develop formulas for estimating weight and height in Chinese adults. *Annals of the New York Academy Science, 904*, 327-332.

Price, G. M., Uauy, R., Breeze, E., Bulpitt, C. J., & Fletcher, A. E. (2006). Weight, shape, and mortality risk in on older persons: elevated waist-hip ratio, not high body mass index, is associated with a greater risk of death. *American Journal of Clinical Nutrition, 84*, 449-460.

Satter, E. (2007). Eating competence: Nutrition education with the Satter eating competence model. *Journal of Nutrition Education Behavior, 39*(5), S189-S194.

Seiler, W. O. (2001). Clinical pictures of malnutrition in ill elderly subjects. *Nutrition, 17*, 496-498

Serdula, M. K., Alexander, M. P., Scanlon, K. S., & Bowman, B. A. (2001). What are preschool children eating? A review of dietary assessment. *Annual Review of Nutrition, 21*, 475-98.

Soni, H., Muurinen, S., Routasalo, P., Sandelin, E., Savikko, N., Suominen, M., ... & Pitkälä, K. H. (2006). Oral and nutritional status-is the MNA a useful tool for dental clinics. *Journal of Nutrition, Health and Aging, 10*, 495-501.

Thompson, F. E., & Byers, T. (1994). Dietary assessment resources manual. *Journal of Nutrition, 124*, 2245S-2317S.

Thompson, P. D. (2001). *Exercise and sports cardiology*. Sydney: McGraw-Hill, Medical Publishing Division.

Weinbrenner, T., Vioque, J., Barber, X., & Asensio, L. (2006). Estimation of height and body mass index from demi-span in elderly individuals. *Gerontology, 52*, 275-281.

White, J. V., Dwyer, J. T., Posner, B. M., Lipschitz, D. A., & Wellman., N. S. (1992). Nutrition screening initiative: Development and implementation of the public awareness checklist and screening tools. *Journal of American Dietetic Association, 92*(2), 163-167.

Wise, A., & Birrell, N. M. (2002). Design and analysis of food frequency questionnaires-review and novel method. *International Journal of Food Science and Nutrition, 53*, 273-279.

Willett, W. C. (1998). *Nutritional epidemiology*. New York: Oxford University Press.

Willett, W.C., Sampson, L., Stampfer, M.J., Rosner, B., Bain ,C., & Witschi, J. (1985). Reproducibility and validity of a semi-quantitative food frequency questionnaire. *American Journal of Epidemiology, 122*, 51-65.

第 6 章

中高齡健康食品調節血脂及血糖功能的研發

林万登、江文德

誌謝：本文作者在東海大學跨領域整合型計畫 GREEnS 的研究經費支持下，完成銀髮族營養保健與照顧需求介入的研究，包含銀髮族調節血脂與血糖相關健康產品的開發。在此感謝 GREEnS 研究團隊成員的奉獻。

一、前言

臺灣高齡人口比例持續增加的現象極為明顯，2011 年時 65 歲以上人口數已達 249 萬 3,644 人，占總人口比例 10.76%，老化指數[1]達 69.67%（內政部統計處，2011）；至 2014 年 65 歲以上人口數增加至 286 萬 8,163 人，占總人口比例已達 12.22%，老化指數更高達 88.57%（內政部統計處，2015）。就平均壽命來說，臺灣國民 2013 年的平均壽命為 80.02 歲，10 年來增加了 2.67 歲，男性延長 2.14 歲，女性延長 3.03 歲（內政部，2014）。隨著國人的平均壽命逐年提高，進而衍生許多與老人相關的照顧議題，如安養、就醫、獨居、照護等，這些高齡需求將導致社會整體之醫療成本、社會成本、以及人力資源的大幅增加。然而老化是不可避免的過程，因此，如何延緩衰老或達到健康老化顯得相當重要。

隨著年齡增長而逐漸產生的代謝症候群，對個人與社會來說，都將造成很大的負擔。所謂的代謝症候群是一種包含肥胖、血壓偏高、血糖偏高以及血脂異常等多項危險因子綜合表現的臨床徵候，伴隨著這些危險因子的增加，罹患心血管疾病、糖尿病和高血壓的機率也相對提升。根據流行病學的研究顯示，即使沒有其他危險因素，肥胖、糖尿病、高血壓，高血脂症、高膽固醇血症或高同型半胱氨酸血症等疾病，也將會隨著年齡增加，提高心血管疾病的發病率（Kaur, 2014）。相較於 35-44 歲的中壯年，75-84 歲高齡者肇因於心臟疾病和腦血管疾病的死亡率將增加 60-80 倍；若年齡超過 85 歲者，其死亡率則增加達 200-270 倍（Esser, Legrand-Poels, Piette, Scheen, & Paquot, 2014）。

了解緩和隨老化而來的中高齡代謝症候群，可從基本的分子機制延遲與年齡有關的心血管功能的衰變開始。心血管老化是始於血管內皮功能的逐漸惡化，從中年呈現的代謝症候群後開始加快，當血液中的葡

---

[1] 指 65 歲以上人口占 0-14 歲之人口比例。

萄糖和脂肪酸因為細胞的吸收速度變慢而升高，這些血液中的葡萄糖和脂肪酸會與全身各處的蛋白質結合，產生脂化和醣化（glycation and lipoxidation）現象（Csiszar, Pacher, Kaley, & Ungvari, 2005）。當醣化或脂化的蛋白質數量升高時，逐漸混淆免疫系統，身體因此出現慢性的低度發炎現象。長期低度發炎現象會引起許多嚴重的慢性病，包括肥胖、糖尿病、中風、高血壓、心血管疾病、退化性關節炎、癌症等。這就是碳水化合物糖基化和脂質代謝作用的老化過程（Esser et al., 2014）。

　　如何減緩中高齡代謝症候群，以提升中高齡者的健康狀況與生活品質，將是促進中高齡健康的重要門徑。許多研究建議，透過補充機能性食品營養劑，可以達到抑止代謝症候群相關疾病的目標，例如透過細胞凋亡機轉、增加分子細胞生存表現、增強或調節內分泌系統，以及減少組織發炎等（Kaur, 2014）。

二、老化分子機制理論

　　老化是隨著時間增加，身體在結構與功能上的變化及交互調適的過程；在此過程中，人們面臨壓力的存活能力（surviving）減低、甚至面臨走向死亡。現代生物學的衰老理論有兩大部分，一為程式論（programmed theories），此觀點認為老化是基因表達的改變。其次是損傷或錯誤論（damage or error theories），這種強調生理結構性損傷的論點認為，後天個人習慣、生活環境影響，以及生物體累積性損傷，會誘發衰老的現象。目前為止，許多研究發現細胞可能會因時間增加而慢慢出現衰老的現象（cellular senescence），細胞內的氧化傷害會慢慢累積，進而導致組織及器官的衰老（Jeyapalan & Sedivy, 2008），甚至出現老化相關疾病，如：肌肉流失症（Sarcopenia）、阿茲海默症（Alzheimer's disease）、帕金森氏症（Parkinson's disease）、糖尿病、心血管疾病、

癌症等（Castillo, Goodman-Gruen, Kritz-Silverstein, Morton, Wingard, & Barrett-Connor, 2003; Henchcliffe & Beal, 2008; Klaunig, & Kamendulis, 2004; Lubos, Handy, & Loscalzo, 2008; Praticò, 2008; Roberts, & Sindhu, 2009）。

（一）粒腺體缺陷

許多研究指出，這些疾病與粒線體缺陷及自由基的累積有密切的關連（Emerit, Edeas, & Bricaire, 2004; Reeve, Krishnan & Turnbull, 2008）。在哺乳動物細胞中，有超過百分之九十的能量是經由粒線體呼吸作用所產生（Saraste, 1999）。因此存在於真核細胞中的粒線體，具有細胞的「能量工廠」之稱，它具有自己的 DNA，有特殊構造及重要的生理功能。粒線體是雙層膜，由外到內依序包含外膜、膜間隙、內膜、與間質四個區域。外膜平滑較不具通透性，維持粒線體正常狀態。內膜朝內皺褶形成嵴（cristae），使表面增大，以利增強氧化磷酸化作用及呼吸作用，具高度通透性。最內層的間質被包覆於內膜裡，是粒線體進行 DNA 複製（replication）、修補（repair）、轉錄（transcription）、蛋白質合成（protein synthesis）、以及參與檸檬酸循環（tricarboxylic acid cycle, TCA cycle）、丙酮酸（pyruvate）氧化、β- 脂肪酸氧化（β-oxidation of fatty acid）等代謝反應的重要場所（Scheffler, 2001）。

粒線體的疾病通常起始於粒線體的 DNA 突變，造成細胞呼吸功能缺陷，減低能量供應，造成活性氧分子失衡與細胞凋亡失控。在動物體老化的過程當中，許多不同組織的粒線體功能會逐漸產生缺陷。粒線體不但是細胞能量的中樞，它也在細胞凋亡的過程中扮演著很重要的角色，粒線體內部衡定遭受干擾是誘發細胞凋亡的原因之一（Phaneuf & Leeuwenburgh, 2001）。粒線體在細胞凋亡過程中，控制著早期的細胞死亡（pro-death）與早期的存活（pro-survival），粒線體豐富的蛋白

質及化學分子可以活化細胞凋亡，內膜因電子傳遞鏈而會產生膜電位，當細胞接受細胞凋亡的訊號後，此時粒線體失去膜電位，內膜釋放細胞色素 c（cytochrome c）到細胞質中而引發細胞凋亡（Liu, Kim, Yang, Jemmersonz, & Wang, 1996）。然而，粒線體的增生則可當作細胞克服困境的保護機制。

（二）糖尿病與代謝症候群

糖尿病是指體內醣類代謝異常所造成的一種慢性病，患者的空腹及飯後血糖值皆高於正常人，典型的症狀包括多吃、多渴、多尿以及體重減輕的現象。根據美國糖尿病學會 2005 年的最新分類方法，共將糖尿病分為四大類型，分別為胰島素分泌缺乏的第一型糖尿病，胰島素無法有效作用的第二型糖尿病，婦女懷孕時呈現糖尿病狀態的妊娠糖尿病，以及血糖濃度值高於正常人但未達到糖尿病診斷標準的前期糖尿病。這四種類型中，以第二型糖尿病患者最多，約 90% 的患者屬於第二型糖尿病（郝立智、楊純宜、顧長生、柴國樑，2005）。在臺灣，根據 2005-2008 年間國民營養健康狀況變遷調查的結果顯示，糖尿病的盛行率在 19-44 歲的族群小於 5%；45-64 歲男性之糖尿病盛行率大於 18%，女性大於 10%；65 歲以上男女性之糖尿病盛行率的盛行率分別高達 27.7% 和 24%，可見中老年族群發生糖尿病症狀普遍高於青壯年。另外，根據衛生福利部（2014a）公布的國人十大死因統計，相較於 101 年的結果，糖尿病於 102 年擠下肺炎而躍升一個名次，整體排名第 4。統計資料顯示，101 年糖尿病死亡人數為 9281 人，比 100 年的 9081 人成長了 2.2%，而 102 年糖尿病死亡人數為 9438 人，則又比 101 年成長了近 1.7%，糖尿病造成死亡的人數有逐年增加的趨勢。因此，糖尿病的預防和治療已經變成一個令人關注且刻不容緩的重要議題。

隨著生活型態的改變、物質生活的富足以及肥胖問題的高度盛行，

代謝症候群已經變成現今社會常見的一種健康問題。根據衛生福利部國民健康署（2007）公告的代謝症候群的判定標準，20 歲以上之成人如在以下五項危險因子中，包含三項或以上者，即可判定為代謝症候群。

1. 腹部肥胖：男性腰圍 > 90 公分、女性腰圍大於 > 80 公分。
2. 高血壓：收縮血壓 > 130mmHg/ 舒張血壓 > 85mmHg。
3. 高血糖：空腹血糖值 > 100mg/dL。
4. 高密度脂蛋白膽固醇：男性 < 40mg/dL、女性 < 50mg/dL。
5. 三酸甘油酯：空腹數值 > 150mg/dL。

臺灣的代謝症候群盛行率，在 20 歲以上的對象平均為 19.7%（其中男性為 20.3%，女性為 19.3%），且盛行率隨著年齡遞增也有增加的趨勢。代謝症候群雖然不算是一種疾病，但卻可以作為身體代謝開始出現異常，或多項病症前期的判斷（如高血壓、心血管病變或糖尿病）。因此，若能有效的預防或是控制代謝症候群，即能有效的降低糖尿病或高血壓等疾病的發生機率（Makki, Froguel, & Wolowczuk, 2013）。

三、健康食品規範與銀髮保健需求

（一）臺灣健康食品規範

　　臺灣於 1999 年實施《健康食品管理法》後，健康食品業者的產品必須經過研究及實驗，證實具有提升健康功效，並取得衛生福利部認證後，才能賦予「健康食品」的名稱。因此，「健康食品」再也不是江湖術士可以信口開河、隨意賦予功能的產品，而是必須透過嚴謹認證的產品。民眾也開始能依自己健康的需求，購買符合心理期許與效能的健康食品。衛生福利部將通過審核的食品給予「健康食品」標章，自此，

「健康食品」具有法源與科學支持，廠商再也不能隨便亂用（陳陸宏，2005）。根據《健康食品管理法》第二條對健康食品的定義：「本法所稱健康食品，指具有保健功效，並標示或廣告其具該功效之食品。本法所稱之保健功效，係指增進民眾健康、減少疾病危害風險，且具有實質科學證據之功效，非屬治療、矯正人類疾病之醫療效能，並經中央主管機關公告者」（健康食品管理法，2006）。因此「健康食品」，是指針對特定人群具有調節特殊生理機能，可發揮保健功效的食品。而健康食品與一般藥品或是食品最大的不同在於「功效」，健康食品的定義為「提供特殊營養素或具有特定之保健功效，特別加以標示或廣告，而非以治療、矯正人類疾病為目的之食品」（健康食品管理法，2006）。

　　目前行政院衛生福利部所認定的「保健功效」有 13 項，包括：改善胃腸功能、改善骨質疏鬆、牙齒保健功能、免疫調節功能、護肝功能（針對化學性肝損傷）、抗疲勞功能、延緩衰老功能、促進鐵吸收功能、輔助調節血壓功能、不易形成體脂肪功能、調整過敏體質功能、調節血糖功能及調節血脂功能等。在一些銀髮族常見的代謝症候群疾病與相關的保健議題中，調節血脂、調節血糖、延緩衰老、不易形成體脂肪功能、調整免疫機能或增強骨質密度等功效之相關健康食品，已成為膳食補充品或健康食品業者發展的主要方向。截至 2011 年 8 月 15 日止，以調節血脂、調節血糖、輔助調節血壓、免疫調節、骨質保健及延緩衰老等六項與銀髮族保健相關功效而取得衛生福利部認證之健康食品共計 130 件（衛生福利部食品藥物管理署，2013）。

（二）銀髮族保健：健康食品與超高齡社會的需求

　　隨著全世界老年人口的快速增加，與銀髮族生活息息相關的「銀髮產業」也快速發展。所謂的「銀髮產業」，舉凡食、衣、住、行、育、樂等日常生活所需，幾乎是無所不包，從營養保健食品，到養老照護及

居家照護，所帶動的龐大機會早已不容小覷。日本產經省預估，至 2025 年，全球銀髮產業的市場規模將達 37.38 兆美元；同時間，臺灣的銀髮商機將達到 3.59 兆元，較 2001 年成長 4.4 倍。其中，商機比例最大的則是老人醫療照護保健市場，至少有上兆元的商機（黃佩珊，2015）。臺灣已於 1993 年邁入「高齡化社會」，預估將於 2018 年邁入「高齡社會」，2025 年將再邁入「超高齡社會」。臺灣開始老化時程與歐洲國家相比，約晚了一百多年；亦較南韓及香港為晚，但較新加坡早。臺灣雖然面臨老化人口結構的時機較歐美國家晚，但轉變為超高齡化社會估計約僅需 32 年，這個速度是史無前例的，將對臺灣整體社會因應醫療保健及社會福利上一大挑戰。

　　國內有關高齡者的醫療、福利與各種社會問題的研究，隨著超高齡化社會來臨，逐漸受到重視；加上醫學進步延長人類壽命，卻無法避免身體退化所引起的健康問題，常見的是中高齡代謝症候群，包括肥胖、高血脂、高血糖、高血壓及心血管疾病等。現今醫療觀念也逐漸從過去治療傳統疾病的醫療模式，漸漸轉向強調保健觀念的預防醫學模式，人們對於醫療觀念的態度由消極轉為積極，對健康與生活品質要求越來越高，於是膳食補充品或健康食品，逐漸成為食品市場上的重要產品。隨著高齡人口的增加，銀髮族已成為健康食品業者與研究者最希望拓展的客戶族群，紛紛提供以中高齡者代謝症候群為消費需求的健康食品。

四、銀髮族營養保健物之機能研發與萃取技術

（一）大豆胜肽（VHVV）機能研發：降血脂抑制肥胖性脂肪肝

　　隨著社會經濟成長，臺灣人民的平均壽命續增且生活水準提升，但飲食型態受到歐美國家飲食習慣的影響，也隨之改變。精緻化的飲食型態與熱量過剩，攝取過多動物性蛋白質及脂肪的比例逐年增加。此飲食

習慣導致肥胖及新陳代謝症候群的問題，繼而引發許多中老年疾病。飲食中攝取過多的脂肪和膽固醇會逐漸堆積於血管壁上，造成動脈粥狀硬化，形成脂肪斑塊，阻礙血流引發血栓症，進而導致冠狀動脈臟病、腦中風、高血壓等心血管疾病。近年來，心血管疾病已經成為先進國家主要死因之一，根據行政院衛生福利部 102 年十大主要死因中，心臟疾病、腦血管疾病名列第二、三大死心，另高血壓性疾病也居十大死因之一，列為第八大死因，此令人不得不正視起因於高血脂的慢性疾病。雖然人體脂質代謝與日常攝取的脂肪種類及脂肪量有較高的相關性，但除了脂肪之外的其他成分，對於血脂質的影響也是不容忽視（衛生福利部，2014b）。

大豆蛋白（soy protein）是豐富且價格低廉富經濟效益的蛋白質來源，而且擁有預防心血管疾病（Cardiovascular disease）、控制血糖值、預防骨質疏鬆症、抗癌作用、抑制肥胖、免疫增強、抑制腎結石與膽結石等效果（Kawano & Cohen, 2013）。美國食品藥物管理局（U.S. FDA）已認證大豆蛋白的健康宣稱（Health Claim），也造成歐美社會大豆健康膳食風潮。由大豆蛋白所產生的大豆蛋白胜肽，其效果尤其顯著提升，具增進人們的營養保健功效，且被認證為 GRAS（Generally Recognized As Safe）安全性配方成份物質。大豆蛋白胜肽的主要生理機能包含 1. 易消化、易吸收性；2. 抗高血壓活性（Anti-hypertensive activity）；3. 血膽固醇過少活性（Hypocholesterolemic activity）；4. 抗肥胖活性（Antiobesity）；5. 疲勞恢復效果；6. 抗癌（Anticancer）效應與抗氧化（Antioxidant）效應；7. 抑制血糖值作用；8. 免疫調整活性；9. 低過敏性（Tsou, Kao, Lu, Kao, & Chiang, 2013）。

中高齡代謝症候群症的肥胖症盛行率逐年上升，而肥胖問題也成為目前最重要的公共衛生議題（Konz, Meesters, Paans, van Grootheest, Comijs, Stek, & Dols, 2014）。肥胖症所引致的健康危害包含極廣，從國

人十大死因中的癌症、腦中風、心臟病、高血壓、及糖尿病，到不易致命的痛風、不孕症、退化性關節炎、高血脂症等都與肥胖症脫離不了關係。近年來討論甚多的代謝症候群（metabolic syndrome），更是與胰島素抗性（insulin resistance）、肥胖相關異常有關（Donath, Dalmas, Sauter, & Böni-Schnetzler, 2013）。其中，脂肪肝是一種病理現象，其發生原因卻是多樣的。一般而言，病因粗分為酒精性與非酒精性，非酒精性脂肪肝病（non-alcoholic fatty liver disease, NAFLD），NAFLD 的病因包括藥物及毒物、先天性代謝疾病、及後天代謝性疾病，其中最常見的病因就是肥胖症、糖尿病、及高血脂症。現在 NAFLD 是一種普遍的病症且在西方世界被認為是最常見的肝臟疾病。雖然 NAFLD 最初是良性的，但這種疾病卻能從簡單的非酒精性脂肪變性到非酒精性脂肪性肝炎（non-alcoholic steato-hepatitis, NASH），隨後呈現肝纖維化、肝硬化及肝癌之緩慢進展。

NAFLD 的致病機轉相當複雜，「多重衝擊」（multiple hit theory）理論已經為 NAFLD 的發病機制提出大致的解釋（Takaki, Kawai, Yamamoto, 2014）。第一個衝擊後出現脂肪肝（fatty liver），第二個衝擊後則出現脂肪肝炎（fatty hepatitis），第三個衝擊中包括類似 PNPLA3 磷脂酶基因的參與和受損的肝細胞的再生。第一個衝擊肇因於肝內脂肪的過度堆積，其原因有肥胖症、高血脂症、糖尿病、及胰島素抗性等原因；第二重衝擊則起因於氧化壓力（oxidative stress），造成肝細胞膜上脂質過氧化（peroxidation），並藉由釋放前發炎細胞激素和活化星狀細胞進一步造成纖維化。第三重衝擊則起因於在單核苷酸多態性變異體 PZP 和 PNPLA3 基因被認為是獨立危險因素，因此遺傳學隨著代謝因素在 NAFLD 的發展中也被列為影響的重要因素（Takaki et al., 2014）。

本研究針對大豆牷肽之研究成果已於 2014 發表在 Journal of Functional Foods 國際期刊。其研究顯示，NAFLD 是肥胖的一個中老年

代謝症候群共同的結果，其特徵與甘油三酯的積累，增加組織細胞凋亡和纖維化。本研究以促脂解大豆胜肽來降低 C57BL/6 小鼠因高脂肪飲食（HFD）誘發成肝臟非酒精性脂肪肝炎模式。本實驗共分為五組（N=8），分別為控制標準飼料組、餵養 HFD 誘導的肥胖組及三個治療組與高／中／低劑量 VHVV 補充餵食，進而評估 VHVV 調解血脂質與脂肪肝的效果。結果顯示三酸甘油酯和低密度脂蛋白膽固醇的含量在餵食低、中及高劑量之 VHVV 的 C57BL/6 小鼠組別顯著降低。而 VHVV 亦可抑制 HFD 誘導細胞凋亡與肝纖維化相關蛋白表現的機制。因此我們的研究結果顯示，VHVV 減輕肝臟脂肪堆積，改善在 HFD 餵養 C57BL/6 小鼠肝臟發炎，以抑制細胞凋亡及纖維化現象的產生（圖 6-1）（Chiang et al., 2014）。

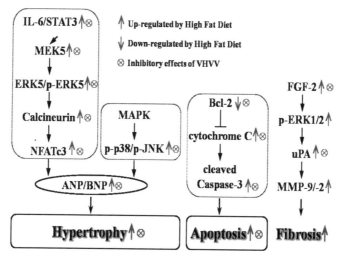

圖 6-1　大豆胜肽 VHVV 降低肝臟肥厚、細胞凋亡和纖維化之分子機制

（二）馬鈴薯胜肽（APPH）機能研發：降血脂保護心血管疾病

　　馬鈴薯學名為（Solanum tuberosum），屬於茄科（Solancea）、茄屬（Solanum）多年生草本植物，原產於南美洲，繼水稻、小米及玉米後成為世界第四大糧食作物，其年產量高達三十億公噸，是歐洲相當重要之蔬菜（Kamnerdpetch, 2006），為一種富含碳水化合物且可產生能量並含有一些油脂之食物。目前已有許多研究指出馬鈴薯分離出之蛋白質具有降低膽固醇（De Schrijver, 1990; Morita et al., 1997）、降血脂（Spielmann, 2009）作用，相較於大豆，馬鈴薯之食用普遍率較高，因此本研究以馬鈴薯蛋白做為原料，進一步透過酵素水解探討促脂解之影響。

　　蛋白質藉由控制及調整水解反應之條件，可得到不同特性之水解物，透過酵素分解後會分解出具有生物活性之胜肽片段，可作為腸道消化中具有生理代謝功能之調節者，這些胜肽片段為 30-20 個胺基酸片段（300-2000 Da）所組成，而其功能取決於胺基酸種類及其序列（Pihlanto-Leppälä, 2001），目前也有研究指出馬鈴薯蛋白水解物具有降低膽固醇（Liyanage et al., 2009）、抗氧化（Kudo et al., 2009）、調控小鼠之脂質代謝（Liyanage et al., 2008）以及降血壓（Pihlanto et al., 2008）之功效。本計畫研究結果指出馬鈴薯蛋白經過 Alcalase 水解六小時所得水解物 APPH6h 有最佳促脂解效果，動物實驗結果顯示 APPH 有保護肝臟不易形成脂肪肝之作用。針對 APPH 探討不同分子量限值（Molecular Weight Cut-off; MWCO）濾膜及逆相層析管柱的區分對提升 APPH6h 促脂解活性之影響；因此首先建立 3T3-L1 脂肪細胞中三酸甘油脂測定方法，並以相對三酸甘油脂殘留量（Relative triglyceride residual, RTR%）做為指標，以評估馬鈴薯蛋白水解物之添加對細胞脂肪分解作用之影響，RTR% 越低代表促脂解效果越好。其次以 APPH6h 以 30 kD MWCO 及 10 kD MWCO 濾膜區分出不同分子量分佈之保留液及濾液評估其促脂解活性。結果顯示 APPH6h 及其膜區分物均有促脂解活性，然而 APPH6h 不管經

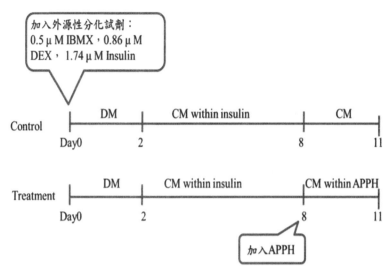

圖 6-2 馬鈴薯蛋白水解物的添加對細胞脂肪分解作用的影響

30 kD 或 10 kD MWCO 濾膜區分所得之保留液及濾液，皆無顯著提升其促脂解活性的效果。此外，將 APPH6h 進行逆相層析管柱區分，目前結果顯示各區分物分別添加 800 ppm 時並無進一步降低 RTR% 之效果。以上結果顯示此水解物的促脂解效果廣泛存在於各分子量的胜肽，而加總起來的 APPH6h，可顯著產生降 RTR% 的加乘作用圖 6-2。

　　而動物實驗也證實水解馬鈴薯蛋白質水解物（APPH），可減緩高脂肪飲食誘導心肌細胞凋亡經由 SIRT1/ PGC1α-/ Akt 的分子生存途徑。我們的實驗是以六週大的雄性倉鼠（N = 10）餵食高脂飲食（HFD）以誘導肥胖及肝炎模式。結果顯示，相較於高脂飲食組，在餵食低、中及高劑量之 APPH 的倉鼠組心肌功能顯著提升。APPH 亦可抑制 HFD 誘導心肌細胞凋亡與纖維化相關蛋白表現的機制，並證實經由細胞 SIRT1/ PGC1α-/ Akt 的分子生存途徑進行保護作用（Huang et al., 2015）。而 APPH 中促脂解胜肽之氨基酸組成、序列及大小之鑑定如下，首先將 APPH 以逆向高效液相層析法（RP-HPLC）進行區分，所得區分物中經

測定以 RHF3（圖 6-3）具有最高促脂解活性。其次，將收集的 RHF3 以
LC-ESI-MS/ MS 對其胜肽序列進行鑑別（圖 6-4），並使用 DXMS 儀器
進行該化合物的測序和定序為 DIKTNKPVIF（圖 6-5）。此胜肽序列出現

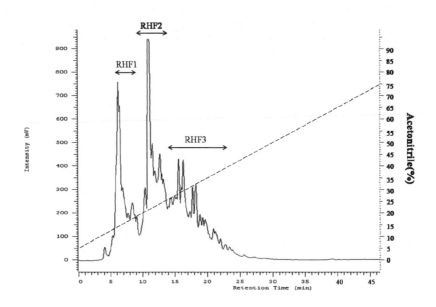

圖 6-3　APPH 高效液相層析圖（HPLC）

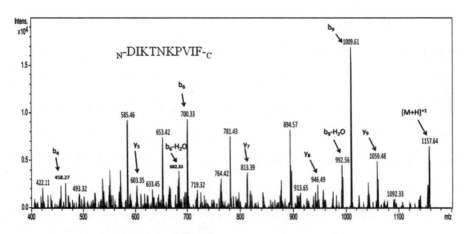

圖 6-4　APPH 液相層析串聯質譜儀（ESI-MS/MS）

```
MATTKSFLIL SVMILATTSS TFASLEEMVT VLSIDGGGIK GIIPGTILEF    50
LEGQLQKMDN NADARLADYF DVIGGTSTGG LLTAMITTPN ENNRPFAAAN   100
EIVPFYFEHG PHIFNSSTGQ FFGPKYDGKY LMQVLQEKLG ETRVHQALTE   150
VAISSFDIKT NKPVIFTKSN LAKSPELDAK MYDICYSTAA APTYFPPHYF   200
ATNTINGDKY EFNLVDGAVA TVADPALLSV SVATRRAQED PAFASIRSLN   250
YKKMLLLSLG TGTTSEFDKT HTAEETAKWG ALQWMLVIQQ MTEAASSYMT   300
DYYLSTVFQD LHSQNNYLRV QENALTGTTT KADDASEANM ELLAQVGENL   350
LKKPVSKDNP ETYEEALKRF AKLLSDRKKL RANKASY                 387
```

圖 6-5　**馬鈴薯蛋白 Patatin 的胜肽序列**

於馬鈴薯主要蛋白質 patatin 中的胺基酸序列 157-166。

　　許多研究也顯示高膽固醇血症與自由基息息相關，而過多的自由基容易導致內皮細胞損傷，進而形成動脈粥狀硬化。故抗氧化作用可藉由減少循環中氧化脂質的濃度，從而預防動脈粥狀硬化的發生（Artham, Lavie, Milani, & Ventura, 2008; Fried et al., 2008; Marovic, 2008; Pagotto, Vanuzzo, Vicennati, & Pasquali, 2008）。有鑑於此，早期發現、預防和控制高血脂症的方法是非常重要的。

　　目前大多數降血糖、降血壓、降血脂藥物即昂貴且有潛在的副作用，因此，研究者越來越注重以天然機能性成分來取代藥物來降低血糖、降血壓、降低血脂等中老年代謝症候所引起的相關疾病，而機能性胜肽為基礎的氨基酸具有潛在改善高血脂的效果，且通常很少或沒有副作用（Chang et al., 2014），並降低心血管疾病的風險（Huang et al., 2015）。所以「代謝症候群」是健康公敵且有明顯年輕化的趨勢，它並非一種疾病，但卻是導致各種醫療疾病的重要警訊。最重要的是其所衍生的高血壓、中風、心臟病、糖尿病及腎臟病等，每年皆居國內十大死因中，是本研究創新研發值得開發的健康食品系列。

（三）番石榴葉萃取物調節血糖的機制

　　番石榴（Psidium guajava Linn.），桃金孃科（Myrtacea）植物，主要生長於熱帶或亞熱帶地區，為臺灣地區重要的果樹之一。根據行政院農委會（2014）的統計資料顯示，番石榴的栽種面積在 2012 年為 7,034公頃，總產量則為 181,178 公噸。栽培管理容易的珍珠番石榴為其中的最大宗，種植面積高達番石榴總種植面積的八成以上，市占率約為95.3%；其次為帝王番石榴占 1.69%、紅肉番石榴占 1.57%、水晶番石榴占 0.66%；其他品種則約占 0.78%。番石榴的果實主要集中於當年熟成新梢的末端枝節，因此農民需經常修剪枝葉以誘導理想樹勢生長，才能增加果實收成量與品質。番石榴枝葉經農民修剪後，多成為農家的有機廢棄資源。許多研究都證實番石榴葉具有良好的降血糖功效（Gutiérrez, Mitchell, & Solis, 2008）。因此，若是能將此農業副產品資源轉化為具有經濟效益的素材，以開發有調控血糖功能的功能性保健原料，在提升番石榴果樹農作價值的同時，也希望創造一個具有臺灣特色的保健食品原物料（Liu, Wang, Lu, & Chiang, 2014）。

1. 超音波萃取

　　超音波萃取法的原理主要是利用超音波在萃取溶液中傳導時，縱波會推動介質使溶液中的壓力產生變化，而產生極多的真空微小氣泡，當氣泡受壓後會隨即產生爆破，稱為空穴效應（cavitation effect），這些爆破的真空氣泡會產生強大的衝擊力，使細胞破裂，而將細胞中的成分分離出來，達到萃取效果。超音波萃取的優勢主要有：（1）於低溫下操作，可解決熱水萃取時高溫所造成的熱損失，也可以避免低沸點物質揮發，保持較佳的活性物質與風味。（2）改良有機溶劑萃取的缺點，可減少處理時間與溶劑使用量，且無溶劑回收問題。另外，超音波的頻率高、波長短、穿透力強，因此可使萃取液充分與萃取物接觸，可提高萃取效

率。本研究使用超音波萃取方式，並使用純水當作唯一的萃取溶劑，探究最適化萃取條件，以提取一無溶劑殘留安全疑慮並富含活性物質之番石榴萃取物。進一步，本研究使用小鼠的肝臟細胞株作為實驗的對象，探討番石榴葉萃取物對醣類代謝的影響與作用的機制（Liu et al., 2014）。

2. 專利萃取技術

本發明使用超音波技術萃取番石榴葉多酚，此方法的萃取時間短（5.1 分鐘），萃取溫度低（攝氏 59.8 度），可以有效節省能源的消耗；而且此方法不需使用有機溶劑，可以減少環境汙染，而且在此環保節能的萃取條件下，可以得到番石榴葉多酚含量不低於 25% 的萃取物。根據此最佳條件所得到的萃取物，具有良好的抗氧化能力和還原力，每公克萃取物分別相當於 1.22 公克水溶性維生素 E 的抗氧化能力，以及相當於 0.47 公克維生素 C 的還原能力（Liu et al., 2015）。我們利用高效能液相層析儀分析此萃取物的活性成分含量，結果發現萃取物含有 0.87% 的沒食子酸（gallic acid）、0.62% 的綠原酸（chlorogenic acid）、0.11% 的咖啡酸（caffic acid）、2.25% 的兒茶酚（catechin）、1.45% 的表兒茶酚（epicatechin）、0.47% 的表沒食子兒茶素沒食子酸酯（epigallocatechin gallate）以及 0.83% 的槲皮素（quercetin）。

因此，番石榴葉萃取物具有良好的抗血糖功效，可以抑制 α- 澱粉酶和 α- 葡萄糖苷酶的活性，其抑制百分之五十酵素活性的劑量分別為 50.5 ug/mL 和 34.6 ug/mL，比糖尿病用藥阿卡波糖（acarbose）對於 α- 澱粉酶（95.3 ug/mL）和 α- 葡萄糖苷酶（1075.2 ug/mL）的抑制效果來的更好。研究結果證實，番石榴葉萃取物可促進細胞葡萄糖的攝入作用，和增加細胞內活化胰島素的訊息傳遞的機轉。此健康食品的研發，對於調節血糖有其創新研發與突破，相關研究成果將陸續發表（Liu et al., 2014；Liu et al., 2015）。

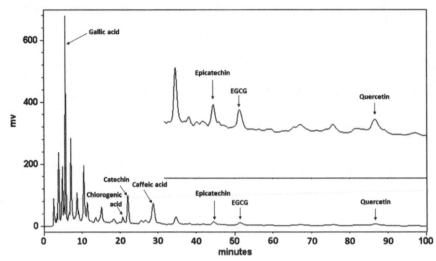

圖 6-6　番石榴葉萃取物中多酚化合物的層析圖譜

3. 調節血糖的機制

　　根據本計畫專利申請萃取技術所得到的萃取物，我們進一步探討其對於改善高葡萄糖誘導的胰島素阻抗小鼠肝臟細胞的功效與作用機制。我們分析細胞對於葡萄糖攝入的情形，以及細胞內肝醣的含量，以此評估萃取物抗糖尿病的功效。同時，我們也使用西方墨點法（western blot），測定細胞中胰島素訊息傳遞相關因子的表現量，以釐清其調節血糖的相關作用機制，利用高糖誘發小鼠 FL83B 細胞阻抗，以及胰島素訊息傳遞的實驗。本研究結果顯示，番石榴葉萃取物可以顯著促進胰島素阻抗細胞的葡萄糖攝入作用，並且增加細胞內肝醣的含量。此外，西方墨點法的結果也顯示，萃取物可以顯著增加胰島素訊息傳遞相關因子的表現量，這些因子包括有胰島素受體、磷酸化胰島素受體、磷酸化胰島素受體受質、磷酸化磷脂醯肌醇激酶、磷酸化蛋白質激酶 B、葡萄糖轉運蛋白 2 和醣原合成酶等。這些結果證實，番石榴葉萃取物可以調控增加訊息傳遞因子的表現量，活化胰島素的訊息傳遞路徑，因此能促進細

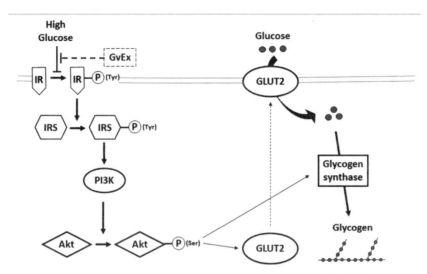

圖 6-7　番石榴葉萃取物調控胰島素相關的訊息傳遞之示意圖。

註：IR 為胰島素受體；p-IR（Tyr）：磷酸化胰島素受體；IRS: 胰島素受體受質；p-IRS（Tyr）：磷酸化胰島素受體受質；PI3K：磷酸化磷脂醯肌醇激酶；Akt：蛋白質激酶 B；p-Akt（Se r）：磷酸化蛋白質激酶 B；GLUT2：葡萄糖轉運蛋白 2；Glycogen synthase：醣原合成酶。

胞葡萄糖的攝入作用，並且增加細胞內的肝醣積累，具有抗糖尿病的功效（圖 6-7）（Liu et al., 2015）。

五、銀髮族相關保健產品的開發與推廣

我們以研究所得具有調節血糖活性之番石榴葉萃取物，進行一系列的銀髮族相關保健產品的開發與推廣，目前已完成二項產品的開發，分別為低升糖指數（glycemic index, GI）的穀蔬晶粉，以及多種健康訴求的沖泡粥品，並於 2015 年與詠健生醫完成簽訂產學合作，進行穀蔬晶粉配方的商品化與技術轉移。

（一）穀蔬晶粉

本研究以臺灣番石榴葉萃取物為原料，搭配優質的英國玉米來源可溶性纖維、北歐金萃燕麥精華、韓國25穀發酵精華粉以及挪威褐藻粉等配方，所研發而成的銀髮族保健營養穀粉。玉米來源可溶性纖維的胃腸耐受性良好，實驗證實可增加腸道益生菌的生長，幫助減緩餐後血糖和胰島素的上升，且可幫助鈣質的吸收，增加骨頭礦物質的含量和密度，預防骨質疏鬆。金萃燕麥精華含有豐富的可溶性纖維 beta- 聚葡萄糖，實驗證實能延緩血糖上升時間，有效管理血糖。另外，燕麥可縮短脂肪通過腸道時間，並降低脂肪與膽固醇的攝取，減少冠狀動脈疾病的發生率。25穀發酵精華粉完整保存25穀發酵物的精華，含有豐富的植物蛋白、胺基酸、天然維生素、礦物質與膳食纖維，可提供肝臟合成身體必須的酵素，活化體內細胞功能。實驗證實25穀酵素可以調控發炎反應，預防體重增加以及預防低密度脂蛋白（LDL）的增加。褐藻中特有的酚類單寧物質，為抗氧化成分，能防止細胞受到自由基的破壞。穀蔬晶粉集合這些原料的特點，可提供身體完整豐富的營養，維持身體機能的正常運作，是為一優質的銀髮族營養保健食品。穀蔬晶粉同時經過實驗證實為低升糖指數（GI值：52.6）的食品，能有效地減緩餐後的血糖上升，輕鬆管理血糖（圖6-8）。

（二）沖泡粥品

針對銀髮族的健康需求，本研究使用臺灣番石榴葉萃取物為原料，搭配多種功能性的原料，調配出三種不同保健訴求的美味沖泡粥品，分別為體重管理訴求的海鮮干貝粥、高纖訴求（每一份量30公克含有6公克的膳食纖維）的起司洋蔥粥、以及血糖管理訴求的燕麥鹹粥，可滿足不同的保健需求。海鮮干貝粥使用GREEnS計畫所研發的專利促脂解胜肽，搭配玉米來源可溶性纖維、金萃燕麥精華、難消化性糊精、馬鈴薯

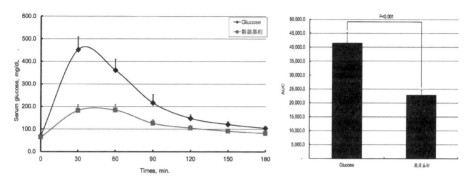

圖 6-8　昇糖指數測定試驗。

註：昇糖指數（GI）=（試驗物質的曲線下面積／含等重量碳水化合物的葡萄糖之曲線下面積）×100。GI 值以 1-100 排列，依據試驗物質所計算之數值，可分成低 GI（<55）、中 GI（56-69）以及高 GI（>70）。本次試驗的結果，穀蔬晶粉的 GI 值為 52.6，是為低 GI 的食物。

萃取物及褐藻抽出物。起司洋蔥粥使用玉米來源可溶性纖維、金萃燕麥精華以及難消化糊精纖維。燕麥鹹粥使用臺灣番石榴葉萃取物，搭配肉桂萃取物、大燕麥片、玉米可溶性纖維、金萃燕麥精華以及難消化性糊精纖維等功能性原料。此三種已上市之營養豐富、具有保健功能訴求的沖泡粥品，讓人在享受美食的同時，也能輕鬆達到身體保健的目的。

六、結論

　　根據衛生福利部 2013 年臺灣人民十大死因統計發現，與代謝症候群有關的心臟病、腦血管疾病、糖尿病、腎臟疾病等，占所有死因的 31.1%，已超越癌症的 29%，嚴重威脅臺灣人民的健康（衛生福利部，2014a）。中高齡者隨著年齡增長，罹患代謝症候群的風險也逐漸增加，是影響健康的最重要因素，不僅影響到高齡生活的品質，罹病後不僅耗費社會的醫療資源也導致生產力損失，更往往帶給社會、雇主、病患及

家屬嚴重的衝擊。健康對高齡社會而言的確是無價之寶。

　　本章討論臺灣代謝症候群的分布狀況、產生的原因與後果。本研究的核心關懷，是尋找有效降低代謝症候群的關鍵元素，並據此研發健康食品。目前大多數降血脂、降血糖、降血壓的藥物，不僅價格昂貴，而且具有潛在的副作用。若能了解代謝症候群相關疾病風險因子間的影響，進而研發以天然機能性食品成分來取代藥物，降低罹病風險因子，將可提供未來醫學及學術研究參考。本文提供最新的生物醫學研究資料，來討論代謝症候群的形成過程，藉此呈現健康食品改善代謝症候群的可能；更仔細地說，本文聚焦於調節血脂及血糖功能的健康食品，介紹研究團隊所開發的健康食品模組。總而言之，本文認為在高齡社會下，壽命的延長提高了代謝症候群的機率，透過日常生活的健康食品，可以有效降低發生機率。因此，在高齡社會來臨時，值得開發與推廣降低罹病風險的健康食品。

參考文獻

內政部（2014）。民國 102 年簡易生命表提要分析【簡易生命表及平均餘命查詢】。取自 http://www.moi.gov.tw/stat/life.aspx

內政部統計處（2015）。104 年 6 月底人口結構分析【最新消息】。取自 http://www.moi.gov.tw/stat/news_content.aspx?sn=9689&page=0

行政院農委會（2014）。農業生產結構。取自 http://agrstat.coa.gov.tw/sdweb/public/maintenance/Announce.aspx

林筱涵、劉珍芳（2010）。食物昇糖指數之測定與應用。**臺灣膳食營養學雜誌，2**，7-12。

郝立智、楊純宜、顧長生、柴國樑（2005）。2005 年美國糖尿病學會針對糖尿病合併高血壓之標準治療建議。**內科學誌，16**(3)，107-112。

陳陸宏（2005）。我國健康食品管理體制現況及申請簡介。**農業生技產業季刊，3**，9-11。

黃佩珊（2015）。高齡照護 Geriatric Care。**Cheers 雜誌，172**。取自 http://www.cheers.com.tw/article/article.action?id=5063575

衛生福利部（2014a）。民國 102 年死因統計年報。取自 http://www.mohw.gov.tw/cht/DOS/Statistic.aspx?f_list_no=312&fod_list_no=5150

衛生福利部（2014b）。102 年國人死因統計結果。取自 http://www.mohw.gov.tw/cht/Ministry/DM2_P.aspx?f_list_no=7&fod_list_no=4558&doc_no=45347

衛生福利部食品藥物管理署（2013）。食品藥物消費者知識服務網 https://consumer.fda.gov.tw/Food/InfoHealthFood.aspx?nodeID=162

衛生福利部國民健康署（2007）。預防代謝症候群學習手冊。取自 http://www.hpa.gov.tw/Bhpnet/Web/Books/manual_content15.aspx

經建會人力規劃處（2013）。**人口老化專輯：全球人口老化之現況與趨**

勢。臺北：經建會。

Artham, S. M., Lavie, C. J., Milani, R. V., & Ventura, H. O. (2008). The obesity paradox: Impact of obesity on the prevalence and prognosis of cardiovascular diseases. *Postgraduate Medicine, 120*, 34-41.

Brand-Miller, J., Wolever, T. M., Foster-Powell, K., and Colagiuri, S. (2003). *The new glucose revolution*. New York, NY: Marlowe & Company.

Castillo, E. M., Goodman-Gruen, D., Kritz-Silverstein, D., Morton, D. J., Wingard, D. L., & Barrett-Connor, E. (2003). Sarcopenia in elderly men and women: the Rancho Bernardo study. *American Journal of Preventive Medicine, 25*(3), 226-231.

Chiang, W. D., Shibu, M. A., Lee, K. I., Wu, J. P., Tsai, F. J., Pan, L. F., & Lin, W. T. (2014). Lipolysis-stimulating peptide-VHVV ameliorates high fat diet induced hepatocyte apoptosis and fibrosis. *Journal of Functional Foods, 11*, 482-492.

Csiszar, A, Pacher, P., Kaley, G., & Ungvari, Z. (2005). Role of oxidative and nitrosative stress, longevity genes and poly (ADP-ribose) polymerase in cardiovascular dysfunction associated with aging. *Current Vascular Pharmacology, 3*(3), 285-291

Csiszar, A., Ungvari, Z., Koller, A., Edwards, J. G., & Kaley G. (2003). Aging-induced proinflammatory shift in cytokine expression profile in coronary arteries. *Federation of American Societies for Experimental Biology, 17*, 1183-1185.

De Schrijver, R. (1990). Cholesterol metabolism in mature and immature rats fed animal and plant protein. *Journal of Nutrition, 120* (12), 1624-1632.

Donath, M. Y., Dalmas, É., Sauter, N. S., & Böni-Schnetzler, M. (2013). Inflammation in obesity and diabetes: islet dysfunction and therapeutic opportunity. *Cell Metabolism, 17*(6), 860-872.

Emerit, J., Edeas, M., & Bricaire, F. (2004). Neurodegenerative diseases and oxidative stress. *Biomedicine & Pharmacotherapy, 58*(1), 39-46.

Esser, N., Legrand-Poels, S., Piette, J., Scheen, A. J., & Paquot, N. (2014). Inflammation as a link between obesity, metabolic syndrome and type 2 diabetes. *Diabetes Research and Clinical Practice, 105*(2), 141-150.

Fried, M., Hainer, V., Basdevant, A., Buchwald, H., Deitel, M. Finer, N., Greve, J. W., & Widhalm, K. (2008). Interdisciplinary European guidelines on surgery of severe obesity. *Obesity Facts, 1*, 52-59

Gutiérrez, R. M. P., Mitchell, S., & Solis, R. V. (2008). Psidium guajava: a review of its traditional uses, phytochemistry and pharmacology. *Journal of Ethnopharmacology, 117*(1), 1-27.

Henchcliffe, C., & Beal, M. F. (2008). Mitochondrial biology and oxidative stress in Parkinson disease pathogenesis. *Nature Clinical Practice Neurology, 4*(11), 600-609.

Huang, C. Y., Chiang, W. D., Pai, P., & Lin, W. T. (2015). Potato protein hydrolysate attenuates high fat diet-induced cardiac apoptosis through SIRT1/PGC-1á/Akt signaling. *Journal of Functional Foods, 12*, 389-398.

Kaur, J. (2014). A comprehensive review on metabolic syndrome. *Cardiology Research and Practice*, Article ID 943162, 21,. doi:10.1155/2014/943162

Jeyapalan, J. C., & Sedivy, J. M. (2008). Cellular senescence and organismal aging. *Mechanisms of Ageing and Development, 129*(7), 467-474.

Kamnerdpetch, C. (2006). *Enzymatic hydrolysis and peptide mapping of potato pulp protein*. Ph. D. dissertation. University of Hannover.

Kawano, Y., & Cohen, D. E. (2013). Mechanisms of hepatic triglyceride accumulation in non-alcoholic fatty liver disease. *Journal of*

Gastroenterology, 48, 434-441.

Klaunig, J. E., & Kamendulis, L. M. (2004). The role of oxidative stress in carcinogenesis. *Annual Review of Pharmacology and Toxicology, 44*, 239-267.

Konz, H. W., Meesters, P. D., Paans, N. P., van Grootheest, D. S., Comijs, H. C., Stek, M. L., & Dols, A. (2014). Screening for metabolic syndrome in older patients with severe mental illness. *American Journal of Geriatric Psychiatry, 22*(11), 1116-1120.

Kudo, K., Onodera, S., Takeda, Y., Benkeblia, N., & Shiomi, N. (2009). Antioxidative activities of some peptides isolated from hydrolyzed potato protein extract. *Journal of Functional Foods, 1*(2), 170-176.

Lakatta E. G., & Levy, D. (2003). Arterial and cardiac aging: major shareholders in cardiovascular disease enterprises: Part I: aging arteries: a "set up" for vascular disease. *Circulation, 107*, 139-46.

Liu, C. W., Wang, Y. C., Lu, H. C., & Chiang, W. D. (2014). Optimization of ultrasound-assisted extraction conditions for total phenols with anti-hyperglycemic activity from Psidium guajava leaves. *Process Biochemistry, 49*(10), 1601-1605.

Liu, C. W., Wang, Y.C., Hsieh, C. C., Lu, H.C., & Chiang, W.D. (forthcoming.) Guava (Psidium guajava Linn.) leaf extract promotes glucose uptake and glycogen accumulation by modulating the insulin signaling pathway in high-glucose-induced insulin-resistant mouse FL83B cells. *Process Biochemistry*.

Liu, X., Kim, C. N., Yang, J., Jemmerson, R., & Wang, X. (1996). Induction of apoptotic program in cell-free extracts: requirement for dATP and cytochrome c. *Cell, 86*(1), 147-157.

Liyanage, R., Han, K. H., Watanabe, S., Shimada, K., Sekikawa, M., Ohba, K., & Fukushima, M. (2008). Potato and soy peptide diets modulate lipid metabolism in rats. *Biosci Biotechnol Biochem, 72*(4), 943-950.

Liyanage, R., Han, K. -H., Shimada, K. -i., Sekikawa, M., Tokuji, Y., Ohba, K., & Fukushima, M. (2009). Potato and soy peptides alter caecal fermentation and reduce serum non-HDL cholesterol in rats fed cholesterol. *European Journal of Lipid Science and Technology, 111*(9), 884-892.

Lubos, E., Handy, D. E., & Loscalzo, J. (2008). Role of oxidative stress and nitric oxide in atherothrombosis. *Frontiers in Bioscience: a Journal and Virtual Library, 13*, 5323.

Makki, K., Froguel, P., & Wolowczuk, I. (2013). Adipose tissue in obesity-related inflammation and insulin resistance: cells, cytokines, and chemokines. *ISRN inflammation*. Advance online publication Dec. 22, 2013. doi: 10.1155/2013/139239

Marovic, D. (2008). Elevated body mass index and fatty liver. *Srpski Arhiv Za Celokupno Lekarstvo, 136*, 122-125.

Morita, T., Oh-hashi, A., Takei, K., Ikai, M., Kasaoka, S., & Kiriyama, S. (1997). Cholesterol-lowering effects of soybean, potato and rice proteins depend on their low methionine contents in rats fed a cholesterol-free purified diet. *Journal of Nutrition, 127*(3), 470-477.

Pagotto, U., Vanuzzo, D., Vicennati, V., & Pasquali, R. (2008). Pharmacological therapy of obesity. *Giornale Italiano di Cardiologia, 9*, 83S-93S.

Phaneuf, S., & Leeuwenburgh, C. (2001). Apoptosis and exercise. *Medicine and Science in Sports and Exercise, 33*(3), 393-396.

Pihlanto, A., Akkanen, S., & Korhonen, H. J. (2008). ACE-inhibitory and antioxidant properties of potato (Solanum tuberosum). *Food Chemistry,*

109(1), 104-112.

Pihlanto-Leppälä, A. (2001). Bioactive peptides derived from bovine whey proteins: opioid and ace-inhibitory peptides. *Trends in Food Science & Technology, 11*(9–10), 347-356.

Praticò, D. (2008). Evidence of oxidative stress in Alzheimer's disease brain and antioxidant therapy. *Annals of the New York Academy of Sciences, 1147*(1), 70-78.

Reeve, A. K., Krishnan, K. J., & Turnbull, D. (2008). Mitochondrial DNA mutations in disease, aging, and neurodegeneration. *Annals of the New York Academy of Sciences, 1147*(1), 21-29.

Roberts, C. K., & Sindhu, K. K. (2009). Oxidative stress and metabolic syndrome. *Life Sciences, 84*(21), 705-712.

Saraste, M. (1999). Oxidative phosphorylation at the fin de siecle. *Science, 283*(5407), 1488-1493.

Scheffler, I. E. (2001). A century of mitochondrial research: achievements and perspectives. *Mitochondrion, 1*(1), 3-31.

Spielmann, J. (2009). *Untersuchungen zum Einfluss verschiedener Nahrungsproteine auf den Lipidstoffwechsel*. (Dissertation). Halle, Martin-Luther-Universitat.

Takaki A, Kawai D, Yamamoto K. (2014). Molecular mechanisms and new treatment strategies for non-alcoholic steatohepatitis (NASH). *International Journal of Molecular Sciences, 15*, 7352-7379.

Tsou, M. J., Kao, F. J., Lu, H. C., Kao, H. C., & Chiang, W. D. (2013). Purification and identification of lipolysis-stimulating peptides derived from enzymatic hydrolysis of soy protein. *Food Chemistry, 138*, 1454-1460.

第 7 章

初步建構高齡者在地老化之
療癒／育性社區

關華山

一、前言

本文運用「療癒／育性環境」（therapeutic environments）的理念，看待高齡者的居住與照顧環境，目的在回應我國人口老化趨勢，以及現今各國推崇的「在地老化」（aging in place）價值，期望每位高齡者在社區有活躍的生活。本文廣義看待此處的居住與照顧環境，以環境行為學而言，包含自然與人造的實質環境（physical environments），也包含有關居住與照顧的各種軟體，亦即各種人的相關行為。高齡者要有健康快樂的生活，一方面涉及高齡者身心靈主觀上的自我期許與認知；一方面也要外在特殊或一般的人際互動（軟體）與實質（硬體）環境，持續誘發或直接支持高齡者趨於健康與快樂，包括生理和心理疾病得到醫治與療癒；心靈意志頹喪得到激勵，轉而持守身心安穩。這樣的軟硬體環境，或可稱為療癒／育性環境。

若從療癒／育性環境理念所涉及的實質環境尺度來看，可以從人際互動尺度拉至個人生存的宇宙。然而，從我們可以落實經理的環境尺度，並考量上述在地老化的價值（若再加上「在家老化」），就可分辨出一般老人生活世界裡的社區與建築兩種尺度。「社區」是一般老人除了居家之外，生活裡最常來去的地方，也大多是最熟悉的地方；社區也可以連接至都市或區域尺度，比較屬於社區和都市的規劃與設計範疇，包括規劃社區公共設施，以及專供老人使用的設施。建築尺度則牽涉到老者的居住安排、日常生活的住屋，以及各種照顧或活動設施的建築設計與室內設計。

本文為一理論性、倡議型論文，首先回顧筆者（關華山，2014）曾釐清的，當代逐漸浮現的療癒／育性環境構念的緣起與要旨。隨之以此觀點看待在地老化，提出適切的「療癒／育性社區」理念，並進一步就相關文獻與研究，討論具體內容。然而，本文受限於篇幅，只精簡檢討

都市與住家尺度有關療癒／育性環境的理念及作法，隨及初步統整日本與臺灣公私部門提供給高齡者的「社區照顧」軟硬體，並以療癒／育性環境的構念檢視其缺失，進而初步設想可以著力改善之處，發展適合臺灣高齡者的療癒／育性社區，促進高齡長者享有真正在地的長青生活。

二、「療癒／育性環境」理念回顧

依關華山（2014）對療癒性環境的發展及特質的梳理，說明如下。

（一）源起與發展

第二次世界大戰後，各國經濟逐漸復甦，科技與醫學大幅進步。1980 年代後，人口老化先從西方先進國發生，繼而延伸的開發中國家。人口老化除了高齡人口增加，隨之而來的各種慢性病盛行率逐漸提高，尤其是失智症，大幅增加醫療護理的負擔。不得不從照顧之安養、養護模式，以及康復過程的復健、職能治療，建構各種新的照護方式與場所，而出現新的「健康照護建築類型」。其間亦受到 1960 年代美國身心障礙者爭取人權運動之影響，以及英國社會學界詬病傳統大型救濟院之「機構化」，轉而提倡各種醫療照護設施的「去機構化」、「回歸主流」、「社區化」、「人性化」的新價值典範。包括病患及家人主動了解病理、積極參與治療的 Planetree 運動也在此時發軔。

另一方面，1960 及 1970 年代也是西方社會與學術界重新發現「環境」的重要時代。隨著防治汙染、保育自然環境的倡議與行動，關注自然生態系統的生態學也形成，帶給許多學門的典範移轉。心理學多位學者也開始研究醫療設施環境因素，對人身心健康的影響，是為「環境心理學」的先聲。隨後擴大為「環境行為研究」（Environment / Behavior Studies, EBS），引起多門學科及都市、建築、室內設計、景觀學界業界

參與。環境本身蘊涵的「生態性」，已不單純指涉實質環境，也意涵人際間的社會環境與設施管理軟硬體間的辯證關係。其實，這就是環境心理學早期學者觀察人的行為，所發明的「行為設境」（behavior settings）概念的延伸思維。也因此心理治療界從治療師與患者間的「療癒性關係」，擴及到與尋求生命意義有關的存在主義，或現象學式的療癒性環境理念，或「場所療法」（milieu therapy）的實務出現。另一方面，因為環境汙染傷害人體一再發生，與一般人講求去毒食療，又出現了「環境療法」的醫療專科。

　　千禧年前後，療癒性環境的統整理念逐漸被關注、定義，並探討其內容。尤其對醫療、護理、健康照顧設施經營者，以及建築師、室內設計、景觀師等實質環境專業者與相關營造業，如何造就出具療癒性的環境，以促進病患被醫治、逐漸康復，提高生活品質，以趨近「痊癒」（healing）的整個過程，相對更重要。醫療、護理與民俗醫療界同時逐步開發各種替代性、輔助性療法，共同豐富療癒性環境的具體內容。因為各種療法均牽涉一定的設備、人員以及活動空間、時間，因此與實質環境、管理環境、社會環境關連起來，需要一定的安排。也因為多面之療癒法及養生觀出現，以及西方基督教特別在意身心靈痊癒（healing）之傳統思維，全人治癒的環境（healing environments，時與 therapeutic environments 並用）一詞因此出現，中文的痊癒較接近 healing 字面意義，因此 healing environments 的中文或可譯為「痊癒性環境」。

　　值得注意的是，近年除了學者陸續提出規範性之評估表尺，以評估、改善高齡者既有設施環境（尤其失智者照護設施）的「療癒性」；又循醫學界及環境行為學跨科際的實證研究傳統與方法，設法發展有關療癒性環境的各種可靠的知識與設計技能，甚至開辦各種相關教學與認證之舉措，好更紮實的掌握其內容，進行改善各類設施的實質環境，有助於病患、老人之健康照護實效。

（二）「療癒／育性環境」的特質

在追索療癒性環境理念的發展歷程，可以了解療癒性環境是一個複合性理念（idea）或研究構念（construct），其特質與旨趣如下說明。

1. 療癒性環境是跨科際的學術與實務典範轉移。乃由西方針對救濟院與收容所機構化，尤其現代醫療機構「醫技化」的反省，加上現代人面臨生活眾多壓力，尋求抒解而進一步產生的新理念。

2. 此理念主要訴求的對象仍是病患，尤其失智者、慢性病患、身心障礙者、高齡者，但也擴及至追求健康、快樂的一般人。

3. 人的健康、幸福感是指「全人」的，就個人言，療癒性環境訴諸身、心、靈。因此療癒性環境的終極指向痊癒（healed），這也使得痊癒性環境常與療癒性環境相互指涉，只是前者用詞比較人文，後者較偏科學。

4. 療癒性環境包含軟硬體，亦即實質環境以及各種照顧、療癒方法，以及療癒師、患者、照顧者間之療癒關係，並擴及至家人及親友等廣泛的社會性支持環境；或者業主管理設施的方式，即所謂的管理環境。

5. 療癒性環境的實質層面包括裝潢、擺設、用具、傢俱、光線、通風、設備，到各種設施建築、戶外庭園與人的日常生活環境、自然環境，甚至人存在的宇宙整體。只要這些實質環境元素能夠帶給人們健康正向的效應，人們也能賦予它正向的意義，就屬於療癒性環境的實質範疇。

6. 療癒性環境的軟體部分除了傳統的醫護人員的醫療、護理行為之外，還包括了各種治療師施行的非藥物、替代性、輔助性之新療法，以及照顧者各種照顧行為，還包括患者或當事人自己的健身、調適、養生等行為。

7. 療癒性環境除了對醫院、護理之家，以及各式各樣的健康照護設施有意義，也直接指涉各種療法、養生之道所處的時空與人際環境。

8. 由於療／痊癒性環境訴諸全人身心靈，藉著各種療法，透過團體治療、個案管理以及自我療癒的方式，完成一次次療程，甚至可以成為一種無時無刻均呈現的「療癒性生活方式」。

9. 基於上述廣義的「環境」，以及無時無刻的時間性，療癒性環境理念已超出急性醫療，而趨向應對慢性病的長期療癒。如果考量到人的免疫系統與自體療癒能力可逐步鍛鍊增強的傾向，療癒性環境有一種「療育」的過程，可以比擬針對幼兒心智遲緩發展的「早期療育」（early intervention）。療癒性環境也有相當程度促發「療育過程」的作用，因此在中文語辭上可以合稱「療癒／育性環境」。

　　基於以上辨明的療癒／育性環境理念的特質，似乎我們可以認為人生病是廣義之環境不好所造成的。藉著重新提供多面向的療癒／育性環境，可以促使人身心靈多方面逐步達到修復，以致平衡，契及最大程度之健康與快樂。誰不嚮往健康快樂的生活？這正是療癒／育性環境理念逐步成為現今各界人士、一般大眾期希所繫，這可由「療癒」或「療育」二辭在今日大眾媒體廣泛流行可見之。

　　我們可以預測，未來會有更多學者專家投入反省各式各樣的療癒／育性、痊癒性環境的理論、規範性準則與設計技能。在醫療、健康照護市場上實踐，再透過用後評估與實證研究，精進這些準則、技能，使之逐步成為可靠的知能，讓人們之身心靈因為籠罩於這些新造就出來的療癒性環境，而從生老病死的痛苦中解放出來。這似乎是這個世紀，面臨前二個世紀全球依循資本主義、科技主義持續發展下來產生之後果，與

氣候、環境大幅變遷下，人類文明另一個新起的眾人期許的烏托邦，它對人以及自然的生命具有療癒、療育甚或痊癒的效能。

三、「在地老化」的二個尺度居住環境

就個人而言，「老化」是在生理、心理與社會等多向度的變老過程。人愈老產生疾病與死亡的風險越大。但是體能上的退化，不表示心智方面亦隨之退化。至於社會層面，則牽涉個人所處的社會、文化內涵如何看待與處理人的老化。人為什麼老？有的人又為什麼長壽？一般認為其源自人基因的命定，以及後天環境因素使然。本文則特別關注後者環境的影響力。

在地老化的「地」常指「地方」（place）。依環境行為學，人長久生活之處，由於與之長期互動，因此賦予特殊意義，進而產生認同。換言之，地方已從均質的環境中被人的主觀意識提攜出來，對人的生活、生命持續產生影響。但地方到底指什麼特定的空間與環境呢？這要回溯「在地老化」的源起。

在地老化基本上與「去機構化」、「機構化」之概念有著歷史發展上的對照關係。英國上個世紀中以後，逐步發現過往維多利亞式照顧社會上弱勢族群的設施，因為過大、封閉、老舊，使居住其內的受照顧者之生活不合人性。易言之，這些設施已呈現機構化的不良現象，因此改革呼聲應起。最直接的去機構化做法即是讓這些居住者回到一般的生活環境裡接受照顧，這正是提出「回歸主流」（mainstream）理念的原因。這些理念影響西方諸多國家，1980年代英美許多即有的照顧老人、身心障礙者之大機構紛紛解散，轉型為小型設施落座於一般社區。軟體方面，英國也最早出現「社區照顧」（community care）政策，啟動輸送醫療、社會福利新作法，其他國家紛紛效尤，包括日本之公部門社福政策也設

法回應去機構化的潮流。

　　事實上，在地老化最直接的做法是「在家老化」（Aging at Home），加拿大相關的政策即採用此詞。換言之，這裡的「地」指「家」。而在地老化意味著在長久居住的地方老化，這個地方顯然又比家的範圍要寬大。如果我們考量到老人隨年歲增加，行動力趨緩。開車、騎機車、腳踏車的反應力減弱。這使得老人日常生活的活動範圍趨小。那麼，「社區」可謂是老人最常來去的生活圈，這在農、漁、山村或各類眷村更為明顯。「都市社區」的界限則較不易界定，一方面老人活動的範圍或許因為方便安全的步行道與公共交通系統，可以拉得較遠。但另一個極端，也可能因為這些公共設施不安全、舒適、方便，讓老人家畏於出門，而縮小了生活的行動範圍。

　　綜上所述，我們大致可辨明在地老化至少有兩個尺度的生活場域，一個是居家生活，另一個是社區、鄰里生活，或者附帶所謂的都市生活。事實上，「社區照顧」種種軟體也都在家庭與社區兩個場域裡開展。下文先檢視高齡者居住環境中「居家」與「都市」二尺度環境現有實務與學界的思維與做法，並以療癒／育性環境之理念檢討其缺失。之後再論述本文特別著重的社區尺度環境，將療癒／育性環境理念置於社區尺度之場域來思考，設法建構出「療癒／育性社區」的具體內容。

（一）年齡友善都市

　　在地老化之都市尺度，即是高齡市民的都市生活所涉及之各種空間、設施與環境範圍。至今有關這方面的論述最具影響力的是世界衛生組織（WHO）2007 年對全球 33 個大中小城市進行的調查，以焦點團體（focus groups）方式訪談各城市的高齡者，彙整出「年齡友善都市準則檢查表」。目前全球不少都市正朝此方向改善、營造對高齡者友善的都市生活環境。

　　WHO（2007）提出「活躍老化」的重要決定因素，包括實質環境、個人、社會、健康及社會服務、經濟等因素，以及文化與性別等更大範疇的因素。根據 WHO 再確認的年齡友善都市的八大向度，如圖 7-1。

　　年齡友善都市八大向度中，「住宅」、「交通」、「戶外空間及建築物」屬於實質環境因素；「社會參與」、「尊重及社會包容」、「市民參與與就業」則包含於個人、社會、行為及經濟因素；「社會支持及健康服務」、「傳播與資訊」則涉及健康、社會服務與社會因素。每向度下又列出諸多小項及更具體的準則，促使年齡友善都市檢查表相當多面，也顧及具體之細部，但究竟此檢查表是否完善？本文將以療癒／育性環境理念進一步檢視。

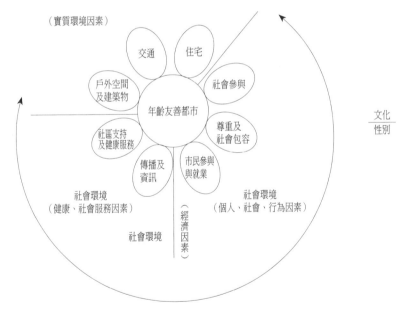

圖 7-1　活躍老化各因素與年齡友善都市向度關係圖

1.「都市」與「社區」

對高齡者言，都市與社區之關係到底如何？若仔細檢視 WHO 所提

出的年齡友善城市準則，可以發現社區尺度與都市尺度不時交錯出現。這應該是因為，市民（包括高齡者）的生活經驗含括都市生活與社區鄰里生活二個層面，二者又常連成一氣。都市裡公共設施集中，多具備便捷的大眾運輸。遠離都市的農、漁、山村，則較難讓高齡者享受都市鄰近大醫院、較豐富完善的醫療資源、護理之家、及社區照顧體系之好處。當然，鄉村亦有都市所沒有的好處，如較自然寧靜、鄰里熟悉的環境等。

反過來說，如果高齡市民居住在一個不明顯或沒有社區、鄰里的地方，恐怕將會有極大的問題。譬如近年日本都市中公寓或中低收入戶住宅裡的高齡者因缺乏鄰里互動，以致彼此冷漠，獨居者常發生孤獨死事件。換言之，任何都市裡必須持續經營「社區、鄰里組織與意識」，開發高齡者與鄰里居民有直接面對面互動、彼此支持的機會相當重要。

2.「自然」的重要

年齡友善都市的準則沒有特別強調自然環境的重要性，雖然其檢視表包括「戶外空間」向度，也提到公園。但是眾所周知的，許多都市或都會區飽受空氣汙染之害，微氣候又多有熱島效應，而這二者對身體孱弱的高齡者常有致命之害。在療癒／育性環境理念中，高齡者接觸自然或園藝療法是一重要的面向。都市裡有綠帶、大小型公園綠地、甚至都會自然公園，不僅可減少空氣汙染，亦降低熱島效應，對市民多有好處，更可讓高齡者接觸生機盎然的自然，更不用說它們常是家庭三代休閒的去處。

3. 住宅區年齡混合（age mix）與社會階層混合（social mix）的重要性

在過去的老人健康與社會福利服務的思維下，歐美及日本等國家興

建不少老人公寓、退休社區、安養機構、養護機構等。不過，這些社區與機構缺乏年齡混合，甚至因為入住的門檻也容易產生單一社會階層聚居之情形。我國在過去數十年也興建了一定數目的這種住宅與機構，另方面自然發生的老人社區更是不少，如早期的軍公教眷村現今多已成為老人社區。這種社區在時間上會有整批世代推移的現象，雖然此狀況有其好處，但同時也缺乏年齡混合的好處，畢竟現今社會愈趨流動，加上少子化與家庭核心化，三代同堂的比例降低很多。

另一方面，如果都市經營沒有良好的配套措施與社會階層混合的住宅政策，住宅區由於區位地價的差異，容積率的管制，使得私部門供應的住宅趨向高價位地段的豪宅，很容易產生社區的貧富差距，造成社會階層隔離。若加上上述社區裡年齡未混合的效應，這對經濟弱勢的高齡者而言是有害的。然而，年齡友善都市的住宅向度對此卻缺乏著墨。

4. 高齡者療癒／育資訊的傳播

在醫療界早有 Planetree 運動，也就是提供資訊給高齡病患與家人、照顧者，充分了解疾病、相關醫療療程與生活適應等，可以共同參與各階段療程，提昇高齡者療癒／育之效益及其生活品質。這部分在都市中較容易達成，譬如透過公共圖書館，提供相關藏書；或通過互聯網串連有共同遭遇的老人與家庭，彼此鼓勵、交換資訊等。WHO 準則亦未提及這部分的重要性。

（二）「在家老化」（Aging at Home）

人們普遍喜歡住在自己的家裡，因為每個人最親密接觸的是家人，與家人、家屋互動最長久，藉著熟悉、認同而於此屋終老，這是普遍人性。一般言，自有的家屋又比租賃的更具「人屋心理叢結」。在地老化因此很自然的等同於在家老化，或者應該說，後者是前者的核心。

在家老化最主要的是身旁有無親人在家，可以做為不同程度之照顧者。三代同堂當然是最好的狀況，如果沒辦法如此，二代同堂也不錯（只要有已成年的子代或孫輩同住均可）。如果無法同堂，退而求其次彼此同鄰，也能達到某程度的互相照應。如果都行不通，則只能特別依賴改善住屋硬體或裝設自動化科技設備。再其次則可考慮「團體家屋」與社區照顧之支援。近年各地也興起三、四對老朋友夫婦願意共同購屋做鄰居，或者共組團體家屋，以「同世代非血緣的類擴展家庭」的居住安排來彼此支援。西方社會為輕中度失智者建構的團體家屋，則是對個人主義社會裡無人照顧的獨居失智者最佳的一種回應。

在家老化如果沒有親人照顧，國家社會應提供居家照顧（home care）的服務。居家照顧實施的地點雖在家，但是這些服務是社區照顧的重要工作項目，社區裡必需有相關的設施，此部分將於療癒／育性社區章節再進一步討論。這裡先檢討上述在家老化的幾種新作法：

1. 三代同堂、三代同鄰住宅

這種居住安排方式乃基於傳統價值，可減少政府照顧老人的負擔。因此，政府政策性鼓勵三代同堂、同鄰，並提供相應住宅單元的作法，有如新加坡的「組屋」給予三代家庭優惠申請辦法。日本住宅市場上，普遍出現「二世代住宅」產品，不少著名住宅供應企業竭盡思考，設計出世代居住單元間有隔有合的巧妙方案，特別看重祖父母與孫子女可方便來往互動，卻與兒子媳婦的居住空間較隔離，達到互相尊重的程度。

臺灣向來看重儒家思想，但在這方面倒沒有什麼作為。二十多年前，郝柏村行政院長曾推出三代同堂政策說帖，但是後繼無力，因為政府主導的國民住宅數量本來就少，住宅市場也沒有特別鼓吹三代同堂的產品。胡幼慧（1995）曾指出三代同堂恐因父權意識，年老父母與年輕夫婦之間容易產生婆媳問題，而提倡三代同鄰以取代之。亦即親子二代

的住宅彼此鄰近，可得到彼此照應的好處。但是由於老年世代擁有的子女數越來越少，以及全球化促使年輕世代工作地點選擇擴大，我國的家戶愈來愈難三代同堂，但三代同鄰的居住方式多已浮現，只是未見正式調查證實。

2.「生涯住宅」（Lifetime Home）

另一種想法也是從住宅類型（housing type）著手，生涯住宅源自日本與英國。其基本想法在設計或興建住宅時，即一併將未來在宅老化之需求考量進去。日本住宅業（如積水集團）早年即推出生涯住宅，也就是設計預鑄式住宅，預先考量了家庭生命循環（family life cycle），住屋室內空間在不同循環階段可以彈性的進行適宜、不費大功夫的整修，以應合不同階段之家庭生活。東京都老人研究所資深研究員林玉子（曾思瑜、陳政雄、林真如譯，2004）曾為自己設計一棟「一生的住宅」，同樣考量退休後自己與先生逐步的老化，住屋可以應合行動不便、坐輪椅，甚至臥床由人照顧的不同階段做調整，仍能持續方便的居住在家。

英國 Rowntree 財團法人的研究單位就英國一般 townhouse 住宅類型（如臺灣之 2-3 層連棟式住宅），開發可供老人終老居住之「終生住宅」（lifetime home）。它主要預留了適當位置與空間，方便必要時裝設一、二樓間的升降機，同時考量輪椅無障礙之室內環境，以及照顧者與老人的臥室彼此鄰近的可能性。由上可知出現這些創意，基本上為應合高齡者在宅老化之需求，同時藉由事前設計以減少未來臨時應變之整修花費與困難度。

3. 整修住宅

上述兩種住宅類型預想了居住者未來老化之生活模式，而予以未雨綢繆。但是，每個家庭之生命循環還牽涉到各家庭成員的命運，因為

每個人老化的方式與逝去的時間均有不可預期之成分。另一種較實際的思考，是等問題出現了再設法整修住屋，以應合眼前的或一些可預期的老化需求。美國有所謂的「在地老化設計」（aging-in-place design），實指透過整修既有住屋或重新設計，讓老人之日常生活可以無障礙地持續使用各空間與設備，整修或設計重點放在防止跌倒、防火、防止誤食毒物、藥物等，因為這些是老人在家最常發生的三項意外。

美國一處「家屋整修研究實驗室」（Home Innovation Research Labs）提供了一份「在地老化住屋整修表」，提供給不同老者選擇採用，以應合自己體能的變化。譬如視覺模糊、行動不便、反應遲緩、關節不好、肢體伸展有限、坐輪椅等。換言之，針對某特定老人的狀況，有很多不同類型與程度之無障礙環境，可依其需求選定，此時職能治療師將扮演重要角色，配合建築師或室內設計師開出適宜的整修項目。

目前我國部分地方政府，也有一些補助辦法供中低收入戶與老人申請，以便整修住屋，改善自己的居住空間。只是這些辦法因資訊不流通而較少人利用。為高齡者進行住宅整修，影響其內容與方式很重要的一項因素，是住宅本身的類型。每個國家、族群與地域如果有自己獨特的文化習俗與歷史境遇，就會擁有自己獨特的住宅類型。譬如臺灣的透天厝；早年連棟式住宅、合院或臺灣化的日式住宅等。因應高齡者的需求，各住宅類型顯然有不同的整修要旨、項目與內容，可以彙整成數套模式準則。

4. 為老人「家屋自動化」

家屋自動化（home automation）又稱為「協助性科技」（assistive technology）或「老人科技學」（gerontechnology）。前者原屬於「智慧屋」（smart house）的一環，特別應用自動化科技以回應老人的需求。協助性科技原意在服務障礙者，其作用在「協助」。不論如何，三者主要

在運用資訊工程（IT）科技於老人與障礙者的照顧上，讓他們能獨立、舒適、安全、保全無虞的生活，並於娛樂、節能方面也得到某程度滿足。

科技協助在家老化大致依身體變化可有三種狀況。第一種是健康老人，僅需最基本的一些設備，再加些防範措施。第二種是身體開始出現慢性病如糖尿病、肺病、心臟病等狀況，此時需有防範性措施。第三種是當身體有劇烈之變化，家屋必須全面檢討通用設計，達到多方面之改善。家屋自動化基本上有兩種。其一是置入的健康系統（embedded health systems），它整合偵測器、微處理機於用具、傢俱與衣物內，收集案主個人資訊以供分析、診斷疾病，辨認出風險模式。第二種是指私人健康網（private health network)，它運用無線網路連接到個人可攜之器具，訊息儲存回傳到家戶健康數據庫（household health database）。業者目前正積極開發這二種系統，具體的產品則包括各種緊急協助系統、保全、防跌設備、定時或緊急提醒機等。這些機電產品的設計重點，包含合乎預期的功能與效益，以及合乎人性方便使用。

5. 團體家屋（group home）

1980 年代西方社會即出現團體家屋或團體生活（group living）作法，是為在地老化與去機構化的一種新設想。若是針對中、輕度成年身心障礙者，當其可離家自行生活時，提供此種共同居住的安排，可以彼此協助，或聘請社服員及其他必要人員從旁協助一些事務。針對高齡者，則多指為 6 至 8 位失智者提供一種家庭式照顧的居住安排，此作法在瑞典實行最為成功。對於延緩中輕度失智者進入護理之家或醫院，已證實有一定效果，並對他們的日常生活品質有所提升。

失智者團體家屋大多於既有公寓同一層樓，打通二、三個單位重新整建出來，以供原社區數位輕中度失智老人由原住家遷過來合住，配上

專業照顧人員支持其日常生活。這是歐美個人主義社會回應獨居失智老人日漸增多的一種家庭式、融入專業照顧的居住安排方式。我國目前由政府支持補助成立了五處示範性失智者團體家屋，它們收容的失智老人僅有部分來自附近社區，而且至少其中二個家屋的房舍並非一般的住宅型態，這些作法並不合乎團體家屋原初設置的理念。

6.「在家老去」

在地老化近年有一個很特別的發展，即是在家老去，或者說在家自然死亡。相對於醫療院所以各種醫療手段、器械、藥物維持高齡者臨終的生命，安寧照顧已嘗試避免加護病房單純醫技維生系統的不合人性作法。近年醫界已普遍提倡簽署不急救志願書，此方式一方面避免高價格的醫療負擔，另方面更人性的尊重老人家於自己熟悉的住家老去之意願。這可說是在家老化的極致形式。此作法顯然需要老人家及親人認知上與心理情感上的調整，才能坦然接受、實行。其中文化與宗教的影響力不可忽視。

總上，我們可以看到在家老化，這麼多年來已產生種種新的或已成熟的實踐方式，過程中有所調整修正。若初步檢視之，毋寧都是好事。三代同堂或同鄰、生涯住宅與團體家屋可說是在處理家裡有沒有照顧者的問題；生涯住宅、家屋自動化與修繕是在處理家屋實質環境的部分，或者以器械偵測高齡者某些行為，以獲得安全、保全的居家生活。從社會文化向度來看，三代同堂、同鄰在臺灣的確還存在，尤其後者。不過隨著社會變遷、少子化、家庭結構核心化趨勢，要維持這兩種居住安排，政府與社會必須提出更積極的促進辦法，才可能奏效。至於住宅修繕的確有其必要，但是政府的補助措施需降低門檻，並廣為宣傳。

新建住宅方面，學者雖引入生涯住宅的理念，國內建設公司卻乏人跟進，連特別為老人需求設想的住宅也很少見，這是國內扭曲的建築業

與住宅政策所導致。有關家屋自動化方面，國內因市場小，沒有這方面的研發實力，頂多引入他國產品，以應付特定人士的市場需求。有關團體家屋及在家老去，國內仍處於提倡實驗階段，還需多著力並配套後續檢討，以尋找應合我們社會需求的最佳模式。

如果以療癒／育性環境詳細看待在家老化，其實還有更多待檢討的範疇，因為家庭以往多被視為養育子女的地方，如今卻得改變為高齡者的療癒／育性環境，而且某程度是此環境的核心。此議題顯然已超出上述六項新作法，需要我們後續更進一步的思索。

四、高齡者居住的社區與「社區照顧」

在地老化主要的環境尺度是社區，這是本文特別關注的，以下先討論與社區老人直接相關的社區照顧，包括先進國家（尤其是日本）之作法以及我國學步的情形。

（一）日本的「社區照顧體系」

普遍言，各國高齡者都喜歡住在自己的家裡。先進國家政府或民間辦理的老人院、安養、養護設施、機構很多樣，但均標榜「像家一樣」的設置目標，入居的老人的確也少於住在家中的老人。只是後者因社會變遷，獨居與夫婦居的情況愈來愈多，以致更加迫切需要社區照顧。如前述機構式照顧轉向社區照顧最早由英國發起。至 2003 年英國推出多項法案，已將社區照顧的服務範圍明確指出除了失能老人、失智與精神疾病老人之外，還包括身心障礙者、青少年、酒精中毒者、HIV ／ AIDS 人口、照顧者等。其間過程雖然遭受多方質疑與批評，但是目前社區照顧已成為各國老人照顧主軸。由於日本高齡者社區照顧體系至今已發展得相當完整，且與我國在文化上有類似之家庭主義根源，且其應付老人

照顧問題已累積很多經驗，足堪為我國借鏡。下文聚焦日本的社區照顧體系，以作為我國體系發展之比對。

　　日本早年即重視高齡者的照顧服務與福利，設置的老人機構包括特別養護、養護、輕費老人之家，公私營均有。各機構容納人數多在百人以上，至少也有五六十人，加上多有公立或 NPO 設立的福利園區，如神戶幸福之村、東京浴風會，規模均偏大。在住宅方面已有前述各種產品。軟體方面也有在宅服務、短期照顧設施、日間照顧中心、老人活動中心、綜合諮詢中心等，銀髮產業更蓬勃發展。

　　為因應超高齡社會的來臨，2000 年日本實施了老人「介護保險」。但是很快的檢討缺失，於 2006 年進行修正，將被保險人擴及至 40 歲以上到 64 歲的中年人；而保險者是市町村；另有私部門、公部門與 NPO 加上的各類服務提供者，再加上都道府縣之支持，構成了介護保險制度的四個主體（周毓文、曹毓珊、莊金珠、蔣翠蘋，2009）。

　　老人接受介護保險服務的程序（請參照圖 7-2），最開始是由市町村的主辦單位進行調查，由醫師確定案主是否需要提供介護服務及等級，之後才由地區綜合支援中心或居家介護支援中心的照顧管理員或保健師擬定詳細的個案照顧計畫。其確實流程與服務分類如下圖所示。

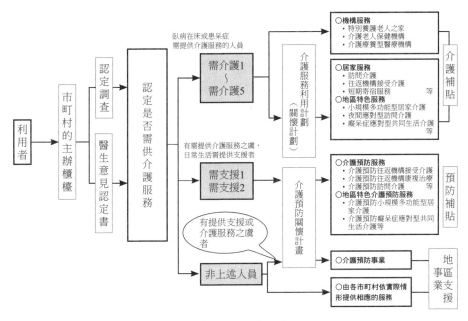

圖 7-2　日本介護保險市町村辦理服務流程圖

註：資料引自周毓文等（2009）。

　　如果以服務體系以及在地老化角度言，可以兩種公部門提供的服務來分辨，不論住在家中或特別為老人規劃設計的居住設施裡的老人，均可利用。其一是過往都道府縣即建立、管理的一般性服務；其二是近年新起的市町村所主導的「地域密著型服務」。前者使用者比較廣泛；後者使用者較屬生活圈內的社區的老人，地域密著型的服務最主要是「小規模多功能型居宅介護」，其下又分為失智者日間照護、夜間對應型訪問服務、失智者團體家屋、小規模介護專用型特定機構特別養護中心。加上廣域利用的居家服務、日間照護、喘息服務、居住與機構服務，整個系統如下圖所示（陳維萍，2010）。

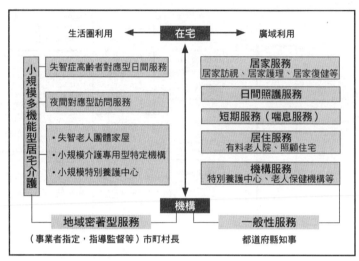

圖 7-3　日本社區照顧體系圖

註：資料引自陳維萍（2010）

　　若從利用者角度來看「小規模多功能型居宅介護」，其內容如下圖所示。

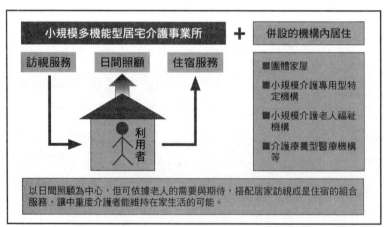

圖 7-4　日本小規模多機能型居家護理內容

註：資料引自陳維萍（2010）

　　過去的大型養護或護理機構均朝向日本學者所提倡的「單元照顧」（unit care）進行改善，亦即老人家 10 至 17 位組成一群，其房間形成簇群，布置成「家」，由一組人員照顧。另外也開始盡量提供單人房，頂多兩人的夫婦房。透過此二方式減少機構化問題，使之更趨人性化。

　　在整個服務系統中，除了分出需介護與需支援兩大等級，以及提供「公助」（公共救助）、「共助」（介護保險）之外，也加入了「預防老化」及「自助」、「互助」之理念。所以講求鼓勵自主支援與高齡志工，或推動運動、營養改善及口腔功能維持（牙科服務）。值得注意的是上述做法使得機構服務包含有市町村為各社區新設置的小型如家的機構，同時也加入單元照顧新做法的原有大機構，由都道府縣繼續負責。日間照顧或短期照顧、居家護理等也同樣在更廣的區域中提供。倒是社區小規模多功能設施添加夜間對應型訪問服務以及巡迴服務車，透過民間介護企業提供，如日本介護服務集團股份有限公司及 Earth Support 股份有限公司。換言之，日本政府政策性開啟民間加入介護產業之機會。

　　事實上，各地社區創發出來的老人照護服務很多樣，如武藏野市的迷你型老人日間照顧據點（曾思瑜，2015）；東京工戶川地區的溫暖館、溫暖聚會、芝浦 lsland 高齡者與兒童交流廣場（雷光涵，2014）；位於千葉縣長沼地區，任天堂企業興建的高低層並呈的老人俱樂部型住宅 Smart Community 等。由上述案例，可看出日本各地正隨各地方特殊條件與老人需求，提出多樣做法，嘗試回應人性化與在地老化根本價值，並非一成不變。

（二）臺灣「在地老化」的思維、政策與做法

　　依據葉莉莉、駱麗華（2006），我國醫療界外展到家的居家護理，最早由基督教會之醫療事業從國外引入，源起於 1971 年彰化基督教醫院，數年後花蓮門諾醫院與臺北馬偕醫院相繼跟進。1987 年衛生署保健

處委託臺北市護理師護士公會，對臺北市六千多位住院病人進行需求調查，有三分之一適合居家護理。隨即推出「以社區為基礎的獨立型態居家護理服務模式」及「以醫院為基礎的居家護理模式」，並培訓首批居家護理人員。之後高雄市、臺中市跟進展開此業務。此時居家護理均附屬於醫院，1994 年才出現臺灣第一所獨立之「居家護理所」──大臺北居家護理所。1991 年「護理人員法」迅速通過頒布。1995 年全民健保開辦，居家護理也被列入保險範圍。1998 年，居家護理機構數已達 250 家，獨立型態的有 20 家。2003 年則有 409 家（獨立的有 64 家）。但是這些機構多集中於都市，且機構之服務半徑規範在 30 分鐘車程內，因此許多偏遠地區仍缺乏此服務。不過政府也注意到此問題，於 1997 年起的醫療網第三期計畫，接續第四、五期計畫，至 2003 年共鼓勵山地、離島、鄉村地區民間與衛生所設立 165 間居家護理所。

另方面，1994 年居家護理人員專業訓練制度確立，2000 年居家護理機構開始首次評鑑。但目前相關法規中仍未規範居家護理師需受完整訓練才可從事服務。另外，臺灣的居家護理仍以護理師與醫師每兩個月探訪一次，而不包括營養師、復健師、社工師專業的整合服務。值得注意的是接受居家護理的老人、患者，多為完全無自己照顧能力的各種慢性病患，所以居家護理師之工作主要在指導平日家中照顧者如何進行全面的照顧，包括病者逐步老化、趨於逝去的身心靈，同時也要設法提昇照顧者之士氣與生活品質。

依據陳惠姿、黃耀榮（2003）的整理，行政院衛生署 1999 年底開始推動「社區健康營造」，至 2003 年已有 181 處營運中心。行政院農委會於 2000 年即示範辦理九處農村高齡者諮詢服務中心。2001 年因為在地老化、社區照護政策，在嘉義縣竹崎、中埔、水上、阿里山四鄉及臺東縣鹿野鄉，輔導家政班婦女成立五處田媽媽生活支援服務班，設法提供社區居民居家服務。同年又輔導屏東縣崁頂鄉農會開辦老農養護中心計

畫，設法建立照顧機構。

高淑貴、陳雅美、李育才（2003）曾發表一篇論文，討論農村高齡者「在地老化」之研究，受訪者一致認為在地老化之必要性，並給予高度肯定。尤其各活動與課程使得高齡者享有成長樂趣，願意走出來接受更多服務。高淑貴等人（2003）也建議，在地老化的工作需整合相關資源；以輔導、補助、獎勵辦法，結合民間力量；加強侍親觀念及使用者付費觀念；以及增加農村高齡者受教育機會。2005 年人口老化及少子化夾擊之下，高齡者及其子女的處境愈趨困難，亦有學者倡議「在地活力老化」（吳淑瓊，2005），使得回歸社區、家庭之老人福利政策被視為更合乎人性的新走向（吳錦勳、謝春滿，2005）。

2005 年 6 月，內政部社會司司長蘇麗瓊及黃雅玲（2005）指出，推動在地老化政策，是面對臺灣家庭非正式照顧功能式微的途徑；依據 2002 年老人狀況調查顯示，老人健康情形約四分之一不太好；過去一年曾住院的達五分之一老人。經濟狀況方面，約四分之一接受政策救助及津貼；有困難需補助的也有五分之一。對福利措施的需求方面，除了免費健康檢查、生活津貼，中低收入戶老人住院看護補助需求偏高，以及約五分之一需進住老人安養機構之外，其餘項目多是社區照顧的各類服務。政府自 2002 至 2005 年老人福利預算大部分投入敬老福利生活津貼，真正的老人福利預算－居家服務、日間照顧、餐食、機構照顧、文康休閒等雖增加一些，但所占比例只有全部的五分之一。

行政院 2004 年修訂的「社會福利政策綱領」，明訂「落實在地服務」，並研修老人福利法中有關照顧服務之原則，包含全人照顧、在地老化、多元連續服務；落實居家式服務措施，如醫療、復健、服務、身體照顧、家務、關懷訪談、電話問安、醫療、緊急救援、住家環境改善服務；增訂社區式服務措施，由各縣市結合民間資源，提供保健、輔具、心理諮商、日照、交通、退休準備、休閒、資訊提供、轉介等社區

服務，亦包括醫療、復健服務，但喘息服務未列入。

　　至於執行面，雖然各縣市推動各式居家、社區服務，甚至有所謂如日本的長期照顧管理中心、居家服務支援中心、老人福利服務中心，卻未形成網絡。另方面，2005年政府提出的「臺灣健康社區六星計畫」中，包含推動「建立社區照顧關懷據點實施計畫」。以社造、社區參與之理念鼓勵、輔導社區內社會團體，如社會福利財團法人或宗教組織、文教基金會等，以及社區團體、社區寺廟組織、農漁會、文史團體等非營利組織設置據點，提供初級的預防照顧服務，包含關懷訪視、電話問安、轉介、餐飲、健康促進服務等（黃松林，2005）。且希望據點能普及至全臺各社區。另外，政府也注意到照顧機構資源在區域上分布不均，因此優先補助不足地區設置據點；強化某些需求多、供給少的服務；鼓勵床位多的機構加入社區照顧功能，提供多元服務；也提供18縣市行動式老人文康休閒巡迴車。2004年成立「長期照顧制度規劃小組」，並於2006年完成規劃報告。

　　江亮演（2010）曾以老人的生活功能、經濟、社會與精神四面向之「自主」，來檢視在地老化福利該有的內容。他採取全觀式視野處理老人自主議題，注意到自然環境、食品安全問題，以及老人工作及心理健康、財務管理議題；另外，有關在地老化福利方面，又注意到鄉村型、都市型老人居住環境之差異，尤其需「本土化鄉鎮社區老人福利措施」以及「均衡各級政府的照顧」、「營造理想鄉村型與都市型的老年居住環境」的建議作法。前者強調本土化的村里關懷中心、服務網絡，此中心也提供館舍服務、醫療保健及生活照顧服務等。更強調地方政府、農漁會等應建設理想的鄉村與都市之老人住宅。

　　陳正芬（2011：192-203）回顧我國長期照顧政策，提到聯合國（2007）所更新的21世紀老化研究議程，已提出長照的關鍵性課題，包括（1）各項照顧服務的可獲得性，尤其城鄉差距；（2）照顧服務輸送

體系著重有效的公私混合策略；（3）從醫院、社區到居家之連續性照顧服務體系；（4）人力資源訓練、發展策略，著重各層級人力質、量之提升；（5）關注照顧者之角色；（6）檢視體系中女性所占比例及其遭遇之困難。我國至今建立的體制在上述 6 項課題上均存在相關問題。

　　王卓聖、鄭讚源（2012）曾以「歷史制度論」整理我國長期照顧制度之發展歷程（見表 7-1）。他們參考 OECD 國家的制度，指出我國長期照顧之問題。包含長照制度中行政體系、法規分歧；各縣市照顧管理體系發展不一；人力嚴重不足；服務方案類型少，監督機制不全；缺乏完善財務制度；管理資訊未整合。OECD 值得我國借鏡的制度，包含（1）整合各項服務流程，以建構「連續性照顧體系」，連結老人身心健康、社經狀況、醫療、長照；（2）推動「消費者偏好、選擇」導向之體系；（4）督導、改善長照服務品質，包括硬體、人力，並有正確紀錄與相關統計；（5）調整財源籌措方式。

　　依呂寶靜（2012）之整理，至 2011 年我國共有 130 處居家服務處，相對於 368 處縣轄市鄉鎮區，數量仍嫌不足。提供的組織有 102 個，其中 39% 為財團法人基金會；29% 為社團法人協會；17% 附設於安養護中心、護理之家或仁愛之家內；10% 屬醫院；5% 為縣市政府及勞動合作社設置。居服員有執照達 21,407 人，受過各單位照顧服務員訓練的人次達 65,509 人。但是實際從事此工作的人不到全部之 7%，令人訝異的低。我國日間照顧中心分社區式與機構式二種，社區式照顧中心分為失能型、失智型、混合型三種；機構式區分出養護型、長期照護型、失智照顧型。2011 年全臺 20 縣市已設置 72 處日間照顧中心（失智症日照中心 14 處），相對於全臺共 368 處的鄉鎮區縣市，數量少且城鄉分布不均，原因在於場地不好找；經費補助不足；工作人員照顧技術不足，以及城鄉居民因負擔能力與可接受度不同。

　　她認為國內居家服務，應清楚分辨老人與身障服務對象的狀態與需

表 7-1　我國長期照顧體系發展歷程

單位 年代	社政單位	衛生署	
1980S	老人、殘障福利法。	回應慢性病盛行。	
1990S	設置老人機構、老人住宅。	設置護理之家、日間照顧、居家護理機構。	
1998		「老人長期照護三年計畫」以居家、社區式照護為主；機構照護為輔。	
2000	「建構長期照護先導計畫」以「在地老化」為總目標，選嘉義市、鶯歌為城鄉代表實驗社區。		
	照顧住宅、家庭托顧、照顧服務、無障礙、緊急救援。	失智老人日間照護、居家護理、復健、喘息服務。	
2002	「照顧服務產業發展方案」，有意確立普遍性居家服務。	提出「照顧管理中心」。	
2003	國家以建立「全民性長期照顧保障制度」為施政目標。		
2006	「長期照顧十年計畫」。		
2007	修訂「老人福利法」：強調全人照顧、在地老化、多元連續服務。尊嚴、獨立、自主老年生活。各縣市訂定「長期照顧整合性計畫」（2008-2011）。	試辦「遠距照護計畫」。	
2009	開始規劃「長期照護服務法」、「長期照護保險」。		
2010	中央補助各縣市「長期照顧整合性計畫」。		
	1. 居家服務。2. 社區照顧關懷據點。3. 中低收入戶老人裝假牙。4. 日間照顧。5. 交通接送。6. 健康休閒、延緩老人失智。7. 餐飲。8. 失智老人日照中心。9. 家庭托顧。10. 失智老人團體家屋。	1. 喘息服務。 2. 社區及居家復健。 3. 居家護理。	
	監察院指出問題 1. 執行率偏低。2. 欠缺配套。3. 管理中心為掌握資源。4. 培訓人員流失。5. 與健保重疊		

註：主要依王卓聖、鄭讚源（2012）整理製表

求不同，宜分別考量。各縣市委託契約，有採老人居服與身障居服合併或分開委辦兩種，應研究利弊；改善照顧服務員的訓練課程；以及提出設法穩定照服員人力的策略，包括待遇、升遷。至於對日間照顧的建議包括：應再釐清日間照顧方案的功能；培養工作人員理念；進一步思考鼓勵更多機構辦理日間照護的策略利弊；社區日間照顧中心該採用失能型、失智型或混合型，要看各地方的條件定奪；改善日間照顧的可負擔性（呂寶靜，2012）。

師豫玲、鄭文惠、蘇英足、李宜衡等（2009）詳述臺北市「老人服務中心」的發展與變革，臺北市在十二個行政區內共有十四處老人服務中心，其中四所為公辦公營，兩所為補助辦理，八所為公辦民營。依據他們的整理，老人服務中心1998年特別對獨居老人進行個案管理之社區照顧。2002年針對失能老人開始照顧管理之工作，2004年達到成熟階段。2007年行政院頒布「長期照顧十年計畫」，2008年要求地方政府如欲申請長照補助，需設置「長期照顧管理中心」，由之負責失能之評估；因此臺北市於2009年成立長照管理中心，主要由衛生局主導，專責統整與協調社區照顧之工作。臺北市整個對老人之社區服務內容有五大項，包括經濟安全、健康維護、社會參與、住宅服務、照顧與保護服務等，其下又有不少細項（師豫玲等，2009）。由上可知臺北市是國內各縣市中提供老人社區照顧服務層面與項目最多的都市。

五、結論：初步建構在地老化理想的療癒／育性社區

如何以一個有系統的思維建構療癒／育性社區呢？筆者的專長為建築學，若廣義的或以應用角度來看，建構目的在規劃設計具療癒／育性的實質環境，而這個實質環境是社區尺度的，通常屬於規劃的層次。除非此社區的規模不大，可以一次完成設計，如荷蘭的失智老人村。顯然

此處要建構的療癒／育性社區有更寬幅的尺度，達到農村、漁村、山村、鄉鎮市街以及都市裡的鄰里區行政單位的大小，才具應用性。尚且從上所述，可知療癒／育性社區的內容不只是硬體，還包括各種軟體，規劃本身即包涵發展規劃書（亦即軟體），並加上提出設計準則之任務，以供社區內進行各建築、空間設計時上層的指導原則。總言之，本文所謂的初步建構，基本上在於論述出一個理想的療癒／育性社區之軟硬體，還不及於建築界所稱的社區設計、鄰里設計或都市設計，因為本文不涉及某一時空的社區與基地。

　　依筆者之見，高齡者的療癒／育性社區涉及到四種環境：自然環境、社會環境、照顧環境與人造或建成環境，均以社區尺度為限。一般言，實質環境包涵了自然及人造或建成環境（man-made or built environment）。後者又常無法全然斷絕於自然氣候與地理環境。人是有機體，演化上就與自然有諸多臍帶關連。高齡者的社會及照顧環境，在字面上偏重軟體，現在真實世界裡，它們都需要硬體來容納與支持人際間互動，並完成照顧與被照顧。四者構成一基本的構念圖（圖7-5）。下文將詳述高齡者療癒／育性社區各種環境的軟硬體成分。首先，我們得注意療癒／育性社區環境是訴諸高齡者的感官、心智與靈性（Huelat &

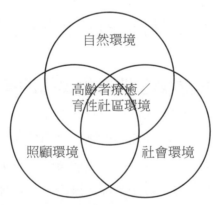

圖 7-5　高齡者療癒／育性社區構念幅員

Wan 2003），期望帶給高齡者追求「自我完美」、「委身服務社會」的活下去動機（Bush-Brown, 1996）。

（一）社區的自然環境

療癒／育性社區不可能與自然斷絕。現今順應自然是重要價值，對高齡者而言同樣需要得到自然的好處。但因為他們不同的老化階段之身體狀況，必須注意他們身邊自然環境的「舒適帶」（comfort zone），更需講求順應自然。一般言，自然環境包括地理的與氣候的。就社區尺度而言，地理包含當地動植生物界與地形、地貌、水文、地質等，臺灣的地震、土石流、洪泛災害對高齡者尤具威脅性，必須多方避免、防治。

社區的微氣候包括溫濕度變化、日照、落雨、風勢的質與量，以及臺灣特有的颱風，同時也包括空氣品質。臺灣各地普遍遭遇空氣汙染問題，同時也躲不過颱風的威脅，必須給予高齡者特別關注，避免其害。如加強房屋結構安全，或搬離空汙嚴重、災害頻仍地區。至於溫濕度、日照、落雨、風勢之變化在各地區不同，對高齡者身體而言，社區勢必需不同的特殊防範考量，以應付溫差太大、濕度太高、風勢太強或通風換氣不夠、日照量不足或過量問題。至於高齡者得到自然的好處方面，則著重在讓老人家接觸且享受到自然的多樣、豐富、優美。同時對應到老人家身體每日的新陳代謝，使之能夠順暢。其實在現今時代，我們已充分了解到人類破壞自然所造成的氣候變遷，已大大的改變了大家生活的環境，所以高齡者之療癒／育性社區必須以經營友善環境的永續社區（sustainable Community）為基礎。譬如設置社區公園綠地、都市綠帶、都會公園，保育動植物棲地、濕地、山林，以及淨化附近已被汙染之河川與空氣，講求有機農業與生機飲食，各種節能減碳措施等。針對於高齡者特別的需求給予關注，如下所示：

1. 提供散步、慢跑、一般運動的場所，這些場所最好能與自然結合。因為綠地樹木可以減少空汙、殺菌、釋放芬多精。這些場所尚可配合設置一些簡單適宜的戶外運動設施以及休憩、社交空間。

2. 為得到療癒花園或園藝治療的好處，可以促使老人與大家一同參與、經營照管社區花園或農園，甚至畜養家畜，合作生產分享成果。

3. 營造優美自然的花園社區，供老人隨時欣賞、享受身旁四周自然風景的美好、豐富及多樣，不但可以訴諸老人的五感，還可以讓他們透過打坐、冥想、祈禱連結無限的宇宙，靈性上藉之昇華，超越世事愁煩與病痛。

即使是讓老人家每日獲得足夠的日照，看日出、夕陽，聆聽鳥叫蟲鳴，感受一日晝夜、天候推移，以及一年四季變化，均可讓老人家與時空無限的宇宙取得連結，感受生命的豐富。與自然有良好的互動應該是持續的，且得跨越整個老年期，因為這是自然人的必要條件，只是老人受限於身心體能的變化，不同階段需要特別的協助，以完成與自然美好的接觸與互動。

（二）社區的社會環境

人是社會性動物，必須與人互動，缺乏互動易導致病態社會隔離。當老人健康時，一般會有一定範圍之社區生活，在多種場合與鄰里互動。依筆者看法，社區生活可分為生活必需之活動以及自願喜好的活動。前者與一般人的生活類似，只是老人多半沒有工作，所以可以支援甚至承擔照顧孫子女任務，在鄉村的老人或在都市經商的老人多半會持續做農漁夫、店主一段時日。先進國家已開始注意高齡者之智慧經驗，

在中壯年工作人口銳減的狀態下，是可善用之人力。如何提昇高齡者再度或延續就業尤其是超高齡社會重要議題。

依衛福部的調查（2013），65 歲以上長者日常活動，包含與朋友聊天、聚會（37.8%）；從事休閒娛樂活動（23.1%）；從事養生保健活動（21.6%）；含飴弄孫（15.3%）；從事宗教修行活動（11.0%）；志工（7.1%）；研習進修（3.6%）。這些活動均可能涉及各種社區與都市空間。表 7-2 所示之高齡者社區生活中的人際活動與場所，顯然依高齡者之性別而有所差異。不同的社區類別（農、漁、山村、街鎮與都市社區），甚至不同族群背景聚居之村落，其中的老人家顯然也有不同的生

表 7-2 老人社區生活之人際互動類別與場所

活動類別	人際互動	活動	場所
高齡者社區生活必需之活動	菜販、店家 店家、常客 鄰里 其他父母、老人家 其他老人家、孫子女 銀行、郵局工作人員 同事、雇員 醫師、護士 鄰居 氏族 農會、漁會其他成員	買菜、購物 外食 倒垃圾 送孫子女上下學 帶孫子女遊憩 存領錢、寄東西 工作 看病 遛狗 祭祖 農作、漁作	市場、賣場 小吃、餐廳 垃圾場 上下小學路徑 社區公園、開放空間 銀行、郵局 公共場所、上下班路線 診所 公共空間、路徑 宗祠 田地、漁場
高齡者志願選擇之社區活動	鄰居 老朋友、同好 社團成員 其他志工 圖書館、學校人員 教友、牧師、神父、住持	老朋友聚會 興趣、嗜好活動 社團活動 志工活動 學習活動 宗教活動	鄰居、住家 社區公共場所 社團聚會場所 服務場所 社區圖書館、長青學園 寺廟、教堂

活方式，在此不一一討論。就療癒／育性環境角度言，老人有豐富的社區生活，會有較高的生活品質。此點社區裡每位高齡者自己亦需體會到，而設法付諸實現。

　　值得注意的是，一旦老人身心衰退，參與上述社區生活活動，將因行動不便與環境之障礙而怯步。此時去除障礙變得很重要，包括各活動場所、社區步道暢通，提供安全交通。另方面，各種活動主事者與成員平等對待行動不便之長者，適時提供協助。

　　當高齡者身心體能愈加衰退，尤其獨居、夫婦居的老人家不僅無家人照顧，社區生活通常也易壓縮，久而久之會造成社會隔離，後果不堪設想。因此醫療及社福界應提供各種服務，一方面主動進入老人的家與之互動，同時完成家務或者護理等服務。另一方面也應該帶老人到他熟悉之各式社區場所，參加設定好的各活動，如音樂、工藝或者其他具療癒／育效益之活動。這些場所包括日間中心、日間照顧、關懷據點、老人服務中心、老人活動中心等，可與健康老人區隔，也可適宜的合併舉辦。事實上，重點在盡量讓身心屢弱的老人家仍保有某程度社區生活，延續其與社區的互動。包括帶着坐輪椅的老人家去市場、廟會、公園、逛街、吃小吃等。因為這才是社區老人過往最熟悉的生活環境，不管體能如何變化，促使他們持續與之互動，正是在地老化的要旨。

　　如果從 Bush-Brown（1996）提出的自我完美與委身自我服務社會二項，造就「探索、驚奇、成長」有意義生命的途徑來看，家庭或者是完成自我完美的基地，社區之社會環境則是委身自我施展場域的起點。所以不可忽視社區中老人們學到老以及從事志工、參與宗教活動、甚至工作的場所，尤其那些已讓老人認同的活動與場所。不同年齡層的鄰里居民也應該體認到老人眼中認同的那些社區之軟硬體，協助維護之，才是在營造一個療癒／育性社區給老一輩的世代，其間也具有世代交替、傳承地方文化的意義。當然這中間老一輩也要有雅量容許年輕世代因應更

大涵構之變遷，對於社區文化與社會、經濟所提出的創新與變革。共同成就各世代自己的探索、驚奇、成長的有意義生命。

從上角度言，關懷與營造老人家豐富的社區生活，不應該只從社工服務的角度讓老人參與一些活動，動動筋骨或頭腦，快樂一段時間就好了。而更該注意那些對老人家有意義的活動。同時除了着眼追回過往的記憶外，也該注意、鼓勵老人家在他們自己關心的範疇與領域，持續追求新知、體驗，甚至完成自己向來有的夢想。處理上述社區的自然與社會兩種環境以營造療癒／育性社區，我們還得注意其實它還擔負有保健與預防疾病、減緩老化之任務，尤其對於身體健康或大致健康，以及有些慢性病但仍能自理的老人家而言，重點在於營造療育性社區，一切的互動以及必要的社區活動，都應該由老人家以自助的方式為主軸，配合一些公私部門給予的軟硬體協助，共同達成上述保健、預防疾病、減緩老化目標。

這也正是日本長照體系中，自助、互助原則下所提出的地區支援事業及地區綜合支援中心提供的預防性服務。照顧管理員與保健師需評定一般高齡者、特定（屏弱）高齡者屬於何種等級之做法，均在將長照保險之給付系統建立的更完善。一方面合理回應老人不同層級之需求，另方面也釐清保險制度合理涵蓋之範圍。

我國的「長照法草案」才通過，可知其仍重在下節所要討論的照顧環境之建立，並不及於預防、自助的部分。這也可知透過社區的自然與社會環境營造出療癒／育性社區，所需要投入的資源與人力恐怕大宗來自於社區。事實上我們的政府也期望如此，過去六星計畫即有健康社區之營造。依在地老化價值，在地人最了解社區老人之處境與需求，以及在地的社會力與資源。倒是這些社會力受制於過往傳統觀念，常只支持傳統活動，如寺廟只辦廟會活動，宗祠只舉行祭祖儀式等。當社區現今有照顧老人之問題與需求時，這些社會力與資源理應有好的回應，移轉

到這方面共同解決問題。

　　老人家來往社區、前往市街辦事或者出外旅遊，均涉及移動方式與交通工具。很顯然的就社區而言，安全的步道網很重要，其次則是安全的自行車網。因為社區範圍有限，以步行與自行車，老人家即可到達各角落。基本上，這兩種方式可增加老人運動量，對其身心有好處。至於老人騎摩托車（在鄉村尤其普遍）或開車（在市鎮、都會），則需認知反應與感官手腳有一定的靈敏度，當老人身心衰退，則易發生交通事故。事實上高齡者駕駛機車、汽車的被撞機率均高於其他年齡層。當老人家要跨越社區到更遠的地方，則應有便利、安全的大眾交通工具，或者由福利部門、大醫院、教會、NPO 等提供往返的交通工具。

（三）社區的照顧環境

　　此處的照顧環境是指為了服務半自理、失能、失智的在家老人，公私部門在社區提供的照顧服務。我國政府提供的社區照顧有十多項（見表 7-3）。這些服務有的在高齡者的家實施；有的在社區設施中實施。另一種區分方式是，這些服務是對老人本身的、還是照顧者的、或者硬體方面的服務。

　　基本上在家的各項服務均需要相關服務提供者（包含 NPO、社團法人、服務企業等）於社區內或鄰近地區設立站所，派出人員提供到家服務，或老人到站所接受服務。照顧服務的統合任務交給長照管理中心，它與提供一般服務（包括諮詢、資訊提供服務或輔具租售等）的老人服務中心不同。前者設置照顧管理員針對失能、失智老人個案擬定照顧計畫，然後據以執行。由於我國尚未有長期照護保險及完整的服務網，所以此服務尚不及於社區內所有在家之失智與失能老人。近年臺北市各區逐步設置小型多功能之複合性設施，將日間照顧、暫托服務以及失智者團體家屋整合在一處，頗有向日本效法之姿。

表 7-3　老人身心狀況與機構、社區、居家照顧服務對應情形

機構	機構服務	老人狀況	居家照顧	社區服務／設施	
醫院	醫療	（急性）生病	—	—	—
護理之家	醫護、具技術之護士	重度失能（臥床）	居家護理	日間照顧喘息照顧復健服務交通服務送餐服務家務服務（輔具租用、住屋修繕）資訊、服務統合	居家護理所長照管理中心（長照管理員不見得為社區的）日間中心（喘息床位）復健重建所失智者團體家屋居家服務提供輸送單位社區照顧關懷據點設施大小（服務、經濟規模、服務項目整合情形、地區綜合支援中心）老人福利服務中心老人活動中心
長期機構	醫護、具技術之護士	失能（氣切、臥床）	居家護理		
養護機構	照護	鼻胃、導尿管	居家照護		
失智照顧型機構	照護	中度以上失智（具行動能力）、輕及中度失智	居家服務（使用輔具防失手鍊、住屋無障礙）		
安養	照顧（免費、自費）	無人照顧或扶養、能自理			
老人公寓	自費	能自理、健康	—		

　　臺灣的長照體系的發展有其途徑，但就結果言，基本上是參照先進國之理念做法，然後運用臺灣的條件予以推動。所以我們有各種各樣的服務項目，但其服務供應與接受量與質均未達預期。是我們對自己的老人需求掌握得不夠準確？還是因為資訊網絡建立不周全，民眾不周知？亦或整體資源不足？

　　如果以療癒／育性社區檢視前述國內的長照體系，可先從「誰提供照顧」討論起。此處的誰包括個人的居服員、日照員、居家護理師、家

庭照顧者（家人、外籍與本國籍照顧者）、小型機構服務人員。也同時指何種「組織」提供各式的服務，亦即一般長照界所強調的公私混合經濟，希望有公部門、NPO 及私人企業共同投入此社會事業。更上一層的「誰」則可指長照體系政策之擬訂、推動者，含含衛服部中央官員、各縣市地方相關公務人員、以及研究機構之學者專家。我們得先檢視這些建構長照體系的主體們所持的想法、理念，基本上與療癒／育性環境之理念有何差異？個人認為目前我國仍努力於建立可長久之長照體系，著眼結構性問題。因此常以先進國家制度為圭臬，卻少以自己的社會為主體進行設想。至於照顧的品質則寄望於各類服務提供人員、組織之操作守則與訓練上，只希望於其實務上獲得令人滿意的效益。

　　藉著回顧眾多科際互動與發展（包括心理治療界、建築界、護理界、藝術界、景觀界、醫學界、工設界、社工界、公共衛生界），筆者彙總釐清的療癒／育性環境理念，與一般對待老人的長照體系理念最大的差異，在於它設法以統整的架構看待因應老人身心靈全人需求。它不再只是科學確證之醫療、療癒，而是包含日常生活之保健、免疫力增強，加上輔助性、替代性之非藥物療法，以及種種有根據之養生方法。目標是為了讓身心體能由弱轉強，使老化某程度可逆。這與一般單純從照顧面設想，盡力延緩老化的消極態度不同。換言之，我們不能拘泥於老化的無所不在，反而該倡議療育的效益，促成返老還童的逆轉可能。

　　從上說法，我們具體的檢視現有長照體系之缺失如下：

1. 長照體系普遍忽略自然環境對高齡者身心之影響力，尤其在現今全球已面臨氣候變遷以及地方微氣候跟著變遷之危機。
2. 普遍忽略延續高齡者在地即有的社區生活之重要性。
3. 普遍忽略高齡者心裡之需求以及心理療法的重要性。
4. 現有體系重在預防、輔助、支持與延緩老化的長時程管控，未見到短時程、中時程的療育與回復年輕之可能作法。

5. 隨著網路時代的來臨，我們的社會雖然充斥各種片段的復健、養生與醫療之資訊，仍缺乏有關面臨處理老化各問題之整合、可靠知能之資訊傳播，以及大眾自行探索完整資訊、參與醫療、療癒／育的運動。

6. 尤其在地老化與引入外籍看護在本質上是一個不相對應的意圖與作為。

　　因為在地老化之本意在促使老人身處一個熟悉的環境中，尤其是他身邊的照顧者本身。老人最熟悉的照顧者自然是自己的家人與親友。其次，本國人在語言文化習俗上仍是最熟悉的。然而現在我們大部分老人的照顧者卻是從他國移入，老人與外籍看護顯然是陌生的，不僅語言溝通上有障礙。二者要互相熟悉，必須長時間跨越多層面文化、社會、語言之鴻溝，這何嘗容易呢？因此這可說是我國在地老化政策與長照系統建立過程中最大的缺失。

　　最好的辦法是各地區照顧人員之訓練數量應該與各地城鄉需求有所對應。換言之訓練出來的照顧者是本地人，可以就近照顧本地老人。因為他們最熟悉他們，最能了解老人過往之鄰里生活甚至居家生活，可以設法使之盡量持續下去。同樣的，服務提供的組織最好也是在地組織。我國早期推動社區照顧與在地老化時，的確強調了此點，如農委會透過農會基層單位辦理田媽媽社區照顧班，但此理念僅曇花一現未堅持下去。倒是我們的地方仍展現一些社會力，成立在地基金會、社團法人、或既有組織開始承擔自己社區老人照顧工作（呂寶靜，2012）。此部分我們的地方人士與組織，如寺廟、教會、宗親會、農會、漁會甚至國中小、地方診所等，應該充分體認到這是地方組織的責任，大家應一起想方設法配套帶給社區老人有品質的生活照顧。甚至社區中家有老人的家庭也可以組成互助團體，並推廣志工投入照顧社區高齡者之工作。

　　換言之，我們的社區大可承襲社區營造的作法與機制，關注高齡照顧的任務，畢竟社區人士最了解自己的老人家及其生活習性。至於跨地域的老人照顧基金會、協會、NPO 或者社會企業，也應該優先招募並訓練本地人從事擔任服務員。另方面也應主動了解本地社區之一切，以便融入地方，切實回應本地老人之需求，協助其愉快、安全的在地老化。

　　至於照顧的場所，不應該僅限於各老人的家以及提供服務的設施，反而應該擴及整個社區場域，並延伸至都市中某些與老人世代有關的場所，甚至社區、都市所處的自然環境整體。因為老人家熟悉的是這整個環境的人事物。在地老化應該取其好處，同時亦可讓其享受愈趨進步、豐富的整個社區緩慢變化中的生活與環境。易言之，家內與各設施的服務提供者與照顧者應該將老人家不時帶出住屋與設施，到老人大致熟習又有新奇的日常場域，直接接觸其中的人事地物，這種環境療法應有其效益。

　　有關老人照顧的社區設施之種類，目前長照體系所著重的居家服務、護理站、日間照顧中心及關懷據點，與正開發的小規模多功能老人照顧設施，都是不錯的設想。只是這種體系是否在臺灣各角落的社區均適用，則端看各地社區老年人口之特質，以及地方社會、文化差異。這也同時顯示地方人士自己經營自己的老人照顧之重要性。只要當地方社區從事上述事宜時，外界或公部門必須給予適宜之支持與協助，包括法令的調適與資源的投入等。

　　由前文回顧我國各種照顧服務的檢討與建議可知，上述體系至今仍有不少待填補的缺口。筆者在此特別強調一項我們社會文化的缺失——我們的老人照顧普遍缺乏因應老人家心理健康方面的需求，尤其是個人心理疾病的治療。這方面恐怕需要我們的醫界精神科醫師、教育與研究人員大力投入，才有辦法改善。老人心理健康的評估與療癒，應該納入前述的連續整合性照顧，歸屬於個案照顧管理師掌握的範疇。

　　許多老人照顧的討論亦缺乏關注家人、子女與社區居民的角色，只注重主要照顧者與服務人員的技術、態度等。事實上在地老化就該如現代醫療講求病患與家人一起面對疾病的新運動一樣，地方社區居民以及老人的家人也應該成為在地老化的支持力量，共同面對長輩身心的變化，一起營造保健、愉悅、安全又具保全的生活，甚至共同釋然的面對遲早會降臨的死亡。從 Planetree 運動的觀點看，面對快速高齡化的社會，我們的社區居民與家人甚至老人自己，應設法充分了解老化的種種，以及療癒／育性環境／社區之理念，才好以一種中肯的態度與知能，面對處理老化，獲得在地老化的種種好處。

參考文獻

王卓聖、鄭讚源（2012）。臺灣長期照顧制度之發展脈絡及借鑒－歷史制度論。**社會科學學報，19**，90-125。

江亮演（2010）。老人自立與在地老化福利之展望。**社區發展季刊，132**，159-177。

吳錦勳、謝春滿（2006 年 9 月 7 日）。「高齡臺灣」的全新挑戰／在地安養／無憂向晚【封面故事】。**今周刊**，507，56-65。

呂寶靜（2012 年 8 月）。臺灣日間照顧和居家服務之展望。「**臺灣因應高齡社會來臨的政策研討會**」發表之論文。臺北：國立臺灣大學。

林妍如、陳金淵（譯）(2007)。**療癒環境：設計符合身、心、靈的就醫環境**（原作者：B. J. Heulat & T. Wan）。臺北市：五南書局。（原著作出版年：2003）

胡幼慧（1995）。**三代同堂——迷思與陷阱**。臺北：巨流圖書。

周毓文、曹毓珊、莊金珠、蔣翠蘋（2009）。**日本介護保險制度之研究**。經濟建設委員會出國報告（編號：C09804021）。臺北市：經濟建設委員會。

施靜茹（2014 年 2 月 20 日）。回響／在地老化受限多／專家籲鬆綁【願景在地】。**聯合報**。

高淑貴、陳雅美、李育才（2003）。農村高齡者「在地老化」策略基層執行之研究。**農業推廣學報，20**，1-24。

師豫玲、鄭文惠、蘇英足、李宜衡（2009）。臺北市老人服務中心的發展與變革－從文康休閒到區域整合服務。**社區發展季刊，125**，20-30。

陳正芬（2011）。我國長期照顧政策之規劃與發展。**社區發展季刊，133**，192-203。

陳玲穎、葉雅倫（2011）。介護保險下非營利組織的多元經營模式－
　　2011 年日本參訪心得。**銀髮世紀，50**，8-11。

陳惠姿、黃耀榮（2003）。**建構農村聚落社區照顧住宅之規劃研究－以
　　雲林地區為例**。行政院農委會九十二年度委託研究計畫成果報告
　　（編號：92 農科 -1.5.8- 輔 -#1）。臺北，中華民國行政院農委會。

陳韋庭（2006）。日本「在地老化服務模式」參訪心得。**銀髮世紀，30**，
　　4-6。

陳維萍（2010）。從日本介護保險十年經驗談臺灣長期照顧保險的發
　　展。**銀髮世紀，45**，4-5。

曾思瑜、陳政雄、林真如（譯）（2004）。**40 歲開始打造舒適的家園**（原
　　作者：林玉子）。臺北：田園城市。

曾思瑜（2015 年 4 月）。老人日間照顧據點的空間構成與服務模式之研
　　究──以日本武藏野市迷你型老人日間照顧據點為例。「**臺灣老人學
　　學會第二屆第一次年會暨國際學術研討會**」發表之論文。臺北：國
　　立政治大學。

黃松林（2005）。**如何建立社區照顧關懷據點－理念與實務【社會福利
　　專題研習教材第 11 輯】**。南投，內政部社會福利工作人員研習中
　　心。

雷光涵（2014 年 2 月 18 日）。借鏡日本 / 窩在社區「溫暖館」/ 像在自
　　宅【願景在地】。**聯合報**。

葉莉莉、駱麗華（2005）。居家護理在臺灣歷史敘事觀點的思考。**居家
　　護理照護季刊，1**，18-23。

鄧世雄（2010 年 7 月）。臺灣連續性、整合性之長期照護服務發展。
　　「**2010 年兩岸社會福利學術研討會－人口高齡化與養老服務**」發表
　　之論文。南京：南京大學。

關華山（2014）。試論療癒性環境。「**東海大學 GREEnS 總計畫四學術研**

討會季成果發表會：邁向一個年齡友善的社會：活躍老化、智慧社群與社會永續」發表之論文。臺中市：東海大學。

蘇麗瓊、黃雅鈴（2005）。老人福利政策再出發－推動在地老化政策。**社區發展季刊，110**，5-30。

Bush-Brown, A. (1996). The healing environment. In M. S. Valins & D. Salter (Eds.) *Futurecare: New directions in planning health and care environments*. (pp.136-143). Hoboken, NJ: Wiley-Blackwell.

Dishman, E. (2004). Inventing wellness systems for aging in place. *Computer, 37*(5), 34-41.

Mynatt, E. D., Essa, I., & Rogers, W. (2000). Increasing the opportunities for aging in place. In J. Thomas (Ed.), *Proceedings on the 2000 Conference on universal usability* (pp. 65-71). New York: ACM.

National Association of Home Builders. (2015). Aging-in-place remodeling. [Understanding Aging-in-Place and Universal Design]. Retrieved from http://www.nahb.org/en/consumers/homeownership/aging-in-place-vs-universal-design/aging-in-place-remodeling.aspx.

World Health Organizatio (2007). *Global age-friendly cities: A guide*. Geneva: WHO.

第 8 章

銀色景觀，金色生活：
　營造高齡療癒環境

黃章展、黃姿萍

誌謝：感謝東海大學提供 GREEnS 三年期跨領域整合型計畫的機會，不僅催生了許多新的研究成果與跨領域整合型計畫，同時也擴大每一位參與同仁的視野，最難能可貴的是，讓許多原本不熟識的同仁成為好友，使東海大學校園氛圍更為正向積極。最後，還是要感謝最辛苦的計畫主持人蔡瑞明教授，以及所有計畫團隊的參與者。

一、前言

　　臺灣自1993年起，邁入高齡化社會，65歲以上老人所占比率持續攀升。2012年底，65歲以上人口數已達260萬152人，占總人口11.15%；老化指數76.21%，2002年至2012年這十年之間已增加32個百分點（內政部統計處，2013）。那時代為臺灣打下基礎並促成臺灣經濟起飛的青壯年人口族群，正邁入退休養老大關，因而引發高齡人口的銀色海嘯衝擊。大多數人往往認為，人們的平均壽命越長必然加重社會成本與負擔，卻忽略高齡者的「健康」可能才是影響社會成本的關鍵。其實，若能維持高齡人口的健康，即使平均壽命增加，也不易帶給社會過多的成本壓力，反而高齡者可以為社會帶來一股正向力量，同時扭轉一般人對「老年生活」的刻板印象，進而對晚年有較多美好的願景。因此，面對銀髮時代的來臨，不應該限於年老黯淡般的印象，應當接受每個人都會歷經老化的必然性，所以需要規劃完善的體制來因應，欲從服務與關愛的角度來建構高齡社會的新氣象，以促進其穩固發展。

　　學者表示，「健康促進」是面對高齡議題的有效方法，還能預防高齡者罹患疾病與失能（藍祚運，2003）。經濟合作發展組織（OECD）也在2009年提出的「健康老化政策」（Healthy Ageing），倡導「建立健康、安全及友善的社會參與環境」的政策架構，建議各國高齡化政策必需改善老人的經濟以及促進社會生活的整合（Oxley, 2009）。由此可知，高齡人口在未來所占的比例日趨提升，我們應該從多元層面促進銀髮族的健康，以達成OECD提倡的整合目標。從推廣銀髮族健康飲食的對策、安全便捷的交通運輸、及適宜老人家的休閒活動，這是政府、社會及個人日後可共同努力的方向。

　　因應促進銀髮族生理健康的良善發展，療癒心理是一個重要的關注面向，也是本文研究所提倡的核心理念。如何讓銀髮族在退休生活中緩

解情緒及調適身心，進而強化生理機制的運轉，達到健康積極老化的目的，視為未來努力所在。其中，居住環境成為當代高齡永善社會底下需要檢視的聚焦議題。學者表示，若人們可以時時處於適宜的環境之中，將帶給人們的心理及生理狀態極大的益處（葛魯嘉，2005）。我們應該將環境及心理視為共生現象去理解，而不單僅將環境視為外在於人的實體，心理環境成為一個討論高齡生活環境時的重要概念。

　　本文以高齡者為對象，希望建立促進高齡者生心理健康的療癒環境。我們根據此目標來理解高齡者對周遭環境的需求，體認其喜愛偏好，釐清景觀元素對其影響，建立高齡療癒景觀環境的藍圖。其中，「銀色環境」的理念成為「銀色生活」不可或缺的角色；同時可以讓「銀色生活」更加多元活化，迎向「金色璀璨」的人生新階段。有鑑於營造「銀色景觀」中「金色生活」的願景，本文探討高齡者戶外空間使用需求層面及其舒緩身心作用，進而維持良好生心理狀態，此營造高齡療癒環境極具重要價值。因此，我們試圖從療癒性景觀（therapeutic landscape）、療癒庭園（healing garden）等理論，及過去研究者的研究成果為基礎，探討適合長青族的生活環境與療癒性景觀，藉以促進長青族健康的生活環境景觀，並驗證各景觀設計元素、設計準則與長青族的生理、心理及健康關係。

二、文獻回顧

　　本節首先說明「療癒性景觀」與「療癒庭園」等重要概念。早在古希臘和羅馬時期，當時的人們普遍認為，呼吸新鮮空氣、接觸戶外陽光、以及體驗自然環境，能達到恢復健康的療效（Burnett, 1997）。在中世紀時期，當時的醫生認為讓病患接觸自然環境，將能增加病患生心理健康的恢復程度，修道院也透過「庭園」增進療癒效益的構想（Paine &

Francis, 1990）。

　　近年來，自然環境與身心健康的關係一直是研究的焦點，有些研究甚至已證實，自然環境有助於身心健康（Velarde, Fry, & Tveit, 2007; Schweitzer, Gilpin, & Frampton, 2004; Thompson, 2011）。自然景觀不僅可以促進人們的心理和生理健康，同時自然環境也具有減輕壓力、令人愉悅，使疲勞的心理獲得恢復與滋養的助益；也能加速從疾病中復原的能力，長期改善健康和整體幸福感（Marcus, 2007; Velarde, et al., 2007; Lau & Yang, 2009）。除了體驗自然環境之外，國內外相關研究亦證實，透過欣賞戶外的美麗景緻、觀賞自然元素的圖片、或者聆聽自然聲響，均有助於病患產生正面的療癒效果（Ulrich, 1984; Heerwagen & Orians, 1986; Franics & Marcus, 1992；曾慈慧、謝政穎、張俊彥，1997）。另外有水、無水的比照也納為本文研究考量，研究即指出，自然環境中「水」是一個重要的元素，使用者在有水的益康花園景觀的刺激下，其生理及心理均優於處於無水景觀花園的使用者（傅學俞，2013）。

　　進一步地，已有研究提出「療癒性景觀」的整合型概念。療癒性景觀是一種透過環境、社會和個人因素共同作用以維持健康和福祉的方式，關乎於健康的整體社會—生態模式，聚焦於身體、心智、情緒、精神、社會和環境複雜的交互作用上（Milligan, Gatrell, & Bingley, 2004）。療癒性景觀的概念也逐漸修正了過去限定於自然環境的想像。這些特定的景觀不僅提供認同感以滿足人類的需要，亦作為社交網絡的場域，為治療活動提供情境（Milligan, Gatrell, & Bingley, 2004）。

　　早期對療癒景觀或療癒庭園的研究，大多探討現有環境或醫療院所的庭園，對整體對象的療癒狀況、幸福感、健康維持的各種面向（Conradson, 2005; Marcus & Barnes, 1999; Rose, 2012）。然而多數醫療院所的景觀空間，設置之初並未考量庭園療癒效益，故無法依據療癒庭園設計準則，瞭解庭園對使用者之生心理效益的提昇效果與其之間的關

係。此外，在一般庭園中，往往同時包含多樣的景觀元素，例如植物、水、藝術品等，對於個別療癒性景觀元素與使用者生心理效益的關係亦難以界定。最後，過去對於長青族生活環境的景觀設計案例，大多是以設計者個人的醫療經驗為主導（Marcus & Barnes, 1999），其是否具有其他療癒潛能，或適用於其他不同族群高齡者的生活環境，仍有值得深入探討及確認的地方。

　　本文為釐清適宜高齡者的療癒環境，將從細部元素探討自然、人工、有水、無水的景觀元素，對於高齡者的生心理的影響效益及程度差異。考量不同地點的戶外療癒環境營造，使用者的需求也會有所不同，因此我們就地利之便，就近選擇使用東海大學、臺中榮民總醫院兩個不同戶外環境的高齡者，作為本文的研究對象，理解醫療環境及非醫療環境中，兩群高齡者的需求差異，未來將有助於落實營造療癒性景觀環境，俾利於高齡者族群產生正向生心理的效益。

三、研究方法

（一）研究問題

　　本文為探討長青族生活環境的景觀設計準則，以臺中榮民總醫院與東海大學退休教職員宿舍的長青族為對象，用質性訪談的方式去了解他們使用戶外庭園的狀況以及需求性。訪談內容主要包含使用型態、共同使用者、使用的評價，訪談問卷根據受訪者使用此區戶外空間或無使用的狀況，將會改變提問方向（訪談內容請參照附件 8-1）。

　　同時為驗證景觀設計元素與型式，對長青族的生理與心理的影響，我們以景觀模擬相片進行前後測試，獲得受訪者的生理及心理效益。我們共採用四張模擬相片，分別在東海大學退休教職員宿舍及臺中榮民總戶外空間進行測試。四張模擬照片包含，以療癒庭園設計準則所模擬的

自然式療癒庭園、人工式療癒庭園各兩張；自然式與人工式圖片再依據
「有／無水景」的區別，各模擬一張圖，因此共包含一張自然式水景圖、
一張人工式水景圖、一張自然式無水景圖、一張人工式無水景圖（參見
圖 8-1）。

　　本文接著針對測驗心理效益及生理效益的研究工具，進行說明。

1. 心理效益

　　我們以「情境－特質焦慮量表」（State-Trait Anxiety Inventory；
STAI）來測量受訪者的心理效益。此量表以簡短的自我陳述進行評估，
是心理學研究最常使用於測量焦慮程度的量表。「情境－特質焦慮量表」
旨在衡量和區分焦慮的特性和狀態（Marteau & Bekker, 1992），因此量
表包含情境及特質焦慮量表兩個部分，各包含 20 個題項，其中含有 10
題反向題。測量工具採用鍾思嘉與龍長風（1984）修訂的中文版「情
境－特質焦慮量表」，其情境焦慮量表的 Cronbach's alpha 信度為 0.898，
特質焦慮量表為 0.859；再測信度方面，情境焦慮量表為 0.737；特質焦
慮量表為 0.755。這個結果顯示中文版的「情境－特質焦慮量表」是一組
良好且值得可信賴的測量工具（鍾思嘉、龍長風，1984）。「情境－特質
焦慮量表」有 20 題問題，「完全不符合」給予 1 分，「有一點符合」給予
2 分，「頗為符合」給予 3 分，「非常符合」給予 4 分。題項中參雜反向
題，反向題的計分以反向計算。總分數範圍介於 20 至 80 分之間。分數
越高表示焦慮程度越高；反之，焦慮程度則越低（黃美鳳、羅希哲、唐
潤洲，2004）。

　　施測時，對於每位受測者，以隨機方式從四張模擬相片中抽取一
張，在觀看模擬相片之前先以量表測量一次心理狀態，觀看相片後再測
一次，依據前後測的差異來判斷受測者焦慮程度是否改變。

A.「自然式無水景」療癒庭園　　　B.「人工式無水景」療癒庭園

C.「自然式水景」療癒庭園　　　　D.「人工式水景」療癒庭園

圖 8-1　依療癒庭園設計準則模擬的施測圖

2. 生理效益

　　本研究以受訪者的心跳頻率及心律變異性，作為測量生理效益的指標。心律變異性分析（heart rate variability, HRV）是一種評估自主神經系統功能的方法。自主神經系統分為交感神經系統與副交感神經系統，交感神經系統活化時，可使心跳加快、瞳孔放大、腸胃蠕動變慢、排汗增加、肌肉收縮以應付緊急狀況；副交感神經系統則使心跳變慢、瞳孔縮小、腸胃蠕動加快、排汗減少、肌肉放鬆，讓人體呈現放鬆狀態。一般人心跳並非以一個固定的速度跳動，例如激烈運動時心跳數可增加至三倍，一般生活時的心跳間隔也有幾十毫秒以內的微小差異，即便在休息的狀態下也會有相當程度的差異，此種差異稱為心律變異性。心律變異

性的影響因素，包括心跳速率、年齡、日夜節律、急性心理壓力等。心律變異性通常隨著年齡增加，心律變異性過低代表動力學複雜性減少，適應性降低，克服因環境連續變化所需的能力降低（翁根本、何慈育、歐善福、林竹川、謝凱生，2009）。

我們以「心律大師®腕式生理監測器」測量受試者的心跳頻率及心律變異性，瞭解受訪者血壓及自律神經功能的狀況。「心律大師®腕式生理監視器」依據世界衛生組織（WTO）、歐洲心臟學會（European Society of Cardiology）、北美心律及電生理學會（North American Society of Pacing and Electrophysiology）與其他相關文獻的參考，定義出儀器測量的參考值，並提供使用者各項參數的意義及相關可能併發症，便於使用者自我監控管理（ANSWatch®，2004）。本研究將根據「心律大師®腕式生理監視器」的檢測結果，探討相異的景觀元素所產生正向的生心理效益。

（二）研究假設

根據前述的文獻，我們認為接觸自然庭園與療癒庭園，都能產生正向的生心理效益。因此提出下列四個假設：

H1：在庭園景觀刺激下，受試者會產生優於刺激前的生心理效益。

H2：在療癒庭園刺激下，受試者會產生優於刺激前的生心理效益。

H3：在水景的療癒庭園刺激下，受試者會產生優於刺激前的生心理效益。

H4：在自然水景的療癒庭園刺激下，受試者會產生優於刺激前的生心理效益。

（三）試驗進行對象

本研究以臺中榮總與東海大學為研究場地，進行質性訪談，並蒐集

生心理的數據。本研究的對象設定為具溝通能力、可清楚表達其思想狀態，且年滿65歲以上老人（排除中度或重度認知障礙者、重症病患）。在臺中榮總醫院的受訪者包含病患、病患家屬、退休職員、以及志工，此場域男性受訪者比例高於女性受訪者；在東海大學退休教職員工宿舍受訪的研究對象，全數為退休教職員及其家屬，男女受訪者所占比例各半。質性訪談是以達到資料飽和來決定受訪者數，但每一研究場域的訪談上限為20人，訪談過程全程進行錄音，以便訪談後謄錄分析。生心理資訊的蒐集則於每一研究場合各選20人，並隨機分派五人為一組，編出四組進行研究調查。心理數據的收集，則分別於未觀看相片前進行「情境－特質焦慮量表」前測，再於觀看相片五分鐘後進行「情境－特質焦慮量表」後測；生理數據則於問卷前測完成後至問卷後測前的一段時間進行蒐集。

（四）試驗進行地點

　　本文考量試驗品質以及避免受試者被周遭環境干擾，因此在測試空間的選擇上，採照光度良好、溫溼度適宜人體的空間密閉場所進行測試。一般來說，溫度是影響人體舒適度的關鍵，室內人體舒適環境溫度，夏天為25-28度，冬天則為21-23度；就相對溼度來說，夏天在50-60%，冬天在45-55%下感覺最舒適（邱英浩、鄭奕孟、范記騰，2011）。本研究在兩個研究場域中的施測空間的溫度及濕度皆位於標準值內（祥威環境科技有限公司，2013），臺中榮總評估室為溫度22.1及濕度69%；東海大學退休教職員休閒中心教室為溫度21.5及濕度56%。另一方面，就研究測驗場地的量測光度結果顯示，臺中榮總高齡醫學中心的評估室999Lx、及東海大學退休教職員休閒中心教室993Lx的，受試者於舒適照明光度500Lx～2000Lx之間進行測量（黃緯中，2009）。整體而言，本研究盡可能排除影響受試者感覺的受測地點的溫度、濕度

或光線等因素，也盡量使兩個場域的受測條件達到一致。

四、研究結果

（一）質性訪談

1. 研究場域 I：臺中榮民總醫院

本研究與臺中榮民總醫院的高齡醫學中心合作，協助我們蒐集臺中榮總區域的研究資料。我們配合高齡醫學中心唐憶淨主任的門診時間接觸潛在受訪者。在所有受訪的高齡者中，僅八位高齡者會利用榮總的戶外空間，且大部分是基於看病後等待拿藥或等待公車的片刻時段，才停留於此戶外空間。不過也有少數比例的高齡者會在看病後順便前往醫院飲食部門午膳，飯後便於榮總戶外空間區域散步，藉此適度運動以利消化。總體而言，利用榮總戶外空間的高齡者大致上為短暫停留，約莫十分鐘左右，實質使用率並不高。受訪的高齡者們表示，他們的身體不宜久站，長時間站立會使他們產生痠痛與疲累。因此，比較常被高齡者使用的地方，多集中於有休憩座椅的地帶，如果有大樹形成的遮陽區，對他們而言將更為適宜。

大多數活動於榮總院區的高齡者甚少停留使用戶外空間的因素，從心理層面來看，許多受訪者及陪同家屬表示，到榮總多半是為了就診、探病的行為，事後多半不願意繼續停留的原因，在於「面對醫院」會帶給他們的負面情緒、持續感受生病的氛圍，因此很難偏好醫院戶外庭園。少部分原因是源於本研究進行時，適逢榮總第一醫療大樓整建，戶外空間使用範圍更為狹小，也缺乏休憩座椅，使得榮總院區已缺乏寬敞的舒適休憩環境。另有幾位已是榮總老病患的高齡者表示，比起過去幾年，現在到榮總看診病患逐年攀高，在這個場域內的人員組成愈顯「雜

亂」，過於混雜的人口也造成擁擠的不舒適環境。

　　除此之外，榮總院外車流量大，交通帶來的排放廢氣、混濁的空氣也是令高齡者對榮總戶外環境敬而遠之、不願停留的其一因素。有幾位高齡者提及，榮總戶外空氣混濁，而新整治的休憩場域又距離看診的地方太遠，便利性不高，無法提升高齡者特別前往的動機。高齡者在榮總院區的活動，主要是以飲食或是等待家屬拿藥，而且有時戶外空氣實在是太差，他們也更傾向選擇處於室內空間。

　　本研究從上述的質性訪談中，瞭解榮總戶外空間的使用度其實並非很高，高齡者們對於空間的需求元素主要是「空氣品質的優良與否」及「是否有可以坐著乘涼的地方」這兩大考量。對於老人家而言，風太大及陽光過於炙熱都不是令他們感到舒服的自然空間。因此，能改善空氣清新度的條件，像是樹木散發出的芬多精，對於老人家而言是極為看重的。

　　對於未使用榮總戶外環境者來說，鄰近、運動、社交、園藝構成了他們主要的生活元素。多半的老人家均表示非常喜愛花草，甚至有幾位高齡者為我們侃侃而談自己的居家園藝經驗，十足感受其偏愛園藝的態度。受訪的高齡者們說到，置身於花草的視覺與感覺中，使其感到心靈愉悅滿足、以及放鬆心情，也令其感到生活充滿幸福快樂。運動也是他們維持生心理健康及心情愉悅的例行安排，不純粹以運動為目標，也享受其透氣吹風、曬太陽及與他人聊天的感覺。

　　本文從高齡者自述平常使用的戶外空間性質來追索其需求，他們習慣於自家附近的公園或學校操場運動，這些場域吸引他們前往的地方在於「鄰近」的條件。「距離」是高齡者們的考量，活動地點的「就近性」對於較需注意行動安全的高齡者而言，是極為重要。高齡者多依個人需求，選擇早餐前後及晚餐前後時段做適度運動。行動較不便的高齡者，多半會於家中倚靠拐杖行走，偶爾由家人陪同出門曬太陽及吹風。少部

分行動良好的高齡者，會搭乘大眾交通運輸前往較遠的大型公園或山區健走、爬山。整體來說，喜歡在家種植園藝及認識植物的部分高齡者，都因為喜愛接觸花草，將此作為一種生活興緻；喜愛聊天的高齡者，則於老朋友相聚的談天中感到心情愉悅開心；其餘活動，例如像買菜、使用健身器材、游泳等，也能讓高齡者們感到開懷。最後，我們在訪談中也看到性別的差異。男性的高齡者比較偏好爬山及騎單車，但礙於現今身體狀態及腿力退化的緣故，才漸漸以走路散步的舒緩方式進行健身。反觀女性高齡者主要則以散步、聊天為主。

這些高齡者認為，運動時戶外空間的風景及花草樹木的確會影響心情狀態，空氣清新及綠色景緻對於情緒具有放鬆及緩和的增值效應，使流汗後身體更為舒爽，運動健走途中暫且可以忘卻煩惱與憂慮。相對而言，他們較喜愛空曠且有著綠色草坪的空間。高齡者們認為，具有鮮豔花叢、茂密綠草及高大遮蔭樹木的環境，是高齡生活環境理所當然存在的一環。

綜而言之，在臺中榮總的高齡者們使用醫院戶外空間的源由，是在來醫院就診與離開醫院前「等待」的過程中稍作休憩，「樹蔭涼快」與「空氣優良」的場所是其首選。在短暫的休憩中，可以讓他們感到舒服、恢復精神，使頭腦清新的功效。少數高齡者會利用空氣良好且環境清靜的榮總戶外空間進行呼氣運動，例如外丹功、簡易早操等。

未使用榮總戶外空間受測的高齡者們，通常前往住家附近的國小操場或是公園散步及運動，表示排汗後感覺身心更為舒爽，且因加上有美麗的草地更加令他們心曠神怡，偶爾曬太陽也能讓長輩們感到舒服舒適。行動較為良好的長輩們，還會於週末前去臺中著名的幾個登山步道爬山，例如大坑登山步道。在大量排汗的健走過程，能讓人忘記煩惱及不愉快，頭腦如經洗滌般讓思路更加清楚。有少數幾位高齡者們也述說喜愛在單車道享受騎腳踏車的樂趣，騎車後能讓自己身心更加輕鬆。整

體而言，受訪的 20 位高齡者們，對於「動」與健康的正向關連性有著非常強烈的認知，且也會樂於分享自己每天運動的性質與細節，喜歡待在家裡不出門的高齡者，其實比例明顯是偏低的。

2. 研究場域 II：東海大學教職員退休宿舍區

在東海退休教職員宿舍區的訪談中，本文發現高齡者最常使用的校內場域為管理學院及新宿舍中庭，其次為休閒中心、新宿舍周邊、文理大道及東海湖等地方，其餘空間的使用率偏低。這些東海退休教職員的高齡者日常從事的活動以散步為主，其他的活動，如運動、除草、倒垃圾、帶孫子玩、聚會、開會、曬太陽、種菜、買東西、看風景、跳拉丁舞、看報紙、做志工及參加社團等（黃章展、梁雨璇、渠馥伊，2014）。

在管理學院的空間中，社區高齡者的主要活動為散步，他們在此空間散步時有快樂的、輕鬆的心理感受，以及沈浸與欣賞此空間環境。社區高齡者會在新宿舍中庭從事運動及整理活動，他們在此空間從事運動的心理感受還不錯，整理時的心理感受為心情好。在休閒中心的空間中，社區高齡者主要從事開會及聚會活動，他們在此空間聚會時有心情好的心理感受。在新宿舍周邊的空間中，高齡者所從事的活動包含種菜、運動、散步及整理環境，在此空間從事活動的心理感受分別為心情愉快、還不錯、快樂有趣及心情好。在文理大道的空間中，散步及走路是高齡者從事的活動，散步時的心理感受為感覺很美、感覺空氣清新。在東海湖的空間中，高齡者所從事的活動含有看報紙、整理除草、運動及散步，看報紙及整理除草的心理感受分別為輕鬆及心情好。在自家庭園的空間中，高齡者所從事的活動有散步及整理除草，整理除草時心情好（黃章展等，2014）。

大多數人選擇到管理學院散步，是因為管理學院除了有中庭景觀可供人欣賞外，人行空間皆有遮蔽物可以遮陽避雨，活動空間也很足夠，

讓高齡者不用擔心天氣，可以輕鬆散步及欣賞環境。新宿舍中庭則提供居住在此的高齡者一個方便活動的地方，高齡者們也會主動維護中庭的景觀環境，當看到自己居住的環境整潔乾淨，心情也變得不錯。休閒中心內的空間除了提供一般開會場所外，也提供桌椅及乒乓球桌等設施，所以有些高齡者會在此地舉辦聚會，與朋友們互動交流。新宿舍周邊空間環境夠大，車輛也較少，所以高齡者會在此地散步、運動等，而高齡者也都會整理周邊環境，甚至會在此種菜。對高齡者來說，新宿舍周邊環境讓他們在從事活動後心情大為變好、有樂趣。文理大道四周林蔭茂盛，只開放步行，所以對高齡者是個散步的好地方，為數眾多的榕樹參差有序、林蔭間偶然灑落的光線讓文理大道充滿美意，而且空氣新鮮讓人有健康的感覺。東海湖的環境也是讓高齡者散步運動、看報紙、整理周圍植栽環境的一個地方，親水的環境、周邊的矮牆椅，以及被樹林圍繞的環境，讓他們有輕鬆、心情變好的感覺（黃章展等，2014）。

3. 小結

本文比較臺中榮總區域與東海大學退休教職員宿舍區域的訪談結果，發現後者戶外空間使用程度高出許多，活動空間選擇也較為多元，這一方面是因為醫療及非醫療區域在功能與印象上有極大落差所致。但基本上，兩個研究場域的高齡者所喜愛與偏好、或嚮往的環境，幾乎與「空氣」優質與否及「花、草、木」有著緊密連結，並且作為「運動健身」為活動需求基礎為考量因素。人際互動關係上，與朋友及周遭他人接觸，良好群聚關係，透過「聊天說話」，可增強心情愉悅，視為排憂解壓散心的出口。

（二）生心理效益研究

1.「情境－特質焦慮量表」施測結果

本研究利用「情境－特質焦慮量表」測量所得到的受訪者生心理效應，如圖 8-2 所示。其中 VGHTC 代表臺中榮民總醫院區，THU 表示為東海大學退休宿舍區，STAI-1 表示情境－特質焦慮量表的前測分數，STAI-2 表示情境－特質焦慮量表的後測分數。

透過情境－特質焦慮量表分數，本文可以觀察受測者在模擬圖片的刺激下，是否具有緩和緊張情緒等焦慮感受的效果。整體看來，臺中榮總及東海退休宿舍兩個研究場域的受訪者於後測時，情境－特質焦慮量表分數都有降低的趨勢。40 位受試者中，僅有 4 位焦慮指數是維持不變的狀態。由此思索，模擬景觀圖對受試者，存有正向效益；換言之，在景觀模擬草木景緻對於人或多或少有所影響。本文於此前提下，解析四張模擬圖的核心元素－自然、人工、有水、無水的療癒庭園－的作用。

本文探討自然造景及人工造景對改善高齡者的心理層次的差異；透過比較有水與沒水元素的影響，探討水元素加諸於生心理狀態的作用。我們以下將進行簡單的比較討論。

首先，本文將臺中榮總的 20 位樣本的後側的「情境－特質焦慮量表」分數（STAI-2），區分為四組，可以發現看完「人工水景模擬圖」的焦慮程度最低，平均 22.6 分，其次是「自然景模擬圖」，平均為 22.8 分。就東海退休宿舍區的高齡者來說，看完「自然景模擬圖」與「人工水景模擬圖」後的焦慮程度是相同的，平均為 24.4 分，但細看樣本的情境焦慮分數的變異性，其中有一位在觀看「自然景模擬圖」後呈現焦慮的極端值，拉高全體數值的平均數。相較而言，「自然景模擬圖」可能還是比「人工水景模擬圖」良好。

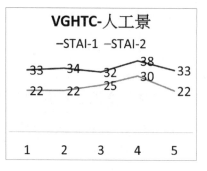

A. VGHTC-人工景

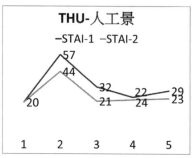

B. THU-人工景

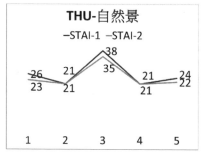

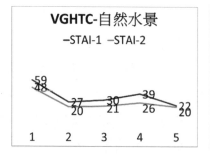

C. VGHTC-自然景

D. THU-自然景

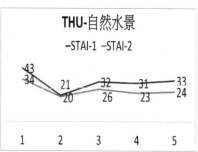

E. VGHTC-自然水景

F. THU-自然水景

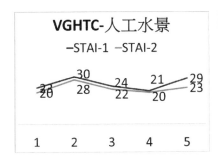

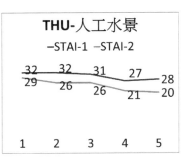

G. VGHTC-人工水景　　　　H. THU-人工水景

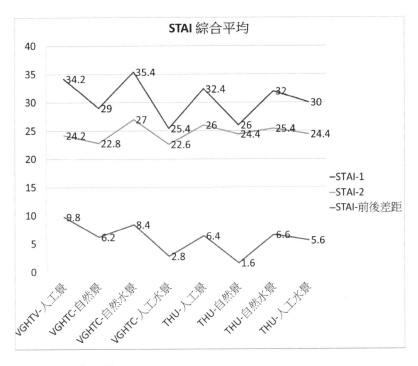

I. STAI 綜合評估

圖 8-2　本研究測得受訪者心理效益

依照「情境焦慮量表」的數值，綜合兩區域的分析結果，可以發現「自然景模擬圖」及「人工水景模擬圖」使降低焦慮程度。榮總受試者受

益於「人工水景模擬圖」較多，其焦慮程度降低最多，再者是「自然景模擬圖」。而東海退休宿舍受試者對於「自然景模擬圖」的感受度較優，再者才是「人工水景模擬圖」。

反觀另外兩組「人工景模擬圖」及「自然水景模擬圖」的效益，受測者的後測的情境焦慮量表分數平均相對較高，即焦慮情緒較多。但這並非代表此兩組模擬圖對於人們的心理情緒或感受度是沒有影響的。我們比對數值，發覺到一些值得繼續探究的重點。在焦慮狀態明顯降低的四種模擬圖中，降低幅度最大的是「人工景模擬圖」，其次則為「自然水景模擬圖」；然而此兩組圖片正是單獨看後側情境焦慮指數（STAI-2）時，數值並沒有那麼低的兩類別。換言之，「自然水景模擬圖」及「人工景模擬圖」的效應，或許其實是在於可以使得人的焦慮情形在短時間的情況下獲得明顯的正向刺激。反觀面對「人工景模擬圖」及「自然水景模擬圖」時，雖然個人焦慮指數並未如同「自然景模擬圖」及「人工水景模擬圖」低，但卻明顯降低焦慮程度，即可以達到大幅度改善原本焦慮憂慮的情緒。

根據以上觀察，本研究認為，受試者可能天生就喜愛天然的「自然」景致，接受度高，且會自然而然地感受舒適環境的效益。再者，「人工」加上「水景」對於受試者而言，美麗的設計與搭配，結合了舒適與融洽的感覺，也可自然放鬆情緒。然而值得注意的是，「自然」造景結合「水」元素，強化了放鬆壓力的效果，可是「人工水景」去除掉「水」的元素，反而更能降低受試者的憂慮情緒，顯然人工景加上水的元素，並未達到畫龍點睛的效果。因此就景觀的設計安置上，兩個不同的取向必須要有不同元素來加以搭配。

另外，本文觀察兩個研究場域的差異，我們從分析數值看出，臺中榮總院區受測者對「人工景模擬圖」的感受最明顯，「人工水景模擬圖」的情境焦慮指數為最低。對於榮總的受試高齡者來說，顯示「人工造景」

元素是影響力高的重要因子。另一方面，東海大學退休宿舍區高齡者，「自然水景模擬圖」的數值變化差異為最明顯，「自然景模擬圖」的情境焦慮指數為最低。這表示，對於東海大學受試高齡者來說，「自然造景」元素是影響力較大的重要因子。此值得進一步探索的意義在於，兩個距離只有一個大馬路寬的地點，影響高齡者生理福祉的景觀元素為何有如此殊異？

我們認為，上述的差異或許可以從環境與活動者的背景加以解釋分析。榮總受測高齡者的職業頗多為「榮民及軍人」，另一方面，東海大學退休宿舍區則為高齡退休「教師」。元素性質的刻板印象論定的話，「水」的元素一般都被定義為較為柔和、無定型的代表；「人工」化則較傾向於剛硬、被制約的代表。由軍人人格特質與教師人格特質的對比，進而建立假設猜想，從各別深度探索中去釐清，一個人及職業所賦予的特質是否影響一個人在接收景觀元素的偏好，或許可以從這進行理解與探討，從而找出各項景觀元素所影響心理的強弱根源。因此，上述的差異也可能與人的年齡或是生活背景有著密不可分的關連，必須透過更加深入的訪談才可能歸結出原因。我們建議未來或許能著眼於受試者「職業」、「社會階層」、「習慣及喜好」或「生活風格」等社會文化角度進行分析。

2. 生理效益：心律變異度（HRV）及心率（HR）變化

本研究同時也透過心律大師測量受試者刺激前後的生理變化，包含受測者心律變異度（HRV）及心率（HR）數值是否有顯著的波動，藉此了解四張不同的景觀設計元素圖，帶給人體生理負面或是正面的影響。根據文獻回顧得知，恢復良好及穩定的心跳或心律狀態，將能達到放鬆及緩解人體情緒上的助益。

（1）臺中榮民總醫院區

本文先探討四組模擬圖對臺中榮總區的高齡者的生理作用。在「人工景模擬圖」組，心律變異性平均值有微幅上升而後即下降，心跳部分並未有明顯的差異，整體看來，波動不僅不夠規律穩定且變化幅度極小。而「自然景模擬圖」組的部分，頗多樣本的數值歸納為不正常狀態，即 HRV 值過低（15 以下），或 HR 值過高（100 以上），因此平均值起伏也變得比較大，明顯上升卻又明顯下降的情形。僅有一位受試者，在給予刺激後，發現有心律明顯升高且以此升高數值穩定維持 270 秒，心跳波動也呈現穩定狀態。

「人工水景模擬圖」組，心律變異性平均值呈現短暫明顯下降，呈現較不活化的生理徵候，但心跳卻略為下降，整體分析而言，波動缺乏穩定規律模式，無法斷定其效益，即並未因為刺激後而有所變化。個別例外狀況這個組別中，有一位受試者的 HRV 未處於正常範圍之中，刺激過後回歸正常數值範圍內，直至最後仍維持；另一方面，HR 值同時也從心跳超過 100 的緊張快速狀態回到平緩跳動。

「自然水景模擬圖」組的狀態，也無一致性或共同明顯的變化，一樣是起伏的浮動現象。此組別之中，也只有一位受試者在受刺激後，開始產生不斷飆高的 HRV 值及 HR 值，出現過於亢奮及心跳快速的生理現象，造成受試者某種程度的躁動狀態，產生劇烈的變異性。

總而言之，本文無法從臺中榮總的 20 名受試者的測試結果，歸納出四張景觀模擬元素的個別成效，測量結果並未得到統整性的結論。況且極端變化的樣本於各組中僅有單一案例，因此難以加以推斷評測。其次，加諸於此大變化的可能因素，包含受測者個人本身的身體及個性等諸如此類等因素，在本研究中難以控制。因此，臺中榮總 20 位樣本數，變化不顯著、缺乏規律性，各組別無整體差異度，生理反應狀態與本研究的刺激因子的關聯並未達到顯著表現。

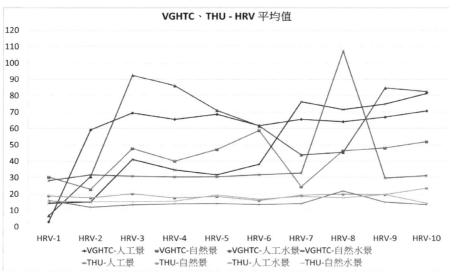

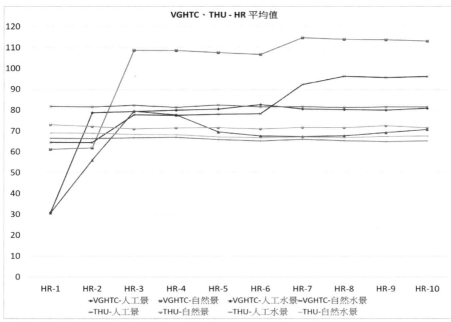

圖 8-3　本研究測得受訪者生理效益

（2）東海大學教職員退休宿舍區

接著，東海大學退休教職員退休宿舍區的 20 位受訪者，數值變化極其微小；相較於臺中榮總區的受試者，東海大學受試者的 HRV 值整體平均處於較低的範圍，許多樣本的 HRV 值皆未達 25，心律活性不高，心跳全都在正常穩定狀態。從各個組別來看，也未有統一的特異性存在，刺激前後也並未有太大的波動，整體呈現微小幅度的起伏現象。

本研究比較兩個試驗地點，相對於臺中榮總的結果，東海宿舍區有較多受試者在經歷 120 秒圖片刺激後，有著極微短暫的「正向幅度變化」，他們的「心跳更為緩和」，伴隨著「心律活性升高」的現象，雖然缺乏穩定及持久性，卻是本研究原本預期達到的心理數值效應。

3. 小結

總結臺中榮總區及東海退休宿舍區的高齡受試者們生理測試情形，HRV 及 HR 值的整體變化，皆未達到預期所期盼的狀態。後續研究方向應從以下幾點進行改善。首先是增加樣本數量；其二可加強本研究所設計景觀模擬圖的元素理念；第三應考量受測者本身的狀態並加以說明；最後為調整測量機器、方式及地點。

五、後續研究及建議

本文訪談後得知受試對象戶外庭園的使用狀況及需求面向，透過生心理測試也初步呼應「景觀元素」能帶給「銀髮高齡族群」良好的生心理感受，促進更健康與快樂的生活品質。療癒環境能使銀髮族適當克服因為年老或行動不便而產生的心情低落不安，並適時透過戶外環境加諸其正向力量，自然而然適應閃亮的後半人生階段並達到自我調適。進行研究後，我們也發現，銀髮族可能會因為場地、社會階層的關係，而對

不同的景觀產生不同的感受，導入未來細部研究的方向，釐清景觀環境與高齡生活福祉兩者之間的關係，確認、辨明任何景觀元素的適合對象及其利用的效益動機。

藉此，提出哪些景觀環境可以有效緩和高齡者心理情緒與降低負面情緒，使他們生理也能更加年輕活化，達到提高銀髮族生心理愉悅的效果，對社會日漸攀升的高齡者族群，帶來實質上的助益。臺灣景觀設計若在未來能以「療癒性景觀」與「療癒庭園」為基礎，盡一份心力營造一個讓高齡社會充滿「金色生活」的「銀色景觀」，那將可能為銀髮族嚮往的美麗生活願景奠立發展方向。同時透過研究成果實質規劃打造療癒性的環境，以增強環境景觀元素與人之間的正向互動。

附錄8-1：質性訪談大綱

- **使用戶外環境者**

1. 通常使用或停留的時段？時間長度？

2. 如何使用？獨自使用或是和其他人一起？

3. 使用這個空間的原因？

4. 在這個庭園能讓您產生何種感覺？是什麼事物能讓您有這些感覺？

5. 對你而言這個空間是否需要改善？

6. 如果這個戶外空間要改善，您希望能保留、增加或改變哪些事物？

7. 您希望未來能在此戶外空間進行那些活動？

- **非使用戶外環境者**

1. 不使用這個庭園的原因為何？

2. 就目前這個空間而言，您希望能有何用途或可進行的活動？

3. 目前您都是在哪裡進行這類活動？吸引您去使用的原因為何？

4. 通常和哪些人一起使用？

5. 對您而言，在那裡會讓您產生何種感覺？是什麼事物讓您產生這些感覺？

6. 如果這個戶外空間要改善，您希望能保留、增加、改變哪些事物？

附錄8-2：研究受訪者一覽表

臺中榮民總醫院區域 - 受試者年齡及性別統計

年齡 性別	65-69	70-74	75-79	80-84	85-89	90-94	合計
男	0	1	1	5	7	1	15
女	3	0	1	1	0	0	5
合計	3	1	2	6	7	1	20

東海大學退休教職員工宿舍區 - 受試者年齡及性別統計

年齡 性別	65-69	70-74	75-79	80-84	85-89	90-94	合計
男	3	2	5	0	0	0	10
女	3	4	2	1	0	0	10
合計	6	6	7	1	0	0	20

參考文獻

三淵企業有限公司（2003）。**照度計 DX-100（儀器說明書）**。臺北：三淵企業。

內政部統計處（2013）。**內政部統計年報**。臺北市：內政部。

邱英浩、鄭奕孟、范記騰（2011）。歷史建築再利用計畫之物理環境評估方法研擬。**建築與規劃學報**，**12**(2)，93-118。

翁根本、何慈育、歐善福、林竹川、謝凱生（2009）。心律變動性分析。**臺灣醫界**，**52**(6)，12-15。

祥威環境科技有限公司（2013）。**多測項空氣品質分析儀（儀器說明書）**。取自 http://www.sunwayenvi.com:81/Ch/Handheld%20Indoor%20Air%20Quality%20Analyzer.html

傅學俞（2013）。**益康花園的生心理效益—水景景觀的效果**（未出版碩士論文）。東海大學，臺中。

曾慈慧、張俊彥、謝政穎（1997）。醫院景觀環境差異對病人生心理反應之研究。載於**第十屆建築研究成果發表會論文集**（pp. 573-576）。臺北：恩楷出版社。

黃美凰、羅希哲、唐潤洲（2004）。保母人員技能檢定應試者焦慮程度及其技能檢定結果之研究。**嘉義大學通識學報**，**2**，201-236。

黃章展、梁雨璇、渠馥伊（2014）。高齡者對於社區景觀營造之需求——以東海大學宿舍區退休教職員為例。「**第 12 屆造園景觀學術研討會**」發表之論文。臺北：臺灣造園景觀學會。

黃緯中（2009）。**高齡者在環境氛圍建構下的起居室照明需求研究**（未出版碩士論文）。國立臺北科技大學，臺北。

葛魯嘉（2005）。對心理環境的考察與探索。**遼寧師範大學學報（社會科學版）**，**28**(5)，51-54。

鍾思嘉、龍長風（1984）。修訂情境與特質焦慮量表之研究。**測驗年刊，31**(1)，27-36。

藍祚運（2003）。臺灣人口的老化對未來健康面的影響。**臺灣公共衛生雜誌，22**(3)，237-244。

ANSWatch®（2004）。**心 律 大 師（儀 器 說 明 書）**。取 自 http://taiwanscientific.com.tw/doc/ANSWatch-users-manual.pdf

Barnes, L. L. B., Harp, D., & Jung, W. S. (2002). Reliability generalization of scores on the Spielberger State-Trait Anxiety Inventory. *Educational and Psychological Measurement, 62*, 603-618.

Conradson, D. (2005). Landscape, care and the relational self: Therapeutic encounters in rural England. *Health & Place, 11*(4), 337-348.

Francis, C., & Marcus, C. C. (1992). Restorative places: Environment and emotional well-being. In *Proceedings of the 24th environmental design research association conference*. Boulder, CO., EDRA.

Gesler, W. M. (1993). Therapeutic landscapes: Theory and a case study of Epidauros, Greece. *Environment and Planning D: Society and Space, 11*(2), 171-189。

Heerwagen, J. H., & Orians, G. H. (1986). Adaptations to windowlessness: A study of the use of visual decor in windowed and windowless offices. *Environment and Behavior, 18*, 623-639.

Lau, S. S. Y., & Yang, F. (2009). Introducing healing gardens into a compact university campus: Design natural space to create healthy and sustainable campuses. *Landscape Research, 34*(1), 55-81.

Marcus, C. C., & Barnes, M. (1999). *Healing gardens: Therapeutic benefits and design recommendations*. Hoboken, NJ: John Wiley.

Marcus, C. C. (2007). Healing gardens in hospitals. *Design and Health, 1*(1),

1-27.

Marteau, T. M., & Bekker H. (1992). The development of a six-item short-form of the state scale of the Spielberger State-Trait Anxiety Inventory (STAI). *Journal of Clinical Psychology, 31*, 301-306.

Oxley, H. (2009). Policies for healthy aging: An overview. *OECD Health Working Papers, No. 42*.

Paine, R., & Francis, C. (1990). Hospital outdoor space, In C. C. Marcus & C. C. Francis (Eds.), *People Places: Design guidelines for urban open spaces* (pp. 263-288). Hoboken, NJ: John Wiley.

Rose, E. (2012). Encountering place: A psychoanalytic approach for understanding how therapeutic landscapes benefit health and wellbeing. *Health & Place, 18*(6), 1381-1387.

Schweitzer, M., Gilpin, L., & Frampton, S. (2004). Healing spaces: Elements of environmental design that make an impact on health. *The Journal of Alternative and Complementary Medicine, 10*, 71-83.

Thompson, C. W. (2011). Linking landscape and health: The recurring theme. *Landscape and Urban Planning, 99*, 187-195.

Ulrich, R. S. (1984). View through a window may influence recovery from surgery. *Science, 224*, 420-421

Ulrich, R. S. (1986). Human responses to vegetation and landscapes. *Landscape and Urban Planning, 13*, 29-44.

Velarde, M. D., Fry, G., & Tveit, M. (2007). Health effects of viewing landscapes: Landscape types in environmental psychology. *Urban Forestry & Urban Greening, 6*, 199-212.

第 **9** 章

年齡友善的公共設計
以高齡者在鄰里公園之座椅使用需求為例

李俐慧

誌謝：本文得以完成首先感謝東海大學GREEnS計畫的經費補助，共同研究者楊雪屏、陳詩盛兩位研究生在田野調查與資料分析上付出相當的時間與心力，其貢獻不可抹滅。另外，專任助理黃冠萍亦在本文的研究資料彙整上提供許多協助。最後，感謝總計畫主持人蔡瑞明教授的悉心審閱，提供諸多專業、精闢的論文書寫建議，讓本文得以更見研究價值。

一、前言

　　臺灣自 1993 年開始步入高齡化社會以來，持續以高於歐美國家的人口老化速度朝「超高齡社會」邁進，且根據國家發展委員會（2014）的統計預估，臺灣從 2016 年起勞動人口的扶老比將超越扶幼比，高齡者的照顧工作將成為家庭成員的最大責任。在面對高齡社會（aged society）人口結構老化，可能帶給醫療照護體系、國家生產力與競爭力更強烈衝擊的此時，嘗試從多元觀點，探討如何讓高齡者維持身心健康、生活獨立、甚至延長社會功能，是現階段需積極展開對策的重要課題。

　　活躍老化（active aging）與在地老化（aging in place）是當前世界主要國家面對人口高齡化時，所倡議的高齡政策原則。世界衛生組織（WHO）於 2002 年提出活躍老化（active aging）的觀念，定位高齡化政策為「提升高齡者生活品質並達到最適宜的健康、社會參與及安全的過程」（WHO, 2002），以求讓高齡者意識到自己在身體與社會方面的潛力，而能在整個生命歷程中健康地參與社會；與此同時，社會也必須為高齡者提供他們所需的保護、安全和照顧。「在地老化」（aging in place）則是主張應讓高齡者在其一貫生活的住宅、社區中自然老化，以維持其自主、自尊、隱私的生活品質。

　　就臺灣社會而言，落葉歸根的文化與高齡者對在地社群的高依附性，更是發展在地老化政策的推動要因。根據內政部調查（2009）指出，臺灣有 22.75% 的高齡者認為「與朋友聚會聊天」是日常生活中最主要的活動。內政部亦於 2010 年提出「村里集會所活動中心興建修繕暨老人福利設施修繕及充實設備專案計畫」，旨在於讓高齡者可以在熟悉的環境，消磨時間、追尋自我價值、增加地方的共識與貢獻、建立友誼交流，以維持高齡者在社會上的活躍程度，積極強化社區照護與關懷的力量，以達社區之永續發展。

社區的鄰里公園是高齡者經常與朋友聚集交流、進行休閒運動的公共場域，然其對高齡者的友善度明顯不足。筆者從初步田野觀察發現，雖然現有鄰里公園的硬體建設提供美化的景觀形貌，因應一般大眾的使用需求，但仔細觀察高齡者在公園中的行為樣態，可察覺公共空間的設計無法確實因應高齡者的需求。本文基於活躍老化與在地老化的目標，將從產品環境設計的觀點切入，探討臺灣高齡社會中社區鄰里公園所承擔的社會功能，及在該環境中高齡者的群集行為樣態與乘坐需求。企盼能透過友善高齡的公共設計，讓鄰里公園成為支持高齡者駐留社區的服務資源。

因此，本文先從文獻梳理高齡者的日常活動需求、公共社交空間需求、高齡行為與座椅的關係，再透過田野觀察與訪談等研究方法，了解高齡者在鄰里公園從事戶外社交活動的行為細節，探討人（高齡者）、物（公共座椅）、環（群聚行為場域）三者彼此的互動與影響。再進一步以高齡者的空間行為特質為依據，論述高齡者在公共空間之乘坐需求、及年齡友善取向的公共座椅設計應具備的要點與條件。

二、文獻回顧

本節的文獻回顧乃作為論述鄰里公園中高齡者活動特性、行為樣態、使用需求的基礎，以下將分別從高齡者的日常活動需求、高齡化社會的公共社交空間需求、高齡者社交空間中高齡行為與座椅的關係等面向，進行相關文獻探討。

（一）高齡者的日常活動需求

隨著年齡增長，人們的身體機能會出現退化或降低的老化現象，這些生理變動可能連帶影響心理健康，甚至進而降低或減緩高齡者進行社

會互動、參與社會的熱情。尤其是，高齡者的生理面、心理面、社會面的發展往往是互為影響，因此，本節將從高齡者因生心理變化衍生的行為特性及社會互動，探討高齡者的日常生活需求與活動類型。

　　高齡者常見的生理老化現象可歸納為視覺、聽覺、肢體觸覺、學習能力等四面向，具體的生理表徵包括：空間視覺敏銳度衰退、周邊視野縮小、對聲音訊號的處理能力減弱、情緒易受不當音量的影響、觸覺敏感度下降、記憶衰退、行為反應時間延長等（徐業良，2008）。本研究進一步推論前述生理變化對心理層面及社會互動層面可能造成的影響程度（表 9-1），此推論可與後述所指高齡者易受生心理特徵影響的行為特質對照討論。

表 9-1　高齡者常見的老化現象及對生理、社會層面的影響

老化面向	生理表徵	心理面	社會面
視覺	整體的空間視覺（spatial vision）逐漸衰退，包括視覺敏銳度和對比敏感度都下降。	△	○
	視覺的周邊視野（peripheral vision）縮小。	△	○
	辨別色彩資訊更為困難。	△	△
	察覺移動物體的能力降低。	△	○
聽覺	情緒易受過大或太尖銳的聲音影響。	◎	◎
	聽不見高音頻的聲音。	△	△
	處理聲音訊號的能力減弱。	○	○
肢體觸覺	末端觸覺敏感度降低，覺察壓力、粗糙表面與空間感較不敏銳。	△	△
學習能力	操作產品或機器反應時間較長。	○	◎
	技術學習的能力下降，包括記憶力、感知能力和空間能力。	◎	◎
	前瞻性記憶中「基於時間」記憶衰退比「基於事件」記憶衰退顯著。	○	◎

註：△＝影響程度低、○＝影響程度中等、◎＝影響程度高

　　根據高齡者的身心狀態變化，高齡者的行為表現具有四個特性。首先是維持自主與獨立的需求；高齡者退化的生理機能易導致自信心降低，對事物的變通與適應性也隨之下降，因此害怕對生活失去控制感與獨立感。第二是關於友誼的需求；「與朋友聊天聚會」是高齡者日常活動的重心，他們經常透過與親友交換時事資訊，維持與外界溝通接觸以獲得精神支持。第三體現為反應時間增長與動作緩慢；高齡者由於視聽力、肌肉、關節、心肺等功能退化，而且高齡者時常藉由生活經驗產生行為反應，因此在面對刺激時，需要較長的時間進行反應、動作顯得遲緩，此生理的變化易導致高齡者有較多安全上的考量。最後是關於人格的連續性，這是指人的個性與人格特質不易改變，因此人們在年輕時所形成的人格特質與行為模式，到年長時依然會保留（黃富順，1995）。

　　基於生心理因素影響，高齡者日常活動內容多為規律且固定，少有劇烈變化；且無論在城市或鄉鎮，高齡者進行休閒與社交活動的範圍，多半以居家空間與鄰近社區鄰里公園為主。臺灣地區老年人中，高達98.2%的高齡者具有參與休閒活動的習慣，並以參與室內靜態活動（例如：看電視、閱讀書報等）的比例居高，參與戶外靜態社交活動（例如：外出拜訪親戚、與朋友聚會、或與鄰居聊天等）亦為數不少，其他的活動包含從事個人興趣或嗜好、各種體能活動等（莊婷婷，2013），其中體能鍛煉、聊天、團體活動，是高齡者最常於公園中的活動類型。體能鍛練包括散步、打太極拳、土風舞等群體或個人活動，活動時間集中於清晨或下午；聊天是指言語交流活動，多為兩人以上群體，常伴隨體能鍛練、觀賞風景等行為；團體活動是一群具共同喜好而自組的團體，定期在固定的場所進行打牌、下棋、唱歌等活動（任超，2005）。

　　根據上述文獻可知，高齡者日常生活中除了居家內的起居活動外，他們為了維持生理健康而有休閒運動的需求，為了心理安適有社交群集的需求。社區鄰里公園是一個能承載多類型活動而廣被居民使用的公共

空間，尤其因為其物理距離上的可及性，使高齡者常在生理條件的考量下，偏好選擇社區鄰里公園作為與街坊親友群集交流的活動場域，並在其中達成娛樂與休閒的目標。

（二）高齡化社會的公共社交空間需求

高齡者基於身體能力、心理安適、社交生活圈、地緣關係等因素考量，通常選擇鄰里社區空間作為公共社交場域。蔡淑瑩（2011）比較臺灣都市與鄉村高齡者的社區公共設施需求，她指出鄉村與都市高齡者都對公園綠地有高度的需求，比例高達 52.5% 及 67.5%。公園綠地為高齡者在社區中最常使用的公共設施，在生活中極具重要性。此外，對於提供高齡者進行社交活動的空間場域需求，安全性必然是第一優先的考量，因為安全性經常是阻礙老人參與休閒活動的因素之（林佳蓉，2002；陳漢志，2002）。因此，活動與場地的方便性與安全皆為推動老人休閒活動的重要考量（施清發、陳武宗、范麗娟，2000）。

公園綠地等公共空間提供人們進行休閒與群集社交活動之用，除了必要的安全考量之外，如何因應人們活動行為的需求，提供適度合理的功能，是公共空間設計規劃上的重要原則。因此，探討高齡友善之鄰里公園公共設計時，應同時檢視高齡者個人、團體及整體環境的關係。以公共座椅為例，一般常用的人因研究大多只提及座椅各部位的人因尺寸及設計準則，較少論及座椅使用與環境的關係。基於此，本文引用環境心理學觀點，檢視使用者、物件、空間環境三者的交互作用，探討高齡者使用鄰里公園之座椅的狀況及需求。

生態心理學家 J. J. Gibson 提出的環境示能性（affordance），意指「環境提供給動物之意義與價值」，那是確實存在於環境中、可直接知覺的性質，並非透過知覺者的演繹而導出的（後藤武、佐佐木正人、深澤直人，2004：21）。不管動物是否在意識下知道或注意物的行為可能

性，也不管評估行為是否能被執行，只要雙方符合行為關係便存在（郭映廷，2010）。鄰里公園是一個可承載鄰里居民多種休閒與運動型態的活動空間，在考量高齡者的生理條件下，鄰里公園的設置應為日常生活步行可及，可提供戶外休憩活動、散步、社交、運動等場所，並提供遮蔽、座椅、植栽與遊憩等基本設施（林宏晉，2004），同時必須能提供高齡者個人及群集活動時因應不同需求的環境示能性。羅惠齡（2009）更指出，優質公園應能促進健康休閒環境與社交參與機會、安全性設施建設、保存及延續當地文化特質、交通可及性及便利性，以提升中高齡者對公園使用性。

　　本研究彙整了高齡者使用公園環境、聚集行為與地點等相關研究文獻，從時間、空間與距離、公共設施等面向梳理出高齡者群體行為的特徵，並進一步陳述高齡化社會的公共社交空間需求。

1. 時間

　　高齡者聚集頻繁時間為下午三點至下午六點（薛方杰、潘冠志，2009），這段時間為高齡者午休後，出外與朋友聊天，吸收朋友們生活資訊的最佳時間。以臺灣地區的氣候條件而言，若是在春夏時節，此時段的日曬雖已稍微緩和，但仍應考慮高齡者的遮陽需求；若是在秋冬時節，則可能在將近傍晚時天色已暗或起風變涼，故應考量提供周邊照明與擋風等功能設施。

2. 空間與距離

　　上一節曾述及「聊天」是高齡者在公園中主要活動之一，故提供能滿足聊天需求的空間亦是必要的。向心性的空間可吸引來自四面八方的人，是一個易於聚集的地點，也是資訊交流最好的形式（王錦堂、賴明茂，1991）。高齡者由於生理條件退化，與他人的互動距離較為緊密，

且小圈圈形式的團體也有利於對抗外來的侵犯，因此偏好有安全感且具有隱密性的空間環境（邱俊村，2002）。任超（2005）亦指出，設計交談的空間時，應注意空間的多樣性，並保留適當的空間私密性，且應明確規劃出活動場域的空間界線，避免場地使用者產生爭執。另外，具有穿透和流動的空間可刺激高齡者的腦部，延緩老化（薛方杰、潘冠志，2009），可增加彼此聊天時的話題，讓高齡者與社區環境融為一體。

3. 公共設施

考量高齡者身體退化的需求，公共設施的環境示能性需注意以下幾點：（1）配合乘坐時連帶產生的多元活動提供可彈性調整的座椅配置；（2）具適當依靠與遮陽的空間環境，以支應較長時間的活動以及增加舒適度，並且增加使用率以促進交流互動；（3）由於高齡者對空間應變能力變差，因此穩定性高且可眺望周圍環境是對高齡者較為友善的空間考量（薛方杰、潘冠志，2009），不穩定的環境容易造成高齡者的心理壓力。

（三）座椅設計與高齡者行為之關係

在座椅相關變項因素研究中，影響使用的因素包括座椅高度、扶手、座椅型態、座椅靠背等（Janssen, Bussmann, & Stam, 2002）。座椅型態包含了結構、寬度、高度、長度或材質等設計細節，這些細部條件的差異，可能影響乘坐者的行為模式與心理感受；而高齡者在身體能力與行為模式上具有族群特質，故需進一步探討座椅設計與高齡者行為的關係。

1. 座椅扶手與高度因素

有關高齡者從標準座椅起立的研究顯示，高齡者在站立過程透過

扶手的輔助，能減少身體前傾並平衡重心；而且使用扶手輔助站立比無使用扶手輔助，可以減少膝關節與髖關節的受力情況（Wretenberg, Lindaberg, & Arborelius, 1993；Etnyre & Thomas, 2007）。　另　外，Siggeirsdóttir 等人（2002）比較四種不同座椅進行坐姿轉變為站姿的移動時發現，較低或具有傾斜靠背的座椅對於高齡者而言是較難從坐姿轉變為站姿，而具有扶手的座椅較能輔助高齡者站立（Wheeler, Woodward, Ucovich, Perry, & Walker, 1985；Siggeirsdóttir, Jónsson, Jónsson, & Iwarsson, 2002）。高齡者的設計需求比年輕人更複雜，鄰里公園的公共座椅在設計上更應該多顧慮高齡者的座椅使用行為，以友善高齡者從事休閒活動。

2. 座椅形式與配置

基於個人空間（personal space）的概念，人們會根據所處的場域、情境狀況，選擇自身感覺最舒適的距離和身體方位（西出和彥，2001），因此，人與人之間的距離及身體方向皆會影響人際互動的順暢度。Osmond（1957）將身體相向的空間關係稱為社會親近型（sociopetal），而身體相互背離的空間關係則稱為社會離心型（sociofugal），顯示不同的座椅形式與配置模式，會產生不同的人際距離，因而衍生不同的行為活動，影響使用者之間的互動關係。

依據 A. J. Rutledge（李素馨譯，1995）及候錦雄（1985）兩位學者的研究彙整，公共座椅主要分成條形座、圓形座、弧形座、單方座、單凹型座（圖 9-1）、多凹形座（圖 9-2）等六種形式。座椅排列組合，包括線性排列（一直線、相向與背向）、直角排列、組合群排列（圖 9-3）。單凹型與多凹型座椅因為能提供較良好的社會親近空間，較能因應兩人以上至多人交談的使用需求，對於群集社交有高度需求的高齡者而言應是適切的座椅形式。座椅直角排列配置產生的空間適合小團體使

用，其以直角錯開的座位關係，可避免兩人近身交談時，發生膝蓋相碰的尷尬狀況。組合群排列可依環境條件變換距離及方向，以適應各種不同使用者的需要，具有多樣性的選擇。直線排列的座椅配置，缺乏社會親近性，並不適合高齡者進行社交活動。

　　座椅形式與配置差異對使用行為的影響，對高齡者與一般使用者都有相同的表現，透過解析使用行為與座椅形式的關係，可以歸納出符合高齡者對社區鄰里公園公共座椅的使用需求。但為了顧及鄰里公園中非特定多數使用者的屬性差異，年齡友善取向的公共設計應在不影響一般大眾使用的原則下，提出符合高齡者社交行為的座椅形式與配置。

兩人交談　　　　四人交談　　　　一群交談者

圖 9-1　單凹型座椅

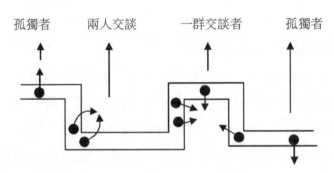

孤獨者　　兩人交談　　　一群交談者　　　孤獨者

圖 9-2　多凹型座椅

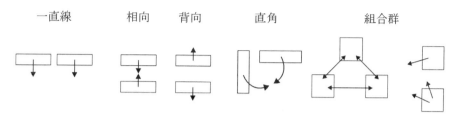

圖 9-3　各種座椅配置之排列組合

三、研究方法

為了解高齡者在鄰里公園從事戶外社交活動的行為細節及座椅使用需求，以探討年齡友善取向的公共座椅設計應具備的要點與條件，本研究分別依據各階段的研究脈絡採用田野觀察法、焦點團體訪談法、社會實驗法，逐步進行調查與分析（圖 9-4）。

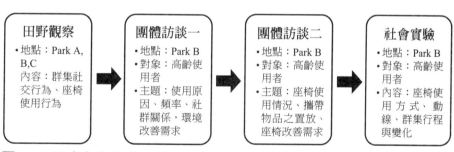

圖 9-4　研究內容與流程圖

（一）田野觀察

本研究根據前述文獻探討所知的高齡者群集特徵，對臺中市西屯區的鄰里公園進行初步田野調查後，選擇三個環境功能有所欠缺且在地緣關係上鄰近東海大學的世貿公園（以下簡稱 Park A）、福中里綠地（以下簡稱 Park B）、世斌公園（以下簡稱 Park C）（表 9-2）進行更詳細的

高齡者「群集社交行為」及「座椅使用行為」的觀察。

各田野之場域概述如下：

1. Park A（表 9-3）為半開放式狹長空間，是一座鄰近臺中世貿中心，有矮牆及樹叢與外界環境區隔的鄰里公園。本研究以面對公園主要入口左側半弧形獨立公共座椅區為觀察區域。研究場域內具有遮蔭的樹群與遮陽篷，地板墊高約 15 公分，拼接式的磚塊舖面可增加摩擦力避免跌倒；乘坐座椅時可遠眺公園內部及其他使用者的動態，該區域最低乘坐量為 32 人。

2. Park B（表 9-4）為開放式狹長型的空間，公園後方為免費停車場。福中里屬於廣場式的聚集空間，緊臨中工二路，可看見人、車潮流動，場域中僅有一處佈告欄可提供遮蔽／包覆的空間條件。研究場域內只有公共座椅及兒童遊憩設備，其餘座椅則為私人提供之塑膠椅。公共座椅旁有高樹遮蔭，座位區內有長型 2 人座座椅共 9 張，圓形矮桌 3 張，圓形座椅 18 張，約可乘坐 36 人，乘坐時可清楚看見來往的人潮。

3. Park C（表 9-5）為半開放式的公園，附近為住商混合區，使用者多為附近的居民，內部附有老人活動中心，且常為高齡者舉辦社區活動，因此可常見高齡者在此活動。研究場域為公園入口處靠近福順路的狹長型走廊，兩旁設有長型 2 人座座椅共 12 張，可乘坐約 24 人，進入公園內前方設有路檔，也可見到高齡者在聊天時會倚靠其上。在此場域從事社交活動時，可清楚看見附近的人、車潮流動的狀態。

表 9-2　田野調查對象三地之環境條件對照

公園名稱		世貿公園 Park A	福中里綠地 Park B	世斌公園 Park C
地理位置		中工二路、天佑街口	天保街與福安十一街交叉口	永福路與福順路間
面積（公頃）		2.7	0.51	0.31
一般公共設施	環園步道	○	×	○
	遊憩設施	○	○	○
	公廁	○	×	×
	廣場空地	○	○	○
	涼亭	○	×	○
	時鐘	×	★	×
	活動中心	×	×	○
可乘坐設備	具椅背木椅	○	○	×
	具椅背石椅	○	×	×
	具扶手椅背木椅	○	○	○
	涼亭石椅	○	×	○
	矮石椅	○	○	×
	弧形木椅	○	×	×
	運動木椅	○	×	×
	塑膠椅	×	★	×

註：○＝有設置、×＝無設置、★＝使用者自行攜入

表 9-3　Park A 場域環境分析

扶手椅背木椅	涼亭石椅
椅背木椅	矮石椅
椅背石椅	運動木椅

周邊環境與相關設備			
周邊景觀環境	涼亭天花板	周邊設備：垃圾桶	架高的地板

場域內座椅概況					
A 型	社區出入口木椅區	路旁木椅	B 型	社區出入口區	路旁座椅區
椅高：48　椅寬：100　椅深：42			椅高：50　椅寬：100　椅深：46		
扶手高度：80　扶手長度：42　椅背長度：40			扶手高度：--　扶手長度：--　椅背長度：46		
C 型	遊樂器材區	路旁座椅區	D 型	方形涼亭區	弧形涼亭區
椅高：42　椅寬：150　椅深：40			椅高：43　椅寬：280　椅深：60		
扶手高度：--　扶手長度：--　椅背長度：50			扶手高度：--　扶手長度：--　椅背長度：--		
E 型	草皮區		F 型	草皮區	使用說明圖
椅高：30　椅寬：不一　椅深：不一			椅高：48　椅寬：150　椅深：80		
扶手高度：--　扶手長度：--　椅背長度：--			扶手高度：--　扶手長度：--　椅背長度：--		

表 9-4　Park B **場域環境分析**

觀察場域範圍(紅色框選部份)	座位配置圖
圖片來源：截取至台中市空間地圖查詢系統	圖片來源：本研究繪製

空間配置與週邊環境	公共設備-佈告欄	公共設備-遊憩設備

公共設備-座椅	公共設備-石桌	石桌與環境的位置關係

石桌與環境的位置關係	私人物-時鐘	私人物-呼拉圈	私人物-塑膠椅	私人物-水

表 9-5　Park C **場域環境分析**

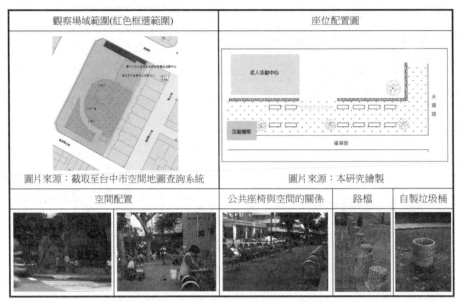

觀察場域範圍(紅色框選範圍)		座位配置圖		
圖片來源：截取至台中市空間地圖查詢系統		圖片來源：本研究繪製		
空間配置		公共座椅與空間的關係	路檔	自製垃圾桶

　　文獻顯示高齡者聚集時間多為上午六點到八點及下午兩點到六點，而且從前置調查已知，下午兩點半以後會開始出現明顯的聚集行為，因此，第一階段高齡者群集社交行為田野調查安排在下午兩點半到六點。觀察期程為 2012 年 11 月、12 月及 2013 年 4 月，此調查時間安排可以觀察到高齡者在秋冬及春季的活動樣貌。第二階段高齡者公共座椅使用行為調查，則因高齡者在鄰里公園聚集且密集出現乘坐行為，多半發生在下午三點到五點半，故本研究選擇在此時段進行座椅乘坐行為樣態調查。觀察期程是 2013 年 3 月、2013 年 10 月、2014 年 2 月，可分別記錄春、秋、冬季的使用行為。上述兩階段田野調查皆分別於三個研究場域執行各三次深入觀察，以照片及文字紀錄的方式進行田野資料蒐集，調查內容包括使用者行為樣貌、移動路徑、停留時間等。

（二）焦點團體訪談

1. 高齡者於公園內群集社交之使用心理調查

經田野行為觀察後發現，Park B 是三研究場域中平均人數最多、重複使用率高、且群集產生的個人樣態最豐富的場域，然而其亦是環境空間及設備條件較不足，但可塑性高的場域。故本研究以團體訪談法瞭解當地高齡使用者主動群集與持續參與群集之原因。訪談於 2013 年 5 月 2 日實施，研究者以主題引導受訪者對談方式進行，訪問時間自下午三點四十至下午四點二十分，共計四十分鐘。訪談實施地點為 Park B 田野現場，受訪人數八人。為取得受訪者自然的反應及實際感受，過程中未限定受訪者的活動範圍，可自由變換位置或採取個人活動，若受訪者自行攀談亦不制止，但僅紀錄與研究內容相關的對話。主要訪談內容包括：聚集此地的原因及相關影響因素、使用頻率、群集社群的向心程度、私人提供品（如：塑膠椅、時鐘）的來源、需要加強的空間或設備等。

2. 高齡者於公園內使用座椅設施之心理調查

針對高齡者使用鄰里公園座椅的情況、使用心理、座椅的功能性、理想座椅的樣貌等內容進行團體訪談，分別在 Park A、Park B、Park C 等場域各進行兩次訪談，並於高齡者經常群集的區域進行，使高齡者能在自然的社交活動氛二到六人不等，故訪談團體人數條件訂為兩人以上即可實施。因研究人力限制，故採錄音訪問的方式進行，後續再整理成文字紀錄檔，為確保訪談者個人隱私，紀錄時將受訪者編碼標示，再針對其陳述內容予以歸納彙整。

訪談方向主要針對「群聚聊天」的場合提出詢問，內容包含：（1）基本資料：包含組成人數、性別、地點等。（2）座椅規格與使用關係：乘坐時座椅的扶手、高度、椅背的重要性及設計需求。（3）座椅形式與

使用關係：個人單獨或與他人共同使用的需求差異。（4）攜帶物品的放置情形：隨身攜帶物品的類型、品項，及放置需求。

（三）社會實驗：高齡友善公共座椅提案之場域實驗

　　彙整文獻探討、田野觀察及焦點團體訪談所得結果，可推論出友善高齡者乘坐且利於群集社交活動之鄰里公園公共座椅設計條件，內容包含：座椅的結構形式、材質及空間配置等面向。為進一步檢證設計條件的適切性，故在研究設計上採社會實驗方法，將依據設計條件製作之提案模型實際置於研究田野，進行場域使用行為實驗。在三處鄰里公園中，Park B 具有環境功能性較佳、空間可塑性較強、高齡群集彼此親密度較高等特性，且該場域的高齡使用族群穩定，故選定於 Park B 進行社會實驗（圖 9-5）。

　　本研究考慮場域內的行進動線並徵詢高齡使用者的看法後，將實驗座椅置放於場域內原有的公佈欄及高齡者易匯集的兩個石桌間，且顧及該地點缺乏樹陰，故將座椅背向西方擺設，藉由公佈欄的屏蔽以達部分遮陽效果。實驗實施時程為 2014 年 5 月 24 日至 2014 年 6 月 7 日，為期兩週，觀察時間為下午三時到五時，以照片方式記錄高齡者在該場域設

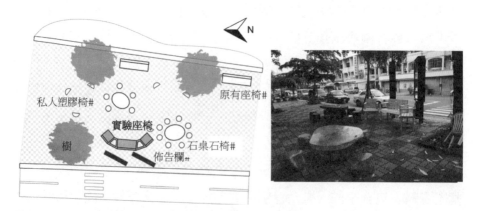

圖 9-5　Park B 空間物件構成與場域實境對照圖

置實驗座椅後產生的社交行為樣態、及其在場域內活動的路徑、停留位置等，並繪製出動線位置圖，進一步檢討實驗座椅對高齡者社交活動的影響及設計條件上的缺失。

四、研究結果與分析

（一）田野觀察結果：高齡者群集社交行為樣態分析

從高齡者聚合人數的增減變化可觀察到社交群集的形成與消失，其為一個連續變動的社群樣態，且群集人數會影響團體間的互動狀態，並顯現個人習慣特質與場域性。從社群樣態變化可將社交活動過程分為：群集初期、群集成長期、群集高峰期、群集衰退期、解散五階段（表9-6）。以下將分別從社交群集形式演變及特徵、社交空間規模，分析鄰里公園中高齡者群集社交行為樣態。

1. 社交群集形式演變

從聊天人數與互動的頻繁程度，可區分出高齡社交群集的主要與邊緣參與者。主要參與者約四到六人，超過六人則會開始產生排他性，這可能反映出高齡者團體動力的最佳規模約為六人，超過此規模會讓部分的人缺乏參與感。主要參與者彼此互動多、聊天音量大、人際距離近、具有話題的掌控與支配權，當某一高齡者對話題有興趣，或是社交性較強者，會積極往群集核心靠近，並主動參與話題成為主要參與者。

若進一步探討主要參與者行為樣態，又可細分出次要參與者。次要參與者與主要參與者的角色具有轉換性，這通常會發生在原先已在進行聊天的群體，當再加入話題領導性較強的參與者時，話題或焦點會被移轉，進而群體朝向另一話題進行，該參與者便成為主要參與者。原群集的人數飽和時，部分成員會退為次要參與者，甚至轉變為邊緣參與者，

表 9-6　社交群集之樣態變化

	群集初期	群集成長期	群集高峰期	群集衰退期	
Park A					解散
Park B					
Park C					

這將視當時的互動情況而定。邊緣參與者發言少、乘坐位置較遠，屬於傾聽者的角色，也容易自己形成另一聊天群體，甚至停留時間久了或對話題不具共鳴時，會默默地離開群體。每一個群集團體中都有主要、次要與邊緣參與者間角色互換的情形。

美國人類學家 Edward T. Hall（1966）提出的距離學（Proxemics），描述美國社會中人們的互動通常發生在親密距離（intimate distance）、個人距離（personal distance）、社交距離（social distance）、公眾距離（public distance）四種尺度中。高齡者社交群集形式演變顯示，社交互動會隨著參與者與群集的關係游移在個人距離、社交距離、公眾距離之間，且群集形式反映出強烈的社會親近性。因此，能提供多種人際距離座椅配置的場域，則較容易觀察到多樣的社交群集樣態，也較能顯現環境的友善性。

2. 高齡社交群集特徵

（1）群集成長期至衰退期為互動最頻繁的時段

本研究發現三個場域的高齡者都有自己習慣的群集時間，群集成長期至衰退期是互動最密切且行為樣態最多的階段。此時群體談話逐漸投入，集群間形成熱絡的氣氛；群集高峰期通常不會維持太久，尤其成員開始離開進入衰退期後，聊天的狀態也開始接近疲乏，直到成員陸續離開場域、群集自然解散。三個時段中，衰退期是當中行為樣態最多的時段，此時正處於醞釀離意，話題也近於疲乏，而未積極參與話題的高齡者會開始產生動作以轉移倦意，因此群體會顯得較為躁動，行為樣態轉換也較明顯。

（2）領域性的產生

從 Park A 及 Park B 的高齡者群集樣態可觀察到其有聚集在固定區域的現象，聚集的時間也顯現群體的特定習慣，使用的位置會依照高齡者加入的順序挑選，沒有固定使用的位置。Park A 的群集活動時間以下午一點半到四點時段為主，而 Park B 則為下午三點半到五點。在 Park C 並未發現特殊的群體領域性。三個研究場域皆可發現在性別參與上，具有明顯的性別排他性，跨性別參與聊天的情況極少。

（3）群集環境的影響

Park A 的圓弧形座椅過於狹長，部分高齡者為了掌握話題以及能與他者面對面交談，因而採站立姿勢參與群體聊天。在 Park B 因有較寬廣的空間優勢，高齡者可自行攜帶私人塑膠座椅，排列至自己想要介入的位置，並可隨時移動，但高齡者需要自行設法解決遮蔭問題。Park C 因場域空間特性之故，高齡者群集是沿著攤販擺設位置而生，且在公園舉

辦活動時，較容易產生社交群集。

（4）社交距離形成的空間場域

　　人際距離除了影響群集大小外，也決定了參與群體的排他性。主要
參與者構成的群體中，可觀察到人際距離近、互動性強、領導話題等特
徵；在集群中也可感受到主要參與者塑造出的場域氣氛特別熱絡。邊緣
參與者則容易選擇到群體空間的邊緣位置，而且通常都是同樣的人。

3. 社交空間規模

　　Park A 場域中，社交群體參與者間的個體距離約 0.5-2.0 公尺，未加
入互動者與社交群集保持約 3.5 公尺以上距離。另外，參與者的個人活
動範圍大多不超過個體中心向外半徑 1.5 公尺的區域。群集整體形成的
區域約在 5-10 公尺幅度內。群集參與者聊天時，容易有人被排除在外，
因為個體間距離過大，例如座位兩端的高齡者，難以彼此達成互動，顯
示 Park A 座位區的線性空間形式較難承載高齡者的社交群集行為。

　　Park B 場域中，參與者間的個體距離約 0.2-1.2 公尺，成向心形的對
話樣貌。參與者人數少時，多半圍繞著圓形石桌交談，個人活動距離在
直徑 1 公尺內；人數較多時則會使用周邊的公共座椅，形成的對話空間
約為直徑 2-4 公尺範圍，依人數多寡形成大小不同的社交圈，田野調查
顯示 Park B 空間規模在容納人數與使用形式上具有較佳的調整性。

　　Park C 場域中因為對向排列的公共座椅相對距離約為 2.5 公尺，以
Hall（1966）的人際距離理論來看，雖在社交距離的範圍內，但若彼此乘
坐在對向座位，易形成過遠的對話距離，彼此關係顯得疏遠，不利於親
近友人間的社交互動。本研究觀察發現，多數高齡者傾向比鄰而坐，或
站立參與群集互動，使個體距離保持在 1 公尺內，整個社交群集規模在
直徑 2 公尺範圍內。同時，高齡者的生理條件並不適宜久站，因此 Park

C 有礙社交群集活動的發展。

表 9-7　三個研究場域內的社交空間規模及個體距離關係

Park A	Park B	Park C

（二）田野觀察結果：高齡者座椅使用行為分析

1. 座椅齊備與否影響高齡者群集停留時間

表 9-8　三個田野場域中高齡者停留／乘坐時間統計

	Park A	Park B	Park C
平均停留時間	65.39	59.72	35.33
平均乘坐時間	49.19	49.79	21.4
乘坐／停留時間比	75.2%	83.4%	60.6%
姿勢變換平均次數	2.14	2.35	1.87

註：Park C 僅觀察到一次高齡者人數達到群集程度，所列數據為單次統計。

根據田野行為觀察之時間統計，高齡者乘坐座椅的時間與停留在群集空間的時間比例均高於 60%，顯示高齡者停留於鄰里公園內的時間與乘坐行為有高度的關聯。從觀察可知，社交群集活動的整體時間一般皆比個人單獨活動時間長，容易造成參與群集高齡者的身體負擔，因此，提供足夠的乘坐設施能因應高齡者在鄰里公園中的社交群集活動需求。

2. 座椅設計／設置與高齡者行為的關係

觀察三個研究場域中高齡者進行社交活動時使用座椅的行為可知，雖然環境條件與座椅類型具有差異，但高齡者行為間具高度的相似性（表 9-9）。基於生理因素，高齡者的個人活動與社交互動常需仰賴座椅提供身體支持，故在乘坐座椅及選擇使用場域環境上有其特殊性。為完整分析高齡者群體在進行群聚聊天活動時對鄰里公園公共設計的整體需求，以下分別從座椅的乘坐選擇、乘坐時的社交互動、座椅的附加功能與使用環境等方面加以說明。

（1）座椅的乘坐選擇

高齡者在鄰里公園中群聚聊天時，會選擇適合久坐的座椅以確保身體得以舒適地乘坐。有椅背及扶手的座椅，較容易舒緩、調節長時間乘坐的生理壓力，同時提供坐下及站立間的身體支撐，使行為更加順暢。以 Park C 為例，有椅背／扶手的座椅較常被使用，且即使形成的社交群集會被中間走道分割為兩半，高齡者還是會聚集乘坐在此區域的扶手座椅上聊天。若有隨身物品須放置時，個人會選擇較無人使用的座椅，參與群聚聊天時則將隨身物品放置在身旁。若有需照顧的幼小孩童同行，會選擇離遊樂設施較近的座椅。若乘坐同時進行遛狗時，會選擇視野較廣的開放式座椅。

（2）乘坐時的社交互動

在不受座椅配置影響時，高齡者會以同心圓排列樣態逐漸聚集，但因受限於鄰里公園座椅直線的排列設置，高齡者會遷就座椅的排列形式而改變社交活動的使用行為。例如，想參與社交圈的高齡者會站立圍繞在其中一個座椅周圍，與其他高齡者交談互動。這些行為顯示人們群集社交時對社會親近型（向心）空間關係的心理需求，即使是高齡者也會試圖採取身體負擔較高的姿勢參與社交群集，這也反映出前述文獻所指的高齡者對友誼、社交的需求。

（3）座椅的附加功能與周邊使用環境

高齡者經常長時間停留在鄰里公園內活動，故會攜帶多種個人用品，包括拐杖、雨傘、提袋、隨身衣物、飲品等。因此，座椅是否能夠遮陰避暑、周邊是否可提供放置物品等環境因素，亦是高齡者選擇座椅的關鍵條件之一。另外，對於攜帶幼齡孩童同行的高齡者而言，除了希望兒童遊戲區旁能設置高齡者可乘坐休憩的座椅外，亦需足夠的活動空

表 9-9　三田野場地之座椅形式與高齡者使用行為對照表

公共座椅類型	設置狀況			聚坐行為		照看行為		置物行為	
	Park A	Park B	Park C	群聚聊天	短暫休憩	照顧孩童	遛狗	放置物品	懸掛物品
a 具椅背木椅	○	○	×	✓				✓	✓
b 具椅背石椅	○	×	×		✓	✓		✓	
c 具扶手椅背木椅	○	○	○	✓	✓	✓			✓
d 涼亭石椅	○	×	○	✓			✓		
e 矮石椅	○	○	×	✓				✓	
f 弧形木椅	○	×	×				✓		
g 運動木椅	○	×	×					✓	
h 塑膠椅	×	★	×	✓					

註：○＝有設置、×＝無設置、★＝使用者自行攜入；✓＝行為發生

間及遠離交通車道，以確保高齡者能輕鬆安心地兼顧照護孩童和自身休憩活動。

（三）焦點團體分析結果

1. 高齡者於公園內群集社交之使用心理調查

　　第一階段的焦點訪談於 Park B 進行，訪談的重點包括高齡者選擇該公園群集社交活動的原因、使用頻率、社群關係、環境改善需求等，訪談結果大致可歸納出以下要點。

　　（1）地緣性關係：群集的高齡者大多是居住附近的居民，多數彼此為鄰居關係。選擇群集在此社區綠地而非其他社區活動中心等設施的原因之一，是因垃圾車固定於下午三點半到四點左右在此綠地外側停留，大部分高齡者會因倒垃圾之故外出並順道來此與熟識街坊鄰居群集聊天，並在五點左右再陸續解散回家。地緣性的事件或習慣是影響高齡者群集於公園活動的重要因素之一，影響層面包括停留時間、頻率、從事活動內容等。

　　（2）身體能力考量：鄰近市場二樓雖有提供高齡者唱歌、跳舞或聊天的活動中心，但部分高齡者因膝關節退化，不利於爬樓梯或走遠路，故選擇居家咫尺可達的公園綠地，進行身體負擔小的散步、聊天等日常休閒活動。因此，對該空間也沒有運動設備的需求，反而較偏好座椅等有利於社交活動的物件。

　　（3）私人物品的提供：場域內可見私人提供的塑膠座椅及時鐘。塑膠椅是使用者自行採購提供群集同伴使用；時鐘則是早晨在此場域運動

和跳舞的中老年群體自行裝設使用。這些私人提供物皆反映出使用者的行為需求及該場域的環境功能。

（4）偏好聚集的區域特徵：高齡者偏好聚集在佈告欄區及石桌區。基於乘坐需求，故選擇座椅較多且配置密集的石椅區。但因石椅是固定的，無法任意搬動，社交群集時需因應人數及活動需求自行搬動塑膠椅搭配使用。另外，因有遮蔭擋風的需求，但此區域尚無適切的設施，故退而選擇佈告欄遮蔽部分日曬，受訪高齡者建議建立一座小涼亭，能對群集活動發揮實質效用。

2. 高齡者於公園內使用座椅設施之心理調查

鄰里公園空間常見同一高齡族群占用的情形，有鑑於此，本研究特別在每個研究場域分別訪談兩組高齡社群，以提高受訪觀點的完整性。受訪者共計 16 人，其中 3 人是男性，13 人為女性，兩性受訪人數落差源自於男性高齡者較不傾向參與群集之故。高齡者於鄰里公園內使用座椅設施之心理與感受，可從以下幾個面向來討論。

（1）身體支持方面

A. 扶手設計：受訪高齡者希望公共座椅應至少提供單邊扶手，使座椅能夠支持坐下與起身等不同階段的使用需求，讓關節退化的高齡者可以更加舒適方便。

B. 座椅高度：受訪者普遍認為座椅高度不能太矮，以免對久坐及起身站立造成困擾。適宜的座椅高度應在膝蓋之間（約 42-47 公分）範圍為佳，無法接受低於 40 公分的座椅。

C. 椅背設計：受訪對象一致認為椅背是必要條件，因為具有關節退化病徵的高齡者無法自主保持腰部直立久坐，故長時間群聚聊天時需尋

求背部倚靠才能比較舒適輕鬆地乘坐。

（2）社交活動方面

A. 座椅的共乘人數：兩人乘坐的座椅較適合於群聚聊天，但部分高齡者偏好單人座椅，主因為單人座椅具有雙邊扶手以方便坐下及起身。

B. 座椅配置：高齡者認為座椅的排列形式，必須具有利於多人聊天時溝通交流的方便性。另外，座椅應避免靠近走道影響行人通行，若能設立於具備遮陽的位置尤佳。

C. 隨身物置放：在鄰里公園缺乏遮陽條件下，部分高齡者會自行攜帶陽傘以解決長時間停留的日曬問題，故具有隨身物收納的需求，同時高齡者也擔心置物用的桌面設計會產生垃圾堆積的問題。

（3）鄰里公園之高齡友善公共座椅設計條件彙整

本研究彙整前述各研究流程所得結果，擬定鄰里公園之高齡友善公共座椅設計條件，項目包含鄰里公園座椅的結構形式、材質及空間配置等面向。

A. 結構形式：考量高齡者身體能力退化造成的需求特性，座椅設計須注重座椅的高度、椅背、扶手、置物功能等細節，以因應高齡者群集時衍生的多元行為需求。

B. 材質：高齡者身體機能退化後對環境變化較敏感，因此偏好木頭等溫暖材質的座椅，但對於易隨氣候變化、夏熱冬冷的石材，則讓他們在乘坐時感到不舒服。

C. 空間配置：高齡者與其他年齡族群相同，習慣形成圓圈向心式的聊天群體。在 Park B 可看到高齡者自備可移動塑膠椅形成自然的對話圈；但若坐椅為固定式，高齡者會試著以某個坐椅為中心，以站立方式形成對話圈；而對於配置在走道兩側的座椅，則高齡者會站立在走道中

央參與聊天，形成群集對話圈。另外，座椅必須配置在具遮陽條件較佳的區域，以滿足長時間的停留需求。

　　綜合以上三大設計條件，本研究提出公共座椅設計的提案，以因應高齡者在鄰里公園內群集進行社交活動時的行為需求，並依此提案製成實驗模型，設置於鄰里公園內進行社會實驗，以驗證本研究提出的公共座椅設計條件是否適切。

（四）社會實驗結果與分析

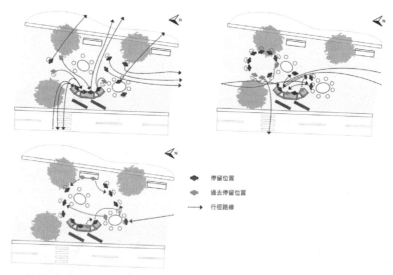

圖 9-6　高齡使用者行為動線

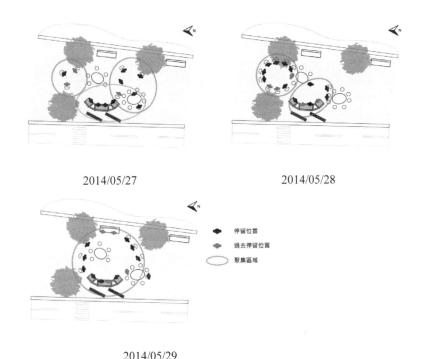

2014/05/27　　　　　　　　　　2014/05/28

2014/05/29

圖 9-7　高齡使用者群聚區域示意

　　根據研究前期的田野觀察所得，高齡者偏好使用場域內具扶手／椅背的木椅，而較少使用低矮的石椅。且固定式木椅的排列分散，故高齡者得以在場域內放置多張私人塑膠椅以供乘坐。聚集時多以石桌或木椅為主體，再運用塑膠椅調節談話圈的大小或方位，以便於聊天等社交活動。隨身攜帶的物品較習慣放置在自己身邊，拐杖及雨傘等輔具大多放置在乘坐座椅附近，以懸掛或倚靠的方式放置，提袋及私人物品大多放置在石桌上（圖9-8）。

　　本研究的實驗座椅因場域條件限制而放置在較無遮陽之處，從實驗觀察發現，高齡者初期可能因考量日曬之故，會優先選擇遮陽條件較好的區域乘坐。但隨著群集人數增多，社交圈逐漸形成，人群會向實驗座椅區聚集，並運用可活動的塑膠椅調整乘坐距離，沿著實驗座椅的弧線

圖 9-8　田野觀察可見之群集乘坐行為與置物樣態

延伸至旁邊的石桌區，形成較大的聊天群集（圖 9-9）。石桌邊配置的石椅只有少數高齡者臨時乘坐，木長椅亦少有人乘坐。究其源由為木椅距離較遠且呈直線排列，不利於聊天，而實驗座椅的弧形排列符合乘坐者自然的聊天需求，且能促進社交互動，故逐漸吸引高齡者乘坐聚集。

　　在置物方面，部分高齡者能察覺本研究針對置物需求在座椅連接處設計了梯形置物架空間，並實際用來放置拐杖、雨傘及小提袋等（圖 9-11）。但有部分高齡者則將攜帶物懸掛在座椅扶手上或放在鄰近石桌／石椅上（圖 9-12）。無論何種置物方式，多是將隨身物放置在離自身乘坐位置伸手可及之處，以便於及時拿取使用（圖 9-13）。

圖 9-9　實驗座椅設置誘發形成的社交群集空間與使用樣態

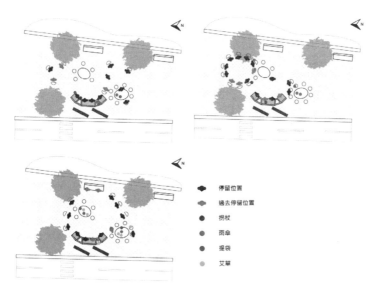

圖例：
- 停留位置
- 過去停留位置
- 拐杖
- 雨傘
- 提袋
- 艾草

圖 9-10 實驗中場域內之置物樣態示意圖

圖 9-11 座椅間的梯形空間被用於置放私人物品

圖 9-12 鄰座無人時將椅面用來置物　圖 9-13 將扶手用來掛放隨身提袋

五、結論與建議

　　本研究根據文獻探討與田野觀察得知，公園座椅設計條件與使用者發展出的空間行為之間有諸多對應關係。因此，從材質、形式、設計等各方面擬定溫暖材質、座高、扶手、椅背、置物、排列數目、角度、設置環境設計項目，製作實驗用公共座椅，以對應高齡者在鄰里公園中從事社交休閒活動時的生、心理與行為需求（圖 9-14）。

　　實驗過程中該座椅獲得高齡使用者的普遍認同，顯示本研究提出的樣本在形式上能因應高齡者的互動樣態，符合其群聚使用的座椅排列。從實驗記錄中檢討高齡者使用座椅的行為細節與環境互動內容，可進一步針對高齡友善之公共座椅設計條件提出修正。

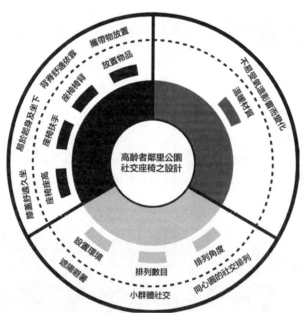

圖 9-14　高齡者鄰里公園座椅設計條件與空間行為對照圖

（一）高齡友善之公共座椅設計條件修正

以下分別從座椅結構、材質應用、空間配置等面向，提出鄰里公園內高齡者友善之公共座椅設計修正條件。

1. 座椅結構

（1）合適的高度：部分高齡者由於膝蓋或雙腳退化，因此在乘坐過程中使得雙腳承受過多負擔，需要高度合適的座椅來支撐身體與膝蓋的負擔。過往研究認為較適切的座椅高度為 40-49 公分較適切，實驗後發現 45 公分左右的是適切的高度。

（2）舒適的椅背及傾斜角度：高齡者因為骨骼退化，因此需要舒適的椅背來支撐背部，以利於高齡者久坐聊天之需求。且設計椅背時需設計適當的傾斜角度，讓高齡者的背部可以適度傾斜，而非保持直立狀態。

（3）輔助坐下及起身的設計：高齡者乘坐及離開的動作瞬間，膝蓋負擔會因此加重，特別是對於曾經歷膝蓋開刀或退化的高齡者，因此座椅必須設計輔助坐下與起身的結構。如扶手的設計或傾斜支撐雙腿的傾斜椅面，讓高齡者可以更輕鬆地起身及坐下。

（4）具環境示能性的物品置放設計：高齡者進入鄰里公園參與社交活動時，常攜帶的物品包含枴杖、雨傘及裝著私人物品的提袋。當高齡者乘坐時，會把這類物品放置在接近自身乘坐位置附近，且大多利用座椅本身的結構放置物品，因此設計時可考量在座椅結構上強化符合環境示能性（affordance）的放置物品的設計。例如：在座椅周邊使用類似雨

傘架之結構以提供高齡者放置輔具及物品，或在扶手上設計凹槽以利於掛置雨傘及提袋。

2. 材質應用

高齡者在身體退化下，比較喜好不會因氣溫變化而產生劇烈溫度差異的座椅材質，也偏好溫暖的座椅材質，所以座椅使用的材料應選擇不容易吸熱及過於冰冷的材質。本研究認為木質是比較適合高齡者的材料，但須考量木材易髒汙、損毀、耐候性弱等缺點，另石材座椅因受氣溫影響較大而較不推薦。

3. 空間配置

（1）座椅必須以合適的角度排列：高齡者聊天時的乘坐特性並不是並排而坐，而是偏好座椅間需有合適的排列角度，否則高齡者常常需要側身與其他對象聊天，因此設計公共座椅時應注意座椅排列的角度差異，以使高齡者可以更舒適的乘坐情境下聊天。所以座椅排列應符合高齡者聚集時自然呈現的圓形群集，讓高齡者得以正向乘坐聊天。

（2）適切的座椅排列數目：有利於高齡者社交行為座椅座位數不宜過多或過少，以二至三人使用的 3-5 個座位排列為佳。過少的座位設計將使得座椅供不應求；過多的座椅設計則使得群集難以聚集，而不利於社交行為。

（3）足夠的遮蔽環境：座椅本身設計上能支應高齡者的社交活動，而環境差異則是決定高齡者是否乘座的重要考量，座椅在可以遮風避雨、不受豔陽直射的空間場域下，環境與產品才足以滿足高齡者的社交需求。

（二）未來研究建議

　　高齡者在日常生活中比其他年齡族群更容易長時間使用鄰里公園空間，且因對鄰里社群關係的依附性，使高齡者無論在生理或心理層面上，都展現出對鄰里公園的高度依賴。然而，綜觀目前鄰里公園的公共設施設備，並未有針對高齡族群的使用生態與行為特質提出的設計。尤其高齡者使用需求極高的公共座椅，大多皆未能支應高齡者群集社交之聊天休憩行為需求，以至於出現私人攜帶具有方便移動且乘坐舒適的塑膠椅。雖然高齡族群在心理上大多被動且高容忍度地接受鄰里公園目前存在的座椅設計，但種種不適切的設計內容依然對高齡者造成不便，或有礙於鄰里公園社交活動的熱絡與多元發展，這對於推動在地老化具有負面的影響。

　　因此，一個推動在地老化概念的社區，應該更重視年齡友善取向的公共設計，而在設計之前更應深入關切高齡者在鄰里公園中如何發展個人的日常休閒活動，如何在公共空間建立自己的社交群集場域，以及在公共場域中如何與公共設計進行互動。例如：關於公共座椅的設計，在人因、功能等生理面向上滿足高齡者「乘坐」需求的同時，亦應提供有助於高齡者從事聚會聊天等社交活動的友善環境。

　　本研究現階段僅針對鄰近的三個鄰里公園進行田野調查與統合研究，尚未能詳細地就場域型態差異較大或空間形式特殊的鄰里公園進行比較研究，未來將進一步探討空間環境特質與高齡者使用公共座椅需求之關係，亦期待能有其他更多的設計研究者介入鄰里公園座椅等相關公共領域，並將設計專業實踐於公共場域以改善高齡族群在公共環境中的日常生活，讓鄰里公園可以透過硬體設備的支應性協助高齡族群在鄰里公園中建立良好的社交網絡，並使其成為生活上、心靈上的重要支持，讓在地老化的概念從鄰里間的小小公共場域開始被落實，並且繼續向外推廣。

參考文獻

內政部統計處（2009）。民國 98 年老人狀況調查結果摘要分析。**內政統計通報，100 年**，第 11 週，1-4。

王錦堂、賴明茂（1991）。**建築向心性之研究 - 向心性空間模式的建立**。
　　臺北：詹式書局。

任超（2005）。老齡社會環境下城市線形公園綠地的設計淺析 - 西安環境
　　城公園老年使用者實態調查。**華中建築，23**，136-138。

李素馨（譯）（1995）。**行為觀察與公園設計**（原作者：A. J. Rutledge）。
　　臺北市：田園城市。（原著出版年：1981）

林宏晉（2004）。**不確定因素考量下之都市鄰里公園區位選擇研究**（未
　　出版碩士論文）。朝陽科技大學，臺中市。

林佳蓉（2002）。臺灣地區老人休閒參與和休閒阻礙之研究。**體育學院論叢，12**(2)，59-76。

邱俊村（2002）。**退休社區之老人休閒環境研究－以潤福生活新象為例**
　　（未出版碩士論文）。朝陽科技大學，臺中市。

侯錦雄（1985）。公園休息設施與遊客使用行為關係之研究。**東海學報專題選刊：應用科學，1**，46。

施清發、陳武宗、范麗娟（2000）。高雄市老人休閒體驗與休閒參與程
　　度之研究。**社區發展季刊，92**，346-358。

徐業良（2008）。**老人福祉科技與遠距居家照護技術**。臺中市：滄海書
　　局。

莊婷婷（2013）。**臺灣地區老年人參與休閒活動狀況與影響因素之探討**
　　（未出版碩士論文）。國立臺灣師範大學，臺北市。

國家發展委員會（2014）。**中華民國人口推計報告（103 年至 150 年）**。
　　臺北：國家發展委員會。

郭映廷，2010，**Affordance 思維下的產品設計程序與創作**（未出版碩士論文），實踐大學，臺北市。

陳漢志（2002）。臺灣中部地區老年人休閒參與阻礙與休閒教育需求之調查研究。**體育學院論叢，12**(2)，77-90。

黃富順（1995）。老人心理與行為模式。**成人教育，28**，11-17。

蔡淑瑩（2011 年 5 月）。臺灣地區城鄉高齡者對社區公共設施之需求比較分析。「**國科會高齡社會研究成果發表會**」發表之論文。臺北市：臺灣大學。

薛方杰、潘冠志（2009 年 10 月）。社區支應老人在地老化之研究。「**2009 臺灣環境資源永續發展研討會**」發表之論文。桃園：國立中央大學。

羅惠齡（2009）。**中高齡者對公園設施使用需求及環境偏好之研究 - 以天母地區使用者為例**（未出版碩士論文）。國立臺灣科技大學，臺北市。

西出和彥（2001）。人間のまわりの空間。載於高橋鷹志、長澤泰、西出和　（主編），**環境と空間**（pp. 51-76）。東京都：朝倉書店。

後藤武、佐々木正人、深澤直人（2004）。**デザインの生態　—新しいデザインの教科書**。東京都：東京書籍。

Etnyre, B., & Thomas, D. Q. (2007). Event standardization of sit-to-stand movements. *Physical Therapy, 87*(12), 1651-1666.

Hall, E. T. (1966). *The hidden dimension*. New York, NY: Doubleday & Co.

Janssen,W. G. M., Bussmann, B. J., & Stam, H. J. (2002). Determinants of the sit-to-stand movement: A review. *Physical Therapy, 82*(9), 866-878.

Osmond, H. (1957). Function as the basis of psychiatric ward design. *Mental Hospitals, 8*(4), 23-27.

Siggeirsdóttir, K., Jónsson, B. Y., Jónsson, H., & Iwarsson, S. (2002). The timed 'Up & GO' is dependent on chair type. *Clinical Rehabilitation, 16*(6), 609-616.

Wheeler, J., Woodward, C., Ucovich, R. L., Perry, J., & Walker, J. M. (1985). Rising from a chair influence of age and chair design. *Physical Therapy, 65*(1), 22-26.

World Health Organization. (2002). Active ageing policy framework, non-communicable disease prevention and health promotion ageing and life course. Retrieved from http://www.who.int/ageing/publications/active_ageing/en/.

Wretenberg, P., Lindaberg, F., & Arborelius, U. P. (1993). Effect of armrest and different ways of using them on hip and load during rising. *Clinical Biomechanics, 8*(2), 95-101.

第 **10** 章

人口結構變遷下
銀髮產業的挑戰與契機

林灼榮、許書銘

一、前言

在管理大師彼得杜拉克（Peter Drucker）著名作品《下一個社會》中，他將人口結構改變、知識經濟興起與經濟全球化，列為影響未來 50 年經濟發展最重要的三大趨勢（劉真如，2002）。而在另一本書《創新與創業精神》中，他則更進一步指出，社會人口結構的轉變，正是最可能孕育市場商機的七大創新來源之一（蕭富峰、季田樹，2002）。臺灣正面臨著高齡化與少子化的雙重困境，進而產生許多社會問題，政府除了要克服內外經貿失衡外，更應勇於承擔人口變遷下的挑戰，掌握轉變過程中產業的發展契機。

今日臺灣的產業必須因應高齡社會的挑戰，尋找其中的利基；如何建立成功的銀髮產業，進而承擔起社會責任，是本文的核心關懷議題。我們將以經營管理的角度出發，探討高齡社會銀髮產業的挑戰及契機，進而從微觀的層次，探討銀髮產業的資源配置與組織績效等研究議題。

本文章節的安排如下，第二節將由經濟與社會結構的改變，包括外部經貿環境、內部產業結構、人口結構與居住正義等不同角度，來探討這些改變對未來高齡社會的可能影響；第三節則根據勞動市場、市場消費、政府財政、社會支持與健康照護等四個面向，探討未來銀髮產業的可能契機；第四節則從資源配置與消費者屬性，檢視臺灣銀髮產業的經營管理課題；第五節則為結論與政策建議。

二、經濟與社會結構之改變

（一）經貿環境的變化

1. 外部經貿環境的改變

就外部經貿環境來說，臺灣在參與國際經貿組織上，遭遇到不少的困難；不僅未加入中國主導的「區域全面經濟夥伴協定」（Regional Comprehensive Economic Partnership, RCEP），也未整合進美國所主導的「跨太平洋夥伴協定」中（Trans-Pacific Partnership Agreement, TPP）中。臺灣只透過「兩岸經濟合作架構協議」（Cross-Straits Economic Cooperation Framework Agreement, ECFA）仰賴中國市場，提高國際政經風險。行政院大陸委員會（2015）便指出當前兩岸經貿深化的現況，包括：（1）臺灣對大陸的依存度提高。臺灣對大陸出口所占總比重，由 2001 年之 3.9%，上升至 2014 年的 26.2%；進口依存度則由 2001 年之 5.5%，增至 2014 年的 17.5%；反觀大陸對臺灣之出口（進口）依存度，僅介於 1.7% 至 2.3%（6.7% 至 12.9%）之間。（2）在雙向投資方面，臺商對大陸投資金額（件數），在 1991-2001 累計金額僅 198.9 億美元（24,160 件），驟升至 2014 單年度之 102.8 億美元（497 件）；臺灣海外投資中，對大陸投資占臺灣對外投資總額，累計至 2015 年 1 月高達 62.4%。相對地臺灣核准陸資來臺投資之情形在 2009 年至 2012 年間總計僅為 503,634 千美元（342 件），2013 年及 2014 年陸資來臺投資的情況，則分別僅有 360,884 千美元（141 件）與 334,634 千美元（136 件）。

兩岸經貿日趨深化的現況，除顯示臺灣分散國際市場的績效不佳外，更降低臺灣對大陸簽訂各項經濟或貿易協定時的談判力。未來勢將進一步造成臺灣「虛假出口」、「冰冷經濟成長」與「貧富擴大」的困局。以

臺灣的民間企業鴻海集團為例，2012 年鴻海集團總營收高達 4,772,379 百萬元，占臺灣 GDP 之 20% 以上，但若進一步觀察，可發現此巨額的經濟產值，是由該集團 128 萬名海外員工、約 7,000 名國內員工共同達成。這種「臺灣接單、中國生產、歐美買單」之三角貿易模式，配合跨國企業轉撥訂價（transferring price）獲取節稅利益，雖然帳面上看起來有相當不錯的產值與獲利，實質上卻高估臺商海外投資對臺灣出口與經濟成長的貢獻，且造成就業機會減少、薪資所得惡化與貧富差距擴大等問題，而這些問題都是造成世代不正義的潛在因子（林灼榮、黃琛瑞、謝俊魁、陳靜瑜，2015）。

2. 內部產業環境的改變

就內部環境來說，當前臺灣階級不平等擴大之主因，還包括內部產業結構的問題。首先，國內過度依賴「製造大國、軟體小國」的資訊電子業作為經濟主幹，這些大型上市櫃公司卻產生諸多問題，包括：（1）這些產業創造國內就業機會的能力其實是偏低的，許多工作機會都流向海外。鴻海集團與台積電等產業龍頭都有這類明顯的現象。（2）產業以代工製造（Original Equipment Manufacturer, OEM）為主體，導致留在企業內部分配給要素所得之附加價值（valueadded），占總營收小於 15%；偏低的附加價值貢獻率，將導致勞方所得分配低落。（3）不僅附加價值偏低，更會產生資源耗竭與環境汙染等外部不經濟問題。

林灼榮、陳靜瑜、葉彥辰（2015）依據行政院主計總處（2013）的「100 年工商及服務業普查初步綜合報告」資料進行分析，發現臺灣的中小企業具有價值創造偏低、勞資所得分配不公，以及創新與國際化不足的困境。就價值創造偏低的部分來說，每家企業平均年營收額約 106 百萬元，附加價值為 39 百萬元，附加價值貢獻率達 36%；因此臺灣中小企業對 GDP 貢獻度總額雖高於資訊電子業，其中 64% 屬於中間投入。至

於勞資所得分配不公的部分，全體員工的薪資所得約占附加價值分配的35%，但人數相對較少的資方獲利也占了35%，相較於其他國家，我國中小企業員工所能分享到的利潤顯著較低。最後，就創新活動與國際化的部分，品牌收入約占總營收之8%，研發經費僅占總成本0.325%，出口占總營收比重約8%，而海外投資占總資產僅0.05%；上舉訊息說明僅少數中小企業從事品牌行銷（Own Branding & Manufacturing, OBM）、設計研發（Original Design Manufacturer, ODM）與國際化，大多數中小企業仍停留在代工製造（Original Equipment Manufacturer, OEM）階段（林灼榮、陳靜瑜、葉彥辰，2015）。

（二）人口結構的改變

1. 少子化與高齡化雙重壓力

依據國家發展委員會（2014）對未來人口三階段年齡結構的推估（中推計），臺灣未來總人口數將由2014年的2,342萬人，逐步下降至2060年之1,795萬人，人口數大幅減少547萬人，占總人口比例的23.4%。人口減少雖降低人口密度，因而改善居住空間與減緩資源耗竭的問題，但也隨之帶來莫大的隱憂。

本文認為，未來人口結構造成的諸多問題中，其中少子化、勞動力流失與高齡化是最嚴重的部分，具體的影響原因包括：（1）臺灣0~14歲人口將由2014年之326萬人大幅下降至2060年之156萬人，減少比率高達52.1%；扶幼比由18.8%下降至17.2%，少子化衝擊了臺灣教育體系與人力資源的投資。（2）15~64歲工作人口由2014年的1,306萬人降至2060年的904萬人，降幅高達30.8%，亟需引進國際人才之配套措施等，才能減緩勞動力流失對臺灣經濟發展產生的負向衝擊（孫明德，2015）。（3）65歲以上人口由2014年的281萬人大量增至2060年的

736 萬人，增幅高達 61.8%；扶老比與老化指數分別由 52.7% 與 315.8%
上升至 81.4% 及 472.7%，人口結構高齡化嚴重衝擊臺灣社會安全的體制
（蔡妮娜、陳彥仲、許永河，2014；林宗弘，2015）。

2. 居住正義、生活品質與消費能力的下降

朱敬一、康廷嶽（2015）指出，近年來臺灣勞資所得分配，處於持
續惡化的階段。2014 年實質薪資所得為 46,032 元，低於 16 年前（1999
年）的 46,247 元；受雇人員報酬占 GDP 比重，由 1990 年之 51.71% 下
降至 2012 年之 46.17%，反觀企業主與大股東所仰賴營業盈餘占 GDP
比，則由 29.99% 上升至 32.98%。這些都充分揭示了臺灣的資本家日益
膨脹、勞方階級向下流動與貧富差距逐日惡化的事實（徐美、陳明朗，
2011；陳建良，2014）。

伴隨實質薪資下降，臺灣的房價卻逆勢成長。胡勝正（2015）指
出，臺灣房價所得比已由 2000 年的 4.33 倍，攀升至 2014 年 8.08 倍；臺
北市更超過 14 倍，僅次於香港。居住型痛苦指數的提高，對於年輕受
薪階層而言，是造成世代相對剝奪感更強烈的主因（胡勝正，2015）。
下一世代年輕人有更大的工作壓力，卻只能有較差的生活品質與消費能
力，同時還得承擔奉養高齡父母的責任，形成今日臺灣嚴重的世代不正
義。

三、銀髮產業的挑戰及契機

臺灣當前人口結構變遷的兩大趨勢為高齡化與少子化，使得臺灣社
會無論在勞動供給、市場消費、政府財政、社會支持與健康照護等面
向，都將面臨相當大的衝擊；但是本文也認為，這些衝擊所造成的結構
性變化，也將是未來相關產業創新機會的所在。

　　關於人口老化所帶給國家社會的衝擊，過去研究的焦點大多集中在現有社會照護與安全機制的重整，包括如何落實各項醫療與安養機構的管理、如何整合應用有限的資源，以及如何透過退休制度、年金與社會保險機制維持老年人口最基本的生活需求等議題。上述觀點多數聚焦在高齡化所帶來的挑戰；本文則希望進一步整合市場機制的觀點，連結相關政策的規劃，探討人口結構轉變下銀髮產業的創新商機。當前政府需要引導更多的廠商願意投入銀髮產業，發展出更具有獲利性與前瞻性的營運模式，以協助因應當前高齡社會的各項問題。依據前述討論，本文定義銀髮產業係針對銀髮族所衍生的健康照護、信託理財、休閒育樂、行動生活科技與無障礙空間等相關產業。接下來我們分別就勞動市場、市場消費、政府財政、社會支持與健康照護等四個面向，配合次級資料的蒐集與本研究的成果，剖析人口結構轉變所可能帶來的挑戰與契機。

（一）勞動市場

1. 主要挑戰

　　高齡化社會勢必造成就業需求缺口擴大，並衝擊到整體經濟發展。在人口統計中，我們把 15 歲至 65 歲的年齡層認定為工作年齡人口，國家發展委員會（2014）便指出，今日臺灣工作年齡的人口增加數量已趨近於零。他們並推估在 2016 年後，臺灣工作年齡人口將自 1,734.7 萬人開始逐漸減少，到 2061 年工作年齡人口會減少至 904 萬人，也就是未來可以投入就業市場的工作人口會減少一半的數量。

　　理論上，當可投入就業市場的人力資源不足時，可以透過引進外國人力來彌補，然而這牽涉到薪資吸引力的問題。如前所述，臺灣近年來的薪資不但沒有成長，反而還有下降的趨勢，相較於鄰近國家的薪資成

長，將會很快失去足夠的吸引力。[1]相對地，目前國內高階、專業性人力已經開始有外移的傾向，如果國內的薪資持續僵固甚至下降，就業人力外移的情況會更加明顯，未來勞動力市場供需失衡的狀況可能會更加惡化，並進一步衝擊到未來國內生產與整體經濟發展。

除了工作年齡的人口數量下降之外，人口高齡化也將導致「勞動力銀灰化」（Graying of the Workforce）的現象，亦即中高齡勞動人口占總勞動人口的比重逐年增加。目前 45-64 歲人口占整體工作年齡人口約 31%，到了 2020 年此一數據會提升到 42%，這一群中高齡者的就業比例原本就較低，中高齡婦女實質就業的比率僅約 40%，男性則約為 63%，而在整個歐盟來說，中高齡勞工的平均就業率也都在 50% 以下（林萬億，2007）。勞動力的銀灰化將使得勞動供給不足的情況進一步惡化，而中高齡勞動人力可以從事的產業類別與工作類型有所限制，勞動人口的銀灰化也將使得未來存在更高的就業及失業風險。此外值得注意的地方，在於勞動市場除了數量之外，勞動投入的品質也相當重要，但由目前相關統計數據與研究來看，尚無法看出未來高齡化之後勞動素質是否將跟著改變。此一問題與產業結構、工作內容與工作型態的改變都有關係，未來需要更加深入的探討。

2. 發展契機

面對上述的挑戰，如何進一步利用高齡人力，創造更大的價值，成為當前社會必須面臨的問題。就政策上來說，為了解決高齡化可能的財政壓力與下一世代的撫養負擔，彈性退休機制或延長退休年齡誠實勢在必行，未來的退休給付也將降低。為了能讓高齡者有能力再工作，衍生

---

[1] 近年來整個亞洲地區的薪水都有相當可觀的成長幅度，除了大陸薪資快速成長之外，2013 年越南、印尼、緬甸、孟加拉、印度、巴基斯坦等國的薪資成長率都超過 10%，印尼的整體薪資成長甚至高達 24.7%（請參考 Nikkei Asian Review, 2014）。

的商機至少包括下列幾個方向：

（1）中高齡人力媒合、訓練與派遣

高齡者因應未來工作的需要，由於所需的技能種類不同，無論轉職、工作內訓練或職前訓練的需求都會增加，也需要有更為專業的媒合機構，能夠針對高齡工作的需求端與供給端深入的研究，有效的幫廠商與求職者解決問題。基於國內就業人力不足，如何進一步利用目前未被利用的高齡人力，也將成為可能的商機所在。

值得注意的地方是，高齡者所需要的工作內容與型態，可能與一般工作者不盡相同。例如，有些高齡者願意擔任較為廉價但部分工時的工作，有些高齡者的經驗與人脈，則需要經由特定工作型態才能發揮其最大的價值。因此相關單位若能統合上述需求的缺口，對許多人力不足或人力成本過高的企業來說，應該會更有意願使用這批高齡勞動力，相關媒合、訓練與派遣工作也將是一個新興的市場機會。

（2）與高齡者就業相關科技與服務

高齡者再投入就業市場時，可能需要一些額外的輔助工具，如果能針對這部分提供創新的產品與服務，相信能有相當的商機。另外，由於許多企業可能基於刻板印象，對高齡者的工作能力有所疑慮，現有的證照或檢定又未必適合展示高齡者的能力。因此需要針對高齡者工作所需的各項職能提供檢定，這將是另一項未來需求殷切的服務。

未來越來越多的高齡勞動者，勢必進一步改變勞動人口的結構。因此發展以高齡化勞動力為主的創新服務行業，例如將原有照護服務、教育訓練與高階顧問服務稍做轉型，一方面能夠善用高齡的勞動力，一方面也能夠提供不同於以往的價值，是一個針對勞動市場轉型時應深思的方向。

（二）市場消費

1. 主要挑戰

隨著高齡化與少子化的來臨，未來的工作世代，由於所需撫養之未工作的人口數將大幅提高，加上薪資偏低，勢必也將壓縮其消費能力。以扶養比來說，2014 年每 5.6 位 20-64 歲工作年齡人口需撫養 1 位 65 歲以上的高齡者，但是到了 2021 年將提高到 3.9：1，到了 2041 年將進一步提高到 1.8：1，換言之，不到 30 年的時間，工作世代所需撫養高齡者的負擔將增加 3 倍以上（國家發展委員會，2014）。日趨沈重的扶老壓力下，整體市場的消費結構勢將有所改變，也可能限制了未來整體市場的成長力道。

從另一方面看來，目前逐漸開始老化的這群高齡消費者，由於適逢臺灣經濟快速起飛的年代，其所擁有的資產與消費能力，顯著高於前一個世代的高齡者。以日本為例，高齡人口眾多，銀髮產業也蓬勃發展，根據日本經濟產業省預估，2025 年日本銀髮產業的市場約 147 兆日元，全球銀髮產業的規模則高達 37.38 兆美元，是一塊非常大的市場（邱莉玲，2013）。但隨著老化的來臨，多數消費者的消費行為也會日趨保守，也可能對於「要買什麼東西？」或是「要去哪裡買？」等產生不同於過去的想法。高齡者是否有不同於一般消費者之生活型態與消費偏好，需要進一步加以探究；要讓這群相對「比較富裕」的高齡者願意將其退休金掏出來消費，其實是相當大的挑戰，未來有賴於針對高齡者的生活型態與消費模式有更深入的研究，才能進一步掌握日漸提高的銀髮產業商機。

2. 發展契機

在臺灣，未來即將陸續加入銀髮族群行列的年齡層，為目前 45 歲到

64 歲的中年族群，是所謂的戰後「嬰兒潮世代」（Baby Boomers）。這個世代經歷臺灣經濟快速成長的時期，過去他們專注於事業上的發展，累積了可觀的財富。而在消費觀點上，該世代不但重視品質且深具消費能力；他們對於新事物與新觀念的接受程度，更是相對高於上一世代。這群中年族群並不認為一定要把所有的家產留給子女，他們懂得規劃自己的未來，對於退休後的生活有自己的藍圖，加上未來退休人口的再就業的可能性提高，使老年人的可支配所得增加，但對於要買些什麼，也比較有自己的看法。

　　大多數的老年人工作一輩子，累積了一些財富，隨著養育子女的責任完成，如果子女本身也都事業有成且已獨立生活，這群高齡者會開始重視本身的生活、休閒與健康的需求，形成強力的消費能力。這群高齡者甚至可能成為未來臺灣消費市場成長最快速的一群。整體來說，在未來銀髮族人數增加與其所得／財富提高的趨勢下，臺灣銀髮產業的市場規模相當龐大，依照工研院的預估，2025 年臺灣 750 萬退休銀髮族的潛在消費市場可達 3.6 兆新臺幣（林昭儀、陶允芳，2012）。

　　針對這群高齡者的生活型態與消費模式，未來可以從銀髮族餐飲服務、高齡友善的住宅、結合資訊與行動科技的高齡化產品／服務、與各類型老人服務與產品等面向，開發潛在的高齡社會的商機，例如：（1）銀髮族餐飲服務：包括一般餐廳針對銀髮族特殊的飲食偏好、營養需求所提供的餐飲、鎖定高齡者為定位的餐廳，乃至提供送餐服務或營養保健諮詢的餐飲服務等。（2）高齡友善的住宅：現有多數的公寓或透天厝，並不完全符合高齡者的需求。高齡友善住宅不僅要規劃居家與周邊環境，也需要確保各項護理、醫療與居家服務能就近提供。（3）結合資訊與行動科技的高齡化產品／服務，包含居家照護、醫療照護、營養保健與休閒旅遊等各種產品，未來如果能夠達成使用者導向的設計，提升高齡者的購買意願，將成為快速發展的市場。（4）各類型老人醫療照護

機構、高齡者居家照護服務、高齡者的交通運輸之產品與服務等。

（三）政府財政

1. 主要挑戰

　　高齡化社會的勞動人口減少意味著經濟產出減少、稅收減少、社會福利支出增加，以及醫療照護成本提高，這些都將成為未來政府財政的隱憂。本文先前已論及就業人數下降，以及勞動力的銀灰化，加上未來年輕世代撫養壓力日趨沈重，都將反映在消費結構與經濟成長中，實質影響未來政府的稅收。黃能堂（2007）的研究發現，人口成長趨勢減緩除了導致勞動人口減少，消費人口也相對減少，這樣的情況會反應在營業額降低，進而影響營利事業所得稅收。比臺灣更早進入高齡社會的日本，自 1990 年開始就出現稅收減少的情況，臺灣也會在幾年內面臨同樣的情形（沈子恆、曾浩璽，2012）。雖然目前臺灣的總稅收與盈利事業所得稅的直接稅仍持續增加，但隨著 2016 年的工作人口達到頂峰後，工作人口將由高峰逐漸下降（國家發展委員會，2014）。在其他經濟條件沒有重大改變的情況下，未來臺灣整體稅收必然會慢慢的減少。

　　另一個令人擔憂的挑戰，在於因應高齡化所導致各項社會福利成本與醫療照護成本的快速提升。蔡妮娜、陳彥仲、許永河（2014）發現，當臺灣每個縣市的老年人口增加的時候，社會福利支出也會有顯著的增加，近年來我國支付於社會福利支出的比重由 2009 年的 14.55% 逐年提高至近幾年的 20%。另外中央健保局統計，以 2009 年為例，我國健保體系中 65 歲以上的高齡者約占 10.5%，但其門診支出費用占整體門診支出的 29%，住院支出占整體住院支出的比重更高達 44%。換言之，臺灣將會與日本一樣，面對未來福利支出不斷增加又碰到稅收快速減少的困境。隨著高齡人口比重增加，加上國人平均餘命逐漸提高，整體醫療與

照護費用更將大幅提高，這都將成為未來政府財政的主要挑戰。

2. 發展契機

高齡社會經濟發展趨緩，許多即將退休的銀髮族勢必面臨更高的退休風險，多數銀髮族所能獲得的退休給付，將低於目前的水準。如需維持一定程度的生活品質，必須提早進行規劃。而政府所主導的各項社會安全與社會福利機制，在財政吃緊下，也可能不足以因應許多民眾的需求。整體社會對民間主導的保險或金融商品，將會有更高的需求。

基於上述的說明，可以預期的是，許多創新的金融商品或服務將因應而生，例如針對未來長期照護的需求，長照保險的需求也將大增，但現有商品的市場接受度並不高，業者可能必須針對消費者的核心需求與能力，提出更為創新的商品或服務。另外一個可能的例子是「逆向抵押貸款」形式的「以房養老」，申貸人每月都會領到一筆錢直到死亡，申貸人在這段期間都不用還錢，金融機構於申貸人死後取回房地產。這樣的方式在美國、日本與澳洲等國都開始實施了，臺灣在 2013 年的時候也開放了這樣的政策，但是試辦至今成效卻相當有限，商品定位是一個問題，推動方式也不容易讓有需要的民眾接受。[2]在國外許多成功的案例，是透過民間機構辦理，相關法規與配套措施也需跟著修改，才能真正讓更多需要的民眾具有「以房養老」的意願。目前所推出較為市場接受的是年金保險類型的商品，許多中高齡者開始意識到未來退休金的不足，必須提早進行準備與提撥，這類年金保險成為目前成長速度最快的金融與保險商品之一。

---

[2] 以房養老專案從 2013 年 3 月開始試辦，至 2015 年 6 月底，並無任何申辦的案例（陳美君，2015）。

（四）社會支持與健康照護

1. 主要挑戰

高齡化社會中，如何建構完整的社會支持與健康照護系統？如何有足夠的人員與企業願意投入？如何在資源有限的情況下，仍可維持中高齡者最基本的健康、經濟安全與社會安全？是未來政府因應高齡化社會的重大挑戰。在我國推動長期照護的歷程中，1980 年正式通過《老人福利法》與施行細則，行政院於 2007 年 4 月核定《我國長期照顧十年計畫》（行政院，2007），並於 2015 年 5 月於立法院三讀通過《長期照顧服務法》，以期建構完整的長期照顧服務體系，強化長期照顧服務所需的各項軟硬體基礎建設，保障老人及身心功能障礙者獲得適切服務，增進其獨立生活能力，提升生活品質，以維持尊嚴與自主。此外，政府正在規劃攸關長期照護的另一重要法案《長期照護保險法》，但因服務範圍和給付水準攸關保費與政府財源，牽涉到的範圍十分廣泛，目前各方未能達到共識。

根據吳淑瓊、王正、呂寶靜、莊坤洋、張媚、戴玉慈（2001）之研究，目前臺灣 65 歲以上的老人，因日常生活活動障礙（如洗澡與進食等困難），有長期照護需求的人數約 17 萬人；加上因工具性日常生活障礙（如洗衣、購物、外出與準備食物等），需要長期照護的人數提升至 24 萬；若累加認知功能障礙者，則需要照護人數更高達 27 萬。然而，就供給面來看，根據內政部 2011 年的調查，長期照顧機構的容量僅約 4.6 萬人，實際進住的人數約 3.5 萬人（吳淑瓊等人，2001）。造成入住長期照顧機構人數偏低的原因，一方面和傳統家庭與社會觀念有關，一方面也和這些照護機構有關。目前多數高齡照顧機構多依賴政府補助，多無法自給自足；而政府補助的資源又相當有限；加上由於缺乏可獲利性的營運模式，民間企業投入的意願偏低，因此能提供給老人的長期照護容納

量遠遠不足。部分機構又因為地理位置分配不當、照顧水準不佳、服務流程不佳或其他問題，才導致這些照顧機構的使用率僅約 75%，突顯出老人照護資源投入不足且不平均的問題。除了機構照護之外，社區與居家照護可能更為一般銀髮族所接受，也符合「在地老化」的概念，但在社會支援系統與相關配套機制尚未健全的情況下，能夠發揮的力量亦受到限制。例如，當前看護人力嚴重不足與訓練不足，又多以外籍勞工為主，都是未來推動高齡社會支持政策時無法避免的挑戰。

在醫療照護的方面，同樣遭遇類似的狀況。現有醫療體系將湧入更多需要醫療資源，以及需要特殊照護的高齡者，對當前的健保制度勢必將產生相當大的衝擊，對於目前醫師與護理人員人力已經相當吃緊的部分醫療院所，未來的情況也將雪上加霜。簡單的說，在未來「又少、又老、又窮」的社會中，政府在推動社會支持與健康照護政策中，勢必面臨資源嚴重不足的狀況，也必須有更縝密規劃的系統性力量，結合政府與民間和個人／家庭與社會的力量，才能更有效的因應上述挑戰。

在高齡社會中，除了基本的社會安全與健康之外，我們也必須兼顧到心理健康、人際互動及社會參與等不同層面，加上當前家庭結構核心化，婦女就業增加，家庭的照顧功能日漸薄弱等因素的影響，都將使得未來高齡化社會所需面對的問題更加複雜，如果未能妥善因應，將對整個國家財政與社會安全體系造成難以回應的衝擊。

2. 發展契機

政府力量不足的缺口，正是市場機會的所在。高齡社會中，無論社會支持或健康照護，乃至於更進一步有關心理健康、人際互動，以及社會參與等面向，光靠政府的力量都不足以解決。如何引導更多的企業與人員投入市場，結合創新的思維與科技，發展出各式相關產品與服務以滿足市場的缺口，並與政府單位公私協力共同解決高齡化社會的種種挑

戰，是當前政府規劃相關政策時必須開始思考的方向。

隨著資訊科技的發展，提供了解決高齡化問題的可能創新應用方向，國內在 2003 年起，陸續有許多學術研究與商業應用聚焦於資訊科技在高齡照護的應用，建立在這些的基礎上，近年來由於行動智慧載具的日益普及，雲端與巨量資料分析技術的突破，使得過去以遠距監控和居家照護為主的應用模式，有機會透過行動智慧與雲端技術的結合，進一步開創出更多的應用。就過去資訊科技應用於高齡化議題的相關研究中，多數以技術開發端的觀點出發，並聚焦於醫療照護領域的應用；但除醫療服務之外，一般居家應用更是一塊值得開發的市場。結合行動智慧科技的發展，透過隨身攜帶、即時傳輸與高度互動的特性，可以發展出許多創新的應用領域，包括各種監控的預警、個人化運動／飲食甚至醫療處方的建議，加上不同裝置、平臺或機構間的連結，產生的創新服務或營運模式，這些創新應用背後的商機有機會帶動更多的廠商投入，協助政府解決目前高齡化照顧的問題。

鄰國日本在高齡化社會的發展經驗，亦可提供探討銀髮產業商機的方向。日本在 1970 年即邁入高齡化社會，陸續發展了許多方法與制度來解決高齡社會的照護問題。2000 年起，日本開始實施「公共介護保險制度」，消費者可以主導照護機構的選擇，只需負擔一成法定照護費用，其他部分由保險服務給付，而新一代老人多數對照護機構的生活品質要求較高，也使得傳統的老人照護機構開始必需發展出更具競爭性的服務模式。自 2001 年起，以單位照顧（Unit Care）為基本理念的「新型特別養護老人院」被納入老人長期照顧的一環，不但帶動了日本長期照顧模式的革命性發展，實施單位照顧模式的機構數量急速成長，目前已經成為日本國內非常普遍的長期照顧機構型態，也成為長期照顧服務相關人士的關注焦點（莊秀美，2004）。單位照護代表了一種在生理與安全之外，在心理面關於人際互動與生活品質的進一步提升，也與 WHO 所提

出的「活躍老化」（Active Ageing）的觀念相呼應。由日本的推動經驗可以看出，就長期照護而言，若能在現有的基礎上，進一步透過更貼心、更人性化，且更友善的服務設計，將更有機會在未來的銀髮市場中獲得高齡者的青睞。另外，如何檢視與重新設計老人照護機構、社區照護與居家照護的服務現況與流程，並結合新觀念和新技術，解決高齡者照護的問題，是面對未來高齡化挑戰時重要的思考方向。

另一個攸關社會安全與醫療照護的關鍵，在於服務的人力。除了現有機構照護中各式人力需求將快速成長外，在居家與社區照護中，許多支持性照護方案，都需要更多人力投入，包括到宅服務、送餐服務、日間托老、家事服務、交通接送、健康諮詢與社區復健等，都是未來建構友善高齡照護系統必需的支持力量。此外，在地老化對於高齡友善住宅與社區營造，都有相對較高的需求，現有一般公寓及透天厝通常都未特別考慮高齡者的需求，如能結合智慧照顧、智慧住宅、安全監控和社群溝通等創新福祉科技的應用，也有機會開創出新的銀髮市場商機。

四、資源配置與消費者屬性

本文前一節已就勞動市場、市場消費、政府財政、社會支持與健康照護等四個面向，解析臺灣人口結構變遷下，所面對宏觀層次的挑戰與契機。本節則進一步自微觀的角度來檢視銀髮產業。第一部分我們將探討銀髮產業發展時，所面臨的資源配置問題，第二部分則檢視銀髮產業所面對的高齡消費者，分析他們的基本類型與生活形態。

（一）銀髮產業的資源議題

1. 醫院照護的資源需求

探討老人生病類型與病重程度對醫療資源的影響，係個人、社會與國家所必須正視的重要課題。基於上述研究背景，我們以臺灣某大型醫院 1,191 名老人住院期間之詳細追蹤資料（Longitudinal Data），建構計數資料、次序選擇及二元選擇等三條質性反應迴歸模型（Qualitative Response Regression Models），推估老人自我調適機能、各類老人症候群、多重慢性病及入院時基本生活功能等健康資本折舊（Health Capital Depreciation）程度，對醫療照護需求之衝擊效應。在這個研究中，我們想探討的核心問題是：高齡者不同類型的疾病，以及不同健康的程度，所需投入的醫療資源有何不同？

回顧國內外文獻大抵以醫療支出、醫師服務（門診）及住院服務之多寡，作為衡量醫療需求之替代變數（Proxy Variable）。本研究則採用住院天數為衡量指標（即住院天數愈多，代表醫療需求越高）。綜合上述三種不同分析方法的研究結果，我們可以得到以下研究發現：（1）高齡者在調適機能、症候群及慢性病等三類疾病中，疾病嚴重程度每增加一等第，住院天數顯著增加 0.574、0.101 天與 0.165 天。（2）高齡者在入院時，其基本生活功能較高則平均住院天數較低。其基本日常生活活動能力（Activities of Daily Living, ADL）每增加一分，將顯著降低 0.063 天之住院天數。（3）高中以上教育程度相對於高中以下教育程度之住院病患，可顯著降低 0.824 天之住院天數。（4）病患若源於急診與轉診，相較於其他來源，其住院需求顯著高於 0.688 天。（5）男性相對於女性之邊際效果多了 2.110 天。整體來說，老人健康折舊資本越大，確實會顯著增加醫療需求（住院天數）。

2. 機構照護之研究

高齡社會使得國人對老人照護機構的需求與日俱增，且需求之性質也已由原本的「治療」轉為「治療與照護並重」，甚至進一步希望能夠兼顧照顧過程中的人際互動與社交功能；因此各機構是否能提供完善的照護品質與設施，讓民眾安心地將家中長者送至機構照護，實屬不可輕忽的課題。政府為強化老人安養之照護品質，《老人福利法》第37條規定「主管機關對老人福利機構應予輔導、監督、檢查、評鑑及獎勵」。遂自2001年起，內政部依《老人福利法》之規定，每隔三年針對各機構之業務、財務運作狀況及其影響因素辦理各機構之評鑑，而其相關評鑑結果（反應照護品質高低），除了作為內政部監督、輔導及獎勵各機構之依據外，更能保障機構之住民與其家屬之權益。

在內政部的架構下，政府及受照護者追尋提升照護品質的目標，但就老人福利機構的供給面考量，當經營者的目的，是以爭取較高評鑑等第來獲得較高的政府補助款，往往就需要投入更多資源與服務，到相對較少的收容人數，從而降低了營運效率。過去研究者將此現象稱為無效率品質競爭假說（Inefficient Quality Competition Hypothesis）（蔡偉德、李一鑫，2002；盧瑞芬、謝啟瑞，2003）。這於是引導出我們想要探討的問題：在高齡照護機構中，照護品質和營運效率，是魚與熊掌不可兼得？還是可能兼容並蓄？若根據無效率品質競爭假說的觀點，由於這些照護機構都需要評鑑，評鑑成績列為優等及甲等者，除可核發獎金外，得優先獲得政府補助或委託辦理業務。[3]這樣的評鑑與資源分配機制，將導致機構為獲取更多政府及社會資源，而投入過多生產因素，產生對品質過度投資（Overinvestment in Quality）現象，因而導致生產無效率。[4]

---

[3] 詳細內容可參閱內政部99年度老人福利機構評鑑計畫。

[4] 品質過度投資主要源自降低或解決資訊不對稱（Asymmetric Information）所產生反向選擇（Adverse Selection）與效率效果（Effective Effect）問題，詳細討論可參

　　本研究依此假設進行了一系列的討論。以內政部（2011）「99 年度
老人福利機構評鑑報告」中老人福利機構評鑑之機構、刊載之受評機構
沿革及概況的自我陳述為研究對象。此報告的評鑑對象是以 2008 年 12
月 31 日前經許可設立之全國性、省級公立、公設民營及財團法人老人
福利機構，及 2010 年 4 月 30 日以前經直轄市、縣（市）主管機關初評
達乙等以上之直轄市、縣（市）公立、公設民營及財團法人老人福利機
構，共 128 家（內政部沒有在公開網站公佈乙等以下之機構之投入產出
資料，因此本研究無法針對這些機構進行討論）。由於評鑑報告所登錄
之機構營運資料並不齊全，經資料處理後有效樣本為 91 家，其中 52 家
為綜合型，39 家為養護型。這些養護機構的照護品質，呈現於表 10-1。
在 91 家老人照護機構中，優、甲及乙等照護品質之家數，分別為 10、
68 及 13 家。若進一步比較綜合型與養護型之百分比，可發現綜合型之
照護品質（優等及甲等占 92.31%）相對優於養護型（占 76.93%）。

表 10-1　照護機構照護品質分佈情況

	高（優等）	中（甲等）	低（乙等）
全部樣本	10（10.99%）	68（74.73%）	13（14.29%）
綜合型	6（11.54%）	42（80.77%）	4（7.69%）
養護型	4（10.26%）	26（66.67%）	9（23.08%）

　　參考過去國內外文獻與內政部所公開公佈之資訊，本研究透過資料
包絡分析法（Data Envelopment Analysis, DEA），計算出這些照護機構的
營運效率，所選取的投入變數包括直接照顧服務人員、間接服務人員及
建坪作為投入變數，以實際收容人數作為產出變數。經由檢視營運效率
與照顧品質的抵換關係，本研究團隊主要發現歸納如下：（1）綜合型與
養護型之投入產出結構與營運效率存在顯著差異。（2）營運效率較佳的

閱 Belleflame & Peitz（2014）。

標竿單位，除了臺北市社會局老人自費安養中心外，其餘十二家皆為民營機構。整體來說，民營照護機構之誘因機制優於公營，使得他們有較大的誘因提升其營運效率。（3）平均而言，臺灣老人福利機構，尚約有36%~45% 之資源配置改善空間。（4）照護品質與營運效率存在顯著抵換關係，兩者的確不容易兼顧。不過我們也發現這種難以兼顧之現象，主要出現在綜合型且評鑑等第為優等之照護機構，在其他類型的照護機構中並不顯著；因此，本研究結果僅部分支持無效率品質競爭假說（林灼榮、黃開義、許書銘、陳惠雯，2014；林灼榮、李穎彥，2015）。

（二）銀髮消費族群的生活形態

1. 高齡者居家與生活型態

銀髮產業直接面對高齡者此一消費族群，勢必對高齡者要有充分之瞭解；為此，高齡者的生活型態，成為重要的研究議題。本研究採用行銷管理領域中經常被用以衡量生活型態的方法之一的 AIO 量表（Reynolds & Darden, 1974），針對行為者的活動（Activities）、興趣（Interests）、意見（Opinions）等三大面向，設計不同問題，並據此找出不同行為者的共同性，並可據此分析不同生活型態的行為者，是否有不同的消費傾向、健康狀態與生活滿意度。我們針對高齡者在活動、興趣與意見等關鍵問題，進行我國高齡者生活型態的研究。透過 GREEnS 計畫所蒐集的「臺中市 65-75 歲高齡人口之社會生活狀況調查」（GREEnS 總計畫四，2014）的問卷調查，分析臺中市高齡者的生活型態。

本文透過因素分析剖析臺中市高齡者之參與活動、興趣與意見。在參與活動的類型上，可區辨出「休閒活動」與「工作投入」兩個因素；在興趣方面，則可區辨出「居家導向」與「休閒導向」兩個變數；在意見上則包含對「文化教育」與「社會政策」、「經濟消費」等三類不同意

見。本研究進一步進行集群分析後，找出三群不同生活型態的高齡者，針對其生活型態屬性進一步說明如下。

（1）消極沉默族

這個集群的高齡者，人數約占整體高齡者的41.7%，他們在休閒活動、工作投入的參與度都不高，對於家庭與休閒的興趣也是三群中最低的；同時，他們的價值觀比較保守和傳統，不太認同過於積極的消費與投資觀念，也不太相信政府的高齡相關政策。由於對各項家庭、休閒和工作活動的參與度不高，也不習慣主動表達意見，我們將之稱為「消極沉默族」。就過去消費者的研究中，整體消費者中較為消極且不表態，也較少消費的族群通常占3成左右，與本次調查結果的比較可以看出，高齡族群中屬於消極沉默族的比例，可能會比其他年齡的族群來得高。

（2）活躍守份族

這個集群的高齡者，人數約占整體高齡者的27.2%，就活動與興趣而言，此一族群對於家庭與工作相對較為投入，得分為三個集群中最高，因此，我們將之命名為「活躍守份族」。這群高齡者雖然年紀漸長，仍相當重視家庭和工作，較為謹守本分；更特別的是，在對於文化教育、社會政策，以及經濟消費的意見上，此一族群得分也顯著高於其他族群，這表示這群人有著較為創新的觀念，勇於表達意見，相對於其他族群比較自主而活躍。

（3）自在悠遊族

這個集群的高齡者，人數約占整體高齡者的31.1%，他們在休閒活動參與及興趣都是三群中最高的；對家庭和工作活動的參與度則稍低於「活躍守分族」，我們將之命名為「自在悠遊族」。整體而言，自在悠遊

族對於活動的參與度以及興趣都相當高，但對於意見表達的程度中等，不如活躍守份族來得積極。隨著年齡的增長，此一族群的高齡者漸漸將生活重心由工作、家庭移轉至休閒活動。

2. 不同生活型態下的高齡者面貌

本文進一步呈現不同生活型態下的高齡者，其在生活品質滿意度、身體活動功能、日常生活功能、宗教參與以及老年退休準備等面向上的差異，以期勾勒出不同生活型態之高齡者面貌。但由本研究的分析結果顯示，不同生活型態的高齡者面貌是有著相當顯著的差異。例如：（1）「自在悠遊族」因必須做好各方面的準備，才能從事較多的休閒活動，所以這一族群的老年生活準備程度較高。（2）「消極沉默族」有著最高程度的宗教活動參與，「活躍守份族」又略高於「自在悠遊族」。（3）「消極沉默族」在身體生活功能與日常生活功能的得分上，出乎意料地明顯高於其他兩群體。（4）「自在悠遊族」顯著比起其他兩個族群，更滿意自己的生活品質。

由上述分析結果發現，不同生活型態的高齡者，在生活品質滿意度、身體活動功能、日常生活功能、宗教投入，以及老年準備，都有相當顯著的差異，儘管不能確定是生活型態影響了這些變數，還是由於身體健康程度等功能影響了生活型態，但「生活型態」對於高齡研究來說，的確是相當值得投入並探討的方向。

五、結論與政策建議

對臺灣而言，高齡化是一個不可逆的結構性的轉變，人口快速老化導致時間緊迫，我們幾乎沒有太多的時間做準備。由於經貿環境、產業調整、人口結構、勞動供需、市場消費、政府財政、社會支持與健康照

護等各項議題環環相扣，要能夠妥善因應未來高齡社會的各項挑戰，所需思考的面向相當多；本文嘗試由經社環境、宏觀思維與微觀省思等三構面，對此一問題提出我們初步看法，也希望能夠提供未來因應高齡社會問題時，更具系統性與實務性的思考方向。

在探討經社環境與世代正義之後，我們發現支撐過去臺灣經濟快速成長的許多因素已經逐漸消失，包括人口紅利，隨之而來的是工作年齡人口數開始下降，且高齡者的人數、比重與平均餘命都將逐年升高的時候，我們需要認清事實，思考如何與現實妥協，也需要有不同的創新思維，找出困境中的機會。未來勞動人口不但將逐年減少，且勞動市場的銀灰化將進一步惡化勞動供給不足的問題；在數量之外，就業人口的品質亦需特別考慮，亦即是否有能力因應產業結構調整而重新適應，都會衝擊到未來國內生產與經濟的發展。就市場面來說，雖然高齡者看起來有不錯的消費能力，但他們想要的東西未必是目前市場上已經存在的，且整體消費市場將因為工作世代撫養負擔加大而減少其非必要的支出。上述變化都將造成政府財政支出結構性的改變，包括經濟產出減少、稅收減少、社福支出增加，以及醫療照護費用提高，如果再加上龐大的各項退休福利支出，可以預期的是，這些挑戰將讓政府機關與工作世代不再幸福，甚至，未來世代交替將越來越憂鬱。

面對充滿挑戰的大環境，未來該何去何從？或許，在上述各項挑戰中，如果我們能夠開始正視問題，思考可能的機會所在，甚至化危機為契機。例如在勞動市場轉型下，高齡化的就業人力應當是一種資源，如何更有效的利用這些高齡者的價值，並發展相對應的服務，舉例來說，中高齡人力媒合、訓練、派遣，或協助他們再次投入勞動市場所需的各項科技與服務，都有相當的商機。此外，銀髮族的餐飲服務、高齡友善住宅、行動生活科技應用於居家與醫療照護、銀髮保健食品、長照保險、年金保險、以房養老、日間托老、家事服務、到宅服務、單位照

護，以及社會參與等，都是未來高齡化社會需求與生活福祉所關注的課
題，也將成為銀髮產業的契機所在。

參考文獻

GREEnS 總計畫四（2014）。**建構優質的長青生活品質與環境之研究：102 年研究報告**。（編號：102GREEnS004）。未出版。

內政部（2011）。**99 年度老人福利機構評鑑報告**。臺北：內政部。

朱敬一、康廷嶽（2015）。經濟轉型中的「社會不公平」。**臺灣經濟預測與政策，45**(2)，1-22。

沈子恆、曾浩璽（2012）。我國人口結構變遷對於基礎設施資產管理的影響。載於**第六屆物業管理學會論文集**（123-130 頁）。臺北：臺灣物業管理學會。

吳淑瓊、王正、呂寶靜、莊坤洋、張媚、戴玉慈（2001）。**建構長期照護先導計畫第一年計畫期末報告**（內政部委託計畫研究報告）。臺北：內政部。

行政院（2007）。**我國長期照顧十年計畫摘要本（核定本）**。臺北：行政院。

行政院大陸委員會（2015）。**兩岸經濟統計月報**。臺北：行政院陸委會。

行政院主計總處（2013）。**100 年工商及服務業普查初步綜合報告**。臺北：行政院主計總處。

林灼榮、王凱立、林子茜（2015 年 5 月）。宗教認同、生命軌跡與高齡生活福祉之研究。「**2015 第十四屆北商學術論壇暨國際企業經營管理研討會**」發表之論文。臺北，臺北商業大學。

林灼榮、李穎彥（2015 年 7 月）。臺灣老人福利機構財務收支與照護品質之研究。「**跨界共舞：當研究／教學／設計遇上高齡化社會研討會**」發表之論文。臺中：東海大學。

林灼榮、陳靜瑜、余雅涵（2013 年 6 月）。臺灣老人福利機構營運效率

與政策模擬—設限變數共同邊界資料包絡分析法之應用。「**2013 商學與管理學術研討會**」發表之論文。臺中：東海大學。

林灼榮、陳靜瑜、葉彥辰（2015 年 4 月）。臺灣中小企業品牌、研發、國際化與價值創造之研究。「**2015 年兩岸永續經營創新、變革與挑戰國際學術研討會**」發表之論文。臺中：東海大學。

林灼榮、黃開義、許書銘、陳惠雯（2014 年 5 月）。臺灣老人福利機構營運類型、照護品質與生產效率：EBM-Metafrontier DEA 模型。「**邁向一個年齡友善的社會：活躍老化、智慧社群與社會永續研討會**」發表之論文。臺中：東海大學。

林灼榮、黃琛瑞、謝俊魁、陳靜瑜（2015）。國際化、國內就業效果與外銷貢獻高估問題。**經濟研究，51**(1)，135-169。

林灼榮、廖怡雯（2015 年 5 月）。行動生活科技、日常生活功能與高齡者社會參與之研究。「**2015 第十四屆北商學術論壇暨國際企業經營管理研討會**」發表之論文。臺北：臺北商業大學。

林宗弘（2015）。臺灣階級不平等擴大的原因與後果。**臺灣經濟預測與政策，45**(2)，45-68。

林昭儀、陶允芳（2012）。樂齡商機 銀髮產業 搶食 3.6 兆商機。**天下雜誌，504**。

林萬億（2007 年 2 月）。**我國人口老化之挑戰與回應**（專題演講）。2007 年 2 月 12 日。高雄：高雄醫學大學醫學社會學與社會工作學系。

邱莉玲（2013 年 6 月 27 日）。老化海嘯來襲商機篇 - 銀髮族消費新勢力【產業特刊】。取自 http://www.chinatimes.com/newspapers/201306270 00095-260210

胡勝正（2015）。從房價所得比看臺灣的社會不公。**臺灣經濟預測與政策，45**(2)，23-43。

孫明德（2015）。人口結構變遷對人才運用之影響。**臺灣經濟研究月刊，38**(1)，20-25。

徐美、陳明朗（2011）。臺灣不同族群薪資差異的世代變遷。**臺灣經濟預測與政策，42**(1)，39-74。

國家發展委員會（2014）。**中華民國人口推計報告（103 年至 150 年）。**臺北：行政院國家發展委員會。

連經宇、黃志文（2009）。臺灣地區人口結構變遷對土地使用需求之影響初探。**明新學報，35**(2)，193-212。

莊秀美（2004）。長期照護的新趨勢：日本的「小團體單位照護」。**社區發展季刊，106**，345-357。

陳世能（2002）。臺灣地區安療養機構經營效率之分析：資料包絡分析法。**經濟研究，38**(1)，23-57。

陳美君（2015 年 7 月 13 日）。叫好不叫座 以房養老申辦掛蛋。**經濟日報。**

陳建良（2014）。臺灣家戶所得不均長期變化趨勢之分解。**臺灣經濟預測與政策，44**(2)，1-44。

黃能堂（2007）。臺灣人口結構變遷對技職教育的衝擊與其因應。**教育資料與研究雙月刊，74**，97-114。

劉真如（譯）（2002）。**下一個社會**（原作者：Peter Drucker）。臺北：商周出版社。

盧瑞芬、謝啟瑞（2003）。臺灣醫院產業的市場結構與發展趨勢分析。**經濟論文叢刊，31**(1)，107-153。

蔡承宏、劉俊儒、林灼榮（2014 年 6 月）。臺灣社會工作服務業營運數位化、無形資產投資與經營績效之關聯性。「**第九屆國際健康資訊管理研討會**」發表之論文。臺中：東海大學。

蔡妮娜、陳彥仲、許永河（2014）。臺灣各縣市人口結構與社會福利支

出集中度之分析。**臺灣土地研究**，**17**(2)，1-27。

蔡偉德、李一鑫（2002）。醫院非價格性競爭與市場結構：醫院購置高科技醫療儀器之實證研究。**經濟論文叢刊**，**30**(1)，57-78。

蕭富峰、季田樹（譯）（2002）。**創新與創業精神**（原作者：Peter Drucker）。臺北：臉譜出版社。

Belleflame, P., & Peitz, M. (2014). Asymmetric information and overinvestment in quality. *European Economic Review, 66*, 127-143.

Chen, C.Y., Lin, J. R., Peng, T. K., & Yu, Y. H. (2013). An analysis of operating efficiency in senior citizen welfare institutions: Application of bounded-variable and meta-frontier data envelopment analysis. In *Proceeding of broadband and wireless computing, communication and applications, 2013 eighth international conference* (pp. 372-377). IEEE.

Chen, C. Y., Lin, J. R., & Weng, S. C. (2014, July). The relevance study of elderly health depreciation and medical care demand: The application of qualitative response model. *Symposium conducted at 2014 International Conference on Business and Information*. Osaka, Japan.

Hollingsworth, B., & Stress, A. (2006). The market for efficiency analysis of health care organisations, *Health Economics, 15*(10), 1055-1059.

Knox, K. J., Blankmeyer, E. C., & Stutzman, J. R. (2006). Comparative performance and quality among nonprofit nursing facilities in Texas. *Nonprofit and Voluntary Sector Quarterly, 35*, 631-667.

Labarere, J., Francois, P., Auquier, P., Robert, C., & Fourny, M. (2001). Development of a French inpatient satisfaction questionnaire. *International Journal for Quality in Health Care, 13*, 99-108.

Lin, J. R., Wu, L. W., Chen, C. Y., Lu, M. H., & Peng, T. K. (2013). Medical care quality and operating performance of Taiwan's psychiatric hospitals:

BNVDEA and CND-DEA Application. In *Proceeding of broadband and wireless computing, communication and applications, 2013 eighth international conference* (pp. 684-689). IEEE.

Nikkei Asian Review. (2014, Jan. 30). The wages of growth: Are Asia's factories pricing themselves out of the market? [cover stories]. Retrieved from http://asia.nikkei.com/magazine/20140130-The-wages-of-growth/Cover-Story/The-wages-of-growth.

Reynolds, F. D., & Darden, W. R. (1974). Construing life style and psychographics. In W. D. Wells (Ed.), *Life style and psychographics* (pp.73-95). Decatur, GA: Marketing Classics Press.

Valentine, N., Bonsel, G. J., & Murray, C. J. L. (2007), Measuring quality of health care from the user's perspective in 41 countries: Psychometric properties of WHO's questions on health systems responsiveness. *Quality of Life Research, 16*(7), 1107-1125.

第 **11** 章

智慧科技：
人性化的健康照護輔助系統

朱正忠、楊朝棟

一、前言

　　高齡化（aging）研究是一項跨領域研究，需要整合不同領域的資訊，才能客觀有效分析及了解影響老化的因素，提高老年人生活品質。高齡醫學（Geriatrics）是專門處理老年人健康問題的醫學分支學科，以老人疾病的預防保健及醫療照護為主要目標。老年學（Gerontology）則是研究老化現象、老化過程與老年問題的科學，並不侷限於醫學層面，可以擴及心理、社會或經濟等層面，範圍較為廣泛。高齡醫學偏重臨床應用，老年學則側重研究，兩者皆為增進老年人健康的學科知識而設立（詹鼎正，2007）。高齡醫學常需要面對大量來自不同領域的數據及資料，並且蒐集這些「巨量資料」（Big Data 或譯大數據）、進行建模與分析的工作。如何整合篩選所有的數據資料、應用工具篩選出關鍵的訊息，是今日高齡醫學的重要課題。

　　在實務上，老年人口因為年齡增長，一些人的生理狀況讓他們難以獨立生活。雖然這些人僅占所有高齡人口中的少數，但臺灣社會走向高齡化的過程，老年人口迅速成長，已使高齡醫療照護服務的成本大為提高。因此，對高齡健康照顧以及相關的支援系統的需求，也就更加殷切。本文認為，整合資訊技術與醫療照護領域，不但有助於老年人口長期照護護理，也能提高醫療資源配置的效率、減少醫療資源的浪費。結合雲端計算與行動照護技術、透過雲端照護平臺整合應用程序、健康照護與衛生教育，將可以打破診所和醫院的藩籬，降低教學醫院的醫療負擔，且有助於患者控制健康，為醫生提供必要的工具及協助。

　　綜上所述，我們可以知道高齡醫學健康服務系統（Gerontology and Geriatrics Health Care System, GGHCS）的建構，在今日有著相當的迫切性。然而，現有系統的實際應用上，也面臨著很多挑戰，包括數據收集的效率不佳、資料缺乏整合、巨量資料建模和分析、服務品質保證問題，

以及缺乏有效的系統整合和互通性、標準化，也有安全和隱私問題。這些挑戰成為本文的研究關懷，本文第二節將簡單說明「雲端計算」、「巨量資料」等概念；第三節介紹資料匯入雲端資訊系統之效能研究；第四節說明巨量資料分析的成果；第五節展示利用雲端技術的高齡醫學健康照護系統；最後提出結論與討論。

二、優質雲端健康照護之重要概念

（一）「雲端計算」與「虛擬化」

　　根據美國國家標準和技術研究院的定義，雲端運算（Cloud Computing）為「使用無所不在、便利、隨需求應變的網路，共享廣大的運算資源（如網路、伺服器、儲存、應用程式與服務），可透過最少的管理工作及服務供應者互動，快速提供各項服務」。此模型能提供一個便利的並可按需求（on-demand）透過網路來存取與配置的共享運算資源池（如網路、伺服器、儲存裝置、應用程式與各類服務）。這些共享運算資源池可以被迅速的提供並發布，同時將管理成本或服務供應商協助最小化。這種雲端模型提升了服務可用性，此雲端計算的五個基本特徵依序為隨需自助服務（on-demand self-service）、隨時隨地用任何網路裝置存取（broad network access）、多人共享資源池（resource pooling）、快速重新部署靈活度（rapid elasticity）、以及可被監控與量測的服務（measured service）（Mirashe & Kalyankar, 2010）。美國國家標準與技術研究所對於雲端運算定義中，雲端服務架構可依服務類型指標劃分為基礎架構、平臺以及應用三大層次，分別為基礎設施即服務（IaaS）、平臺即服務（PaaS）、軟體即服務（SaaS）。雲端計算的四種部署模式有公有雲（Public Cloud）、私有雲（Private Cloud）、社群雲（Community Cloud）和混合雲（Hybrid Cloud）（Mell & Grance, 2011）。

在建立雲端計算環境的時候，需要高昂的硬體成本。為此，虛擬化的技術被提出來，有效降低了成本的門檻。虛擬化是從實際提供服務的實體資源上，如硬體、軟體、網路、存儲等硬體設備，將資源做邏輯上的分割轉變以成為可以管理的資源，並提供給需求者，並讓使用者更合理、更充分的控制與管理這些資源。具體而言，虛擬化提供了在邏輯分割出的系統環境上執行作業系統或系統服務的能力，並且無關於特定的實體電腦系統（Clark, Fraser, Hand, & Hansen, 2005）。虛擬化的優點，最主要是能夠將所有的資訊科技與產業（Information Technology, IT）資源，視使用者及應用程式的需求來進行彈性的整合與調度，以達到資源最佳化的效果，進而降低總體擁有成本（TCO）。而若將資料中心內的資源加以分類，則大致可以分為運算（computing）、網路（networking）、及儲存（storage）等三大項，來為軟體應用程式提供執行、傳遞、與資料存取的服務。

1. 伺服器虛擬化

伺服器虛擬化可分為「全虛擬化」（Full Virtualization）、「半虛擬化」（Para-virtualization）及「硬體支援虛擬化」。「伺服器虛擬化」意指在一臺實體機器上建立一個模擬的運算環境（虛擬機），讓使用者可以運行軟體而沒有太多限制。例如現今許多種實體主機，皆允許使用者同時運行多個的作業系統。

虛擬化將一個硬體模擬出多個虛擬的硬體，即虛擬機，虛擬機就好像直接運行在硬體上面，每個虛擬機皆可以是一個獨立且完整的機器，它可以獨立運作作業系統，且不影響其他平臺的運作。虛擬機對硬體資源（如網路、顯示器、鍵盤及硬碟）的存取，統一由一個比處理器和系統快取記憶體更有限制性的階層進行管理。軟體經常被限制在使用實體主機的周邊設備，或者被限制在較低的設備性能上，取決於實體

主機的硬體連接策略（Moreno-vozmediano, Montero, & Llorente, 2009; Sotomayor, Montero, Llorente, & Foster, 2009）。

2. 網路虛擬化

　　傳統網路環境是藉由交換器（Switch）和路由器（Router）來選定傳送封包的路徑。但是隨著雲端應用服務以及巨量資料需求日益增加，大量的虛擬機被部署在雲端，網路的路由表越來越複雜，越來越不敷使用。為了解決這些問題，有人提出了網路虛擬化的概念，網路虛擬化的概念類似於伺服器虛擬化，只是將虛擬機器變成虛擬交換器，透過軟體模擬一個虛擬的網路交換器，提供管理者依照自己的調整去動態分配虛擬環境中的網路，大大降低網路以及網管的人力成本。

　　軟體定義網路（Software Defined Networking, SDN）是一種網路虛擬化（Network Virtualization）技術，是近年來網路界急遽竄升的新興科技。依據非營利性組織開放式網路基金會（Open Networking Foundation, ONF）的定義，SDN 核心的兩個概念為控制平臺（Control Plane）與數據平臺（Data Plane）的虛擬化，傳統的網路交換器是將控制平臺及數據平臺都放在同一個交換器內。而 SDN 網路架構是一種透過虛擬化的方式將軟體和硬體分開，將網路的管理權限交由控制層的控制器（Controller）軟體負責，採用集中控管的方式，如圖 11-1 所示。

圖 11-1　傳統網路及 SDN 網路示意圖

3. 儲存虛擬化

由於軟體定義網路（SDN）和軟體定義資料中心（Software Defined Data Center, SDDC）的崛起，軟體定義資料中心 VMware（VMW.US）於 2012 年 8 月於 VMworld 大會上提出，將網路、儲存及運算等資料中心的基礎設施虛擬化，由於軟體定義網路（SDN）和軟體定義資料中心（SDDC）的崛起，軟體定義儲存（Software Defined Storage, SDS）已經開始走向產品化。軟體定義儲存是一個計算機資料儲存的技術和方式，就是將軟體從儲存硬體中抽出來，重點是在於儲存服務，而不是儲存的硬體，由於沒有硬體上的限制，使用者能夠使用異質的儲存硬體，儲存可以經由軟體去管理，進一步部署和供應，所以儲存資源可以被更有效率的運用。過往企業碰到儲存資料大小及流量快速增加的問題時，解決的方法往往是不斷採購不同廠商互不相容的硬體設備，造成越來越多被孤立的儲存空間，也增加維護及採購上的大量成本。儲存虛擬化的技術開發，正滿足此一日益迫切的需求。

（二）巨量資料

1. 巨量資料的定義

巨量資料是指蒐集而來的多樣化資料數據，資料量規模巨大到無法透過人工，在合理時間內達到擷取、管理、處理、並整理成為人類所能解讀的資訊，因此必須經由高效的資料處理技術，才能分析出對使用者有意義的資訊方法（Slagter, Hsu, Chung, & Zhang, 2013）。目前巨量資料幾乎無法使用大多數的資料庫管理系統處理，而必須使用在許多臺伺服器上同時平行運行的軟體。過去資料倉儲（data warehousing）技術多半是合併各小型資料集、結構化資料後集中儲存於某處，視其需要再進行

分析運算，獲得所需資訊。巨量資料技術則能夠儲存多樣化資料、沒有資料儲存容量上限，同時能夠透過分散式運算，在極短的時間內進行資料分析，也可隨需要不斷投入運算資源。巨量資料的大小經常改變，單一資料集的大小，從數兆位元組（TB）至數十兆億位元組（PB）不等。

透過分析這些大小常超出人類在可接受時間下收集、應用、管理和處理的巨型資料集，巨量資料可以許多額外的資訊和資料關聯性，用來察覺商業趨勢、判定研究品質、避免疾病擴散、打擊犯罪或測定即時交通路況等議題，是巨量資料日益受到重視的理由。目前巨量資料的增長，面臨著數據量（volume）、時效性（velocity）、多變性（variety），以及真實性（veracity）等四項挑戰（Beyer & Laney, 2012）。

2. 巨量資料的處理

今日常用的巨量資料處理方式，是根據Google公司發表的MapReduce和Google檔案系統的論文自行實作而成Hadoop。Apache Hadoop是一款支持資料密集型分散式應用並以Apache 2.0許可協議發佈的開放源碼軟體框架，是一個在Apache軟體基金會釋出的自由軟體授權條款。Apache授權條款要求被授權者保留版權和放棄權利的聲明，但它不是一個反版權的授權條款。它支持在商品硬體構建的大型集群上所運行的應用程序（Dittrich & Quian, 2012; Taylor, 2010）。Hadoop框架透明地為應用提供可靠性和數據移動。它實現了名為MapReduce的編程範式：應用程序被分割成許多小部分，而每個部分都能在集群中的任意節點上執行或重新執行。此外，Hadoop還提供了分佈式文件系統，用以存儲所有計算節點的數據，這為整個集群帶來了非常高的帶寬。MapReduce和分佈式文件系統（HDFS）的設計，HDFS為在Hadoop叢集上運行的分佈式檔案系統，能將檔案切割分散在節點上，使得整個框架能夠自動處理節點故障。它使應用程序與成千上萬的獨立計算的電腦和Petabyte

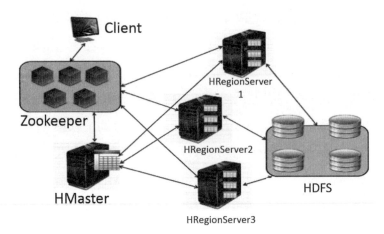

圖 11-2　HBase 環境

（PB）級的數據，1PB 大約為五千萬個字元。

　　本研究使用 Hadoop 中的一個資料庫：HBase。HBase 與 Google 的
BigTable 類似，BigTable 是一種可壓縮的、具有高效能、可擴展性高，
且基於 Google 檔案系統（Google File System，GFS）的資料儲存系統，
用於儲存大規模結構化資料，適用於雲端計算（Chang et al., 2008）。表
格是稀疏的，所以同一個表格裡的行可能有非常不同的列，這樣的特性
剛好可配合格式不一致的試算表資料，例如 Excel 檔案。

　　如圖 11-2 所示，HBase 底層使用 Hadoop HDFS，因此具備 HDFS
的分散儲存、副本機制以及高擴充性的特色。配合 Hadoop 內建的
MapReduce 操作或 HBase 既有的輔助處理器（Coprocessor），輔助處理
器能協助中央處理器（CPU）處理工作，加快資料處理的速度。本研究
的目標為協助企業組織將資料導入 HBase 並與關聯式資料庫並用，過程
包含（1）將資料轉移到 HBase；（2）開發相應的程式存取 HBase 內的資
料；（3）日常管理 HBase。由於 HBase 是一個 Open Source 專案，並非
商業化軟體，僅完成核心功能，並不符合企業組織採用資訊技術所要求

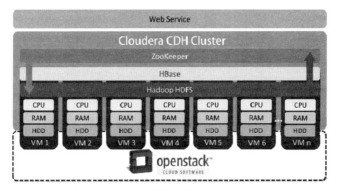

圖 11-3　OpenStack 建立之實驗環境系統

的完整性。在這樣的困境下，勢必要建構一整套完整的 HBase 應用方案。因此，我們建構一個複合式資料庫，讓系統可同時搭載關聯式資料庫與 HBase。圖 11-3 展示系統架構，後端採用 HBase 整合資料，因 HBase 為非關聯式資料庫，可配合格式不一的 Excel 檔案，HBase 底層使用 Hadoop HDFS，因此具備 HDFS 的分散儲存、副本機制以及高擴充性的特色。配合 MapReduce 的操作，加快資料處理的速度。

（三）感測器與感測網路

　　健康照護輔助系統除了匯入整合既有的資料外，亦可靠感測器蒐集資料。在本研究中，我們發展高齡者室內居住空間的感測系統，以室內空氣品質為對象，進行感測網路（Sensor Network）建置的工作。感測網路是由分布在空間內的自動裝置所構成，監測不同位置的實體物件或是環境因素。資料蒐集放回資料庫後，透過各種圖表的形式，在網頁上供監控者檢視以及進行決策。感測器所測量出的資料，經由 ZigBee 送往 ZigBee Coordinator（ZigBee 協調員）再從乙太網路（Ethernet）送往伺服器。伺服器端可依資料判別是否啟用智慧型插座，最後將資料送回 ZigBee Coordinator 操作插座。

　　ZigBee 是一種低速短距離傳輸的無線網路協定，底層是採用 IEEE 802.15.4 標準規範的媒體存取層與實體層。它的協定層從下到上分別為實體層（PHY）、媒體存取層（MAC）、網路層（NWK）、應用層（APL）等。網路裝置的角色可分為 ZigBee Coordinator、ZigBee Router（ZigBee 路由）、ZigBee End Device（ZigBee 終端裝置）等三種。支援網路拓撲有星型、樹型、網型等三種。本計畫基於 ZigBee 具有速度快、低耗電、低成本、支援大量網路節點、支援多種網路拓樸結構、低複雜度、快速、可靠、安全等優點，而採用 ZigBee 無線網路協定。

三、系統效能研究

　　對巨量資料處理平臺來說，資料是相當重要的部分，也是雲端系統得以運作的關鍵。為了確認雲端平臺能夠在不同的環境下運作，本研究建構四個實驗環境來驗證。環境 A 包含兩臺總計為 2TB 的硬碟（HDD）儲存空間；環境 B 四臺總計為 4TB 的 HDD 儲存空間；環境 C 包含兩臺總計 384GB 的固態硬碟（SSD）儲存空間；環境 D 則包含四臺總計 624GB 的 SSD 儲存空間。這些機器的規格都為四核心、16G 的記憶體。在雲端系統效能的研究上，一共進行了兩項主要的研究，分別為 HDFS 寫入效能測試，以及資料匯入的效能改善。

(一)HDFS 寫入效能測試

　　在寫入效能的測試上，研究主要分析「節點數」以及「硬碟差異」兩個變項，具體研究結果如圖 11-4。1. 不管在 HDD 與 SSD 的環境，節點數量的增加都有助於降低寫入資料所花費的時間，寫入時間越少代表環境的效能較好。2. 不論 Node 是兩臺或是四臺，當使用 SSD 來作為資料儲存的環境時，與 HDD 相比都能有效的降低資料寫入 HDFS 的時間。

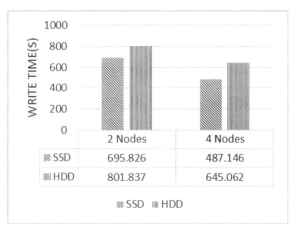

圖 11-4　不同節點數之寫入時間比較圖

（二）資料匯入效能的改善

　　在資料匯入效能的研究中，我們主要檢視兩個變項間的交互關係。第一個變項為匯入檔案的大小，我們個別對四種環境利用檔案大小為 50MB、100MB、500MB、1000MB 的 CSV 格式資料做匯入測試。得到初步結果之後，再將檔案大小切割成 200MB，300MB，400MB 進行進一步的檢驗。第二個變項則是資料匯入的方式，我們採用兩種方式來匯入資料，第一種是透過逐行 PUT 的方式直接將資料匯入 HBase，第二種方式是透過 Hadoop MapReduce 的方式將資料轉換成 HFile 的格式再透過 Completebulkload 的方式匯入 HBase。

　　這個實驗的結果相當有趣。我們發現檔案大小和資料匯入的方式有關連。當檔案較小時，應使用逐行 PUT 的方式直接匯入資料；但是當檔案較大時，則適合使用 Completebulkload 的方式匯入資料，才能達到最高效率。這樣的結果將作為雲端系統設置時的參考。

四、巨量資料資料分析

（一）巨量資料的分析方式

巨量資料所採用的統計方式，與傳統統計學的學術典範並不相同。在傳統研究中學者必須根據領域知識（Domain Knowledge）找出相關因子進行探討，再進行統計學的分析，目前所有的高齡醫學研究文獻，皆是針對欲探討的因素進行相關統計學上驗證的模式；然而針對巨量資料資料的分析，我們提出的方法是使用智慧型基因演算法（Intelligent Evolutionary Algorithm, IEA），自動化地從巨量資料中找出最佳化的一組重要因子或關聯因子組合，進而利用此組合進行統計學分析和系統建模、測試與建置。

智慧型演化式演算法使用基於直交表實驗設計（Orthogonal Experimental

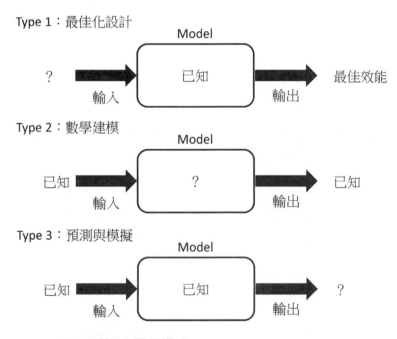

圖 11-5　IEA 的三種解決問題模式

Design, OED）的 Intelligent Crossover（IC），可以有效率地解開組合最佳化的問題（Ho, Shu, & Chen, 2004）。除了智慧型基因演算法，多數的運算技巧將借重所提出的繼承式雙目標基因演算法（Inheritable Bi-objective Genetic Algorithm, IBCGA）來進行自動化最佳化因子組合的選取，而繼承式雙目標基因演算法是基於智慧型基因演算法，更進一步應用在一般或是特殊規格之應用系統。智慧型演化式演算法的功能最主要可以解決三種大型參數最佳化問題（Large Parameter Optimization Problems, LPOPs），三種型態如圖 11-5 所示。

（二）資料來源

衛生福利部中央健康保險署（健保署）每年會選取前一年可供研究使用的健保資料檔案匯出，將身分欄位加密後，交由國家衛生研究院製成「全民健康保險研究資料庫」及各加值資料檔案。我們以 1996 年至 2010 年之全民健康保險資料庫來進行研究。全民健康保險資料庫自 2002 年起全民健康保險研究資料庫提供 20 萬人承保抽樣歸人檔（LHID2000）供學界使用，研究人員取得承保抽樣歸人檔之後，可依其個別研究計畫需求，進行長期追蹤研究及任何時間點之橫斷面研究。此 LHID2000 並於 2009 年增加提供 80 萬樣本人數資料，共發行 100 萬人之資料，架構將分為三個子資料庫，分別為費用檔、醫令檔以及基本資料檔，如圖 11-6 所示。由於健保資料庫資料相當龐大，每年資料約有 14 億筆，在高效能伺服器之幫助下，本研究快速進行資料探勘，並準確地找出相關疾病之因果關係與其疾病地圖。我們同時大量蒐集使用臺灣健保資料庫資料於 2008 年至 2012 年間所發表的 261 篇期刊論文，建置相關資料文件，所有的疾病資料以國際疾病分類第九版的診斷代碼（Diagnostic Codes of International Classification of Diseases Ninth Revision, ICD9）進行編碼。

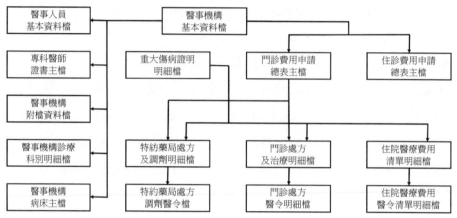

圖 11-6　健保資料庫歸人檔架構

註：資料參考全民健康保險研究資料庫

（三）資料分析結果

　　應用雲端計算技術的高齡醫學健康照護系統，需要跨領域的知識互相結合與協助才能完成。因此，儘管是醫學資料的輸入型態，我們仍提出以智慧型基因演算法為核心的方法，在應用雲端計算技術的高齡醫學健康照護系統中，當作資料處理中心。資料的輸入可以是問卷調查、臨床醫學資料、或是其他醫學相關資料庫所記載的資料；同時，一個具有高速磁碟陣列組成的高效能伺服器硬體設備，搭配所提出的運算核心組成資料處理中心，在找出一組最佳化重要因子與關聯因子的組合後，將可以應用在危險因子的研究、預測系統、一級預防系統或是知識資料庫。此外，系統藉由其他系統所提供的加值資料保密、巨量化資料安全與雲端處理技術的協助下，將達成一個核心運算為主的應用雲端計算技術之高齡醫學健康照護系統。以下我們分享幾個研究成果：

1. 思覺失調症者罹患慢性腎臟病的風險分析

在控制性別，年齡，地理位置，城市，和每月的收入後，我們從健保資料庫中篩選出 2,338 位思覺失調症患者，以及 7,014 位沒有罹患思覺失調症者，進行比對分析。在 2,338 位思覺失調症患者中，有 163 位罹患慢性腎臟病（6.97%），控制組的 7,014 位參與者中有 365 位罹患慢性腎臟病（5.20%）。在調整了性別，年齡，高血壓，糖尿病，高血脂，心臟疾病，和非體抗炎藥（NSAIDs）的使用後，思覺失調症患者罹患慢性腎臟病的風險率為 1.25（95%CI 為 1.04 ～ 1.50，p<0.05）。所以，無論是使用典型的還是非典型抗精神病藥物，對於思覺失調症患者罹患慢性腎臟病的風險都是增加的。思覺失調症在 3 年的追蹤期間內罹患慢性腎臟病的風險比一般人增加 25%（Tzeng et al., 2015）。

2. 運用生物標記及存活資料預測未轉移肺癌患者的生存率分析

我們提出了一種新的方法來預測肺癌未來的轉移，這方法是同時採用了生物標記（Biomarkers）的通過微陣列（Microarray）所產生的資料和生存資料來進行分析。這個方法提升了兩個預測精準度：目標函數最大化和無病生存區。本次研究我們取樣了 78 位肺癌患者，其中 37 位癌細胞未產生轉移，41 位癌細胞已經產生轉移，並追蹤每個患者後續 120 個月，用來評估確定肺癌的 26 組基因標記。由此方法獲得的結果包括：第一、採用無病生存曲線可以彌補樣本不足的缺點和大大提高了測試精度 11.1%；第二、支持向量機（Support Vector Machine）有較高的預測準確度，例如基因 CCL16 和基因 CDKN2AIP，經過交叉驗證可以產生 93.59% 的準確度及 76.92% 測試精度，提升癌細胞未產生轉移的生存率有 74.81%，平均存活時間預測誤差在 3.99 個月（Huang et al., 2015）。

3. 利用高齡人口圖形化分布來配置社會相關資源服務

我們利用 Google 的地理編碼服務，將約二十餘萬筆 65 歲以上的人口地址轉換為經緯度標，並且自資料庫抽樣一萬筆後，提供一個網頁介面供使用者檢視，以圖形化的方式呈現。本項計畫利用 Google 地圖 API 以標點的方式顯示於 Google Map 上，透過圖形化的呈現，能夠快速了解 65 歲以上的高齡人口在某地區的分布密度，再結合周邊志工、社福、公益、照護及醫療機構的分布圖，不管在一般或是緊急的時候，都能進行最快速的資源調度及人道協助。如圖 11-7 所示，地圖所顯示的為抽樣一萬個某地區 65 歲老人位置，點越多代表老人的位置越密集，進而去檢視老人密集地區附近的支援協助標的。

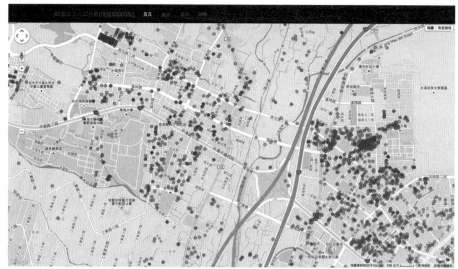

圖 11-7　65 歲以上抽樣五萬點的分布圖

五、應用雲端計算技術之高齡醫學健康照護系統

（一）雲端應用的功能

雲端計算具有維護成本低、兼容替代傳統的計算機網路的功能，在全世界的醫學和照護機構被廣泛地運用。在醫療照顧中，透過各式感應器蒐集資訊，是不可或缺的條件，感應器能 24 小時將相關資訊傳送到雲端環境中，透過即時的數據編譯，排除人工蒐集和輸入錯誤的可能性。預計未來越來越多的醫院採用雲端計算，透過整合 IT 技術的醫療系統，對於老年學和高齡醫學保健系統發展具有巨大的潛力與影響，如圖 11-8。

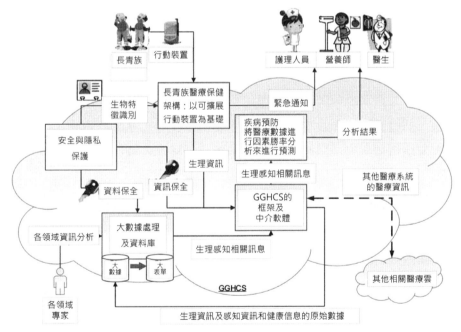

圖 11-8　應用雲端計算技術之高齡醫學健康照護系統服務架構關係圖

　　另外，為滿足老年健康照護系統各層級與各種科別的持續性照護，使用者的生理數據分析也變得更為重要。這些資訊不僅可幫助醫護人員判斷高齡者的健康狀況、對被監控到緊急狀況的病患作優先處理，也能透過生理數據分析報告，針對被警示出較不理想的數據作留意或加以治療。雲端計算技術之高齡醫學健康照護系統因此成為透過資訊，整合了包括醫學、生物科學，數學統計與健康照護等相關領域的專家和學者的有效系統。

　　在本次的研究中，我們著重於系統技術的研發與基礎平臺的建置，針對以 OpenStack 為主的雲端服務系統，提出整合虛擬網路與虛擬儲存於雲端基礎設施之建置與管理，以及技術上的支援與解決方案，並在此平臺上進行健康照護雲端應用的開發，藉此成為雲端應用服務與管理的平臺。

（二）高齡者環境監控平臺

　　本研究首先以高齡者的室內生活為對象，偵測蒐集一氧化碳、二氧化碳、揮發性有機化合物、甲醛、溫度和濕度等空氣品質資訊，建立高齡者環境監控平臺。研究不僅希望能夠透過接收各種感測器的數值，也希望進一步透過智慧插座來控制環境。亦即結合監控系統與智慧插座，改善室內環境的空氣品質，降低環境中汙染物的濃度，使高齡者免於受到室內汙染物的影響。整體架構如圖 11-9 所示。

　　我們因為感測器的因素，分別透過 TCP／IP 協議（網路通訊協議）和 UDP 協議（用戶資料通訊協議）接收全部資料，整合後上傳至雲端系統中。資料將分別儲存在記事本和資料庫中，我們並編寫網頁，將資料透過各種圖表呈現在網頁上，整體圖表如圖 11-10 所示。整個系統除記錄完整的室內環境資訊，亦可以設定警告及控制智慧插座，使環境保持在一個良好的狀態。照顧者也能在遠距離外瞭解高齡者生活環境的及時

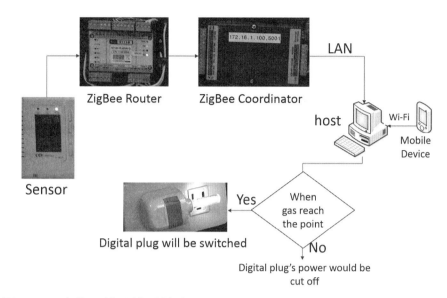

圖 11-9 室內環境監控系統流程

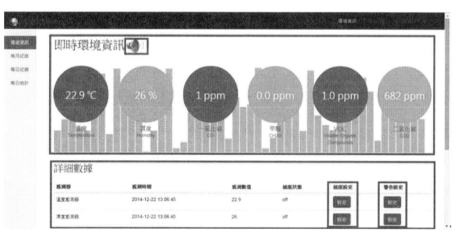

圖 11-10 環境資訊展示頁面

狀態，藉此來避免居住環境中的一些意外發生與惡化。

　　建置雲端計算與儲存平臺的同時，我們也在平臺上建置一個虛擬機監控管理系統，用來偵測伺服器與虛擬機的運作，對每一個伺服器與虛

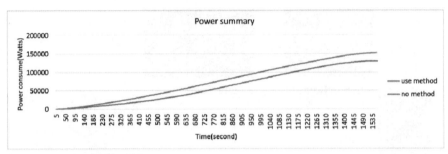

圖 11-11　耗電量累積圖

擬機加上功率上限（PowerCap）並計算整體使用效率，我們使用電源分
配器（PDU）來記錄功率消耗信息，最後透過 Live Migration 技術遷移虛
擬機，並關閉閒置的雲端伺服器，更達到節能的效果，當使用我們的演
算法的時候會比沒使用省約 15% 的電能，如圖 11-11 的實驗結果所示。

（三）巨量資料平臺

　　國家衛生保健系統隨著國民就醫率的與日俱增，每天產生巨大的
醫療記錄，現今各式各樣創新的醫療自動化系統、醫療應用系統（如
PACS、HIS 系統）、醫療電子影像、電子病歷等應用，都帶來了非常龐
大資料量與儲存需求，造成 IT（Information Technology）儲存基礎建設
的負載壓力與架構改變。醫院最重視的就是病患，如何提供好的醫療服
務，重要的就是如何整合散落在各地方的醫療資料，為了因應這個巨量
資料的時代，利用雲端處理巨量資料已成為趨勢。

　　我們建置了雲端巨量數據處理平臺，上面提供資料儲存及處理，平
臺透過分散式雲端架構來建置承載巨量資料的資料庫 HBase 來儲存大量
資料，在資料處理的部分利用了 Hadoop MapReduce 的分散式運算架構
處理以及分析資料。資料處理是雲端平臺提供的主要功能之一，為了提
供有效率的資料處理功能，本計畫利用 Hadoop MapReduce 的分散式運

算架構將資料切成多個區塊，分別透過不同的主機同時運算來加速處理的效能，雲端平臺除了能儲存大量的資料外，還能針對儲存在上方的資料作處理達到資料的搜尋，篩選，最重要的是提供了一個快捷的方式來實現功能。

　　我們在平臺提供搜尋已儲存至平臺的資料的服務。使用者可以透過平臺網頁介面對資料使用 ROWKEY，ROWKEY RANGE，Keyword 查詢，使用 ROWKEY 能快速的取得相對應的 ROW 的資料，使用 ROWKEY RANGE 能透過設定開始 ROWKEY 與結束 ROWKEY 快速的取得範圍內的資料，使用 Keyword 能針對特定的欄位做查詢。為了能解決不同的資料需求，對使用者來說能找出有價值的資料是很重要的，故本平臺提供對於儲存至平臺的資料過濾的功能，使用者能透過科別過濾篩選以及疾病篩選儲存於平臺的醫療紀錄，並且能透過增加 RULE 的功能對於資料中的每一個欄位做進一步的篩選

　　目前醫院監醫療訊息的交流絕大部分仍是使用紙本，所以對於電子病歷（EMR）的完整和交流是個重要的研究議題，這能解決重複的處方以及程序，減少健保資源的浪費，使用電子病歷可以改善患者的隱私問題，也能提升醫療效率，不過電子病歷的交換以及共享圖檔的問題仍待解決。因應此需求，我們提供另一種服務為 Medical Image File Accessing System（MIFAS），這是以 Hadoop 的 HDFS 為基礎所開發出的雲端醫療圖檔存取系統，該系統能提供提高醫療影像存儲，傳輸穩定性和可靠性，同時提供一個易於操作的管理接口。

（四）病房監控平臺

　　除環境資訊的紀錄外，導入雲端的老年照顧系統更能儲存並提供資訊。醫療照顧系統中，管理者可透過此資料表管理及匯入醫療數據，將病歷資料和用藥紀錄等結構化資料寫入到 HBase 資料庫。可供使用者進

行後續標籤設定，透過一致的表現方式以及整合鏈結的串接，有效的將不同標準的非結構化資料整合在一起。

　　整個老年健康照護系統應用在居家照護及病房中，可以同時達到硬體設備管理與多個居家照護個案及病房狀態監控的功能。照護系統可以整合血壓計、心律器、體溫計及血糖機等病房內各感應器狀況，顯示統計資料數據，讓管理者可較方便看出現正使用中及未使用的裝置數量；系統亦可以即時監控各病房、病人狀況，數據異常時自動通報相關人員處理，提高醫療照顧的效率及品質。

（五）高齡醫學健康照護系統與雲端服務

　　因應科技的進步，全球資訊化的來臨，雲端服務及智慧型移動載具的普及，更為了滿足老年人的醫療保健的需求增加，臨床醫生面臨讓醫療保健系統的服務跨越診所和醫院的藩籬。透過老年人自己的健康控制和醫生利用雲端服務所支持的移動醫療，已經改變了傳統的醫療保健的方法與規則，允許連續的、無處不在、以非侵入性的醫療隨時隨地的照顧患者。我們提出的雲端醫療項目，首先，評估老人的相關症狀，如疾病、退化及相關老化相關症狀，並幫助他們了解自己的本身條件及問題，以防止發生因為不解而發生的相關問題，如飲食過量、執行超過當下體力能夠負荷的事情、及目前已罹患的症狀。接下來，定期監測日常活動清單，以確定援助標準，並排除可能存在的問題，以及提供所需要適當的支援，包含資訊提供、鼓勵、諮詢及人力支援，如圖 11-15 所示。最後，在預防系統、感應器及雲端服務的幫助下，在老人發生跌倒、困惑及需要支援的狀況時，可以利用語音郵件及發送警報信息給醫療保健管理單位、或專業人士、或緊急服務單位。我們的最終目標是提供合理化醫療，維持和提高護理品質，不管患者是在最偏遠地區還是城市。

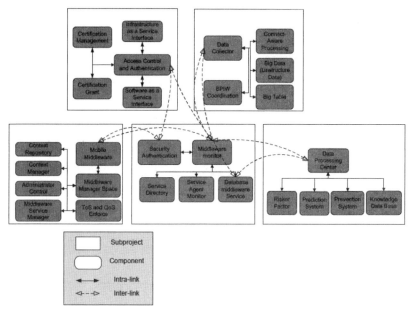

圖 11-12　應用雲端計算技術之高齡醫學健康照護系統間關係圖

六、結語

　　臺灣漸漸邁入高齡化的社會，老年人口比例逐年上升，自 1993 年的 7%，增加到 2006 年的 10%，預計 2018 時將達到 14%，老年醫療的需求日益殷切；而老年人又可能需面對罹患多種慢性疾病或是身心功能受限與缺損的情況，整合性的長期支援系統有其必要，然這些都不是一般單一專業領域能充分涵蓋，雲端計算技術之人性化的健康照護系統，不僅可以節省社會成本，也是人性化的健康照護系統最基本的要求。運用資訊技術與醫療變成越來越廣泛的應用，資料存儲和檢索成本的提高，預計越來越多的醫院採用雲端計算，透過整合 IT 技術的醫療系統，對於老年學和高齡醫學保健系統發展具有巨大的潛力與影響。將健康照護系統平臺導入雲端運算是目前醫療院所所迫切需要的，因為可以降低成本

並提供服務的品質，並且可以處置大量的生理數據，快速的產生分析結果，以及擁有強大即時的高效能特點。然而，把傳統的照護系統運算服務轉移至雲端環境有很多的阻礙，例如如何確保服務的品質，包含安全性、可用性和資料隱私等。從多重租約、跨層服務組合、使用者需求和服務層級協議的多重限制等問題，讓雲端運算議題變得十分複雜。

　　為了克服醫療照護系統導入雲端運算的困難，本研究提出一套技術確保服務的品質和 IaaS、PaaS、SaaS 方面的運算成效，結合雲端資料庫的建置、巨量資料及關連性因子的分析、以及結合人體感測器，來克服健康照護系統導入雲端運算的高複雜性，並強調系統的安全性、效能、時效性、傳輸速度和可靠性，可同時滿足使用者的監控需求，且因應各種需求進行系統化分析。

參考文獻

詹鼎正（2007）。身心靈全程照護的推手。**國立臺灣大學醫學院圖書館館訊，89**，21-25。

Beckett, M., Weinstein, M., Goldman, N., & Lin, Y. -H. (2000). Do health interview surveys yield reliable data on chronic illness among older respondents. *American Journal of Epidemiology, 151*(3), 315-323.

Beyer, M. A., & Laney, D. (2012). The importance of "Big Data": A definition. *Gartner Publications*, 1-9.

Broad, J. B., Boyd, M., Kerse, N., Whitehead, N., Chelimo, C., Roy, L. -Y., von Randow, M., ..., & Connolly, M. J. (2011). Residential aged care in Auckland, New Zealand 1988-2008: Do real trends over time match predictions? *Age and Ageing, 40*(4), 487-494.

Chang, F., Dean, J., Ghemawat, S., Hsieh, W. C., Wallach, D. A., Burrows, M., Chandra, T., ..., & Gruber, R. E. (2008). Bigtable: A distributed storage system for structured data. *ACM transactions on computer systems (TOCS), 26*(2), No. 4.

Clark, C., Fraser, K., Hand, S., & Hansen, J. (2005). Live migration of virtual machines. In *Proceedings of the 2nd conference on symposium on networked systems design & implementation (2)*, (pp. 273-286). USENIX Association, Berkeley.

Coventry, P. A., Grande, G. E., Richards, D. A., & Todd, C. J. (2005). Prediction of appropriate timing of palliative care for older adults with non-malignant life-threatening disease: A systematic review. *Age Ageing, 34*(3), 218-227.

Dittrich, J., & Quian, J. (2012). Efficient big data processing in Hadoop

MapReduce. *Proceedings of the VLDB endowment, 5*(12), 2014-2015.

Fischer, M. E., Cruickshanks, K. J., Wiley, T., Klein, B. E. K., Klein, R., & Tweed, T. S. (2011). Determinants of hearing aid acquisition in older adults. *American Journal of Public Health, 101*(8), 1449-1455.

Fujino, Y., & Matsuda, S. (2009). Prospective study of living arrangement by the ability to receive informal care and survival among Japanese elderly. *Preventive Medicine, 48*(1), 79-85.

Gleil, D. A., Landau, D. A., Goldman, N., Chuang, Y. -L., Rodríguez, G., & Weinstein, M. (2005). Participating in social activities helps preserve cognitive function: an analysis of a longitudinal, population-based study of the elderly. *International Journal Epidemiology, 34*(4), 864-71.

Gopinath, B., Schneider, J., McMahon C. M., Teber, E., Leeder, S. R., & Mitchell, P. (2012). Severity of age-related hearing loss is associated with impaired activities of daily living. *Age and Ageing, 41*(2), 195-200.

Ho, S. -Y., Shu, L. -S., Chen, J. -H. (2004). Intelligent evolutionary algorithms for large parameter optimization problems. *IEEE Transactions on Evolutionary Computation, 8*(6), 522-541.

Hoogerduijn, J. G., Buurman, B. M., Korevaar, J. C., Grobbee, D. E., de Rooij, S. E., & Schuurmans, M. J. (2012). The prediction of functional decline in older hospitalised patients. *Age and Ageing, 41*(3), 381-387.

Huang, H. -L., Wu, Y. -C., Su, L. -J., Huang, Y. -J., Charoenkwan, P., Chen, W. -L., Lee, H. -C., ..., & Ho, S. -Y. (2015). Discovery of prognostic biomarkers for predicting lung cancer metastasis using microarray and survival data. *BMC Bioinformatics 16*, 54.

Kim, S. H., Yun, C. -H., Lee, S. -Y., Choi, K. -H., Kim, M. B., & Park, H. -K. (2012). Age-dependent association between cigarette smoking on white matter hyperintensities. *Neurological Sciences, 33*(1), 45-51.

Kuo, P. -L. & Pu, C. (2011). The contribution of depression to mortality among elderly with self-reported hypertension: Analysis using a national representative longitudinal survey. *Journal of Hypertension, 29*(11), 2084-2090.

Lau, D. T., & Kirby, J. B. (2009). The relationship between living arrangement and preventive care use among community-dwelling elderly persons. *American Journal of Public Health, 99*(7), 1315-1321.

Liao, W. -C., Li, C. -R., Lin, Y. -C., Wang, C. -C., Chen, Y. -J., Yen, C. -H., Lin, H. -S., & Lee, M. -C. (2011). Healthy behaviors and onset of functional disability in older adults: Results of a national longitudinal study. *Journal of the American Geriatrics Society, 59*(2), 200-206.

Lin, P. -C., & Wang, H. -H. (2011). Factors associated with depressive symptoms among older adults living alone: An analysis of sex difference. *Aging & Mental Health, 15*(8), 1038-1044.

Luppa, M., Luck, T., Weyerer, S., König, H. -H., Brähler, E., & Riedel-Heller, S. G. (2010). Prediction of institutionalization in the elderly. A systematic review. *Age and Ageing, 39*(1), 31-38.

Luppa, M., Luck-Sikorski, C., Luck, T., Weyerer, S., Villringer, A., König, H. -H., & Riedel-Heller, S. (2012). Prevalence and risk factors of depressive symptoms in latest life-results of the Leipzig longitudinal study of the aged (LEILA 75+). *International Journal of Geriatric Psychiatry, 27*(3), 286-295.

Mell, P., & Grance, T. (2011). The NIST definition of cloud computing. [National Institute of Standards and Technology, United States Department of Commerce.] Retrieved from http://csrc.nist.gov/

publications/nistpubs/800-145/SP800-145.pdf.

Mirashe, S. P., & Kalyankar, N. V. (2010). Cloud computing. *Communications of the ACM, 51*(7), 9.

Moreno-vozmediano, R., Montero, R. S., & Llorente, I. M. (2009). Elastic management of cluster-based services in the cloud categories and subject descriptors. In *Proceeding ACDC '09 proceedings of the 1st workshop on automated control for datacenters and cloud*, 19-24. New York, NY: ACM.

Oliver, D., Papaioannou, A., Giangregorio, L., Thabane, L., Reizgys, K., & Foster, G. (2008). A systematic review and meta-analysis of studies using the STRATIFY tool for prediction of falls in hospital patients: how well does it work? *Age and Ageing, 37*(6), 621-627.

Slagter, K., Hsu, C. -H., Chung, Y. -C., & Zhang, D. (2013). An improved partitioning mechanism for optimizing massive data analysis using MapReduce. *Journal of Supercomputing, 66*(1), 539-555.

Sotomayor, B., Montero, R. S., Llorente, I. M., & Foster, I. (2009). Virtual infrastructure management in private and hybrid clouds. *IEEE Internet Computing, 13*(5), 14-22.

Takashima, N., Miura, K., Hayakawa, T., Okuda, N., Kadowaki, T., Murakami, Y., Kita, Y., ..., Ueshima, H. (2010). Cigarette smoking in middle age and a long-term risk of impaired activities of daily living: NIPPON DATA80. *Nicotine & Tobacco Research, 12*(9), 944-949.

Taylor, R. C. (2010). An overview of the Hadoop/MapReduce/HBase framework and its current applications in bioinformatics. *BMC Bioinformatics, 11*(Suppl 12), S1.

Tsai, Y. -F., Yeh, S. -H. & Tsai, H. -H. (2005). Prevalence and risk factors for depressive symptoms among community-dwelling elders in Taiwan. *International Journal of Geriatric Psychiatry, 20*(11), 1097-1102.

Tzeng, N. -S., Hsu,Y. -H., Ho, S. -Y., Kuo, Y. -C., Lee, H. -C., Yin, Y. -J., Chen, H. -A., ..., & Huang, H. -L. (2015). Is schizophrenia associated with an increased risk of chronic kidney disease? A nationwide matched-cohort study, *BMJ Open, 5*, e006777.

第 12 章

一個應用於老人照護之
無線生理感測區域網路

呂芳懌、何季倫

誌謝：首先須感謝東海大學提供 GREEnS 計畫共三年的支持，讓本研究得以順利執行，
亦感謝蔡瑞明教授在這三年中不斷鼓勵與敦促，讓本計畫得以獲致不錯的成效，更感謝
蔡教授對本章節內容之精心研議，使其得以更加嚴謹，最後要感謝團隊同仁的合作，希
望將來能進一步讓成果發光發熱。

一、緒論

生理訊號是一個人身體各部分器官是否正常運作之指標，當銀髮老人的生理訊號異於正常值時，往往就是某些器官出了問題，若不適時加以處置，可能引發我們所不樂見之後果，甚至會有生命危險，例如，高血壓所引起的腦中風等。然而，一項疾病往往會出現若干異常之生理指數。例如，糖尿病會觸發病人體重、血壓及血糖之異常等。再者，高科技之發展一日千里，帶給人們難以計數之科技福祉，尤其是生活上之便利與多彩多姿之人生。因此，若能有效地運用高科技隨時及同時監督銀髮老人之各項生理機能，將能減少許多不必要之悲劇。

在傳統醫療作業程序上，醫護人員會先量測病患之體溫、血壓等基本的生命指數，必要時再進一步量測其血氧、脈搏及心律等。但若希望一直監視老人的生理訊號，則醫護人員必須不斷地在老人安置處與醫護室之間來回奔波，如此，將會付出相當多的勞力和作業成本，也將造成高齡者日常生活上的不便。為解決上述問題，學者專家提出了無線人體區域網路（Wireless Body Area Network, WBAN），該網路因使用無線傳輸方式，不但可讓受照護者之行動不受儀器設備所在位置之限制，而可以自由地活動，更能讓醫護人員得以即時地從遠端監控與判讀老人的生理狀況，假若受照護之老人出現生理異常或甚至病危情況，醫護人員可以即時地得知，並適時地決策與處置。

本研究則在 WBAN 的基礎下，提出一個稱為行動生理感測網路（Mobile Physiological Sensor Network，簡稱 MoPSN）的無線生理感測區域網路（Wireless Physiological Sensor Area Network, WPSAN），目的是希望透過各式生理感測器以偵測受照護者之生理訊號，再以無線網路傳遞各感測器所蒐集之生理數據到遠端之醫療照護雲，俾讓受照護者得以自由地行動，而不會受到該系統之牽絆，醫護人員更可以從醫療照護雲

中直接監看受照護者之生理資訊，適時地提供必要之照護，以改善銀髮
老人之醫療照護品質，及減低醫護人員因量測生理數據不斷往返老人安
置處及醫護室之間的困擾及量測成本。本系統規劃銀髮老人配戴微型生
理感測器，依需要定時或不定時地量測，並即時地傳送到智慧型手機，
手機能簡易顯示所蒐集到的資料外，也能將資料整批送至醫療照護雲。
在本文中，生理訊號（或稱生理指數）是指受照護者身上所發出的生理
訊息，以感測器量測到的值則稱為生理數據，而經處理後儲存於醫療照
護雲者則稱為生理資訊。

　　本文第二節將敘述本研究之背景與相關文獻；第三節描述本研究所
提出之行動生理感測網路；第四節則說明本系統的實驗與實作結果；第
五節為結論與未來展望。

二、背景與相關文獻

（一）穿戴式生理感測器

　　開發一個結合各種生理感測器與無線人體感測網路，俾量測人類生
理指數之系統為當今熱門的資訊領域研究項目之一，所用到的生理感測
器通常包括：心電圖感測器（ECG sensor）、血糖感測器（Blood glucose
sensor）、血壓感測器（Blood pressure sensor）、心跳脈搏感測器（Heart
rate／Pulse sensor）、體溫感測器（Body temperature sensor）和血氧飽和
度感測器（Oximetry sensor）等，本文稱之六大生理感測器，所感測到的
六項數據則稱為六大生理數據。唯，這一些感測器的體積對人體而言，
實在不小，如何將各種感測器隱藏在一件穿戴式衣服中，事實上，是一
項工程上之挑戰。

　　在 2000 年代中期，可穿戴式產品與高科技開始成功地相結合，並
達到商業化的目標，隨後該成果逐漸地普及並隨即應用到醫療的領域。

李景堯（2009）應用可穿戴式布料電極片來偵測心電訊號與心律，再將所量測的生理數據數位化，並利用無線網路的方式將之傳輸到系統接收端，由醫護人員透過瀏覽器的圖形介面讀取資料。2014 年 4 月臺灣工研院發表行動健康（Mobile Health）裝置，在生理監測部分則開發出「嵌入式動態雜訊消除技術」以及「即時心電圖訊號判讀技術」，係利用輕薄之軟性貼片，貼附在人體胸腹之間，以量測心電圖、體溫等生理數據，讓使用者在走路、上下樓梯、起立、站、臥、或擴胸等日常活動時，也能同時量測心電圖，並進行訊號判讀，而在心跳異常律動及異常波形發生時，得以透過手機或電腦發出警示，達到隨身照護之目的（工業技術研究院，2014）。

目前市面上已發表若干無線人體感測系統，亦有許多不同的測量技術正在發展中。例如，近年來最受歡迎的 Apple Watch 開發出一項測量心率的功能，每十分鐘會測量配帶者的心率一次，並將所測量的心率值儲存在健康 App 中。其心率感應器使用光體積變化描記法，由於血液會反射紅光並吸收綠光，因此，看起來是紅色的，Apple Watch 則採用感光的光電二極體及與其相配對的綠光 LED，來偵測某特定時間流經手腕的血液量。心臟跳動時，手腕的血流量和光電二極體之綠光吸收量都會增加，而在連續兩次心臟收縮之間，手腕血流量會減少。Apple Watch 的 LED 燈每秒閃爍數百次，藉此偵測每分鐘的心跳次數，這就是心率。此外，心率感應器也可以藉由增強 LED 亮度和增加取樣速率，來彌補較弱的訊號（Apple Inc., 2015）。一般而言，會影響 Apple Watch 心率感應器效能的因素甚多，皮膚灌流便是其中之一。皮膚灌流就是流經皮膚的血液量，它會因人而有顯著的差異，也會受到環境的影響。例如，配帶者是在一個天寒地凍的環境，因血管收縮之故，其手腕的皮膚灌流可能會變得很低，以致心率感應器無法測得讀數，此時便須增加其 LED 亮度及提高取樣速度。

除測量技術的發展外，許多研究也致力於各項系統的整合。Aziz 等人（2007）以及 Lo 等人（2013）先後提出身體感測網路（Body Sensor Network, BSN），BSB 是一套配合臨床需求所設計而由若干可穿戴式（wearable）、微小化（miniaturized）及低耗電（low-power consumption）的微型生理感測元件所組成之系統，這一類系統可透過無線通訊進行遠距監測、警示和調控（Lo, Thiemjarus, King and Yang, 2005; Chen and Pomalaza-Ráez, 2010; Garth, Ghosh and Chiu, 2012）。其後，這一類系統逐漸地演化成穿戴式感測系統，Pantelopoulos 與 Bourbakis 等人於 2010 年發展出一套以穿戴式感測器為基礎的健康監測系統，是一件多功能生理監測器智慧衣（Pandian et al., 2008; Yuce, Ng, and Khan, 2008; Pantelopoulos and Bourbakis, 2010）。受照護者只要穿上它，不需要使用傳統的導電貼片，就可測得體溫、呼吸速率、心電圖、心跳速率及脈搏等生理數據，因而，可應用在銀髮族照護與醫療等用途上。Adnan 等人認為各種穿戴式生理感測元件之設計與製造是醫療照護發展關鍵技術之一，而此技術也將成為醫療保健和遠距居家照護領域之新興熱門研究議題之一。但是，上述這一些穿戴式感測器僅限於研發單一醫療產品，或由同一研究機構所開發之不同產品，亦或在穿戴衣裡內建使用導線之感測器，而未能有效地整合各無線生理感測器與智慧型手機（Adnan et al., 2015）。

2013 年葉崇正以無線方式將人體端感測到的生理數據轉換成串列訊號，經藍牙通訊協定傳送到電腦端，再以數據剖析程式將之還原成各種生理數據，並加以分類，最後由波形繪製程式及數值運算程式，將這一些數據顯示在畫面上，以利醫護人員判讀（葉崇正，2013）。唯，這一套以無線方式傳送人體感測數據之系統，係以藍牙連線至電腦端。但因藍牙傳輸距離短，不太適合於可以行動自如之銀髮老人，人們外出時亦不方便攜帶電腦同行。本研究認為，若能以智慧型手機取代其電腦端，

則可即時地將生理數據傳輸到後端系統，且能於手機上及後端系統上同步監控受照護者之生理指數。如此，無線生理感測區域網路系統的實用性將可大幅提升。

2013 年 International CES 的會場上，美信公司（Maxim Integrated）便曾展示嵌有多種感測器、能夠測量生命徵象數據的「Fit 衫」。「Fit 衫」利用內嵌的感測器來測量心電圖、體溫及用戶活動量等，讓醫療機構得以持續監測患者的生命徵象。該公司目前正積極地開發「Fit 衫」的第二代產品（Maxim Integrated, 2015）。Lee 和 Chung（2009）兩人為受照護者量身訂做穿戴式生理感測器服裝，是一件一體成型之緊身衣服。其實，這一種穿戴式的生理感測器系統，可以藉由增強其感測器之隱藏性與服裝穿戴之便利性，而適用於銀髮老人，做法是將各種微型晶片或生理感測器所獲取的訊息傳送到一個電子監測裝置中，俾由醫護人員研判是否需要進入醫療程序，尤其是在結合 WPSAN 之後，將有助於優質行動照護和醫療照護系統的發展與成長。

（二）無線傳輸協定

無線網路應用相當廣泛，其中已經在使用之短距離無線技術亦多，例如，紅外線、藍牙、ZigBee 或 WiFi 等均是，而 WiFi 和藍牙使用 2.4GHz 頻帶。WiFi 技術則建立在 IEEE 802.11 標準上，目前使用 2.4GHz 頻帶的 WiFi 計有 802.11、802.11b、802.11g ／ a 和 802.11n 等，其傳輸量每秒鐘 2MB 至 150MB 不等，適用於個人電腦、智慧型手機或具有 WiFi 功能的數位電子裝置之無線傳輸，WiFi 可以將各無線裝置透過無線網路或路由器而連接到網際網路，也能讓使用者很容易地建立自己的 WiFi 熱點，因而被廣泛地應用於網路上的數據傳輸。3G ／ 4G 為新一代行動通訊系統，能將無線通訊與網際網路相結合，並支援不同的資料傳輸速度。目前 3G 傳輸速率可達每秒 300KB 至 2MB，而 4G 傳輸

量可達每秒 100MB 左右的水準。但智慧型手機若長時間使用 4G 網路，耗電量較高。

再者，現在市面上所販售之生理感測器與接收器之間的無線傳輸可能是 ZigBee 亦或是藍牙協定。這兩種無線傳輸協定之共同優點是低功率、低電磁波及低成本等，然而，目前上市之智慧型手機大都只內建藍牙，而未提供 ZigBee 協定（West, 2015）。因此，本研究選擇了藍牙作為無線傳輸之協定。

無線藍牙的傳輸速率最高可達每秒 1MB，比一般傳統式紅外線者高，同時可以設定加密保護。和其他網路協定相比，藍牙屬於低功率傳輸，比較不會危害到人體。它也因採跳頻傳輸方式，比較不受電磁波的持續干擾，而且不必像紅外線，必須對準兩個傳輸埠成一直線方得以通訊，更允許兩個或兩個以上裝置，在半徑 100 公尺範圍內穿透障礙物，順利進行資料傳送。無線藍牙 4.0 依據低功耗技術規格可分為：Bluetooth Smart 和 Bluetooth Smart Ready（Pollicino, 2011）兩種。Bluetooth Smart Ready 適用於任何雙模藍牙 4.0 的電子產品，包括 iPhone 4S 以上版本或 Android 4.0 以上版本的手機。而 Bluetooth Smart 則是應用在心率監控器或計步器等使用鈕扣式電池並傳輸單一資訊的裝置。Bluetooth Smart Ready 的相容性高，可與傳統 Bluetooth（非低功耗技術）及 Bluetooth Smart 相通，另外，4.0+HS 版本支援 HDP（Health Device Profile）無線藍牙通訊規格。目前藍牙所面臨的問題包括：因功率小，容易被其他同頻電子裝置干擾，以及各廠牌的藍牙規格與版本未完全相容。

一般而言，智慧型手機除了通話功能之外，也都具有網路接續能力，可以透過無線系統連接網際網路，如此可以提高設備的可用性，及使用者與外界溝通的能力。若能進一步透過藍牙直接收取人體生理感測數據，並顯示在其螢幕上，則可做為人體生理指數正常與否的簡易偵測及顯示工具。同時智慧型手機亦具備 3G ／ 4G 與 WiFi 功能，如此，便

能將這一些數據透過無線傳輸系統傳送至後端伺服器或雲端系統。

三、MoPSN系統架構

　　本 MoPSN 之系統架構包含三個層面：感測、通訊與管理。感測層面是指在不影響銀髮老人正常活動與舒適度之條件下，將數個生理感測器隱藏在一件緊身衣服中，以偵測銀髮老人的生理訊號。通訊層面是指將生理數據經由無線網路，包括無線藍牙、無線 WiFi 與區域網路等，傳輸至後端伺服器。管理層面則是指伺服器端所負責之生理數據蒐集及分類、生理數據監控與生理異常回報等功能。在 MoPSN 系統架構中，人體感測部分係由上述六大生理感測器、無線傳輸協定及手機所組成，此外，我們亦加入腦波感測器（EEG sensor），以探知局部腦波訊號之意義。我們合稱腦波感測器與上述六大生理感測器為七大生理數據感測器。

　　本研究所發展之 MoPSN 系統架構，如圖 12-1 所示，由無線人體感測網路（Wireless Body Sensor Network System，簡稱 WBSN）、無線網路（Wireless Network）、資料蒐集暨分類系統（Data Collection and Classification System，簡稱 DCCS）及醫療照護監控系統（Healthcare Monitor System）所組成。MoPSN 系統之作業流程如圖 12-2 所示，該圖左側由上而下依序為銀髮族、無線人體感測系統、無線網路系統、資料蒐集暨分類系統、醫療照護監控系統和醫護人員，其中無線人體感測系統包括穿戴式生理感測器及智慧型手機兩個子系統；無線網路系統則可以是 WiFi，3G 或 4G 網路；DCCS 則包括資料蒐集處理伺服器及資料分類伺服器兩子系統。醫療照護監控系統由醫療照護雲（Healthcare cloud）和醫護人員監控站（Web site）等二子系統所組成；MoPSN 開始運作後，首先由無線人體感測網路負責感測受照護者之生理訊號，並透過無線網

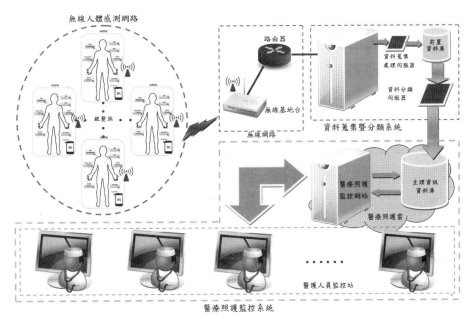

圖 12-1 MoPSN 系統架構圖

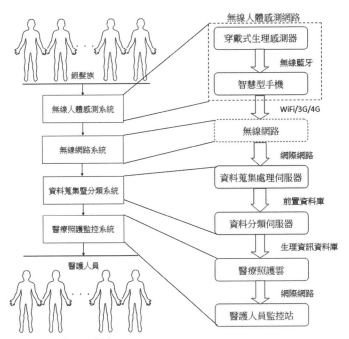

圖 12-2 MoPSN 之子系統

路傳遞到 DCCS 從事資料蒐集及分類，最後傳到醫療照護雲中儲存。醫護人員則可從遠端簽入醫療照護雲中監視受照護者之生理資訊。

（一）無線人體感測網路

　　無線生理感測器應用在人體的檢測方面，分為侵入式與非侵入式兩大類，其中非侵入式是從人體體外感測生理訊號的感測器，例如，體溫、血氧飽和度、血壓、脈搏、心電圖、腦波等均是。侵入式則須入侵到人體，才能感測者，血糖感測器即是一例。

　　本研究所進行的無線人體感測網路係由各項微型生理感測器與基地臺（Base Station, BS）所組成，其中 BS 就是內建無線藍牙的智慧型手機。各項微型生理感測器則隱藏在一件緊身衣服的不同位置，目的是能比較準確地量測生理數據。血壓感測器是以中空的橡皮袖套圍繞在受照護者任一側手腕的上臂或手腕位置；血糖感測器為侵入式方式扎針任一手指頭以採血，再將取得之血滴交予血糖感測器檢測數據；體溫感測器貼在人體任一側腋窩下，以取得比較正確的體溫檢測數據；血氧飽和度感測器與心跳脈搏感測器則是挾在手指食指或中指位置，以分別取得血液透明度、呼吸流動與脈動訊號；心電圖感測器則貼在人體胸部心臟位置，以取得連續兩個 R 波之間（R-R interval）波形的特徵數值，心電圖波形說明請參考附錄 12-1。腦波感測器為頭戴式地套在頭部觸及額頭及挾耳根（接地），以取得四種腦波訊號 $\beta, \alpha, \theta, \delta$，這四種波形之特徵及特性請參考附錄 12-2。其中 α 波是最常被用來作為腦神經激發狀態的指標，大約四分之三的人在清醒與放鬆的狀態下可以測到 α 波，本研究限於時間及資源，僅就 α 波之專注度與放鬆度為擷取對象。專注度是銀髮老人專注力的量測值，範圍是 1 至 100，值越高表示銀髮老人的專注力越集中，同樣地放鬆度的量測範圍也是 1 至 100，主要是量測銀髮老人的放鬆狀態。

　　圖12-3所示為本研究所設計之無線人體感測網路各穿戴式生理感測器的工作流程，一開始各感測器先開啟藍牙功能，其次擷取人體的生理訊號，再經過取樣處理，BS便可收取透過藍牙協定傳來之生理數據。系統初始設定如下：第一次啟動各項微型生理感測器的藍牙功能時，該感測器會先與BS進行無線藍牙配對與連線，以取得媒體存取控制位址（Media Access Control, MAC）與密碼認可憑證，其後，再次啟動任一感測器時，該感測器便會自動連接到該BS，而不需要再做初始設定了。

　　在該系統流程中，每一項生理感測器量測生理訊號與取樣之流程均相同，唯一的差異在於每一次取樣之前，需先經過延遲時間（T），例如，血壓的延遲時間為T1，血糖的延遲時間為T2，這些延遲時間的長

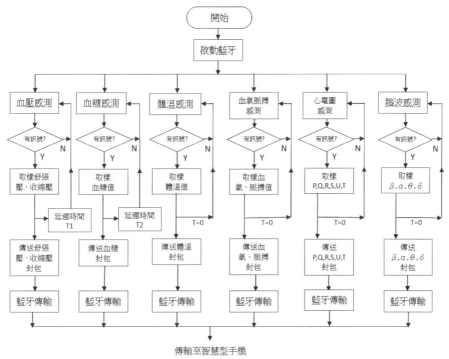

圖12-3　**無線人體感測網路各穿戴式生理感測器的工作流程**

註：血氧飽和度感測器亦可量測心跳脈搏，故予以合併。

短是根據感測器使用上之特性，例如，血壓量測間隔 T1 是十二小時或二十四小時，端看受照護者一天量一次或二次血壓而定。在血糖量測方面，每天扎針採血以二次或三次為限，有飯前和飯後採血萃取兩種情形，T2 則是對人體量測之時間間隔。但人類並非每八小時吃一次飯，因此，T2 並不是固定八小時或十二小時，須視其實計量測需要而定。而其他生理感測器則是持續不斷地量測與取樣，因此 T=0。

以下我們以血壓感測器為例來說明感測器量測與取樣生理數據之流程。基本上，在啟動感測器之後，該感測器會開始感測血壓，若一時收不到訊號，則繼續感測，直到收到訊號為止，繼而從信號中取樣舒張壓及收縮壓，並將之數位化，且包成封包後，經藍牙傳輸到 BS（即智慧型手機）上。

圖 12-4 所示為無線人體感測網路的智慧型手機系統工作流程，BS 接收到一個藍牙封包後，因該封包內容包含感測器裝置號碼和生理相關

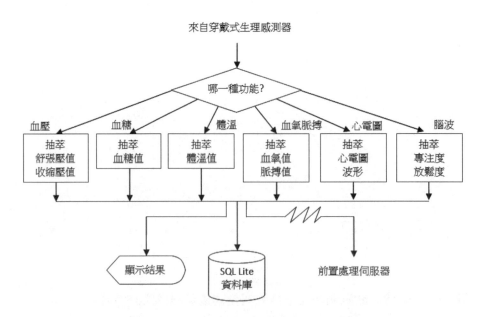

圖 12-4　無線人體感測網路之智慧型手機系統的工作流程

數據，生理相關數據包括感測器類型、生理數據本身及感測時間與日期等，BS 會先依該封包中之感測器裝置編號判斷是那一個感測器送來之封包，其後依感測器類別從該封包中汲取出相對之生理數據，分別送至手機介面顯示結果，並將該封包內容儲存至 BS 的 SQLite 小型資料庫中。另一方面，也啟動無線網路，利用 TCP ／ IP 通訊協定將各項生理數據封包即時地傳輸至後端的資料蒐集暨分類系統（即 DCCS）。

（二）資料蒐集暨分類系統

資料蒐集暨分類系統是由資料蒐集處理伺服器和資料分類伺服器所組成，圖 12-5 所示為其流程。前者設置一個前置資料庫（Preposition Database），用來儲存 BS 傳送來的生理數據封包，進行整批資料的蒐集和處理等；後者則設置一個生理資訊資料庫（Physiological Information Database），用以儲存從前置資料庫中讀取之生理數據，經剖析及分類後之結果。

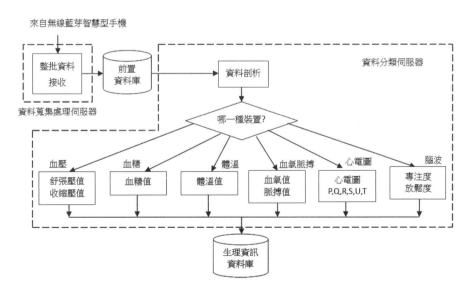

圖 12-5　資料蒐集暨分類系統工作流程

　　資料剖析的功能是從前置資料庫取出未經過濾之生理數據封包，依照感測器裝置號碼和生理數據在該封包的位置，汲取該生理數據。不符合要求的資料，包含資料不全或數據值不合常理者，則予以排除或略過不處理。資料分類的功能是依照感測器裝置號碼、感測器類型、生理數據，包括血壓、血糖、體溫、心跳脈搏、血氧飽和度、心電圖和腦波等訊號，及感測時間與日期等分類數據以成為生理資訊。每種生理資訊分別儲存在生理資訊資料庫中各自的資料表內，換言之，每位受照護者之七大生理資訊，各都以一個資料表儲存。

（三）醫療照護監控系統

　　圖 12-6 所示為醫療照護監控系統之工作流程。如前述，該系統計由醫護人員監控站及醫療照護雲兩子系統所組成，醫護人員可以隨時隨地連線至前者以存取儲存在後者之資訊，俾掌握受照護銀髮族的即時生理狀態。

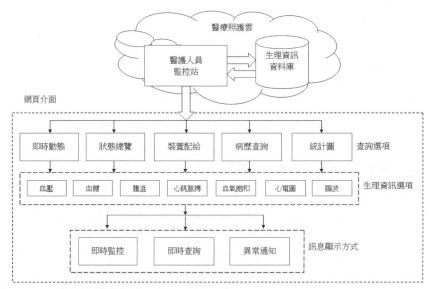

圖 12-6　醫療照護監控系統之工作流程

1. 醫護人員監控站

醫護人員監控站所規劃的網頁介面，包括即時動態、狀態總覽、裝置配給、病歷查詢及統計圖等五種查詢選項。每一查詢選項之下都有生理資訊選項，例如，即時動態內容包括裝置號碼、更新日期與時間、受照護者姓名，以及血壓、血糖、體溫、心跳脈搏、血氧飽和度、心電圖及腦波等之資訊，這些生理資訊選項可單選亦可複選，而醫護人員監控站會定時地從醫療照護雲中汲取最新資訊並顯示。狀態總覽列出每位受觀察者姓名及其七大生理數據感測器之數據等表格資料。裝置配給內容以感測器裝置編號為單位，列出裝置名稱、使用該裝置之受觀察者姓名和配給日期與時間等，以便知悉那一感測器是從什麼時候開始配給哪一位受照護者。病歷查詢列出每位受照護者的病歷，包括性別、血型、身高、體重、血壓範圍、血糖範圍、脈搏範圍、體溫範圍、最新資料更新時間及日期和備註等資料。

另外，訊息顯示方式包含即時監控、即時查詢及異常通知等。即時監控可以顯示受照護者（受觀察者）即時之生理資訊，可以只選取某一生理資訊或某一些生理資訊，例如，只看血壓或脈搏，亦或兩者皆觀察等；即時查詢可以即時地檢索受照護者量測過的各項生理資訊；異常通知則是在受觀察者的任一生理資訊異常，例如，血壓之舒張壓高於其正常值，則立即發出通知給照護人員。

2. 雲端運算

雲端運算是一種分散式運算（Distributed Computing）的應用，係透過網際網路將龐大的運算處理程序，自動分拆成許多較小的子程序，再交由多部伺服器從事搜尋、運算與分析，之後，將處理結果回傳給使用者。透過這項技術，網路服務提供者可以在甚短的時間內，例如，數秒

之內，處理數量龐大的資訊，達到和「超級電腦」一樣的效能。雲端運算也是一種共享式的 IT 基礎架構，猶如一臺龐大的虛擬伺服器，把眾多電腦系統連結成大型資源庫，以提供 IT 服務。由於雲端運算使用的是「虛擬」資源，因此，不受遠端或近端電腦的限制。其運算能力與儲存空間大，並具有高承載性（High carrying）、高可靠性（High reliability）及高擴充性（High expandability）。凡是建置在「雲端」基礎上所提供的服務就能稱為「雲端服務」。雲端服務將是下一個世代網路技術之一，是將使用者所開發的應用程式，放置在雲上，讓眾多在端點上的使用者共享這些應用程式。典型的雲端服務供應商提供通用的網路業務應用，使用者可以透過瀏覽器或者其他 Web 等軟體來存取其服務，而軟體和資料都儲存在雲上。

醫療照護雲是雲端運算（Cloud Computing）的 SaaS（Software as a Service）應用，我們不必知悉雲端中之基礎設施與結構，也不必具有相對應的知識，更無需控制虛擬機器，只要將網站和資料庫移植到雲上，便能享受雲端所提供之計算與儲存的功能。

我們係以 Windows Azure 中的虛擬機器來建置醫療照護雲。Windows Azure 是一個開放且具使用彈性的雲端平臺，可跨全球資料中心來部署和管理應用程式，以整合各現有雲端平臺與 IT 環境。但它係以使用者付費的原則（每月支付使用網站與資料庫租金）來架設不同的服務機制，包括虛擬機器、雲端服務、網站、行動服務和 SQL 資料庫等皆是（Microsoft Inc., 2015）。

（四）應用程式開發

本 MoPSN 所使用的各感測器是由不同公司所製造之不同廠牌設備，且各感測器各自具備不同藍牙傳輸協定版本。本系統生理感測器與智慧型手機之間進行無線藍牙通訊協定連線和讀取生理數據，是以 Eclipse 開

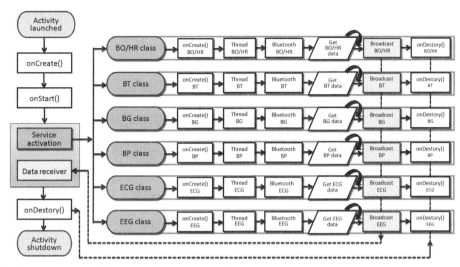

圖 12-7　無線人體感測網路服務程式工作流程

發工具與 JAVA for Android 來設計，並將所接收的生理數據，如前述，暫存於智慧型手機的小型資料庫 SQLite DB 中。

對於不同廠牌的生理感測器，其韌體程式寫法不盡相同，版本亦從 Android 2.0 至 5.0 版本或以上，要整合這些生理感測器的難度高。因此，我們係根據 Android 設計架構之 MVC（Model View Control）模式來規劃整體系統，圖 12-7 所示為無線人體感測網路服務程式工作流程，意即，各項生理數據服務都是以多工多執行緒原則來設計，讓它們各司其職，如此，就能同步地接收生理數據且同時顯示與即時更新在同一個顯示螢幕上。

該流程圖左邊中間的 Service Activation 用以呼叫各項生理感測的服務類別（Service class），諸如 BO ／ HR Class（合併血氧飽和度與脈搏 ）、BT Class、BG Class、BP Class、ECG Class 和 EEG Class 等（ 以下 XX 代表 Class 名稱，即，此 XX 可以是上述六個 Class 之名稱之一，例如，XX 代表 BO ／ HR 或代表 BT 等），以進行執行緒（ 即，Thread

XX）之建立，並偵測藍牙配對連線（即，Bluetooth XX）和以迴圈方式讀取感測生理訊號（即，Get XX Data），之後以廣播（Broadcast）方式（即，Broadcast XX）通知資料接收者（Data Receiver, DR），而 DR 的功能是更新其數值或波形內容，以同步顯示在 BS 畫面上。最後，左側「onDestory()」則是在手機關機時，先呼叫各項生理感測的服務類別右側之「onDestory()」對應之各項功能，令該執行緒自行釋放它在手機內所占用的記憶體與其他資源，及關閉藍牙連線，且停止生理訊號之感測。而 BS 透過無線路由將承載感測數據之封包，以 TCP／IP 通訊協定傳送至後端的資料蒐集暨分類系統則是以 C Sharp for Windows 程式所設計，醫療照護監控系統則以 ASP.NET MVC 設計網頁。

四、實驗與實作結果

本實驗為實現第三節 MoPSN 之系統架構，依序為無線人體感測網路、資料蒐集暨分類系統和醫療照護監控系統等，並整合成一個完整系統。表 12-1 所列為各項生理感測器的資料屬性。

表 12-1　各項生理感測器的資料屬性

感測器名稱	訊號	資料封包	連接方式
BTECG 微型無線發報器	心電圖、體溫溫度	數據	無線藍牙
NONIN 手錶型成人血氧監視器	血氧飽和度	數據	無線藍牙
FORA D40 血壓機	舒張壓、收縮壓	數據	無線藍牙
FORA D40 血糖機	血糖值	數據	無線藍牙
MindWave EEG 腦波感測器	專注度、放鬆度	數據	無線藍牙

本系統整合網路架構內的各資料傳輸機制，並依照行政院衛生福利部國民健康署（2013）之定義，訂定生理資訊參考標準與回報準則；當

所蒐集生理資訊不在正常參考值之範圍內，監控系統則會發出異常通知給醫護人員及顯示在醫護人員監控站螢幕上，讓醫護人員得以迅速且準確地給予適當的幫助及救援。

（一）無線人體感測網路

1.實驗系統的建立

在無線人體感測網路中，所有感測器均附貼在人體所指定的位置，每一個感測器均透過藍牙將資料傳送到佩掛在腰帶左側的 BS，BS 之主要工作是傳送命令到感測器和輸出各感測器送來之回饋資料，該回饋資料又分為輸出一次回饋（Output-once feedback）與連續輸出回饋（Continuous-output feedback），前者適用於量測時間間隔較長者，例如，十二小時，或二十四小時者，血壓及血糖屬於這一類。後者則是量測時間間隔甚短，甚至是連續量測者，例如，心跳及血氧飽和度等均是。

圖 12-8 所示為 BS 傳送執行命令給各感測器與接收感測回饋資料

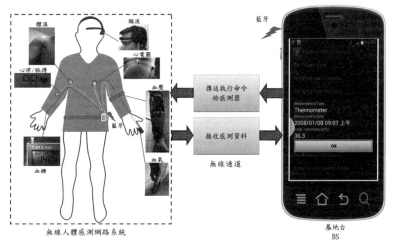

圖 12-8　BS 傳送執行命令給各感測器與接收感測資料之互動圖

的互動圖。各感測器與 BS 之間互動關係如下：BS 可透過 Android 程式經由無線藍牙連線去控制各感測器，而動作命令又可分為主動式命令（Initative Command）和被動式命令（Passive Command），主動式命令是以設定傳輸時段方式，要求某生理感測器將量測結果傳回 BS，此功能會在該設定時段內，連續回傳生理數據封包，例如：詢問心電圖資料，直到時間截止為止；而被動式命令是使用手動方式，要求某生理感測器，將其量測到之生理數據連續地傳回 BS 或只傳送一次給 BS，後者例如：傳回血壓資料。

　　事實上，從感測器傳送出來之封包中，帶有不少不是我們所要的資料，因此，必須從一個封包中汲取及篩選出來我們所要者。以下我們以血氧飽和度及脈搏感測器為例說明之。圖 12-9 所示為血氧飽和度及脈搏感測器實際取樣之生理數據封包解構圖，所接收之封包共 155 位元組（bytes），然而，感測器製造廠商所提供之生理數據參考表顯示，一次感測數據之長度是 125 位元組。因此，須從一個封包之 155 位元組中，找到這 125 位元組感測數據之正確位置。

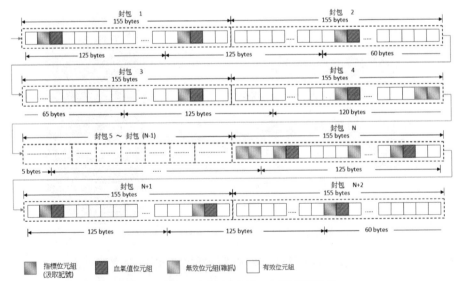

圖 12-9　血氧飽和度及脈搏生理數據封包取樣解構圖

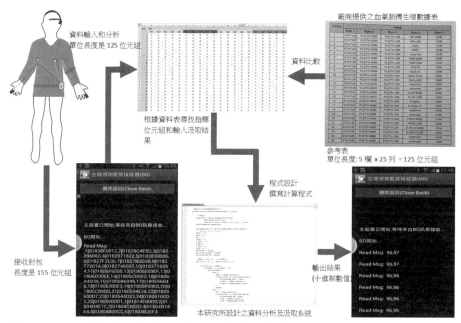

圖 12-10　BS 汲取血氧飽和度及脈搏生理數據之工作流程

　　圖 12-10 展示了本研究進行的資料分析及汲取之過程。一方面受限於篇幅與本文主題，不在此詳述汲取資料之細節；另一方面本文也必須指出，由於各廠商所販售之感測器內建韌體程式設計方式皆不同，亦或涉及廠商的智慧財產權、專利權或商業機密，而無法提供原始碼程式，且我們只能從感測器單向地接收生理數據封包，無法傳送控制訊號以控制生理感測器的運作。例如，血壓量測必須在血壓計面板上啟動該感測器，之後，血壓計只傳送該次感測（量測）結果到 BS，意即，資料係輸出一次回饋。而血氧飽和度與脈搏感測器則是在打開其電源開關後，不斷地量測受照護者之血氧飽和度與脈搏，並持續送至 BS，即，資料是連續輸出回饋。這兩種運作方式是因醫療產品提供生理感測數據方式與數據本身特性不同之故，而各感測器所傳送封包資料格式也不相同，這是本系統在實作無線人體感測網路時最困難的地方。

此外，各感測器所採用之無線藍牙版本，與所搭配之 Android 版本也不同，加上各生理感測器的韌體程式寫法相異，更增加實作上之困難度，尤其是要在同一個 BS 上同步接收各感測器生理數據，並在同一個 BS 顯示螢幕上顯示。為解決此一問題，我們遵循圖 12-7 無線人體感測網路之服務程式工作流程，將每一個生理感測器之 Android 程式包裝在一個類別中，即，以服務方式來實現。換言之，在 BS 畫面上所看到的都是前端的程式（Activity）之執行結果，事實上，為達到我們的資料蒐集及同步顯示的目標，有很多的服務須在背景（background）執行。本研究係以多工執行緒各司其職方式來執行各服務程式，如此，方能同步地接收各生理數據。圖 12-11 所示為 BS 畫面顯示感測數據之案例，以相當簡潔的方式整合性地展示所有感測器之資料。

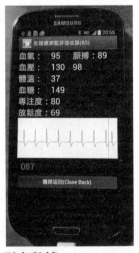

圖 12-11　BS 畫面顯示感測之數據

2. 耗電與 RSSI 量測

在耗電量的議題上，生理感測器與 BS 在多數時間都是持續在連線的狀態下運作，同時 BS 之運作也需要藍芽和 WiFi 連線以接收和傳送封

包，其電池持續能力則有待加強。目前雖可搭配行動電源來延長 BS 之使用時間，未來將考慮採用新的綠色科技，例如，太陽能電池、太陽能充電、無線充電和動能發電等，亦或延長收集生理訊號的時間間隔，如此，均能夠讓 BS 與感測器本身更省電，而延長每一次電池充電後，或更換新電池後之使用時間。

另外，各項生理感測器貼附在受照護者身上，其藍牙的輻射劑量是一般手機的八百分之一，和我們週遭各項輻射源相比，它是比較低的。為避免電磁波輻射的顧慮，我們使用之藍牙 RSSI 測試工具量測之，RSSI（Received Signal Strength Indicator）為接收信號強度指標，此值轉換為信號百分比，即從 1 到 100 的負值，這個值的單位是絕對 dbm，經實測結果：BP/BG 感測器是 -48 dbm，BO/HR 是 -39 dbm，ECG/BT 為 -47 dbm，EEG 則是 -39dbm。當 dbm 的絕對值越小，代表藍牙生理感測器的輸出功率越小。因此，本研究認為，長時間使用對老人的健康影響甚微，未來這一項結論仍待醫學上進一步之認定。

（二）資料蒐集暨分類系統

BS 傳送生理數據至資料蒐集處理伺服器，資料蒐集處理器則將之儲存在前置資料庫中。在資料傳輸期間，因採用無線網路之故，銀髮老人可以自由地移動。而 BS 透過無線存取點連接到網路路由器，再接上資料蒐集處理伺服器傳送資料之傳輸方式，可能會有封包遺失的情形，封包遺失率 PLR（packet loss rate）之定義為：

$$PLR =（MT - MR）／ MT$$

其中，MT 是每一秒傳送封包總數，而 MR 則是每一秒接收封包總數。封包遺失率之實驗分成兩部分，由 BS 透過該無線網路向資料蒐集處理

伺服器傳送 Ping 封包，及實際上傳送感測器所感測資料之生理數據封包，封包大小均為 1,024 bytes，封包總數分別為 100，1,000，10,000 和 100,000 等，表 12-2 所示為實驗結果。由該表可知，傳送封包總數量越大時，接收實際封包之封包遺失率比接收 Ping 封包時明顯大很多，原因是 Ping 是傳送 Internet Control Message Protocol（簡稱 ICMP）封包，被防火牆擋下及被入侵偵測系統攔下之機率低，且經過數個路由器傳送影響也不大，而生理數據封包在資料蒐集處理伺服器的封包遺失率顯然高過 0.5%，這是封包遺失的容忍度。封包遺失之原因是在 BS 連續傳送封包期間，自己也正在執行各個生理數據之執行緒的接收工作，因此，該接收工作會受到影響，例如，封包持續不斷地傳送，但需花一些時間將資料儲存至資料庫，其接收 Queue 若因此 overflow，新進來之封包則會被丟掉。因此，設計 BS Socket 連線程式之績效有待加強及改善。

表 12-2　Ping 與生理數據封包在資料蒐集處理伺服器之封包遺失率

每一秒傳送封包總數	Ping 封包			生理數據封包		
	每一秒接收封包總數	每一秒封包遺失數	封包遺失率	每一秒接收封包總數	每一秒封包遺失數	封包遺失率
100	100	0	0%	98	2	2%
1000	998	2	0.2%	974	26	2.6%
10000	9996	4	0.4%	9721	279	2.79%
100000	99953	47	0.47%	96900	3100	3.1%

（三）醫療照護監控系統

醫療照護監控系統是一個可以同時接收多位受照護者之生理資訊的系統，負責生理資訊之收集、批次、分類和整彙等資料處理，並將生理資訊儲存到以 Windows Azure 所建置之醫療照護雲中，本監控系統亦設定生理資訊參考值之正常範圍，若超出其正常範圍時，監控系統會自動

發出生理異常通知。一方面，本監控系統也提供該系統的儀表板給系統管理員監視其網站的運作情形，照護者亦可從本監控系統觀察受照護者之生理資訊。

依據行政院衛生署（2004）「高血壓防治手冊——高血壓偵測、控制與治療流程指引」手冊上之說明，一般人之血壓範圍是：收縮壓小於140mmHg，舒張壓小於 90mmHg；正常血糖範圍是 75~100mg ／ dL（飯前）；正常體溫範圍是 36℃ ~ 38℃；正常血氧範圍是 85% ～ 100%；正常須依各受照護者平日之正常值取其平均，以為其正常值。不在個人正常

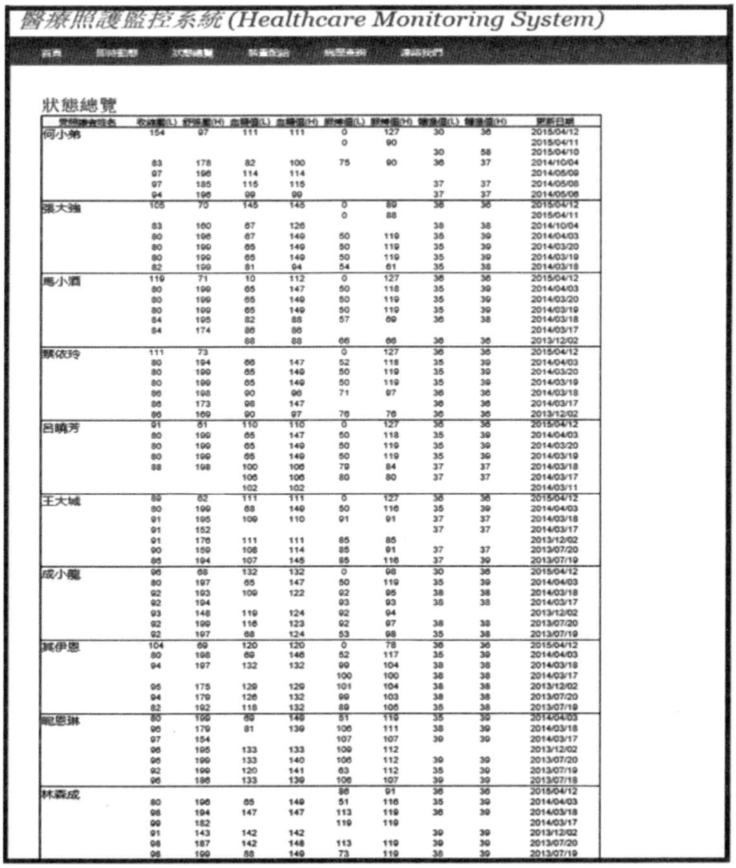

受照護者姓名	收縮壓(L)	舒張壓(H)	血糖值(L)	血糖值(H)	脈搏值(L)	脈搏值(H)	體溫值(L)	體溫值(H)	更新日期
何小弟	154	97	111	111	0	127	30	36	2015/04/12
					0	90			2015/04/11
							30	58	2015/04/10
	83	178	82	100	75	90	36	37	2014/10/04
	97	196	114	114					2014/05/09
	97	185	115	115			37	37	2014/05/08
	94	196	99	99			37	37	2014/05/06
張大強	105	70	145	145	0	89	36	36	2015/04/12
					0	88			2015/04/11
	83	160	67	126			38	38	2014/10/04
	80	196	67	149	50	119	35	39	2014/04/03
	80	199	65	149	50	119	35	39	2014/03/20
	80	199	65	149	50	119	35	39	2014/03/19
	82	199	81	94	54	61	35	38	2014/03/18
馬小酒	119	71	10	112	0	127	36	36	2015/04/12
	80	199	65	147	50	118	35	39	2014/04/03
	80	199	65	149	50	119	35	39	2014/03/20
	80	199	65	149	50	119	35	39	2014/03/19
	84	195	82	88	57	69	36	38	2014/03/18
	84	174	86	86					2014/03/17
			88	88	66	66	36	36	2013/12/02
蔡依玲	111	73			0	127	36	36	2015/04/12
	80	194	66	147	52	118	35	39	2014/04/03
	80	199	65	149	50	119	35	39	2014/03/20
	80	199	65	149	50	119	35	39	2014/03/19
	86	198	90	96	71	97	36	36	2014/03/18
	86	173	96	147			36	36	2014/03/17
	86	169	90	97	76	76	36	36	2013/12/02
呂曉芳	91	61	110	110	0	127	36	36	2015/04/12
	80	199	65	147	50	118	35	39	2014/04/03
	80	199	65	149	50	119	35	39	2014/03/20
	80	199	65	149	50	119	35	39	2014/03/19
	88	198	100	106	79	84	37	37	2014/03/18
			106	106	80	80	37	37	2014/03/17
			102	102					2014/03/11
王大城	89	62	111	111	0	127	36	36	2015/04/12
	80	199	68	149	50	116	35	39	2014/04/03
	91	195	109	110	91	91	37	37	2014/03/18
	91	152					37	37	2014/03/17
	91	176	111	111	85	85			2013/12/02
	90	159	108	114	85	91	37	37	2013/07/20
	86	194	107	145	85	116	37	39	2013/07/19
成小龍	96	68	132	132	0	98	30	36	2015/04/12
	80	197	65	147	50	119	35	39	2014/04/03
	92	193	109	122	92	95	38	38	2014/03/18
	92	194			93	93	38	38	2014/03/17
	93	148	119	124	92	94			2013/12/02
	92	199	116	123	92	97	38	38	2013/07/20
	92	197	68	124	53	98	35	38	2013/07/19
黃伊恩	104	69	120	120	0	78	36	36	2015/04/12
	80	198	69	146	52	117	35	39	2014/04/03
	94	197	132	132	99	104	38	38	2014/03/18
					100	100	38	38	2014/03/17
	95	175	129	129	101	104	38	38	2013/12/02
	94	179	126	132	99	103	38	38	2013/07/20
	82	192	118	132	89	106	35	38	2013/07/19
昵恩琳	80	199	69	146	51	119	35	39	2014/04/03
	96	179	81	139	106	111	38	39	2014/03/18
	97	154			107	107	39	39	2014/03/17
	96	195	133	133	109	112			2013/12/02
	96	199	133	140	106	112	39	39	2013/07/20
	92	199	120	141	63	112	35	39	2013/07/19
	96	186	133	139	106	107	39	39	2013/07/18
林森成					86	91	36	36	2015/04/12
	80	196	65	149	51	116	35	39	2014/04/03
	98	194	147	147	113	119	36	39	2014/03/18
	99	182			119	119			2014/03/17
	91	143	142	142			39	39	2013/12/02
	98	187	142	148	113	119	39	39	2013/07/20
	98	199	88	149	73	119	38	39	2013/07/19

圖 12-12　所有受照護者之生理狀態總覽

心跳脈搏範圍為 60 ～ 90 次。只是每一個人之生理指數會因體質而異，值範圍內，才會被視為異常。

　　本醫療照護監控系統每 5 秒鐘便會從醫療照護雲中汲取最新生理資訊，而即時地更新顯示在醫護人員監控站螢幕上的資訊，如圖 12-12 所示。醫療照護雲以裝置為單位，列出每位受照護者身上所裝設之各項生理感測器的裝置編號及名稱等。以便系統運作時之分類。分類除能展示所有裝置的觀測值外，亦能夠依照生理數據之性質（血壓、體溫等七大生理數據），以及受照護者個人來進行分類。前者提供未來醫學研究分析之用，後者則建立個人的病歷資料。當銀髮族在生理感測監控期間生理指數發生異常或緊急事件時，該監控系統除了繼續蒐集生理數據之外，也將解析出受照護者的異常訊息，例如，血氧飽和度已經低於該受照護者正常值下限 80、體溫超過 38 度和心電圖 ST 突波異常等，俾讓照護人員可以迅速而準確地給予適當的幫助及救援。

　　圖 12-13 所示為醫療照護雲 Windows Azure 管理中心。是在該中心建置一個稱為 healthcare-web 的網站，以為醫療照護雲的網站平臺（有別於醫護人員監控站），其功能除了擔任醫療照護監控功能之外，亦提供儀表板給 Azure 系統管理者，方便監控網站的服務能力、效能瓶頸，以及是否能在需要時隨時擴充容量等，也可以透過系統之儀表板觀察醫療照護雲的運作情形，例如，CPU 使用時間、HTTP 伺服器錯誤率、資料輸入量與資料輸出量等資訊。圖 12-14 所示為醫療照護雲網站 healthcare-web 儀表板呈現某一瞬間系統運作狀態，包含醫療照護雲之伺服器的資源使用的情形，而以時間軸來呈現過去到現在的五個指標，包括，CPU 使用率（%）、磁碟讀取速度（bytes ／ sec）、磁碟寫入速度（bytes ／ sec）、網路接收速率（Kbps）及網路傳送速率（Kbps）等。如果這一些指標都高，代表系統負載甚重，伺服器的資源可能不足以再支援使用者要求的其他任務。

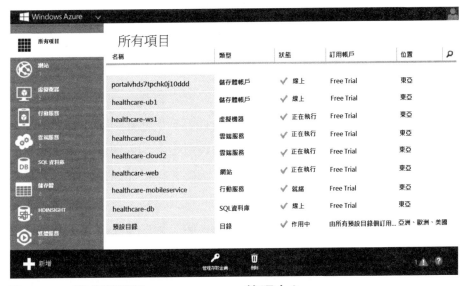

圖 12-13　醫療照護雲 Windows Azure 管理中心

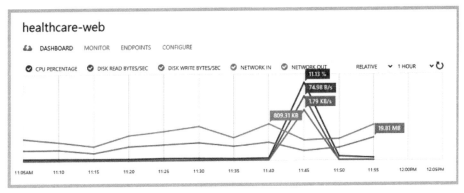

圖 12-14　醫療照護雲網站平臺（healthcare-web）之監視系統運作狀態

五、結論與未來展望

近年來，隨著高齡化社會的趨勢，可以預見未來須投入大量人力物力照護高齡化人口。一方面，電子科技之研究發展一日千里，假設我們可以高科技產品代替局部之照護人力，必可減少社會照護人力之需求。傳統醫療照護需要醫護人員不定時地監視銀髮族的生理資訊，常讓醫護人員奔波於老人安置處與醫護室之間。本研究係以人體區域網路與感測器技術來協助現代醫療照護的運作，目的是讓醫護人員從遠端透過網頁的方式監控及分析銀髮老人的生理資訊。假若銀髮老人出現生理異常狀況，醫護人員可即時得知，並進行異常危機處理。事實上，由於穿戴式醫療設備關鍵元件逐漸朝向高度整合功能發展，以滿足易於使用、高安全性、小尺寸和低功率耗能等之需求，以減輕老人配戴各種生理裝置的負荷，目前本研究所用之感測器均係我們日常使用之設備，而非真正微型感測器，未來我們則將落實穿戴式微型生理感測器，俾製作成一套適合銀髮老人或病患穿戴使用之系統。

現行的醫療照護系統推行不易，係因設備的成本高、病歷資料傳輸易遭竊取、生理數據量測後之輸入與系統操作不易，及醫療照護系統與醫院內的系統常不相容且難於完全整合等；但本系統結合了智慧型手機之輕便性及 WiFi 無線網路之便利性，與目前無線感測系統及雲端系統之優點，目的在大幅改善以往傳統醫療服務系統的缺點。

目前雲端運算技術日新月益，本研究係將醫療照護服務，透過遠距醫療照護的服務能力，來監測銀髮老人的各項生理資訊，以提供受照護者全天候的遠距醫療照護服務。我們係將資訊高科技導入醫療照護服務，藉著高科技的發展，加強資訊的有效流通、資訊分析與異常監控，以改善醫療照護品質，提升銀髮老人的健康水準。同時，穿戴式的監控方式，也能給予高齡者更多自由、獨立的生活空間，以避免因其接受照

護而失去活動與移動的自由度。

　　建立 MoPSN 之目的在於整合醫療照護服務與資訊網路服務，從生理訊號監控、多生理數據蒐集、儲存、分析與交換的角度，期能從醫院、機構、社區及居家等，形成一整合式照護系統，並帶動民間企業延續性投資或衍生其他服務領域的計畫，而融合資訊服務業與醫療服務業，使之形成之醫療科技化服務新產業聚落。醫療照護已被公認是未來的明星產業之一，我們投入醫療照護服務產業之創新資訊應用研發，期能於最短時間內創造出最具經濟規模與社會影響之產業效益。

附錄12-1：心電圖波形分析

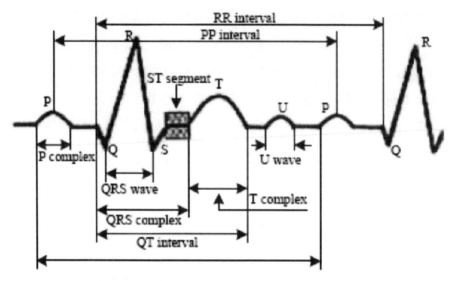

附圖 12-1　心電圖訊號（葛誠，2004；何敏夫，2008）

附表 12-1 心電圖說明表（葛誠，2004；何敏夫，2008）

名稱	波形說明	超過範圍或判讀
P 波	心房收縮的結果，正常小於 0.12 秒	心房肥大增厚
QRS 複合波	心室去極化，正常不超過 0.11 秒	房室結可能阻滯狀況
Q 波與 T 波之間 (QT interval)	1. 左右心室去極化與再極化的時間 2. 正常值約為 0.41 秒	
U 波	心室內蒲金氏纖（Purkinje fiber）的再極化	
R 波與 R 波之間 (RR interval) 或 P 波與 P 波之間 (PP interval)	1. 評估心房至心室的傳導速度 2. 正常值約 0.12 - 0.20 秒	
ST 間段 (ST segment)	1. 心臟早期的再極化 2.ST segment 位置 (高低) 較長短來得重要 3. 正常在 ±1 mm 之間	評估心肌梗塞、心肌缺血或缺氧，以及心肌壞死等
Q 波與 T 波之間 (QT interval)	1. 代表整個心縮期的電位變化 2. 與心跳速率有關 3. 正常為 0.35 - 0.43 秒	臨床上為藥物及離子對心肌影響的一個指標

附錄 12-2：腦波的四種波形分析

根據國際腦電圖學會命名委員會的分類，腦波可以分為四種基本波形（李政杰，2008；Hung, 2000）：

附表 12-2　腦波的四種波形分析表

	α 波 (Alpha, 阿爾法)	β 波 (Beta, 貝塔)	θ 波 (Delta, 臺達)	δ 波 (Theta, 西塔)
頻率	8～14 赫茲 8～12 赫茲 8～13 赫茲	14 赫茲以上 12～30 赫茲 13～40 赫茲	4～8 赫茲 4～7 赫茲	0.4～4 赫茲 0.5～4 赫茲 0～4 赫茲
波幅	10～100 μV	5～30/μV	20～40 μV	10～20 μV
波形				
屬性	意識層面	意識與潛意識層面之間的橋樑	潛意識層面	無意識層面
意識	做白日夢	清醒	中斷	無
來源	想像力	智力	創造力與靈感	直覺性與第六感
身體	放鬆	緊張	深沉放鬆	深度熟睡
身心能量耗費	最少	較劇		
腦部獲得能量	較高	除了維持本身系統的運作外，尚須指揮對外防禦系統作準備，因而消減了體內免疫系統能力		
清醒		有波形		
半睡半醒	有波形			
淺睡				有波形
深睡			有波形	
想睡但失眠			無波形	無波形

緊張焦慮		有波形		
激動		有波形		
恐懼		有波形		
憤怒		有波形		
咖啡因	抑制	提高	抑制	
整體狀況	身體放鬆、心不在焉、開放心胸	壓力很大、心理不適、緊張、憂慮、不自在	深睡作夢、深度冥想、心靈覺知、個人見識較強、個性強	恢復體力睡眠需要、意識的雷達網

（1）β 波（14Hz 以上）：β 波為優勢腦波時，隨 β 波的增加，身體準備隨時因應外在環境的變化。適度的 β 波，對積極的注意力提升、認知行為的發展有關鍵性的助益。

（2）α 波（8-14Hz）：α 為優勢腦波時，人的意識清醒、身體放鬆，是意識與潛意識的橋樑，腦的活動活潑，是學習與思考的最佳腦波狀態。

（3）θ 波（4-8Hz）：在 θ 波為優勢腦波時，意識中斷也就是「入定態」。對於觸發深層記憶、強化長期記憶（LTP）等幫助極大，科學界稱之為「通往記憶與學習的閘門」。

（4）δ 波（0.4-4Hz）：δ 波為優勢腦波時，深度熟睡，無意識狀態。睡眠品質好壞與 δ 波有非常直接的關聯；根據科學研究，它是開發人類直覺雷達系統，及超神　力量的關鍵。

　　腦波的形狀一般可以分為振幅和週期。振幅是指由波峰到波底的高度，因為振幅很小，其單位為微伏特（μV）。週期是從一個波峰或波谷到另一個波峰或波谷之間的距離，其單位為毫秒。一般而言，α 波傾向稱為「標準波型」，因為 α 波在人類清醒、安靜和閉眼時，可以在受試者腦後記錄到 10Hz 左右，約 50μV 的波，其波形往往左右對稱並會連續出現，而且振幅會像潮汐一樣規律，所以稱為「標準波型」。

參考文獻

工業技術研究院（2014）。NPNS 感測技術【新聞資料庫】。取自 https://www.itri.org.tw/chi/Content/NewsLetter/contents.aspx?&SiteID=1&MmmID=620605426331276153&SSize=10&SYear=&Keyword=&MSID=620616226370103011

李政杰（2008）。**發展 EMD 方法濾除腦波眨眼訊號並應用於測量疲勞狀態之研究**（未出版碩士論文）。國立臺灣大學機械所，臺北市。

李景堯（2009）。**具無線可穿戴式多生醫感測器之中風患者守護神研究**（未出版碩士論文）。國立臺北科技大學，臺北市。

何敏夫（2008）。**臨床生理學**。新北市：合記圖書出版社。

行政院衛生署（2004）。**高血壓防治手冊──高血壓偵測、控制與治療流程指引**。臺北：行政院衛生署。

行政院衛生福利部國民健康署（2013）。**健康促進統計年報**。臺北：行政院衛生署。

葛誠（2004）。**正常與異常影像模式心電圖的判讀研究**（未出版碩士論文）。國立陽明大學，臺北市。

葉崇正（2013）。**無線遠端人體生理訊號健康照護監測系統研究**（未出版碩士論文）。私立淡江大學，臺北縣。

Adnan, N., Muhammad, A. H., Obaidullah, O., Abdul, S., Sarwat, I., & Kamran, A. (2015). Application specific study, analysis and classification of body area wireless sensor network applications. *Computer Networks, 83*, 363-380.

Apple Inc. (2015). Your heart rate. What it means, and where on Apple Watch you'll find it. [Web blog message]. Retrieved from https://support.apple.com/en-us/HT204666.

Aziz, O., Atallah, L., Lo, B., Elhelw, M., Wang, L., Yang G. Z., & Darzi, A. (2007). A pervasive body sensor network for measuring postoperative recovery at home. *Surgical Innovation, 14*(2), 83-90.

Chen, C., & Pomalaza-Ráez, C. (2010). Implementing and evaluating a wireless body sensor system for automated physiological data acquisition at home. *International Journal of Computer Science and Information Technology, 2*(3), 24-38.

Garth, V. C., Ghosh, T., Murimi, R., & Chin, C. A. (2012). Wireless body area networks for healthcare: A survey. *International Journal of Ad hoc, Sensor & Ubiquitous Computing, 3*(3), 5-9.

Hung, T. M. (2000). A study on brain cortical hemispheric EEG activity (α-Asymmetry) and basketball free throw. *Journal of Physical Education, 28*, 193-202.

Lee, Y. D., & Chung, W. Y. (2009). Wireless sensor network based wearable smart shirt for ubiquitous health and activity monitoring. *Sensors and Actuators B: Chemical, 140*(2), 390-395.

Lo, B., Thiemjarus, S., Panousopoulou, A., & Yang, G. Z. (2013). Bioinspired design for body sensor networks [Life Sciences]. *Signal Processing Magazine, IEEE, 30*(1), 165-170.

Lo, B. P. L., Thiemjarus, S., King, R., & Yang, G. Z. (2005). Body sensor network - A wireless sensor platform for pervasive medical monitoring. In A. Ferscha, R. Mayrhofer, T. Strang, C. Linnhoff-Popien, A. Dey, A. Butz, & A. Schmidt (Eds.), *Adjunct proceedings of the 3rd international conference pervasive computing, vol. 191.* Austrian Computer Society (OCG).

Maxim Integrated. (2015). Wearable health monitoring platform. [Wearable health]. Retrieved from http://www.maximintegrated.com/en/solutions/medical/diagnostics-monitoring-therapy/wearable-health.html.

Microsoft Inc. (2015). Windows Azure service Architecture. [Official intorduction]. Retrieved from http://www.windowsazure.com/zh-tw/.

Pantelopoulos, A., & Bourbakis, N. G. (2010). A survey on wearable sensor-based systems for health monitoring and prognosis. *IEEE Transactions on Systems, Man and Cybernetics-Part C: Applications and Reviews, 40,* 1-12.

Pandian, P. S., Safeer, K. P., Gupta, P., Shakunthala, D. T., Sundersheshu, B. S., & Padaki, V. C. (2008). Wireless sensor network for wearable physiological monitoring. *Journal of Networks, 3*(5), 21-29.

Pollicino, J. (2011). Bluetooth SIG unveils smart marks, explains v4.0 compatibility with unnecessary complexity [Web blog message]. Retrieved from http://www.engadget.com/2011/10/25/bluetooth-sig-unveils-smart-marks-explains-v4-0-compatibility-w/.

West, A. (2015). Smartphone, the key for Bluetooth® low energy technology. Retrieved from http://www.bluetooth.com/Pages/Smartphones.aspx.

Yuce, M. R., Ng, P. C., & Khan, J. Y. (2008). Monitoring of physiological parameters from multiple patients using wireless sensor network. *Journal of Medical Systems, 32,* 433-441.

作者簡介
依章節排列

蔡瑞明

康乃爾大學社會學博士，東海大學社會學系特聘教授兼副校長。曾擔任東海大學研發長、社會學系系主任、《臺灣社會學刊》主編，Carnegie Mellon University 訪問學者與 UCLA Fulbright 訪問學者。研究領域包含社會階層與流動、全球化與社會不平等、高齡社會與生活品質、勞動市場與生涯流動。最近主持東海大學 GREEnS 整合型計畫：建構優質的長青生活品質與環境之研究，與教育部「高齡化社會與產業」SHS 跨科際課程推動計畫。

巫麗雪

東海大學社會學博士，東海大學社會學系助理教授。曾任東海大學 GREEnS 計畫博士後研究員。研究興趣為家庭社會學、高齡社會學、社會階層與社會流動、社會統計與研究方法，尤其關注婚配過程與其影響因素。近期研究方向為高齡勞動與退休安排。

黃昱珽

東海大學社會學博士，東海大學 GREEnS 計畫博士後研究員。研究興趣為政治社會學、民主政治、民粹主義。近期研究領域包含社會企業、高齡社會與福利政策、都市發展與規劃等議題。

王維邦

美國德州大學奧斯汀分校社會學博士，東海大學社會學系助理教授。研究關懷為生命歷程下的健康不平等現象、社會疏離與身心健康、工作經

歷與生活福祉。

范綱華

美國德州大學奧斯汀分校社會學博士，世新大學社會心理學系副教授。研究專長為宗教信仰與生活福祉、自我概念成長發展歷程、社會階層化與身心健康。

趙星光

美國普渡大學社會學博士，東海大學教育研究所副教授兼所長、師資培育中心主任。研究領域包括宗教與社會變遷、教育改革與社會變遷。近期研究重點為宗教對當代社會與個人生活的影響，及華人社會基督教的發展研究。

劉珠利

加拿大 Wilfrid Laurier University 社會工作博士，東海大學社會工作學系教授兼系主任，加拿大 University of Toronto, Factor-Inwentash Faculty of Social Work 訪問學者。研究專長為直接服務、女性主義、婦女議題、創傷議題、與質性研究。

李貴宜

美國 Kansas State University 餐旅管理博士，東海大學餐旅管理系助理教授。研究專長為銀髮族餐飲、銀髮族營養與照護、餐旅衛生與安全、餐旅教育。銀髮餐飲相關研究包含銀髮族社區定點用餐、銀髮族社區營養教育、銀髮族飲食行為和飲食效能等。

林万登

輔仁大學食品營養博士，東海大學餐旅管理學系副教授兼農業推廣中心主任。專長於營養分子生化、運動營養科學、細胞、動物模式建立及保健食品功能評估之測定。

江文德

美國州立克嵐姆森大學食品科技所博士，東海大學食品科學系教授兼系主任，曾擔任東海大學副學務長兼課外活動組組長、農學院農業推廣中心主任。研究專長為食品化學、膜分離與濃縮技術、機能性胜肽、植物化學物質。目前致力於建立機能性成份之生產技術與開發相關產品。

關華山

美國密西根大學建築博士，東海大學建築系教授。專長為建築及都市設計、永續社區、環境行為學、老人與身心障礙者善工環境、原住民居住文化、文化資產保存。曾任東海大學建築系主任、研究所所長、建築研究中心主任及文化部文化資產審議委員會委員。現任文化部世界遺產推動委員會委員。曾出版《臺灣老人的居住環境》專書。

黃章展

美國賓州州立大學休閒研究博士，東海大學景觀系副教授兼系主任。研究專長為療癒景觀、綠色旅遊棲地營造、觀光資源規劃與經營管理、景觀規劃與管理、遊客行為研究與遊客管理、觀光遊憩統計。曾擔任內政部營建署「保護區生態旅遊輔導團」委員，目前擔任中華民國戶外遊憩學會常務理事、臺灣造園景觀學會常務理事。

黃姿萍

東海大學日本語文化學系文學碩士，東海大學 GREEnS 計畫專任助理。
碩士論文題目為《黃寶桃〈感情〉：主角太郎之心理症狀》。

李俐慧

日本國立千葉大學人間地球環境科學專攻環境設計工學博士，東海大學
工業設計系助理教授。專長為產品開發與設計、生活環境設計、環境心
理與行為研究。致力於探究人們的行動特性、心理意識、人文特質，考
察人、物件、環境間的交互關係，且主張工業設計專業應積極介入公共
場域建構。

林灼榮

中興大學農業（應用）經濟博士，高考經濟分析人員及格，東海大學國
際經營與貿易學系教授。1994 年升等教授，主要應用計量經濟模型，從
事國際經貿、觀光休憩與老人照護等跨領域之研究。詳細資訊，請參閱
http://web.thu.edu.tw/jrlin/www/。

許書銘

臺灣大學商學研究所博士，東海大學企業管理學系副教授兼系主任。研
究專長主要在策略管理、產業政策、組織理論等。近期投入的研究領域
包括高齡化社會與產業、綠色管理與永續發展、社會創新與社會企業、
創新創業人才培育等議題。

朱正忠

美國西北大學資訊工程博士，東海大學資訊工程學系特聘教授兼軟體工
程與技術中心主任。曾擔任東海大學資訊工程學系主任、工學院院長、

研究發展處研發長。主要研究領域為物件導向、軟體工程、重整工程、軟體維護、軟體代理人、電子商務、設計樣板等。

楊朝棟

交通大學資訊科學系博士，東海大學資訊工程學系特聘教授兼電子計算機中心主任。研究領域包括雲端運算、平行暨分散式處理、以及多核心系統。目前擔任十多個國際學術期刊的編輯委員，以及三十多個國際研討會之議程委員，並組織了 GPC 國際會議，是 IEEE, ACM, IICM, 及 TACC 會員。

呂芳懌

臺灣科技大學計算機博士，東海大學資訊工程學系教授兼資訊管理學系主任，也是東海大學資料庫與網路安全實驗室主持人。研究興趣包括無線網路與感測網路、網路安全、網格計算。目前擔任數個國際學術期刊的編輯委員，以及十數個國際研討會之議程委員，也組織了 MCNCS 與 CWECS 兩個國際學術研討會。截至目前為止，已經發表六十多篇期刊論文，亦超過 120 篇國際研討會論文。IEEE 會員，也曾受邀美國匹茲堡大學擔任訪問學者。

何季倫

東海大學資工研究所碩士，臺灣軟体製造股份有限公司程式設計總監。曾獲得東海大學特殊學習成就獎，第 17 屆身心障礙楷模金鷹獎，民國 100 年的專題人物「堅持所愛」之一百位勞工之一，第八屆國際技展能節職業技能競賽國手指導老師（該國手獲金牌一面），以及獲得西元 2000 年國際展能節職業技能競賽程式設計職類金牌、2003 年網頁設計職類銀牌、與 2007 年資料庫建置職類銀牌。

Searching for Happiness in Later Life: Quality of Life and Living Environment in an Aging Society

Contents

Ruey-Ming Tsay, Editor

看見垂老的世界
A World Growing Old

作　　者：Jeremy Seabrook
譯　　者：周素鳳
出 版 社：巨流圖書公司
定　　價：300 元
I S B N：9789577325037
出版日期：2015/04/07

內容簡介

這是本與眾不同的「老人書」，以宏觀的視角深入淺出探討老人議題，環顧古往今來不同文化對待老人的態度，深入探索現代老人的焦慮與無奈，檢視全球化的浪潮對老人的衝擊，剖析各國政府的老人政策。全書以議論、說明、訪談、分析，交錯穿插，夾敘夾議，夾情夾理，帶領讀者探看垂老的世界，思考老化的問題。

作者簡介 – Jeremy Seabrook

出生於英國北安普頓（Northampton），劍橋大學畢業。曾任教師、社工、記者、劇作家。著作頗豐，特別關注社會和經濟的公平正義，以及經濟發展和生態平衡的關係，作品常見於《新政治家》（New Statesman）、《衛報》（The Guardian）、《泰晤士報》（The Times）、《獨立報》（The Independent）等。

譯者簡介 – 周素鳳

曾任台北科技大學應用英文系副教授。譯作包括：《親密關係的轉變》（Anthony Giddens 著，巨流，2001）、《文化理論與通俗文化導論》（John Storey 著，與李根芳合譯，巨流，2003）、《後殖民主義：歷史的導引》（Robert J.C. Young 著，與陳巨擘合譯，巨流，2006）。

頤養天年

台灣家庭老人照護的變遷

作　　者：卓春英

出 版 社：巨流圖書公司

定　　價：450 元

I S B N：9577321453

出版日期：2001/11/20

內容簡介

「含飴弄孫」、「頤養天年」是年輕人夢想的晚年生活，也是老年人渴望的黃金歲月，但隨著社會變遷及高齡化社會的來臨，這樣的夢想是否可以實現？　本書將透過十五個子女娓娓道來的故告訴您這個正在你我周邊遭進行的老年照護變遷之社會現象。

作者簡介 － 卓春英

台灣省政府委員行政院婦女權益促進委員會委員

行政院婦女權益促進委員會委員

台灣社會工作專業人員協會理事長

國立屏東科技大學社工系副教授

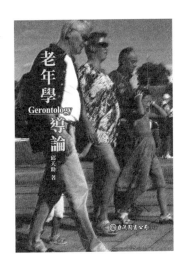

老年學導論

作　　者：邱天助

出 版 社：巨流圖書公司

定　　價：400 元

I S B N：9789577324283

出版日期：2011/10/15

內容簡介

本書是專為大學校院老年／人相關系所撰寫的老年學基礎教材。為了增進學生寬廣的視野，本書秉持老年學的多元、科際整合精神，分別從人口學、生物學、生理學、心理學和社會學的角度，闡明多種老化的理論概念、經驗事實與意義詮釋。本書分成七大章：第一章老年學的起源及其發展；第二章人口老化及其對策；第三章老化的生物學理論；第四章老年的生理變化；第五章老年的心理發展：智力與認知能力；第六章老年的心理發展：人格與心理疾病；第七章老化的社會學觀點。內容包括老年學從古至今、從西方到本土的脈絡發展；全球老化的趨勢、臺灣人口老化的現況與因應之道；生物老化理論與生理老化事實；老年認知、智力與心理機能的改變，以及社會學對老化的觀點和論述。 熟讀本教材，將可奠定扎實的老年學知識基礎。

作者簡介 – 邱天助

臺灣師範大學教育社會學博士

世新大學社會心理學系教授

社會老年學
台灣家庭老人照護的變遷

作者：邱天助

出版社：高雄復文

定價：300 元

ISBN：9789868286290

出版日期：2007/06/01

內容簡介

人類預期生命研長與老年人口比率增加的趨勢必然對當前和未來的社會、政治、經濟和文化造成莫大的衝擊，因此，有關老化的議題已成為醫學、生理學、人類學、心理學、社會學和政治學研究最為關心的新興領域，並且蔚成老年學研究的熱潮。　本書是台灣社會老年學第一本著作，以更積極的意義和行動從「老年意識」為出發點，目的在揭除社會的「老年歧視」，還原老年人的真正面貌與和生活。本書更指出當高齡化已經是不可避免的時代趨勢時，我們必須以新的角度看待老人與老化。老人的生命不是只有養護和照顧，老人需要的是機會和空間。所以更積極的老年政策應該是引導社會如何看待老人的政策，塑造老人認同的有利條件。

作者簡介 － 邱天助

臺灣師範大學教育社會學博士
世新大學社會心理學系教授